Visio

2019, 2016, 2013

Unternehmensgrafiken und Prozesse inklusive Industriestandard BPMN 2.0

Holger Mammel

Verlag:
BILDNER Verlag GmbH
Bahnhofstraße 8
94032 Passau

http://www.bildner-verlag.de
info@bildner-verlag.de

ISBN: 978-3-8328-0350-6

Bestellnummer: RP-0372

Autor: Holger Mammel

Bildquelle Cover: © bnenin - stock.adobe.com
Kapitelbild: © hanakaz1991 - stock.adobe.com

Herausgeber: Christian Bildner

Druck: CPI Clausen & Bosse GmbH, Birkstr. 10, 25917 Leck

Vorwort

In meinen MS-Visio Seminaren frage ich die Teilnehmer zu Anfang des Kurses immer nach ihren Erwartungen. Ich bitte sie, ihre Fragen nach den wichtigsten Inhalten zu nennen. Ich finde dann sehr schnell heraus, was sie bewegt, ein Seminar wie dieses zu besuchen. So hat sich im Laufe der Zeit herausgestellt, dass einige Fragen immer wieder vorkommen und auch Grund für einen Seminarbesuch sind. Sie lauten ungefähr so: "Wenn ich ein Element verschiebe, bewegen sich meine Pfeile irgendwo hin. ", oder „Wie kann ich alle Objekte an einer Linie ausrichten?," oder „Der Text ändert sich automatisch, obwohl ich nichts gemacht habe."

Den meisten Anwendern erschließt sich MS-Visio in seiner Grundfunktionalität und seinem Aufbau nicht sofort. Ich meine nicht die Benutzerfreundlichkeit, die ist durchaus vorhanden. Es ist anders, als die bekannten Office-Programme, wie Word, Excel oder PowerPoint, die sie aus der Schule, dem Studium oder Beruf kennen.

Dieses Programm verfügt über ein gewisses „Eigenverhalten", was die Grundfunktion und das Anwenden der Software angeht. Bei MS-Visio handelt es sich um ein vektororientiertes Grafikprogramm, was ich später noch genauer erläutern werde. Trotzdem ist es in den Grafik- und Werbeabteilungen der Unternehmen nicht vorzufinden. Es ist in vielen anderen Anwendungs- und Unternehmensbereichen anzutreffen.

Die anderen Programme aus der Office-Familie sind Anwendern oder Seminarteilnehmern geläufig. Die Software kommt aus dem Hause Microsoft und wird in ihrer Handhabung gerne mit den Office-Programmen Word, Excel oder PowerPoint verglichen. Dem ist aber nicht so.

Der Umgang mit dieser Grafiksoftware weicht erheblich von zeilen, zell- oder platzhalterorientierten Programmen wie Word, Excel oder PowerPoint ab Was ist nun das Besondere an dieser Grafiksoftware aus dem Unternehmen Microsoft? MS-Visio kann als Zeichenprogramm Daten binden, wie es andere Softwarepakete in dem Umfang nicht können. Eine der großen Stärken von MS-Visio ist die Darstellung in einer Zeichnung, aus deren Basisdaten aus Excel, Access, SharePoint, SQL oder externen Datenbanken stammen. Aus diesen Datenquellen können Sie automatisiert Zeichnungen erstellen.

Dieses Buch beschreibt Schritt für Schritt den Umgang mit der Software an vielen einzelnen Beispielen. Es werden nicht alle Details und Möglichkeiten beschrieben, das würde den Umfang dieses Buches sprengen.

Welche Kenntnisse sollten Sie mitbringen?

Der Umgang mit dem Betriebssystem Windows in der Version 7/8/10 ist notwendig. Weiterhin sollten Ihnen die Grundlagen von Excel bekannt sein, um die Funktionen von MS-Visio voll ausschöpfen zu können. Aus Visio heraus gibt es mehrere Möglichkeiten Daten von Excel und nach Excel auszugeben. Auch der Umgang mit MS-PowerPoint und MS-Word sollte in seinen Grundlagen vorhanden sein. Zusätzlich ist der Umgang mit der Maus ein zentraler und wichtiger Punkt, um MS-Visio bedienen zu können. Unterschätzen Sie dies nicht. Viele Anwender verwenden auf dem Laptop das integrierte Mauspad und versuchen mittels verkrampfter Fingerakrobatik ihre Zeichnungen zu erstellen. Mein Tipp: Verwenden Sie, wenn Sie mit dem Laptop arbeiten eine externe Maus. Es geht einfacher und ist sicherer.

Zur Historie von MS-Visio

Das Programm MS-Visio ist ursprünglich von der Firma Shapeware Corporation im Jahre 1992 entwickelt und vertrieben worden. Im Jahre 2000 wurde das Unternehmen samt dem Programm für über 1 Mrd. Dollar von Microsoft aufgekauft. Zuerst wurde es nur für die Interne Anwendung im Hause Microsoft benötigt. Später wurde es dann für den allgemeinen Markt weiterentwickelt. Es wurde immer als eigenständiges Programm behandelt. Es ist bis heute nicht Bestandteil der Office Suite und muss separat erworben werden. MS-Visio ist nur unter Windows lauffähig. In all den Jahren wurde MS-Visio in verschiedenen Versionen angeboten. Es gab eine Standard-, Professional-, Enterprise-, Premium-, Technical-Version etc., die immer durch andere Zeichnungs-Komponenten ergänzt und vermischt wurden.

Dieses Buch beschreibt die Inhalte zur Version MS-Visio 2013/2016/2019 in der Ausführung Standard, Professional und Online.

Schreibweise: Befehle, Bezeichnungen von Schaltflächen und Beschriftungen von Dialogfenstern sind zur besseren Unterscheidung farbig und kursiv hervorgehoben, zum Beispiel Register *Start*, Schaltfläche *Übernehmen*. Außerdem beziehen sich die roten Zahlen im Text auf die nachfolgenden Bilder.

Systemanforderungen für Microsoft Visio

Komponente	Mindestanforderungen
Prozessor	1 GHz-Prozessor mit SSE2-Unterstützung
Arbeitsspeicher	2 GB RAM
Festplatte	3 GB verfügbarer Speicherplatz
Grafikkarte	Für Grafikhardwarebeschleunigung wird eine DirectX 10-fähige Grafikkarte benötigt.
Betriebssystem	Windows 7 SP1 bis Windows 10, nur 32-Bit- oder 64-Bit-Betriebssystem

Komponente	Mindestanforderungen
Sonstiges	Internetzugang (hierfür können Gebühren anfallen) Microsoft-Konto Für einige Funktionen sind möglicherweise weitere Hardware oder Dienste erforderlich. Beispiel: Für die gemeinsame Dokumenterstellung ist Microsoft SharePoint Server 2010, SharePoint Server 2013, Microsoft SharePoint Online oder Microsoft OneDrive for Business erforderlich.Für Anwesenheitsbenachrichtigungen wird Skype for Business oder Lync benötigt.

Quelle: Microsoft

Ich möchte mich bei all denjenigen bedanken, die während des Schreibens am meisten auf mich verzichten mussten: Romi, Lene, Wim und Rubi.

Inhalt

1 Erste Schritte in MS-Visio

In diesem Kapitel lernen Sie...

- Auswahl der verschiedenen Versionen
- Das Programm installieren
- Schnelleinstieg - eine neue Zeichnung nach einer Vorlage erstellen
- Einrichten des Programms

Das sollten Sie bereits wissen...

- Grundlegende Computerkenntnisse
- Kenntnisse im Umgang mit dem Internet
- Sehr guter Umgang mit Tastatur und Maus
- Kenntnisse des Betriebssystems

Bei der Wahl der MS-Visio Version sollten Sie auf einige Punkte achten. Aktuell gibt es Visio 2019 in den Versionen Standard, Professional und Office 365. Je nachdem, wie Sie Ihren Schwerpunkt bei der Visualisierung Ihrer Zeichnungen wählen, ist die Auswahl der Version entscheidend. Welche Funktionen welche Version enthält, zeigt Ihnen die Grafik oder die Microsoft Homepage zu MS-Visio.

Weitere Informationen zum Vergleich der drei Visio Versionen mit den jeweils verfügbaren Shapes (Zeichnungsobjekte) finden Sie auf der Internetseite von Microsoft unter dem Hyperlink:

https://query.prod.cms.rt.microsoft.com/cms/api/am/binary/RW945i

Oder die aktuelle Version unter:

https://products.office.com/de-de/visio/microsoft-visio-plans-and-pricing-compare-visio-options?market=de

Die Standardversion verfügt über keine Prozessüberprüfung. Dies ist besonders hilfreich, wenn Sie Ihre Unternehmensprozesse darstellen möchten. Die Anzahl der mitgelieferten Shapes variiert. So finden Anwender der Standardversion ca. 1000 dieser kleinen Zeichnungen, während die Professional Version mit 2500 Grafiken, die zum Teil in Farbe angelegt sind, aufwartet.

1.1 Das Programm installieren und starten

Programm installieren: Je nachdem für welche Version Sie sich entscheiden, benötigen Sie noch die Information, ob Sie ein 32Bit- oder 64Bit-Betriebssystem verwenden. Drücken Sie die Tastenkombination *Windows* + *Pausetaste* und es erscheint die Startseite der Systemteuerung. Bei *Systemtyp* finden Sie die Angaben:

Information zum Betriebssystem

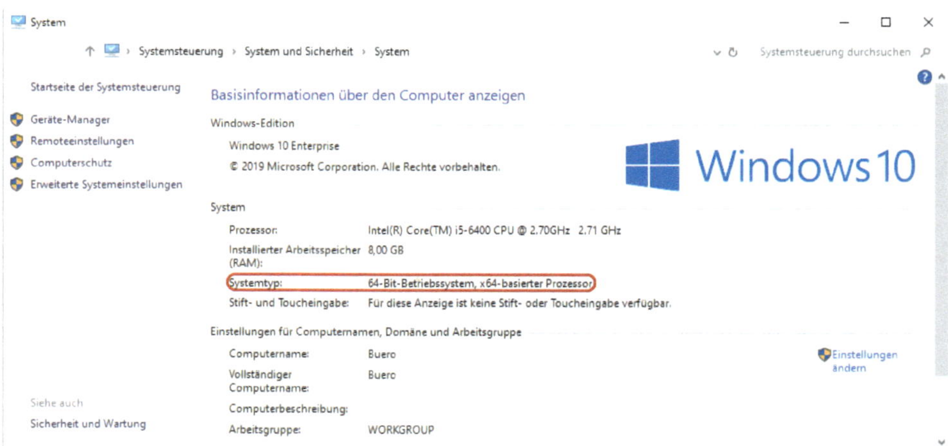

Nach der richtigen Wahl installiert sich MS-Visio auf Ihrem Computer.

Sind Sie Abonnent einer Office365-Lösung, dann fügen Sie die Software Ihrem Office365-Konto hinzu. Nun können Sie aus Ihrem Admin Center die Installation anstoßen.

Visio starten: Das Programm lässt sich in Windows 10 über die Suchfunktion starten. Klicken Sie dazu auf die Suchfeldeingabe, tippen „Visio" ❶ ein und wählen anschließend das Programm ❷ aus. Heften Sie das Programm an die Taskleiste an, um es schneller aufrufen zu können. Klicken Sie dazu im Fenster der Suchfunktion auf *An Taskleiste anheften* ❸.

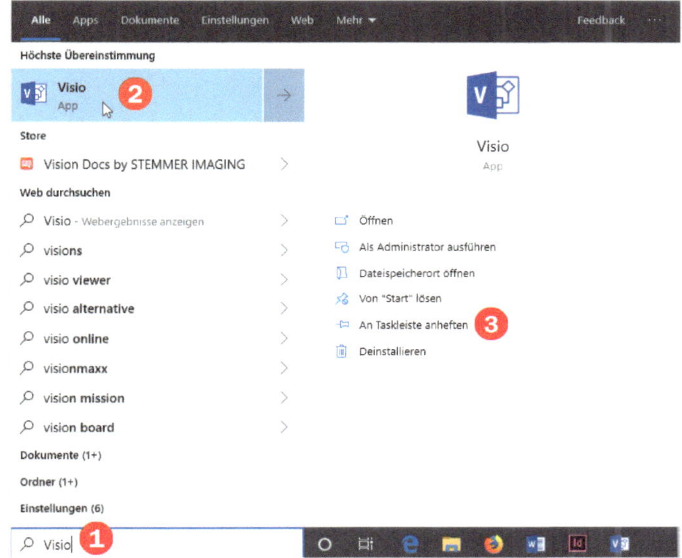

Im Startmenü die Suchfunktion aufrufen und Visio an die Taskleiste anheften

Alternativ können Sie das Programm an die Taskleiste anheften, wenn Sie im *Startmenü* mit der rechten Maustaste auf das Visio-Symbol ❶ klicken, *Mehr* ❷ und *An Taskleiste anheften* ❸ wählen.

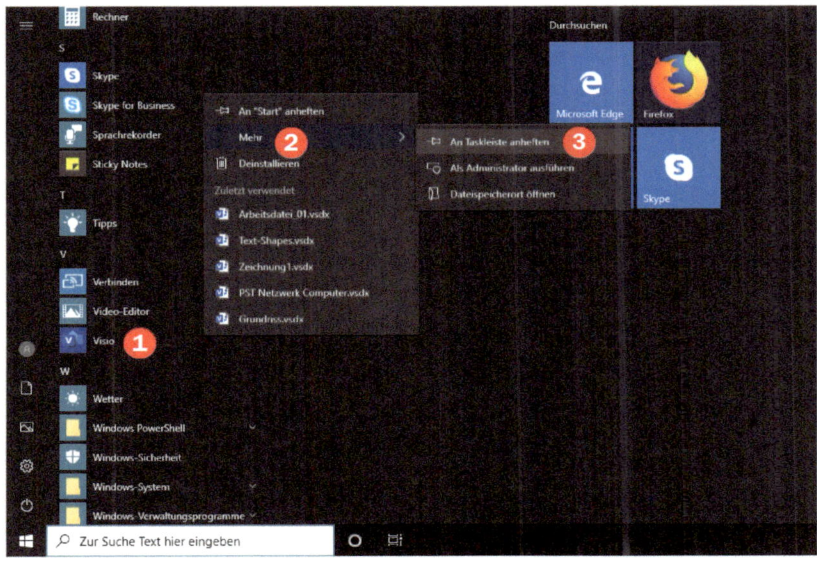

Visio an die Taskleiste anheften

1.2 Die verschiedenen Zeichnungsvorlagen und ihre Gruppen

Nachdem Ihr Programm startet, erscheint zuerst der Startbildschirm. Hier werden Sie aufgefordert, einen Zeichnungstyp auszuwählen

Eröffnungsbildschirm mit der Auswahl einer Vorlage

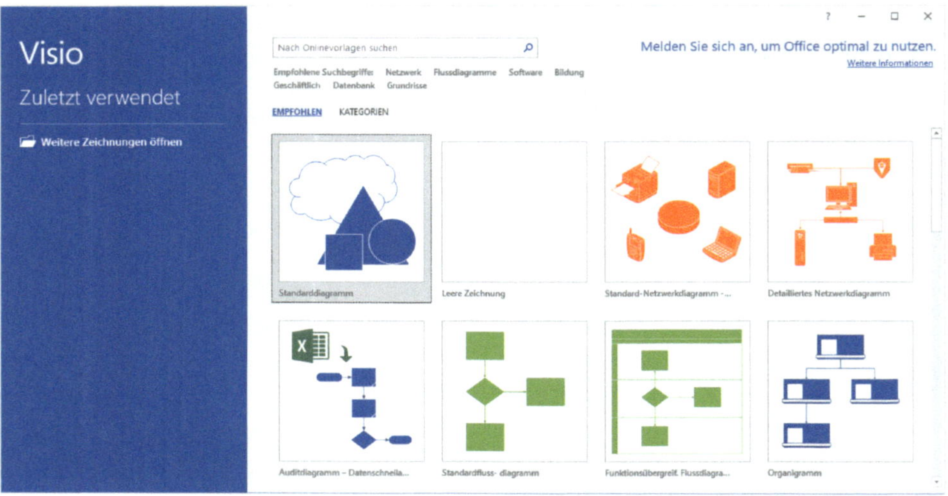

Je nachdem für welche Visio Version Sie sich entscheiden, sehen Sie im Startbildschirm eine Auflistung empfohlener Vorlagen. Wenn Sie eine Wahl treffen, erscheint entweder eine Vorlage, die erstellt werden kann oder es werden Ihnen Vorlagen in unterschiedlichen Ausführungen, aus denen Sie auswählen können, angezeigt.

Möchten Sie nach einem bestimmten Begriff suchen, können Sie diesen in die Eingabezeile ❶ eingeben. Visio sucht nach diesem Eintrag lokal auf Ihrem Computer oder wahlweise im Internet. Genaueres hängt von den Voreinstellungen des Programmes ab, auf die später noch eingegangen wird.

Mit einem Klick auf einen der empfohlenen Suchbegriffe (*Empfohlen*) ❷ können Sie in einer Auswahl eine Zeichnungsvorlage wählen. Alternativ klicken Sie auf *Kategorien* ❸ und wählen hier eine Vorlage aus.

Auswahl der Vorlagengruppe

Haben Sie einen Suchbegriff bestimmt, werden Ihnen die unterschiedlichen Vorlagen dazu angezeigt ❹ (siehe Bild nächste Seite). Äußerst praktisch ist, dass Sie auf der rechten Seite eine Auflistung der verschiedenen Kategorien vorfinden ❺, aus der Sie weitere Vorlagen auswählen können. Mit einem Klick auf den blauen Pfeil ❻ springen Sie eine Ebene höher zu *Alle* und gelangen wieder zur Übersicht. Mit dem Pfeil auf der linken Seite ❼ kommen Sie wieder zum Startbildschirm von Visio.

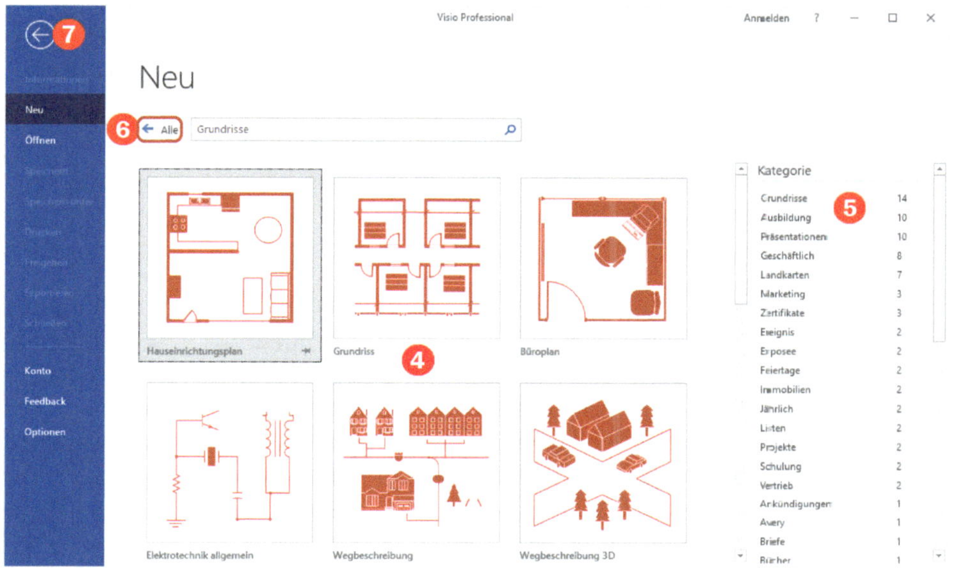

Auswahl der Vorlagen Grundrisse

Mit dem Öffnen der neuen Zeichnungsvorlage werden die dazugehörigen Standard-Schablonen geöffnet und eine neue Datei angelegt. Dies ist abhängig von der Art der Vorlage, das heißt, nicht alle Vorlagen haben die gleichen Shapes. Und auch die Einstellung eines Maßstabes variiert von Vorlage zu Vorlage.

Geben Sie in der Suchfunktion den Begriff *Prozess* ❶ ein und wählen Sie danach das Workflowdiagramm aus. Hier können Sie eine Vorlage auswählen ❷, indem Sie auf *Erstellen* ❸ klicken. Ist nicht die passende dabei, dann verlassen Sie das Workflowdiagramm mit dem *x*-Symbol ❹ oder Sie blättern in den „Prozess-Vorlagen" weiter mit den Schaltflächen ❺.

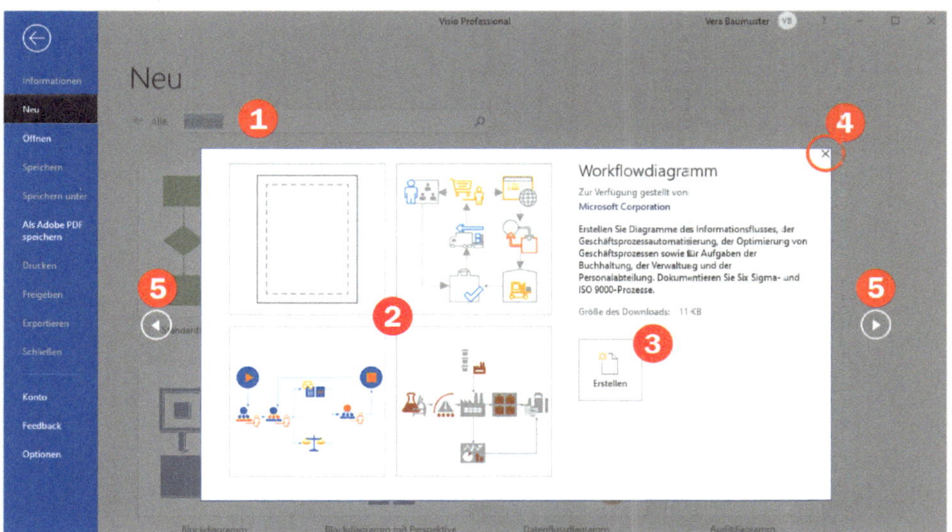

Auswahl einer Vorlage mit weiteren Vorschlägen von MS-Visio

Schreiben Sie einmal das Wort „Marketing" in das Suchfeld und die Anzahl der MS-Visio Vorlagen und anderen Programmen wird Ihnen angezeigt. Dieses Suchprinzip zum Erstellen von neuen Dokumenten wird von allen Office-Programmen angewendet.

Ihr Suchbegriff blendet am rechten Rand eine Kategorien-Liste (ist von der Visio-Version abhängig, ob vorhanden oder nicht) der gefunden Vorlagen ein. Diese beziehen sich auf alle Office Dokumentenvorlagen wie Word, Excel, PowerPoint etc.

Einen Unterschied sehen Sie in der Online Version von Visio. Der Startbildschirm und das Layout haben ein ganz anderes Aussehen. Aber das Prinzip bleibt das gleiche. Sie haben auch hier eine Suchzeile ❶, in der Sie einen Suchbegriff eintragen und erhalten dazu die Vorschläge ❷ als Diagrammtyp vom Programm. Sollten dazu weitere Vorlagen vorhanden sein, sehen Sie diese im unteren Bereich ❸. Sie wählen eine Vorlage aus und alle dazu benötigten Shapes werden für Ihre Zeichnung geladen. Mehr zur Online Version erfahren Sie in Kapitel 12.

Der Auswahldialog in Visio-Online

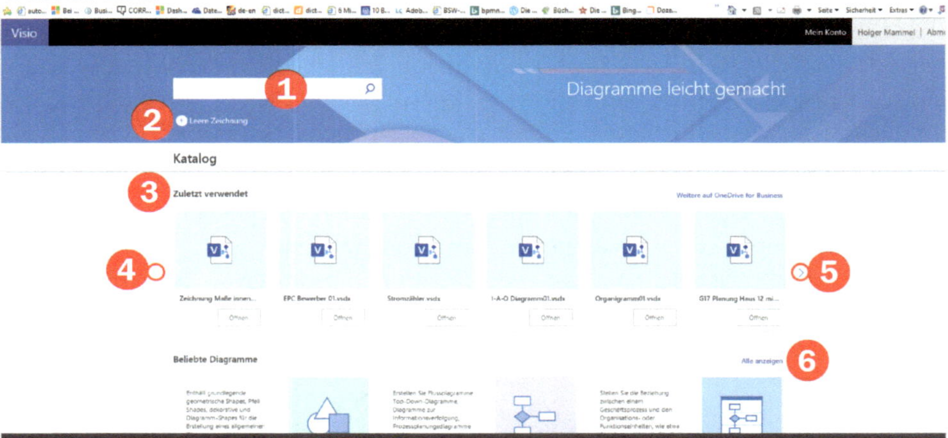

1 Eingabe des Suchbegriffes
2 Eine leere Zeichnung starten
3 Hier sind die zuletzt verwendeten Dateien aufgelistet
4 Zurückblättern der zuletzt verwendeten Dateien
5 Vorblättern der zuletzt verwendeten Dateien
6 Alle Diagramme anzeigen

2 Der Schnell-Einstieg in MS-Visio

In diesem Kapitel lernen Sie...

- Eine neue Zeichnung nach der Vorlage Standard erstellen
- Die wichtigsten Grundlagen und Funktionen
- Einfache Shapes auf dem Zeichenblatt ablegen

Das sollten Sie bereits wissen...

- Grundlegende Computerkenntnisse
- Umgang mit Tastatur und Maus
- Kenntnisse des Betriebssystems

In diesem Kapitel möchte ich Ihnen die ersten Schritte zeigen, mit der Sie eine Zeichnung in MS-Visio sehr schnell erstellen. Die Details werde ich dann später in diesem Buch genauer beschreiben. Nach dem Motto - aller Anfang ist leicht, so verhält es sich auf den ersten Blick auch mit MS-Visio. Das ist zunächst auch richtig, doch je komplexer Ihre Zeichnungen später aussehen werden, desto mehr muss der Anwender in der Software Anpassungen vornehmen.

2.1 Eine neue Zeichnung erstellen

Mit einem Doppelklick auf das Visio-Symbol starten Sie das Programm. Es erscheint der Startbildschirm mit einer Auswahl an verschiedenen Zeichnungsgruppen. Wählen Sie den Zeichnungstyp *Standarddiagramm* ❶ aus. Visio startet und der Dialog zur Auswahl erscheint erneut. Bestätigen Sie nun die Auswahl *Erstellen* ❷ und Visio erstellt ein leeres Zeichenblatt mit den dazugehörigen Shapes und Schablonen.

Startbildschirm mit Standardvorlage und Dialog zur Auswahl

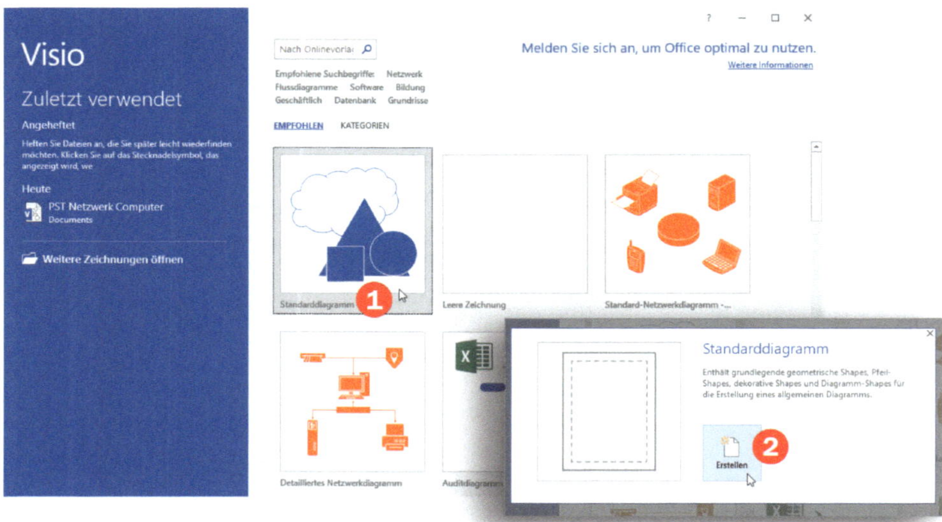

> Wenn Sie ein leeres Zeichenblatt wählen, werden keine Shapes und Schablonen in das Zeichenblatt geladen. Sie müssen in dem Fall alle gewünschten Zeichnungsobjekte suchen und laden.

Das Programmfenster ist geöffnet und Sie sehen ein leeres Blatt in der Mitte des Bildschirms. Auf der linken Seite befindet sich der Bereich der Schablonen und Shapes, in dem viele kleine Zeichensymbole dargestellt sind.

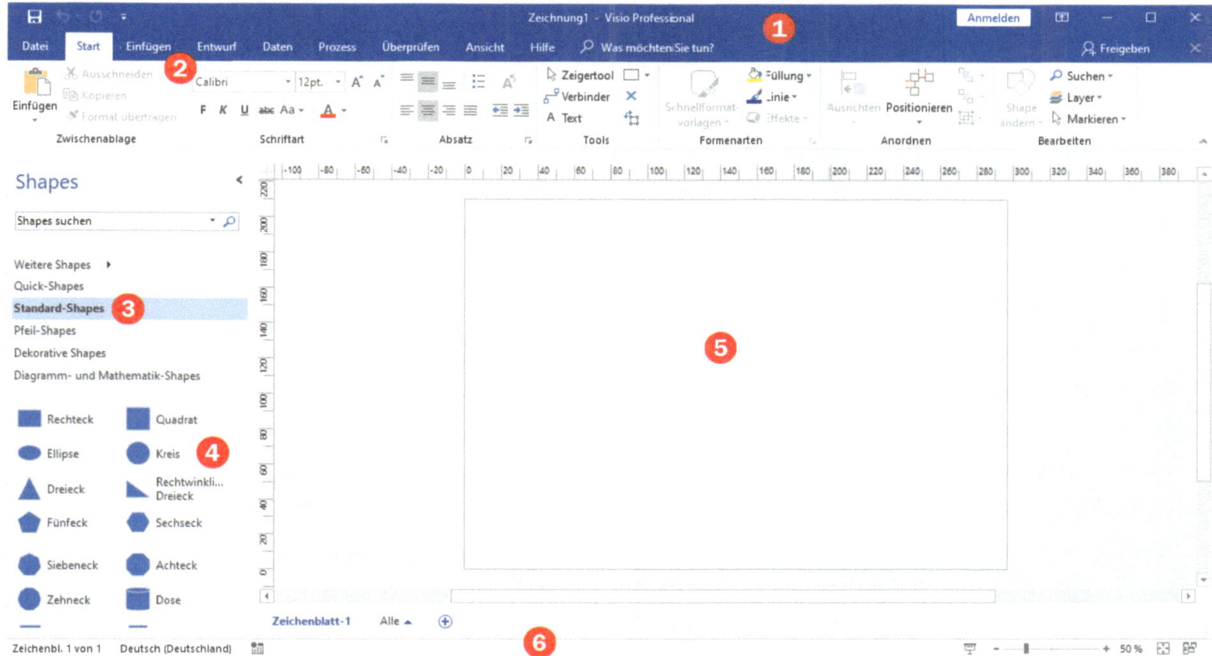

Programmfenster MS-Visio 2019

Die einzelnen Bereiche der Fenster, die Sie aus der Office-Familie kennen, sehen hier etwas anders aus.

1 Titelleiste mit dem Dateinamen und Schaltflächen zur Steuerung der Fenstergröße

2 Menüband

3 Geladene Schablone

4 Dazugehörige Shapes oder Zeichenobjekt

5 Das leere Zeichenblatt

6 Statuszeile für aktuelle Informationen vom Programm oder eines markierten Objektes

Nun sind Sie bereit, Ihre erste Zeichnung mit Leben zu füllen. In diesem Fall erstellen wir eine einfache Zeichnung aus verschiedenen Grundformen.

Klicken Sie nun im linken Arbeitsbereich mit der linken Maustaste auf das Rechteck ❶ (siehe nächstes Bild) und ziehen Sie es mit gedrückter Maustaste auf das Arbeitsblatt. ❷ Erst dann lassen Sie die linke Maustaste los. Das Rechteck hat sein Aussehen verändert und ist aktiviert. Sie sehen dies an den acht Anfassern ❸, den kleinen Kreisen. In früheren Versionen waren es kleine Quadrate. Auch der Mauscursor hat sein Aussehen verändert.

Shape auf das Zeichenblatt ziehen

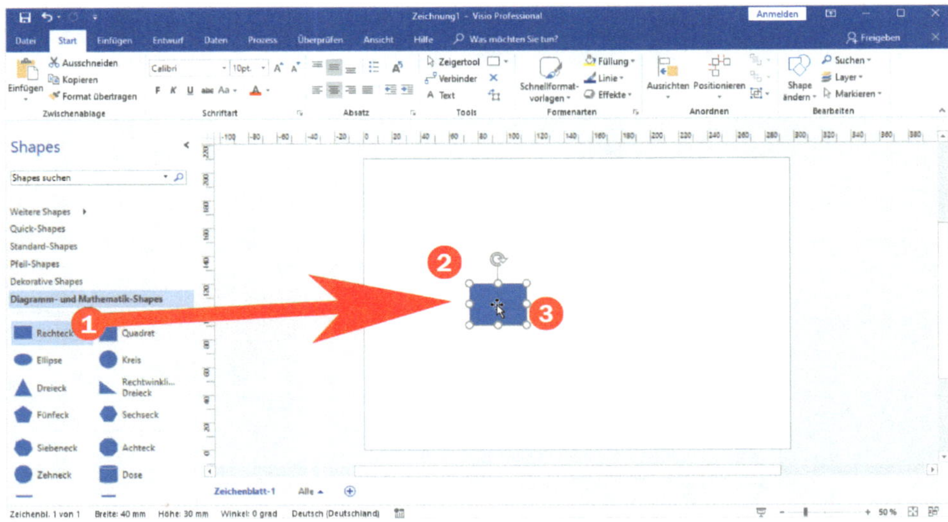

> Der Mauscursor kann je nach Objekt oder Auswahl sehr unterschiedliche Formen annehmen. Achten Sie deshalb immer auf das Aussehen Ihres Cursors.

Wenn Sie nun ein weiteres Shape aus der Vorlagengruppe auf Ihr Zeichenblatt ziehen, dann sehen Sie schon vor der Ablage die Ausrichtung zu bereits vorhandenen Objekten. Prüfen Sie die senkrechte und waagrechte Position und lassen dann die Maustaste los. MS-Visio positioniert das Shape millimetergenau an die von Ihnen gewünschte Stelle.

Ablage eines Objektes mit aktiviertem dynamischem Gitter

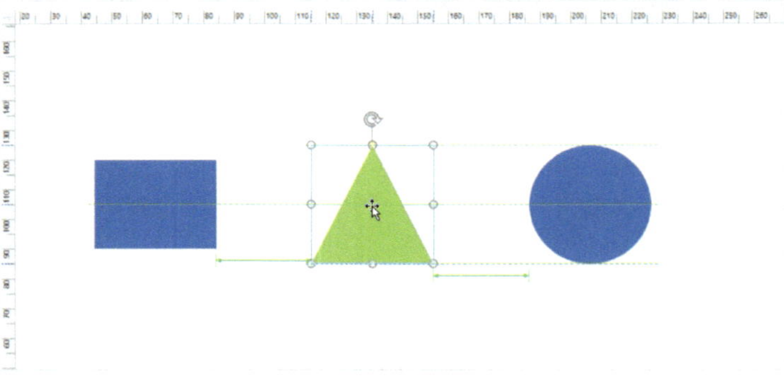

Die Hilfslinien zum Ausrichten müssen in diesem Fall eingeschaltet sein.

> Sollten bei Ihnen keine Hilfslinien zur Positionierung erscheinen, sind unter Umständen die dynamischen Gitter nicht aktiviert.

Die Hilfslinien können Sie sich einblenden lassen, indem Sie im Menüband ▶ Register *Ansicht* ❶ ▶ Gruppe *Visuelle Unterstützung* bei *Dynamische Gitter* ❷ ein Häkchen setzen.

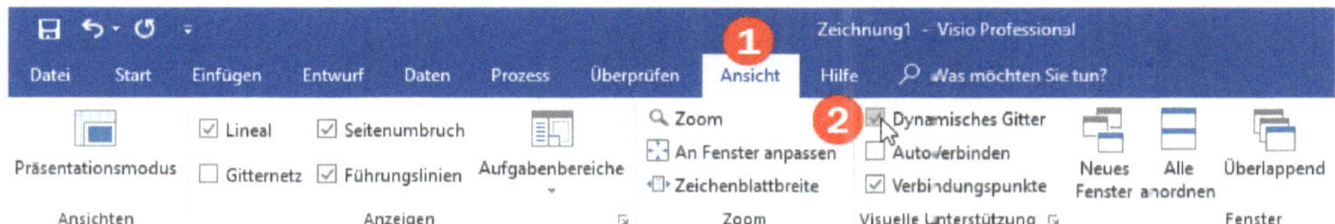

Dynamische Gitter einblenden

Ziehen Sie nun vier gleiche Rechtecke auf Ihr Zeichenblatt und richten diese aus. Anschließen können Sie mit der Beschriftung beginnen. Aktivieren Sie dazu ein Objekt und klicken Sie mit der linken Maustaste doppelt darauf. Der blinkende Textcursor erscheint und Sie können direkt danach mit der Texteingabe beginnen. Das Objekt wird während des Texteingabemodus in weiß dargestellt.

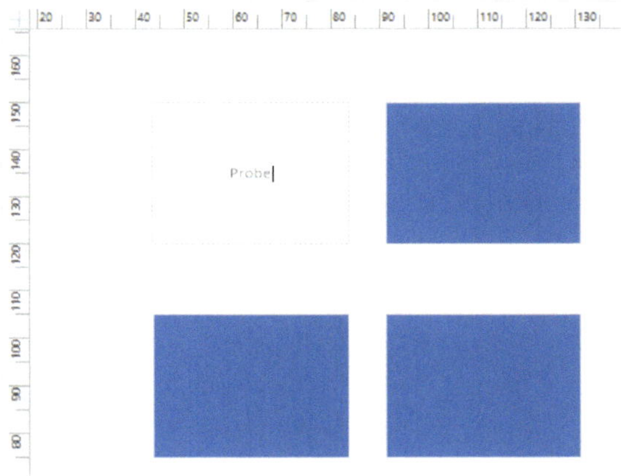

Aktivierte Texteingabe nach einem Doppelklick

Wenn Sie die Schriftgröße des Textes ändern wollen, müssen Sie nur das Objekt anklicken, in diesem Beispiel das Rechteck. Die Schriftgröße verändern Sie im Register *Start* unter *Schriftart*.

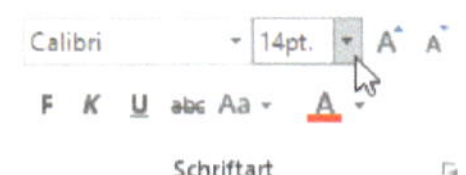

Zum Ändern der Schriftgröße ist es ist nicht notwendig, den Text im Vorfeld zu markieren. Es genügt das Shape zu markieren bzw. anzuklicken.

Nachdem Sie nun alle Shapes beschriftet haben, können Sie diese miteinander verbinden. Das Verbinden mit Linien oder Pfeilsymbolen kommt aus der Prozessdarstellung und hilft beim Lesen eines solchen Diagramms. Um solche Pfeile anzubringen, müssen Sie zum Verbindungswerkzeug (siehe nächstes Bild) wechseln. Ihr Cursor wird sein Aussehen verändern, und an Ihren Shapes werden andere Anfasser erscheinen, sobald Sie mit dem Mauszeiger auf eines der Shapes zeigen.

Klicken Sie im Register *Start* ❶ auf das Symbol *Verbinder* ❷. Der Cursor ändert sich und Ihr Shape zeigt kleine schwarze Punkte, die Klebestellen ❸. An diesen Stellen können Sie die Linien oder Pfeile anbringen.

Verbinder-Werkzeug mit sichtbaren schwarzen Klebepunkten

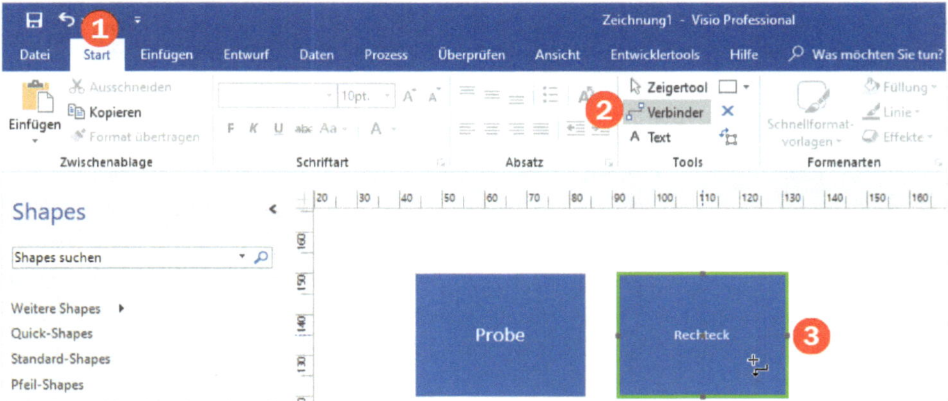

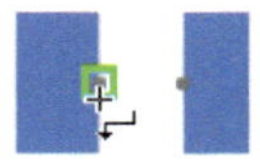

Nachdem der Cursor nun aktiviert ist, und Sie die Maustaste gedrückt halten, ziehen Sie den Cursor über den Klebepunkt. Es erscheint ein kleines grünes Rechteck, also ist der Klebepunkt aktiv. Klicken Sie nun mit der linken Maustaste darauf, dann erscheint eine gestrichelte Linie, die Sie mit dem anderen Klebepunkt verbinden, sobald am Zielobjekt das kleine grüne Rechteck erscheint. Lassen Sie nun die Maustaste wieder los. MS-Visio erstellt sofort einen Standardpfeil zwischen den beiden Objekten. Sie können nun die anderen Shapes nach der gleichen Vorgehensweise miteinander verbinden.

Klebepunkte verbinden

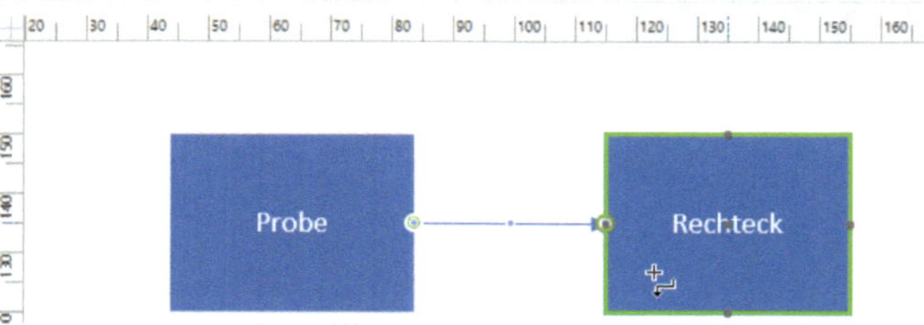

Wollen Sie das Verbinder-Werkzeug wieder deaktivieren, dann klicken Sie im Menüband im Register *Start* auf das blaue *x* neben der Funktion *Verbinder*.

2.2 Ein MS-Visio Shape formatieren

Wollen Sie ein Visio Shape im Nachhinein formatieren, so haben Sie die Wahl zwischen drei verschiedenen Wegen.

1 Kontextmenü (rechter Mausklick auf ein Shape)

2 Startmenüband und Schnell-Formateinstellungen

3 Form formatieren

Formatierung über das Kontextmenü

Klicken Sie mit der rechte Maustaste auf ein Objekt ❶. Das Kontextmenü öffnet sich und Sie können Einstellungen unter anderem für Schriftgröße, Schriftschnitt (fett, kursiv), Ausrichtung, Vorder- und Hintergrund vornehmen ❷. Möchten Sie das Shape mit Farbe, Transparenz und Eckformen usw. verändern, dann wählen Sie den Befehl *Shape formatieren* ❸ oder verwenden eine vorgefertigte Formatvorlage mit einem Klick auf *Formatvorlagen* ❹.

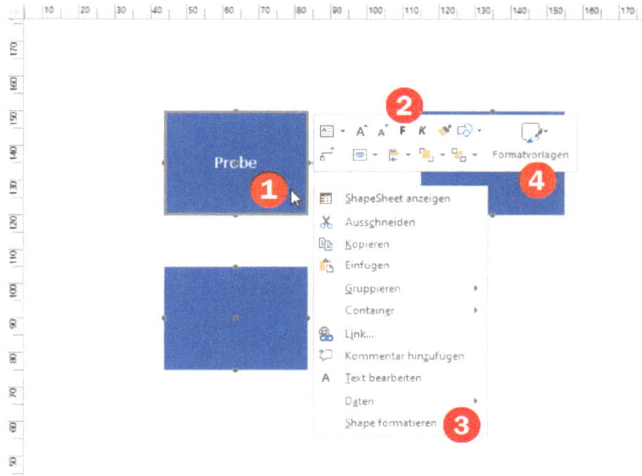

Aufruf über die rechte Maustaste

Haben Sie sich im oberen Beispiel für die Formatvorlagen entschieden, so können Sie jetzt eine der bestehenden Vorlagen auswählen ❶, eine Anpassung der Designvorlage verwenden ❷, oder individuell bearbeiten ❸. Dazu stehen Ihnen die Einstellungen für Füllung, Linie, Schriftfarbe und Effekte zur Verfügung. Wählen Sie eine dieser Funktionen, kommen Sie automatisch in den Einstellbereich ❹.

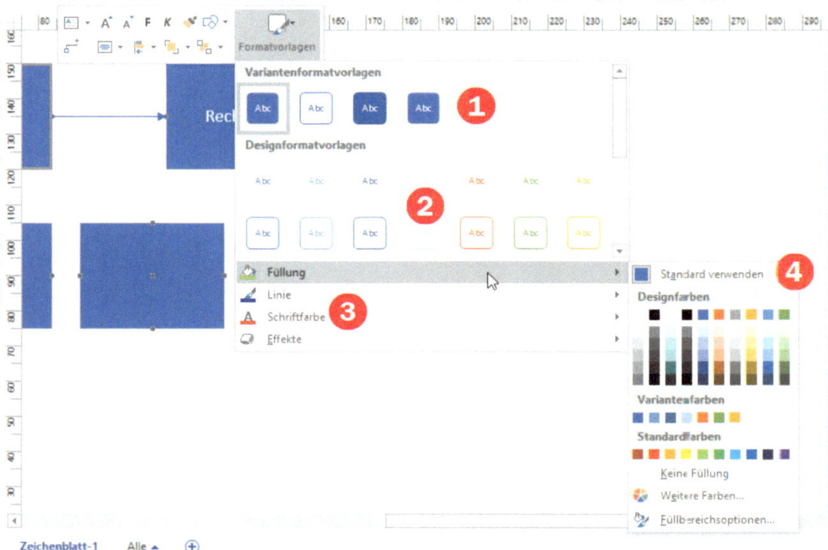

Anpassen und Formatieren eines Shapes über Aufruf Formatvorlagen

Formatierung über das Menüband

Die einfachste Form, Shapes zu formatieren, erreichen Sie direkt im Menüband im Register *Start*. Hier finden Sie die wichtigsten Einstellungen für die Schriftart ❶ oder Textausrichtung ❷.

Die Füllung, Linienform und Effekte ❸ können Sie auch direkt auswählen, wenn Sie auf den kleinen Pfeil neben der Befehlsschaltfläche klicken. Möchten Sie eine bestehende Formatvorlage ❹ verwenden oder anpassen, können Sie diese direkt wählen und erhalten über die Preview-Ansicht sofort das Ergebnis.

Formatierungseinstellungen über das Menüband Start

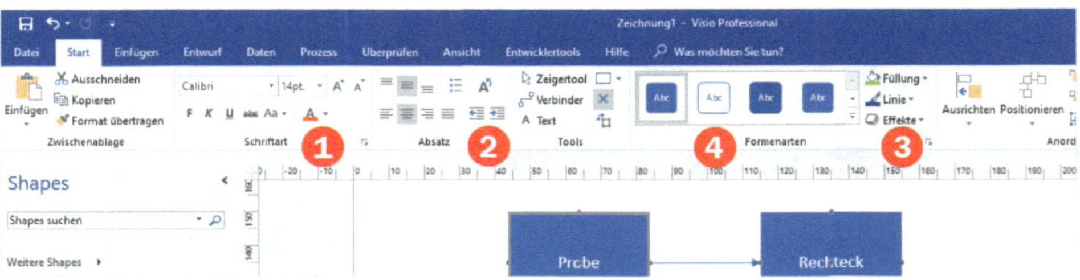

Form formatieren

Neben all den Schnellbefehlen haben Sie auch die Wahl, Ihre Einstellungen über den Formbereich vorzunehmen. Dieser Bereich zeigt alle Einstellmöglichkeiten bis ins letzte Detail an. Eine vollständige Beschreibung erspare ich Ihnen an dieser Stelle. Sie erreichen diese Einstellgruppe, wenn Sie bei den jeweiligen Funktionen auf das kleine Optionsfeld der Formatbefehle klicken.

Detail Einstellungen für Shapes und Objekte

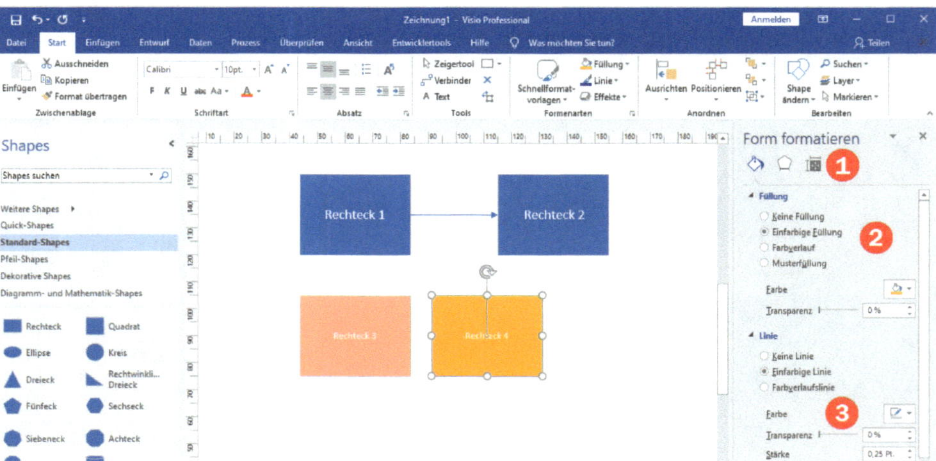

Wie Sie unschwer erkennen, sind hier alle Einstellmöglichkeiten der Formatierung für Text, Kontur und Fläche an einer Stelle zusammengefasst. Je nach Shape kann dies variieren. An oberster Stelle wählen Sie zunächst aus, was Sie formatieren möchten ❶ (siehe Bild oben). Zur Auswahl stehen *Füllung und Linie*, *Effekte* und ganz rechts die Einstellungen zu *Größe und Eigenschaften*. Haben Sie *Füllung und Linie* gewählt, werden die Details für die farbliche Füllung von Formen ❷ (auch Muster) angezeigt. Darunter finden sich die Einstellwerte für Linienfarbe ❸, Linienformen, deren Abschluss und die jeweiligen Pfeilspitzen.

2.3 Die Zeichnung fertigstellen und speichern

Wenn nicht geschehen, richten Sie die abgelegten Objekte auf dem Zeichenblatt nun aus. Dazu markieren sie alle Rechtecke, indem Sie mit gedrückter Maustaste ein Rechteck aufziehen. Während dem markieren drücken Sie die linke Maustaste. Ein Rahmen um alle Objekte wird angezeigt.

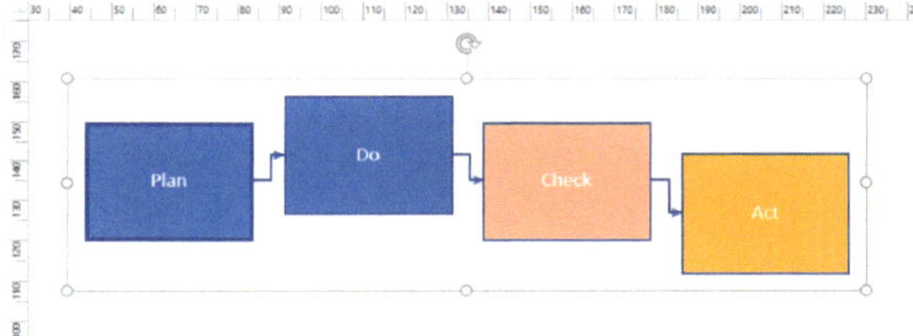

Markiertes Objekt bestehend aus 4 Einheiten

Objekte ausrichten

Im nächsten Schritt richten wir die Objekte zueinander aus. Wählen Sie dazu das Menüband *Start* ❶ und die Befehlsgruppe *Ausrichten* ❷ aus. Klicken Sie hier auf *Vertikal zentrieren* ❸. Alle ausgewählten Objekte werden nun entsprechend ihrer Position verschoben und zueinander ausgerichtet.

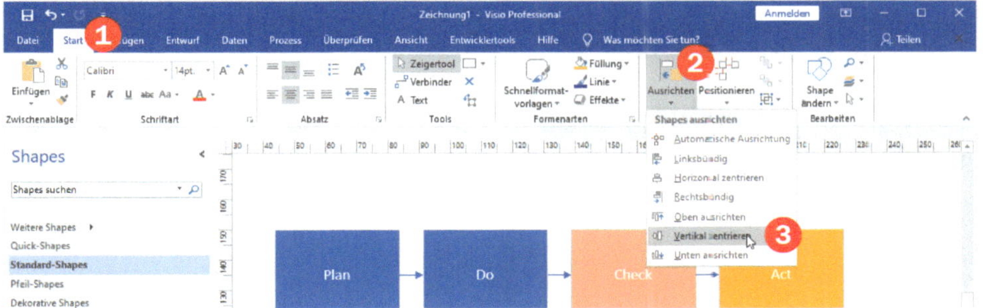

Objekte zueinander ausrichten

Hintergrund auswählen

Ganz zum Schluss legen Sie noch einen Hintergrund ins Bild und fertig ist Ihre erste Zeichnung mit MS-Visio. Für den Hintergrund wählen Sie das Register *Entwurf* ❶ (nächstes Bild) und anschließend *Hintergründe* ❷. Hier können Sie sich für eine der Vorlagen ❸ entscheiden. In diesem Fall wurde die Weltkarte gewählt.

Hintergrund auswählen

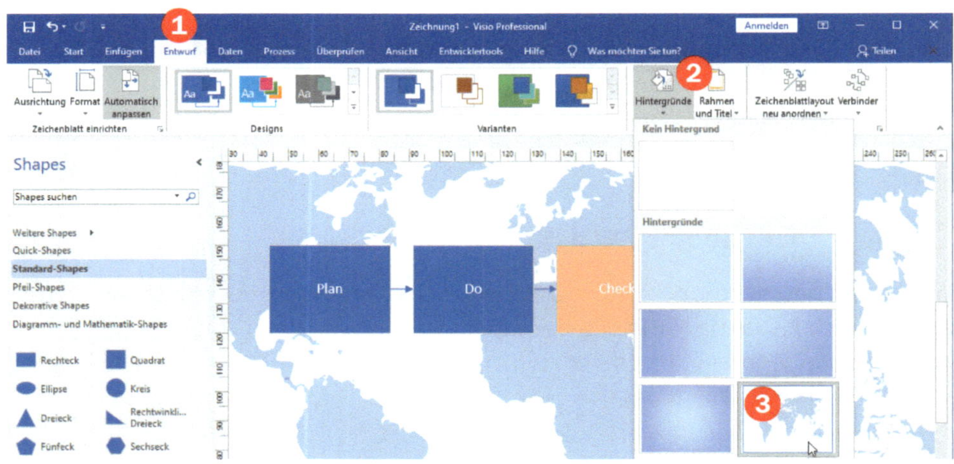

Dokument speichern

Zu guter Letzt speichern Sie Ihr Dokument je nach Wahl auf Ihrem Desktop oder einem anderen Speicherplatz ab. In den nächsten Kapiteln lernen Sie dann im Detail den Umgang mit Objekten und dem Programm.

Klicken Sie im Register *Datei* auf den Bereich *Speichern unter* ❶ und anschließend auf *Durchsuchen* ❷. Wählen Sie hier einen Ordner aus und vergeben Sie als Dateiname Arbeitsdatei_01 ❸. Schließen Sie den Prozess ab, indem Sie auf *Speichern* ❹ klicken.

Zeichnung speichern

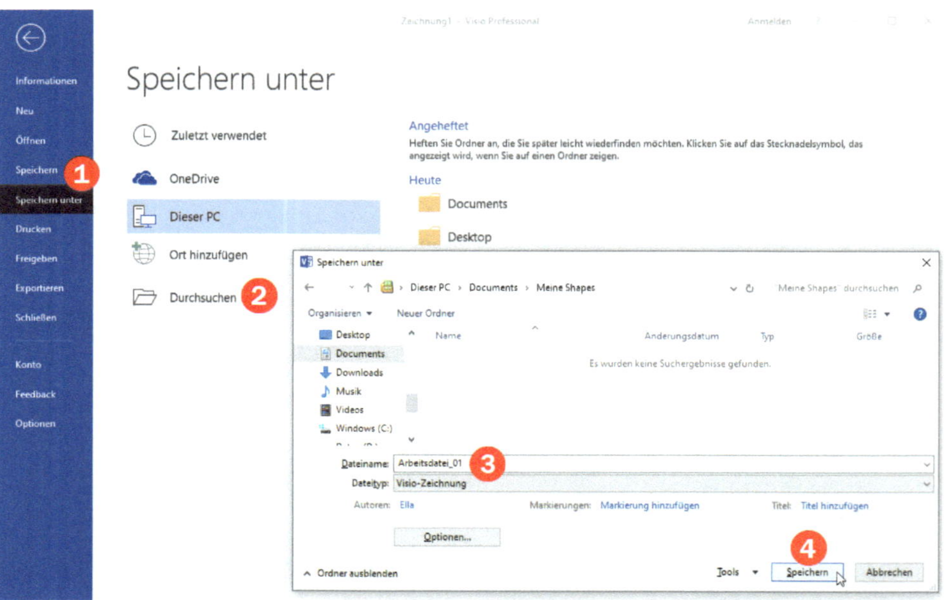

3 Das Programm und die Oberfläche

In diesem Kapitel lernen Sie...

- Die Oberfläche von MS-Visio
- Die verschiedenen Arbeitsbereiche und ihre Aufgabe
- Umfang des Programms
- Inhalte der Arbeitsfenster
- Grundlagen von Shapes und Schablonen

Das sollten Sie bereits wissen...

- Grundlegende Computerkenntnisse
- Guter Umgang mit Tastatur und Maus
- Kenntnisse im Umgang mit Windows

3.1 Elemente der Programmoberfläche

Programmoberfläche MS-Visio mit geöffneter Datei

Um sich mit dem Programm und der Oberfläche von MS-Visio vertraut zu machen, öffnen Sie zuallererst die soeben erstellte Datei mit einem Doppelklick. Das Programm wird gestartet und im Arbeitsfenster öffnet sich anschließend die Datei. Diese ist nun der Ausgangspunkt für die nächsten Schritte. So sollte die Ansicht aussehen:

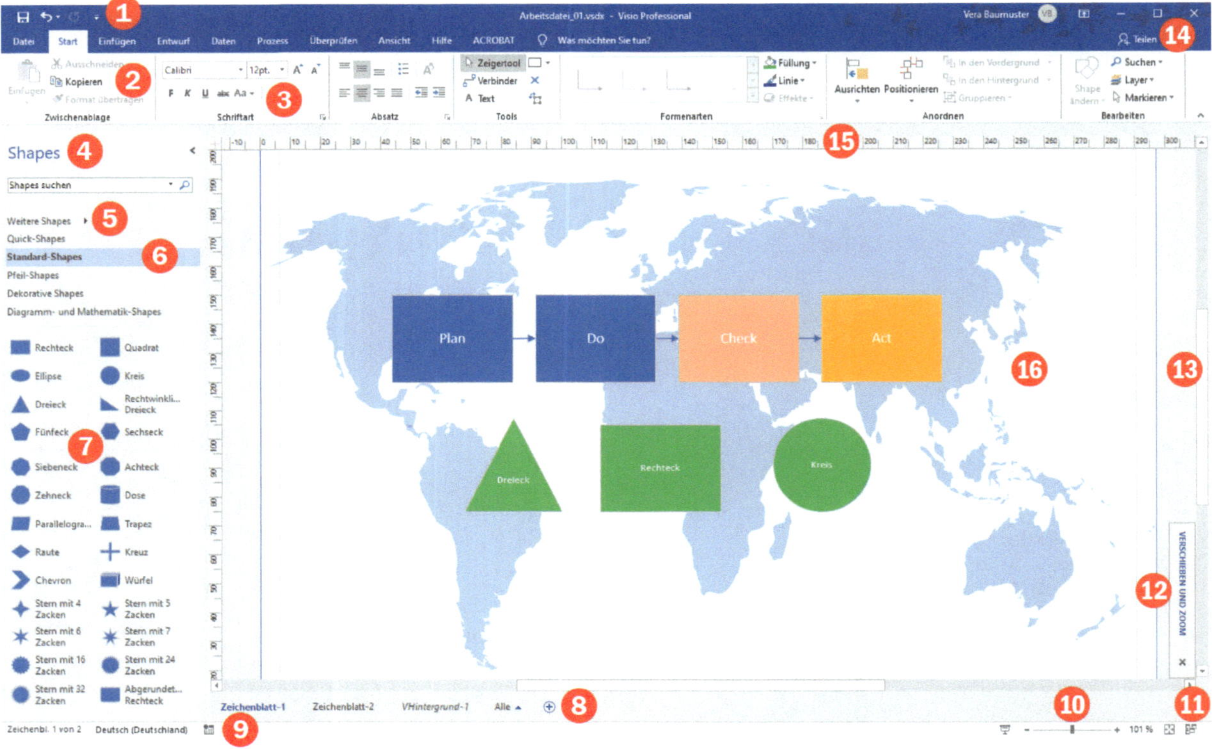

1 Schnellzugriffsleiste
2 Menüband
3 Befehlsgruppen
4 Schablonenbereich (angedockt)
5 Weitere Schablonen
6 Aktive Schablonengruppe
7 Aktive auswählbare Schablonen
8 Zeichenblatt einfügen
9 Statusleiste
10 Zoomregler

11 Schaltfläche Fenster wechseln

12 Verschieben und Zoom (Muss u. U. eingeblendet werden, dazu gleich mehr)

13 Bildlaufleiste

14 Freigabebereich

15 Lineal

16 Zeichenblatt

Somit sind alle wichtigen Bereiche aufgelistet, die nun näher betrachtet werden. Jetzt geht es zunächst um den Umgang mit einer Zeichnung und der Navigation. Danach werden die Schablonen und zusätzliche Einstellmöglichkeiten genauer unter die Lupe genommen.

3.2 Navigation in der Arbeitsdatei

Grundsätzlich gibt es zwei Möglichkeiten, wie Sie das Zeichenblatt navigieren: Mit der Bildlaufleiste und dem Mausrad.

Zeichenblatt nach oben und unten bewegen

- Mit der Bildlaufleiste auf der rechten Seite verschieben Sie das Zeichenblatt nach oben bwz. unten.
- Alternativ verwenden Sie das Mausrad. Zeigen Sie dazu mit der Maus auf das Zeichenblatt und bewegen Sie das Mausrad nach oben bzw. nach unten.

Zeichenblatt nach rechts bzw. links bewegen

- Die Bildlaufleiste am unteren Rand verschiebt das Zeichenblatt nach links oder rechts.
- Oder drücken Sie die Shift-Taste und drehen dann am Mausrad.

> Mit den beiden Tasten *Shift* und *Strg* und dem Mausrad navigieren Sie nach rechts und links oder zoomen in die Zeichnung hinein bzw. hinaus.

Zeichenblatt zoomen

- Durch Antippen des Zoomreglers in der Statusleiste rechts unten vergrößern bzw. verkleinern Sie die Ansicht des Zeichenblatts. Rechts daneben finden Sie die Schaltfläche für das Einpassen des gesamten Zeichnungsblattes auf Ihre Windows-Fenstergröße. Der Zoomwert wird dabei immer automatisch ermittelt.

- Oder drücken Sie die Strg-Taste und drehen das Mausrad.

> Wenn Sie in einem sehr kleinen Zoombereich sind und Sie den Ausschnitt auf ein bestimmtes Objekt legen möchten, so bewegen Sie vorher Ihren Mauszeiger über dem Objekt, bevor Sie die Zoomfunktion ausführen. Somit erscheint das ausgewählte Objekt in der Mitte des Zeichenfensters.

Wenn Sie die Tasten *Strg* und *Shift* in Verbindung mit dem Mausrad verwenden, zoomen Sie wesentlich schneller.

Zeichenblatt zoomen und verschieben mit dem Andockfenster

Neben der Bildlaufleiste und der Maus können Sie auch das Andockfenster *Verschieben und Zoom* verwenden, um Ihr Arbeitsblatt zu navigieren. Diese Funktion müssen Sie sich allerdings vorab einblenden lassen. Gehen Sie dazu auf das Register *Ansicht* ❶, dann auf die Schaltfläche *Aufgabenbereiche* ❷ und wählen schließlich *Verschieben und Zoom* ❸.

Die verschiedenen Aufgabenbereiche in MS-Visio

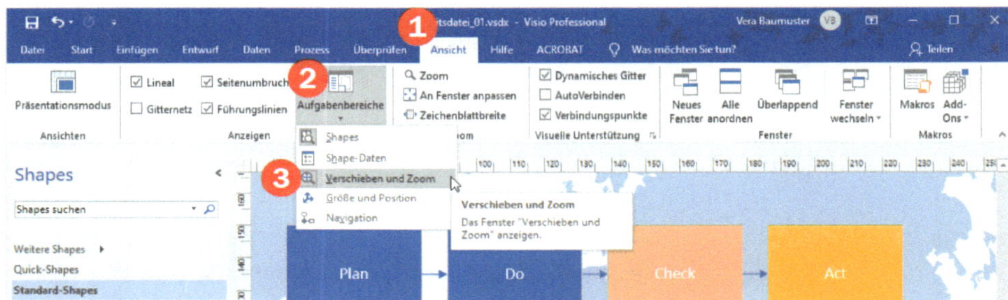

Wenn Sie diesen Aufgabenbereich eingeblendet haben, erscheint er in Ihrem Zeichenfenster auf der rechten unteren Seite und zeigt Ihnen das gesamte Arbeitsblatt als kleines Vorschaubild.

Zoom/Verschieben Arbeitsbereich

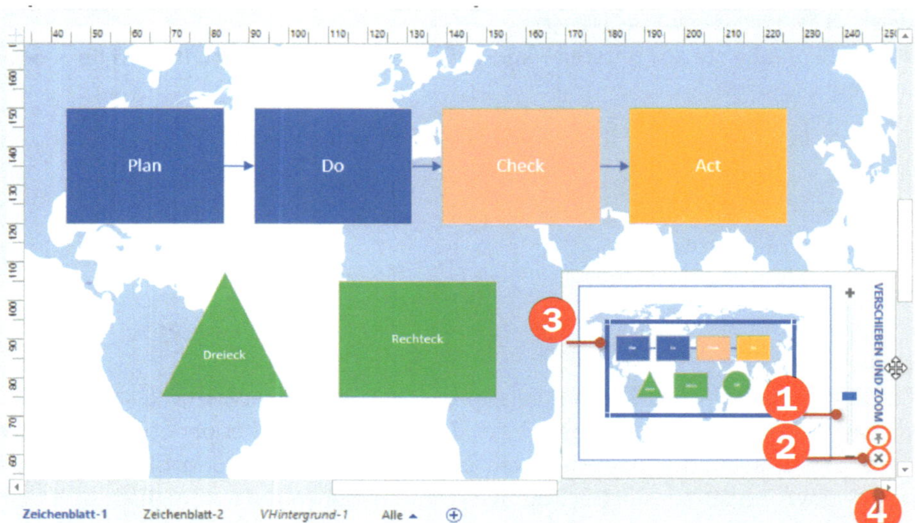

1. Mit dem Schieberegler steuern Sie den Zoom ❶.
2. Mit der Stecknadel können Sie das Fenster fixieren oder dynamisch öffnen ❷.
3. Mit dem blauen Ausschnittrahmen können Sie die Position des Ausschnitts bestimmen und verschieben ❸.
4. Hier wird der Bereich wieder entfernt ❹.

Bereiche dauerhaft einblenden

Die Stecknadel hat zwei Funktionen, je nachdem, ob Sie aktiviert oder deaktiviert ist. Sie können das an der Ausrichtung der Nadel erkennen. Befindet sich die Nadel in einer senkrechten Position, dann ist *AutoAusblenden* aktiviert und Sie müssen jedes Mal, wenn Sie sich diesen Aufgabenbereich anzeigen lassen wollen, die Maus über das Andockfenster bewegen bzw. darauf klicken. Ist die Stecknadel waagerecht, ist der Aufgabenbereich fest verankert, heißt, er verschwindet nicht, sobald Sie diesen Bereich mit der Maus verlassen. Eine ganz praktische Sache, wenn Sie einen kleinen Bildschirm haben. Es liegt an Ihnen, mit welcher Form Sie gerne arbeiten möchten.

In MS-Visio 2019 befinden sich fünf solcher Andockfenster. Frühere Versionen haben nur vier. Der Bereich Navigation bzw. Diagrammnavigation fehlt.

3.3 Nützliche Andockfenster

Neben dem Andockfenster für *Verschieben und Zoomen*, das im vorherigen Abschnitt behandelt wurde, stehen Ihnen noch weitere Andockfenster zur Verfügung: *Shapes*, *Shape-Daten*, *Größe und Position* und *Navigation*. Alle Andockfenster öffnen Sie über *Ansicht* ▶ *Aufgabenbereich*.

Andockfenster: Größen und Position

Mit dem Andockfenster *Größen und Position* können Sie sich Positionsdaten anzeigen lassen und diese auch verändern. Wählen Sie hierzu den Aufgabenbereich *Größe und Position* aus. Auf der linken unteren Seite erscheint nun der Eingabebereich. Wenn Sie das Fenster öffnen, kann es sein, dass die Meldung *Keine Auswahl* angezeigt wird. Das liegt daran, dass kein Shape markiert ist und somit keine Informationen ausgelesen werden können. Klicken Sie in diesem Fall ein Shape an und die Daten werden im Andockfenster sichtbar.

Größen und Positionskoordinaten im Andockfenster

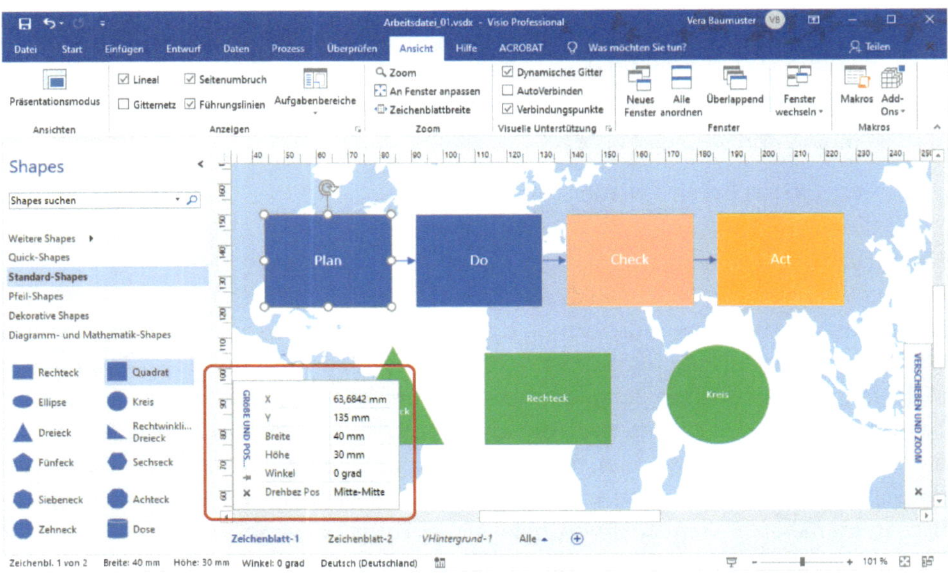

Alle Positionsdaten zu dem ausgewählten Shape werden angezeigt und können hier auch angepasst werden. Klicken Sie in das Eingabefeld der X-Position und geben Sie den Wert 20 mm ein. Das Shape verschiebt sich auf die gewählte Position, wobei sich der Wert 20 mm standardmäßig auf den Mittelpunkt Ihres Shapes bezieht. Sie können dies an der Einstellung *Drehbez Pos Mitte-Mitte* ersehen. Möchten Sie, dass Ihr Shape beispielsweise mit der linken Kante auf die Position mit dem Wert 20 mm springt, dann müssen Sie die Einstellung in *Mitte-Links* ändern. Zur Anzeige aller zur Verfügung stehenden Bezugspunkte klicken Sie in das Feld hinter Drehbez Pos und öffnen das Dropdown-Menü.

Sobald Sie einen Positionsbezug in der Eingabemaske ändern, verschiebt sich das Shape auch sofort auf diesen eingestellten Wert. Es ist also möglich, dass Sie in jedem dieser Eingabefelder per Zahl präzise Einstellungen vornehmen. Probieren Sie es doch einfach mal aus.

Mit diesem Aufgabenbereich kann man außerdem mit eingegebenen Werten rechnen. Wollen Sie beispielsweise Ihr Shape, ausgehend von der *Drehbez Pos*, um 33 % breiter machen, dann ist das kein Problem, Visio berechnet es. Tragen Sie dazu im Feld *Breite* die Rechnung 40 mm + 33 % ein. In diese Felder können Sie auch andere Maßangaben wie Inch, Zoll oder das Schriftgrößenmaß Punkt eingeben. Auch die Mischform wie 4 Zoll + 36 Pt wird von MS-Visio richtig berechnet.

> Achten Sie bei der Eingabe von Maßgrößen auf die richtige Schreibweise. Nicht jede MS-Visio Version versteht jede Form der Eingabe, z. B 40mm oder 40 mm mit einem Leerzeichen oder 40 MM in Großschreibung. Haben Sie in einem Eingabefeld das Größenmaß einmal eingetragen, so bleibt dieses für weitere Eingaben erhalten. Sie brauchen dann nur noch die Zahl eintragen.

Andockfenster: Shapes

Das Andockfenster *Shapes* blendet alle Schablonen auf der linken Seite des Programmfensters ein. Wenn man diesen Bereich zuklappt, kann die Zeichenfläche vergrößert werden. Sie können auch die Breite des Andockfensters anpassen. Bewegen Sie Ihre Maus an die rechte Kante des Schablonenbereiches. Wenn der Cursor die Kante erkennt, wandelt er sich in einen Doppelpfeil ❶ um. Dann können Sie mit gedrückter linker Maustaste die Breite nach Ihren Wünschen anpassen. Um den Bereich zuzuklappen, klicken Sie auf das obere kleine Pfeilsymbol ❷.

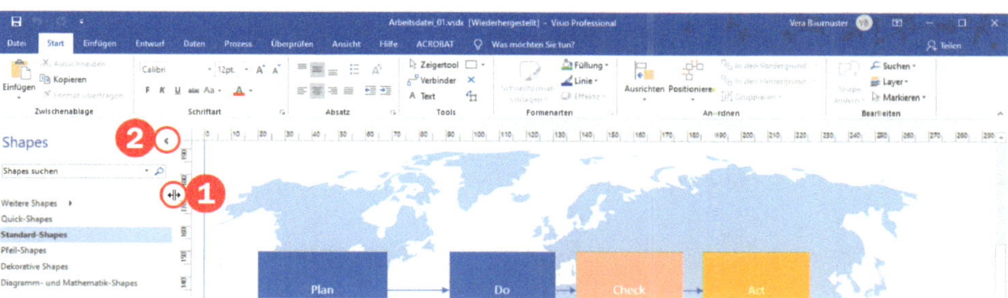

Shape Andockfenster anpassen

Das Fenster reduziert sich und gibt die Arbeitsfläche frei. Ein erneuter Klick öffnet es wieder. Die anderen Funktionen, wie Sie mit Shapes und Schablonen umgehen, werden in Kapitel 4 beschrieben.

Viele Anwender, die zum ersten Mal mit Visio arbeiten, sollten sich daran erinnern, wie Sie diesen Bereich wieder einschalten können, sollte er aus Versehen nicht sichtbar sein.

Andockfenster: Shape-Daten

Das Andockfenster *Shape-Daten* zeigt alle zugewiesenen Daten zu einem Shape. Wie im vorherigen Abschnitt sind hier keine Informationen sichtbar, obwohl Sie ein Shape ausgewählt haben. Nicht jedes Shape hat vorab Datenstrukturen schon vordefiniert. Sie können aber jedem Shape Datenfelder zuführen. Später dazu mehr.

Um dies jetzt zu zeigen, benötigen Sie ein Shape, in dem solche Datenfelder bereits definiert sind. Dazu holen Sie sich ein Shape mit dem Namen „Laptop“. Klicken Sie in die Suchzeile ❶ und geben den Namen „Laptop“ ein. Drücken Sie nun die *Entertaste* oder klicken Sie auf die Lupe. MS-Visio sucht nun innerhalb seiner tausenden Shapes nach diesem Objekt und zeigt es an, soweit er es gefunden hat. ❷

Ziehen Sie nun mit gedrückter Maustaste das Shape auf Ihr Zeichenblatt. Wenn Ihr Datenfenster noch geöffnet ist, werden alle Eingabefelder für dieses Shape angezeigt und Sie können beginnen, die notwendigen Felder auszufüllen. Der ausgewählte Laptop hat folgende Datenfelder ❸ mit den dazugehörigen Daten ❹.

Suchfeld nach Shapenamen

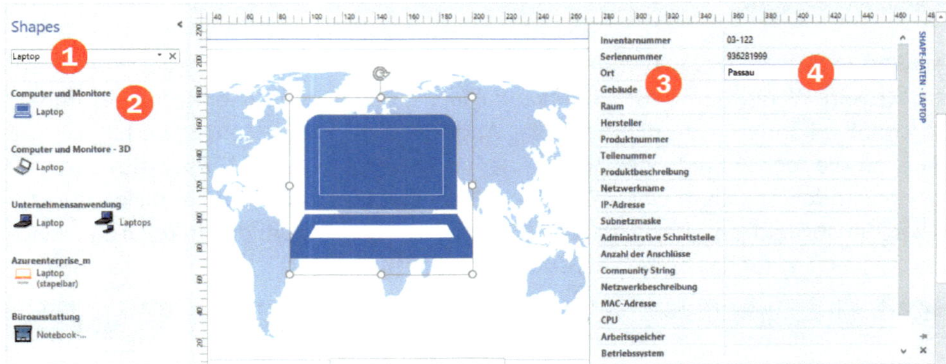

Wenn Sie dieses Shape erneut in Ihr Zeichenblatt ziehen, so können Sie diesem Laptop wieder seine individuellen Daten zuweisen.

> Wenn Sie ein Shape vom Zeichenblatt kopieren, das bereits zugewiesene Daten hat, so werden diese Daten mit kopiert.

Andockfenster: Navigation

Diese Funktion ist nur ab Version 2016 verfügbar. Auch in der Online Version finden Sie dieses Feature nicht, wie auch die anderen Aufgabenbereiche.

Das Andockfenster *Navigation* zeigt alle auf der Zeichnung abgelegten Shapes an. Diese können dort ausgewählt und auch beschriftet werden. Nicht zu verwechseln mit der Datenfunktion von Shapes. Das Andockfenster nennt sich hier Diagrammnavigation ❶ und Sie sehen alle Shapes gelistet in der Reihenfolge, wie Sie erstellt wurden ❷. Das aktive Shape wird in der Liste markiert dargestellt ❸.

Das Diagramm Andockfenster

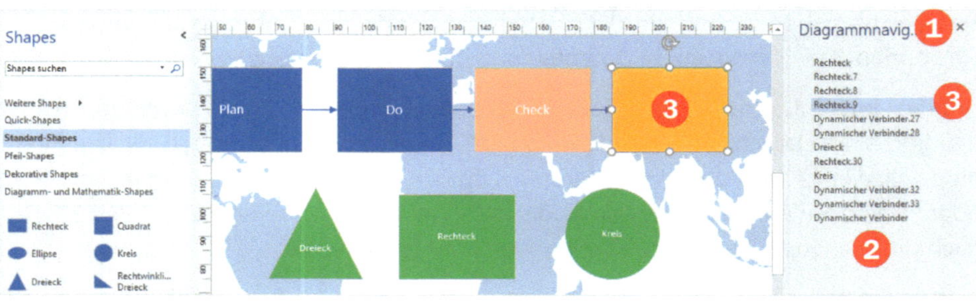

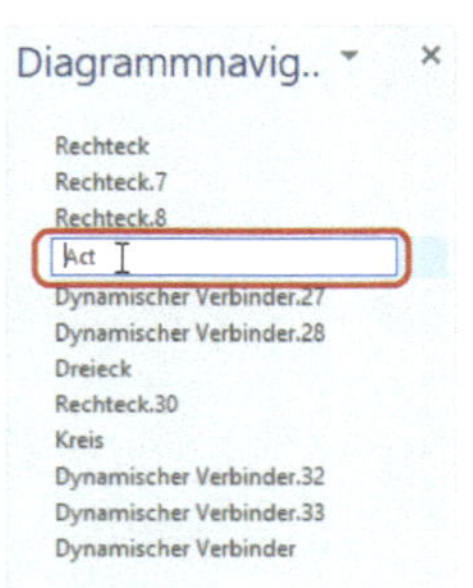

Wie Sie erkennen, werden gleichartige Shapes durchnummeriert. Eine Namensgleichheit lässt MS-Visio hier nicht zu. Sie können den Namen aber ändern und nach Ihren Wünschen anpassen, indem Sie doppelt darauf klicken. Auch in diesem Fenster können Sie die Objekte auswählen und MS-Visio springt sofort zum Objekt auf dem Zeichenblatt. Der Zoomaßstab bleibt dabei erhalten.

Allgemeingültiges für alle Andockfenster

Für alle Andockfenster gelten die gleichen Einstellungen für Größe, Position etc. Wie Sie diese genau anpassen, soll im Folgenden beschrieben werden.

Die Andockfenster werden standardmäßig rechts oder links an der Seite platziert. Sie werden als Teil- oder Vollbild erstellt. Möchten Sie ein Andockfenster verschieben, dann führen Sie Ihre Maus über das Andockfenster, genauer gesagt über dessen Namen. Der Cursor wandelt sich zu einem Doppelkreuz. Halten Sie nun die linke Maustaste gedrückt und schieben Sie das Fenster an die gewünschte Position. Berühren Sie dabei mit dem Doppelkreuz den seitlichen Rand am Zeichenfenster, dann wird ein Vollbildmodus für den Arbeitsbereich erzeugt.

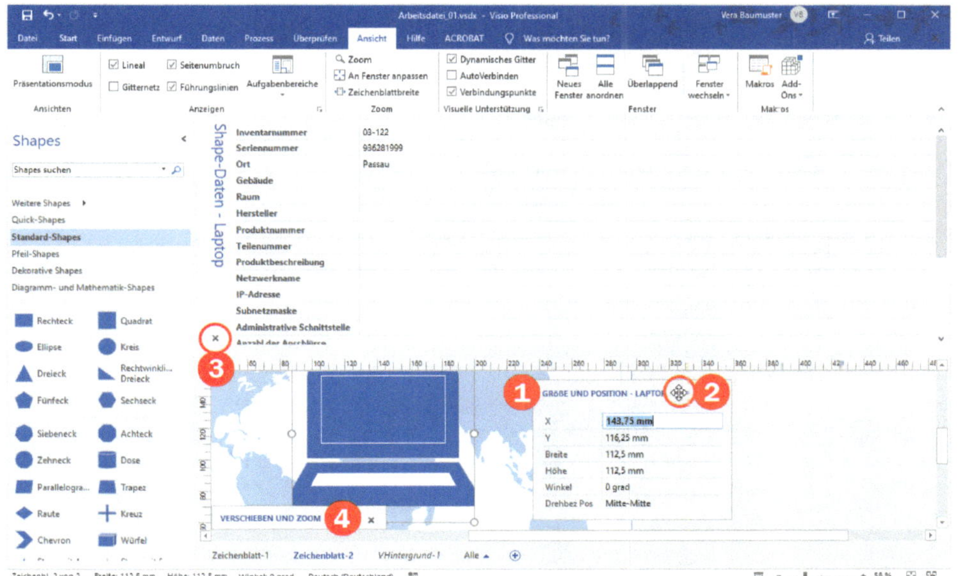

Verschiebefunktion mehrerer Bereichsfenster

Alle Andockfenster können mithilfe der Stecknadel dauerhaft im Arbeitsfenster angeheftet werden, siehe Seite 35.

1 Fenstername des Bereichsfensters

2 Verschiebewerkzeug

3 Schließen-Button

4 Ein am Rand geschlossenes Teilbereichsfenster

> Der *Schließen-Button* schließt den gesamten Bereich, dieser muss über *Ansicht* ▶ *Arbeitsbereich* wieder geöffnet werden. Danach wird er wieder an die gleiche Position gesetzt.

Möchten Sie ein festverankertes Bereichsfenster wieder als Teilfenster verwenden, so bewegen Sie Ihren Mauscursor über einen der Fensternamen (der Cursor ändert sich) und ziehen mit gedrückter Maustaste das Fenster in den Zeichenbereich. Es wird zum Teilfenster und Sie können es an den Ort Ihrer Wahl ablegen.

3.4 Lineal und Gitternetz verwenden

Weitere Einstellungen im Register *Ansicht* ❶ können Sie nach Bedarf ein- und ausschalten. Im Bereich *Anzeigen* ❷ finden Sie das Lineal, die Führungslinien, das Gitternetz und den Seitenumbruch. Es empfiehlt sich, das Lineal und die Führungslinien einzuschalten. Gerade bei dem Platzieren von Shapes können Sie so schnell und präzise die Objekte auf Ihrem Zeichenblatt ablegen.

Ansichtsregister mit Einstellungen und Hilfen

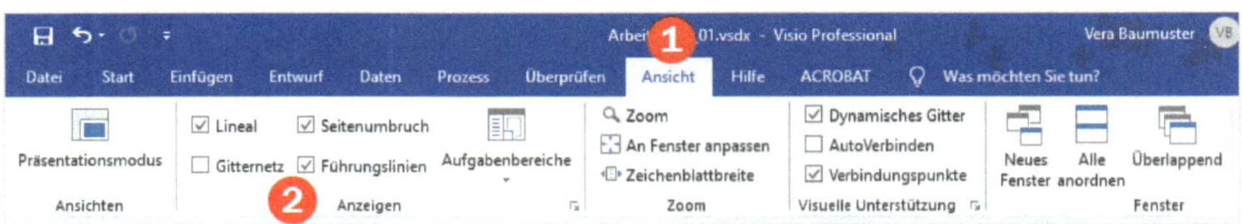

Das Lineal anzeigen

Das Lineal ist ein wichtiger Helfer bei der Arbeit mit MS-Visio. Wenn Sie Ihr Lineal über Register *Ansicht* ▶ Gruppe *Anzeigen* ▶ *Lineal* aktiviert haben, stellen Sie fest, dass die Position des Nullpunktes auf dem senkrechten Lineal links unten ist. Bei vielen Zeichen- und Grafikprogrammen ist das durchaus üblich, den Nullpunkt unten links zu finden. Ausgehend von dieser Position werden alle Objekte ausgerichtet und entsprechend angezeigt. Den Nullpunkt zu ändern ist dahingehend hilfreich, wenn Sie in Ihrer Zeichnung die Positionswerte leichter zuordnen und anpassen möchten.

Standardeinstellung Lineal

Mit einem Häkchen aktivieren Sie das Lineal!

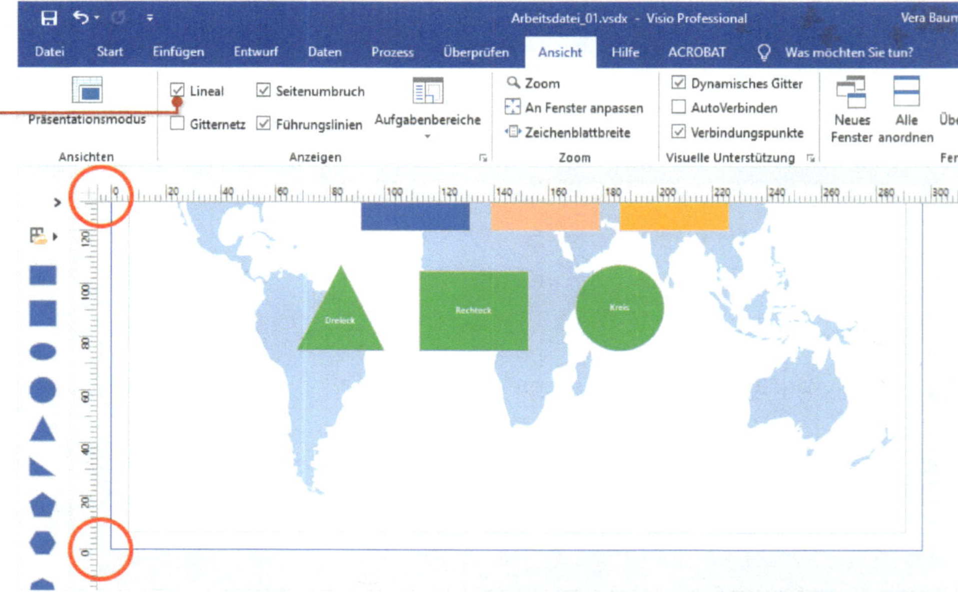

Position der Nullstelle verändern

Wir sind es allerdings gewohnt, beim Schreiben oben links zu beginnen. Aus diesem Grund ist es für viele angenehmer, den Nullpunkt zu ändern. Zeigen Sie mit der Maus links oben an den Schnittpunkt des waagrechten und senkrechten Lineals. Drücken und halten Sie die Strg-Taste, während Sie den Nullpunkt auf die Seitenkante oben-links verschieben.

Linealschnittpunkt

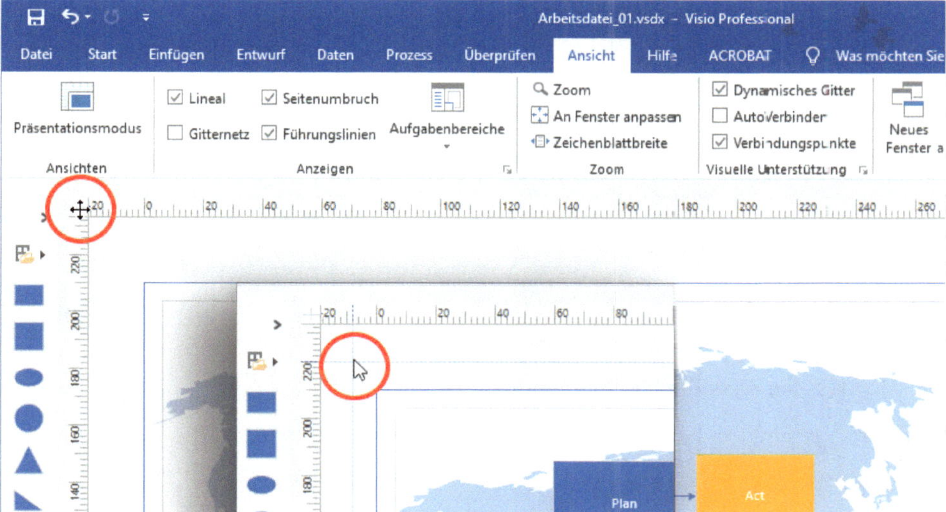

Hier sehen Sie die Position bezogen auf das eingestellte DIN-A4-Zeichenblatt.

Die Zahlen des Lineals zeigen nun die neuen aktuellen Werte an. Sie können jede Position zum Nullpunkt machen. Wollen Sie den Nullpunkt verändern, ziehen Sie wie soeben beschrieben einen neuen Nullpunkt auf die gewünschte Position. Wenn Sie den Nullpunkt wieder auf seine Standardposition zurücksetzen, klicken Sie doppelt auf die Schnittstelle des Lineals.

Führungspunkte setzen

Führungspunkte erleichtern die Ausrichtung und Positionierung Ihrer Shapes. Sie können einen Führungspunkt setzen, indem Sie mit der Maus an der Schnittstelle des Lineals ohne die Strg-Taste einen Führungspunkt herausziehen. Dieser Punkt hat unsichtbare Führungslinien und Sie können Zeichenobjekte an den Punkt ankleben. Wenn Ihr Objekt dicht genug an dem Führungspunkt ist, erscheinen grüne Quadrate an den Seiten des Shapes, das magnetisch angezogen wird. Wenn Sie die Maustaste loslassen, verbindet sich das Objekt nun mit dem Punkt.

Objekt an einem Führungspunkt ausrichten

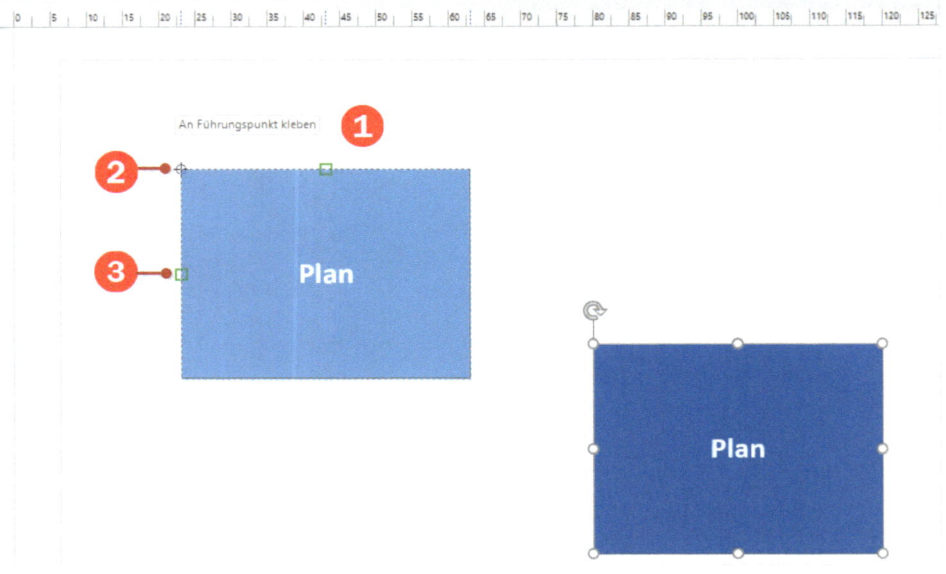

❶ Info, dass Sie an einem Führungspunkt ausrichten

❷ Führungspunkt mit magnetischer Wirkung

❸ Andockpunkt (grünes Quadrat)

Das Gitternetz anzeigen

Eine andere Funktion, um Objekte zu positionieren, ist das Gitternetz. Dieses können Sie über Register *Ansicht* ▶ Gruppe *Anzeigen* ▶ *Gitternetz* aktivieren. Die nächsten Beispielbilder verdeutlichen, wie sich die Anzahl der sichtbaren Gitterlinien mit verändertem Zoomfaktor vervielfacht. Im Bild links sehen Sie ein aktiviertes Gitternetz mit einem Ansichts-Zoomfaktor von 25 % und die Linien mit 2,5 cm Abstand. Wenn Sie den Zoomfaktor auf 150 % stellen (siehe rechtes Bild), so verändert sich auch die Anzahl und Dichte der Gitternetzlinien.

Standard-Gitternetzlinien je nach Zoomfaktor

Gitternetzlinien verändern

Das Gitternetz hilft Ihnen bei der Platzierung von Objekten auf dem Zeichenblatt. Wenn Sie das Objekt loslassen, wird die Kante automatisch auf eine Gitternetzlinie gezogen. Es hat eine magnetische Wirkung. Ändern Sie die Größe eines Objektes wird dies automatisch zur nächsten Gitterlinie hingezogen. Wenn Sie die Vielzahl der Linien stört, dann passen Sie das Gitternetz an. Wahlen Sie dazu im Register *Ansicht* ▶ Gruppe *Anzeigen* aus und klicken Sie in der unteren Ecke auf ⧅. Der Eingabebereich für das Gitternetz öffnet sich.

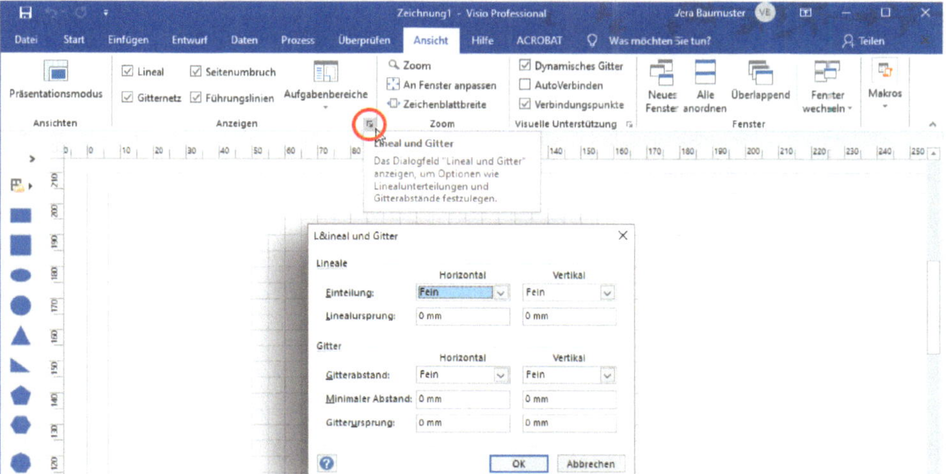

Aufruf des Dialogfeldes fü Lineal und Gitter

Die Einstellungen für das Lineal befinden sich im oberen Bereich des Dialogfeldes. Hier können Sie zwischen den Werten Fein, Standard und Grob wählen. Außerdem ist wie beim Gitternetz eine manuelle Eingabe möglich.

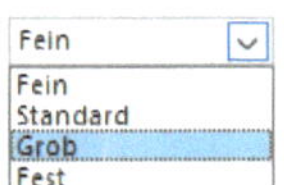

Hier können Sie nun die Werte für das Gitternetz einstellen. Zur Auswahl stehen *Fein*, *Standard*, *Grob* und *Fest*.

Bei dem Einstellwert *Fest* können Sie den Wert nach Ihren Vorstellungen bestimmen. Das Gitternetz wird sich dann nicht mehr ändern, auch wenn Sie in Ihre Zeichnung hinein- oder herauszoomen. Im oberen Teil der Einstellbox lässt sich das Lineal mit der Maßangabe einstellen.

> Die Einstellungen des Gitters und des Lineals kann für jedes Zeichenblatt individuell vorgenommen werden. MS-Visio merkt sich diese Einstellwerte.

In einem späteren Kapitel werden noch die magnetischen Einrasteinstellungen beschrieben.

> Bedenken Sie: Zuviel aktive Ausrichtungswerkzeuge behindern eher die Arbeit, als dass Sie Ihnen helfen würden. Wenn Sie Gitternetzlinien, dynamisches Gitter und Einrastpunkte aktiviert haben, so erkennt MS-Visio nicht, wonach ausgerichtet werden soll, wenn die Positionen zu dicht aneinander liegen.

Beispiel für eine gemischte Einstellung eines Zeichenblattes

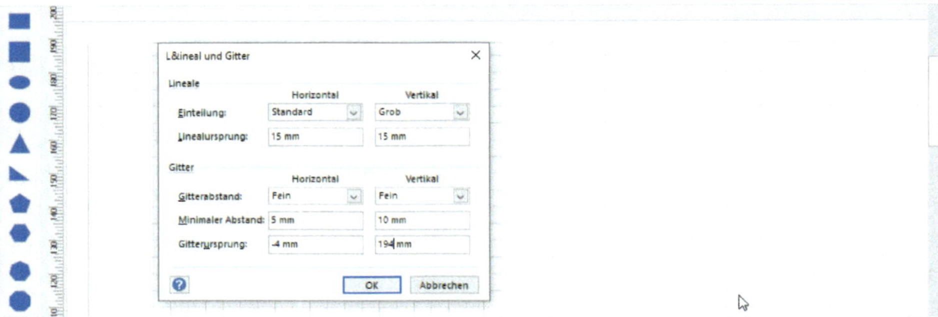

4 Shapes, Schablonen und Master-Shapes

In diesem Kapitel lernen Sie...

- Umgang mit Shapes, Schablonen und Master-Shapes
- Erstellen und bearbeiten von eigenen Shapes, Schablonen und Master-Shapes

Das sollten Sie bereits wissen...

- Grundlegender Umgang mit MS-Visio
- Kenntnisse des Zeichnungsbereichs

Sie sind nun mit den ersten Funktionen von MS-Visio vertraut und können mit dem Erstellen von eigenen Shapes, Schablonen und Master-Shapes beginnen. Jede Vorlage beinhaltet Shapes (Formen), die sich in Sammlungen, den sogenannten Schablonen, befinden. Wenn Sie Ihr Zeichenblatt betrachten, dann sehen Sie auf der linken Seite das Fenster *Shapes*. Im oberen Teil finden Sie die Suchfunktion ❶, darunter die Schablonen ❷ und im unteren Bereich befindet sich die aktuell ausgewählte Schablone ❸ mit den geladenen Shapes. Im Beispielbild ist die Schablone *Diagramm- und Mathematik-Shapes* ausgewählt.

Schablone mit Shapes

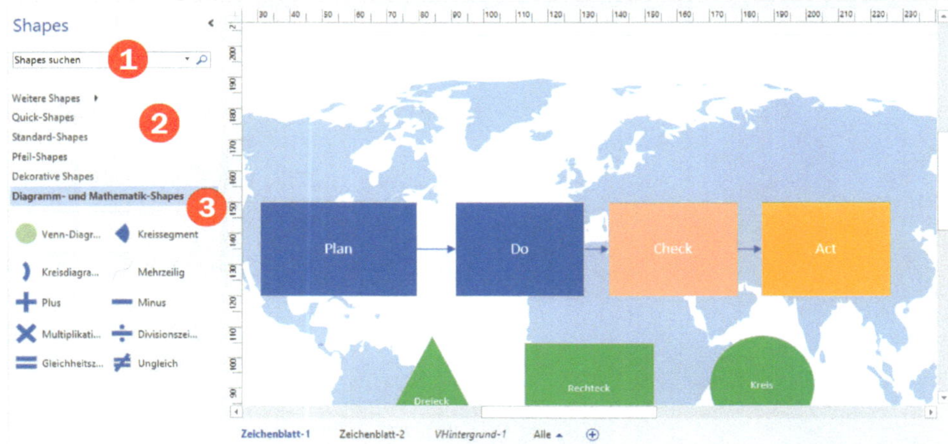

4.1 Nach Shapes suchen

Die Suchfunktion in Visio ist eine praktische Angelegenheit und ermöglicht einen schnellen Zugriff auf unzählige Shapes. Geben Sie in das Suchfenster ❶ (siehe Bild nächste Seite) beispielsweise den Suchbegriff „Marketing" ein und klicken Sie auf das Lupen-Symbol bzw. betätigen Sie die Enter-Taste. Visio wird alle Shapes, die sich hinter dem Suchbegriff verbergen, suchen und laden ❷. Das Ergebnis zeigt aus den dazugehörigen Gruppen die entsprechenden Shapes an. Sie können nun wie gewohnt das Shape auf dem Zeichenblatt ablegen.

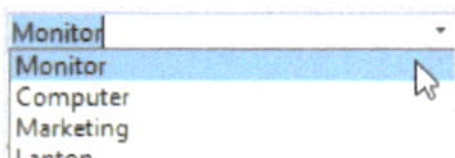

Klicken Sie auf *Weitere Ergebnisse* ❸, dann sucht MS-Visio nach weiteren Symbolen auf Ihrem Computer und im Internet. Ihre bereits ausgeführten Suchbegriffe merkt sich das Programm. Um die Liste mit Ihren eingegebenen Einträgen aufzurufen, klicken Sie auf das kleine Dreieck in der Suchleiste ❹. Diese Suchfunktion können Sie in den Voreinstellungen des Programmes auf Ihre Bedürfnisse anpassen. Mehr dazu später. Zum Schließen klicken Sie auf das *X* neben der Suchleiste und die gewohnte Ansicht erscheint wieder.

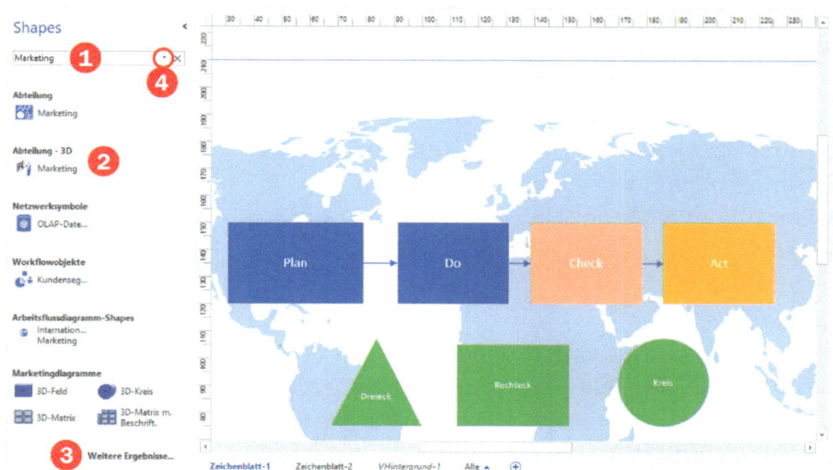

Ergebnisliste einer Shape-Suche

MS-Visio installiert prinzipiell seine Shapes doppelt, für metrische und für englische Maßangaben in der Zeichnung. Bei der Suche nach einem Begriff ist dies zu berücksichtigen. Geben Sie das Wort „Bank" ein, findet MS-Visio die „Parkbank" als auch die „Geldbank".

4.2 Shapes und Schablonen laden

Schablone auswählen

Kennen Sie die Schablone, in der MS-Visio bestimmte Shapes gespeichert hat, so können Sie über die unterschiedlichen Rubriken Schablonen öffnen und in Ihre Zeichnung laden. Klicken Sie auf *Weitere Shapes* ❶ und wählen Sie eine Rubrik ❷ aus. Die dazugehörigen Schablonen ❸ werden angezeigt die Sie mit einem Häkchen versehen können. Auf der linken Seite öffnet sich ein Fenster mit den Shapes. Bei manchen Rubriken ist es der Fall, dass sie in weitere Rubriken unterteilt sind.

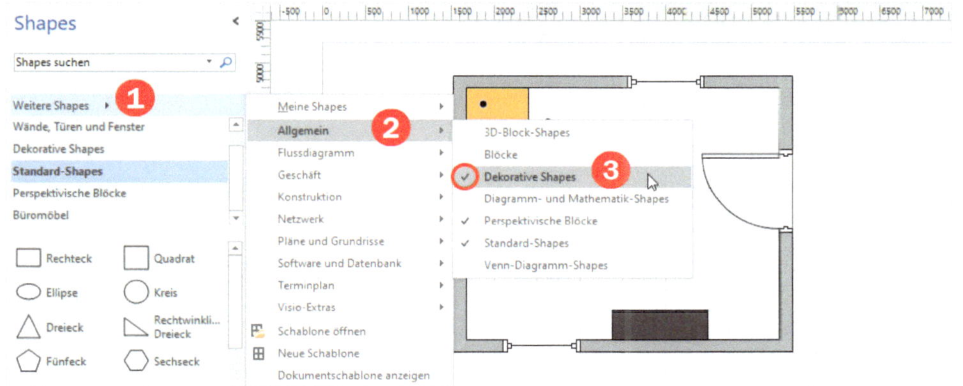

Eine Rubrik und Schablone auswählen

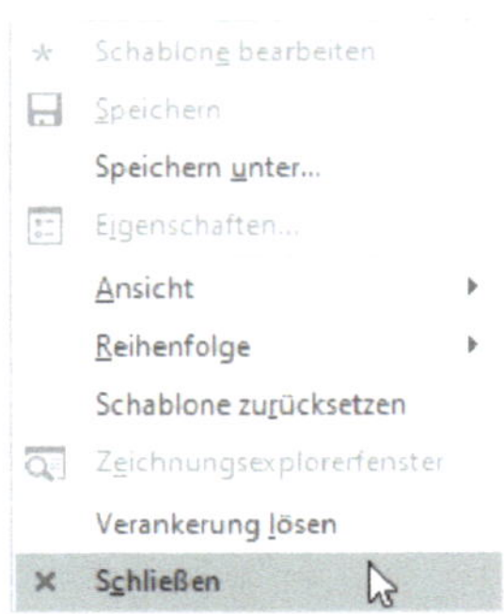

Schablone schließen

Wenn Sie die Schablone in dem Fenster *Shapes* nicht mehr benötigen, entfernen Sie das Häkchen, indem Sie wieder auf *Weitere Shapes* klicken und die Schablone in der entsprechenden Rubrik anklicken. Das Häkchen und die Schablone verschwinden. Alternativ können Sie im Bereich *Shapes* die Schablone mit einem Rechtsklick auswählen und auf *Schließen* klicken.

Die Dokumentenschablone

Die Dokumentenschablone ist eine Besonderheit und überaus praktisch. Das Programm sammelt alle Objekte, die sich auf allen Ihren Zeichenblättern befinden und erstellt dazu eine neue Schablone. Dabei legt MS-Visio alle Shapes in dieser Schablone ab. Duplikate werden nicht mitgenommen und die Schablone kann nicht gespeichert werden. Wenn Sie Shapes benutzen wollen, die sich bereits auf Ihrem Zeichenblatt befinden, erstellen Sie eine Dokumentenschablone: Klicken Sie auf *Weitere Shapes* ❶ und anschließend auf *Dokumentenschablone anzeigen* ❷. Eine Liste mit Ihren verwendeten Shapes erscheint ❸.

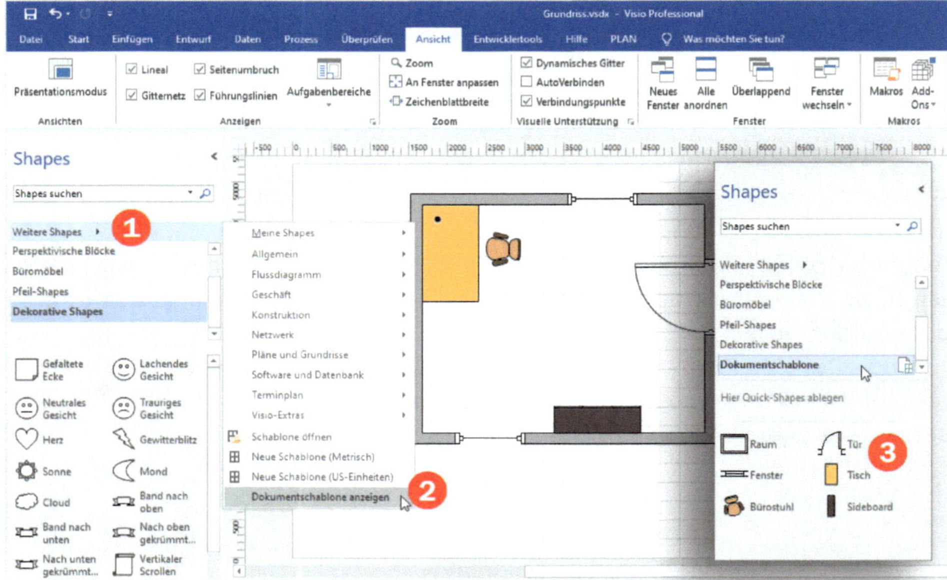

Beispiel einer Dokumentenschablone

Die Favoriten

In der Gruppe der Favoriten finden Sie Ihre selbst angelegten oder individuell abgelegten Schablonen. Der Ablageort ist per Voreinstellung festgelegt *(C:\Users\Ihr Name\Documents\Meine Shapes)* und kann über die Optionseinstellungen anpasst werden. Zu den Voreinstellungen kommen wir später in Kapitel 16.

Shapes in den Schnellzugriff

Im oberen Bereich *Shapes* befinden sich die *Quick-Shapes*, in der einige der wichtigsten Shapes der gerade geöffneten Schablonen angezeigt werden.

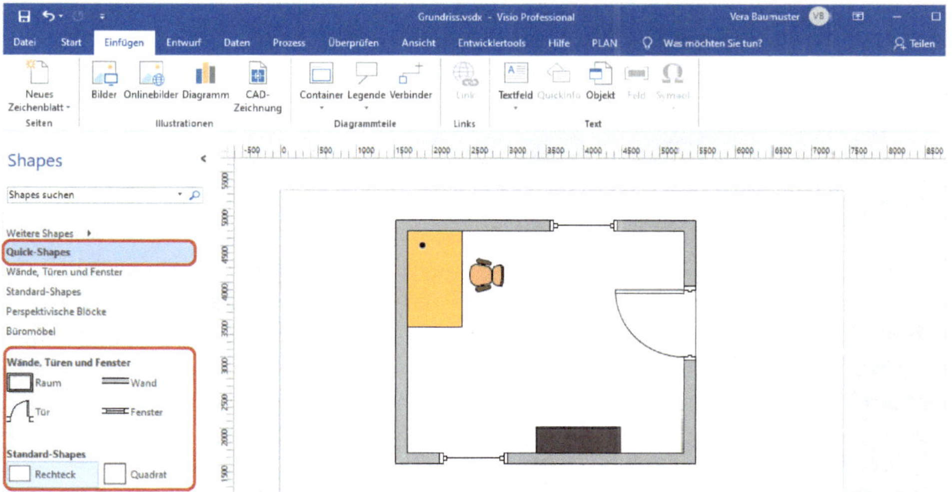

Zusammenfassung aller geöffneter Schablonen im Quick-Shapes-Bereich

Jede Schablone hat einen Quick-Shapes-Bereich (das obere mit einer grauen Linie abgetrennte Feld), der individuell angepasst werden kann. Wenn Sie ein Shape öfter verwenden möchten, ziehen Sie es mit der Maus von dem unteren Teil in den Bereich über der dünnen grauen Linie. Im unteren Beispielbild wurde das Dosen-Shape nach oben gezogen. Das Shape liegt nun im Quick-Bereich und ist somit immer schnell anwendbar und oben platziert. Sie ersparen sich viel Scroll-Arbeit und Mausbewegungen.

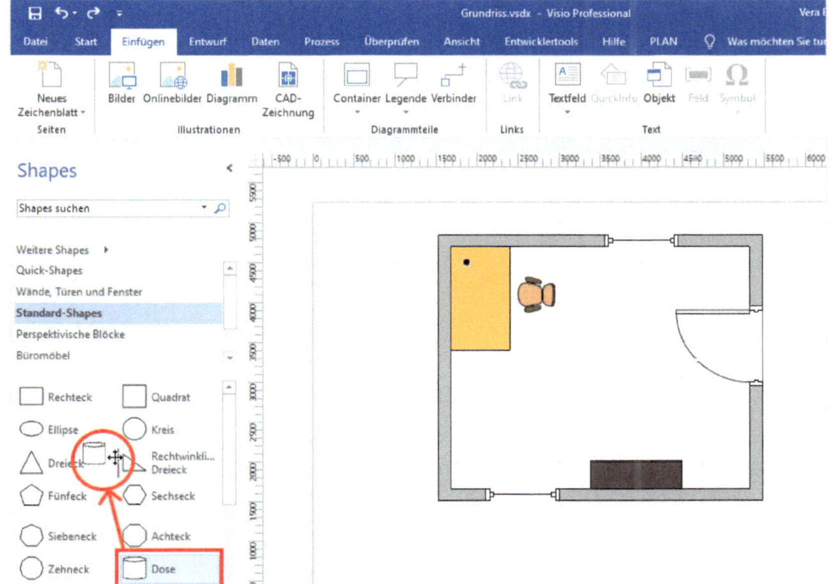

Den Quick-Bereich anpassen

4.3 Schablonen anpassen und erstellen

Sie können Ihren Schablonen einen ganz anderen Look verpassen, indem Sie ihnen einen neuen Platz zuweisen, einen anderen Namen geben oder die Größe ändern. Wenn Sie das beherrschen, geht es daran, eine neue Schablone zu erstellen.

Schablone individualisieren

Position einer Schablone verändern

Wenn Sie die Anordnung Ihrer Schablonen verändern wollen, haben Sie zwei Möglichkeiten: Entweder Sie klicken mit der linken Maustaste auf eine Schablone, halten sie gedrückt und ziehen sie auf die gewünschte Position. Es erscheint eine graue Linie, die verdeutlicht, an welche Stelle die Schablone angeheftet wird. Haben Sie den richtigen Platz gefunden, lassen Sie die linke Maustaste einfach wieder los. Die Schablone wurde verschoben. Oder Sie klicken mit der linken Maustaste auf die Schablone, wodurch sich das Kontextmenü öffnet. Hier haben Sie die Möglichkeit, über *Reihenfolge* ❶ die Position der Schablone *Nach oben* ❷ oder *Nach unten* ❸ zu verschieben.

Position einer Schablone verändern

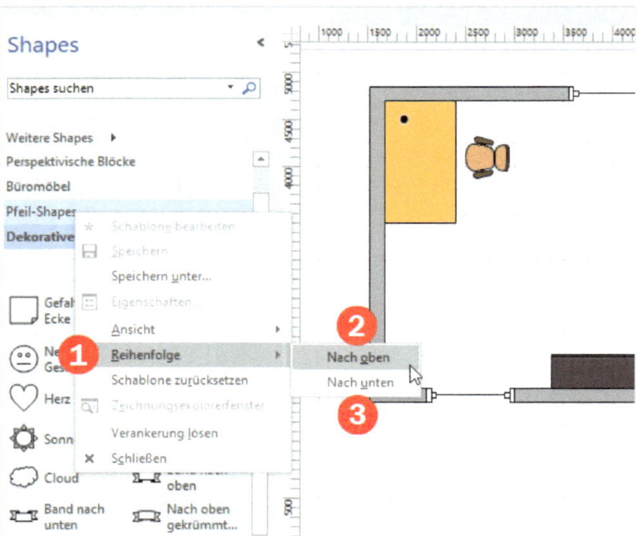

Ansicht einer Schablone verändern

Wenn Sie das Aussehen einer Schablone ändern wollen, dann können Sie das über den Kontextmenüpunkt *Ansicht* ❶ (siehe Bild nächste Seite). Hier können Sie die Größe und das Aussehen der Vorschaubilder der Shapes in den Schablonen Ihrem Wunsch nach anpassen. Sie haben fünf Möglichkeiten zur Auswahl. *Symbole und Namen* ❷ ist die Standardeinstellung und erfüllt eigentlich ihren Zweck. Wenn Sie allerdings Platz sparen wollen, empfiehlt es sich, dass Sie *Nur Symbole* ❸ verwenden.

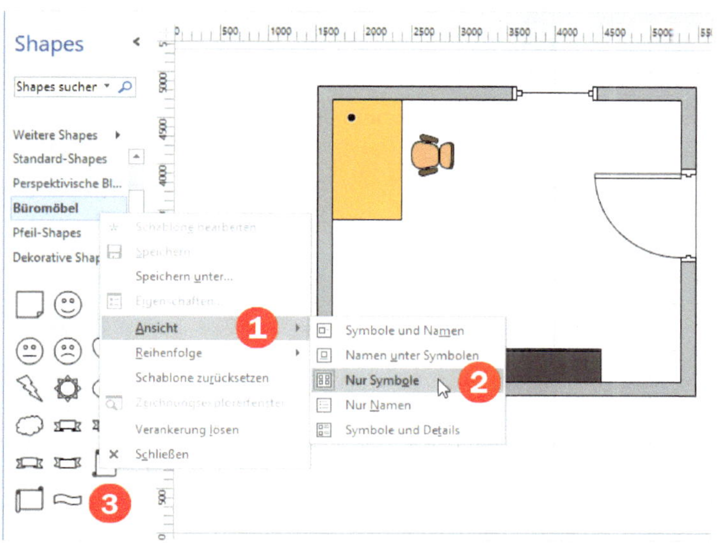

Aussehen und Größe einer Schablone verändern

Schablone zurücksetzen und Verankerung lösen

Sollten Sie mit Ihrer Wahl unzufrieden sein, können Sie mit *Schablone zurücksetzen* ❶ den Auslieferungszustand der Schablone wiederherstellen.

Möchten Sie eine Schablone aus dem linken Fensterbereich herauslösen, dann klicken Sie auf *Verankerung lösen* ❷. Die ganze Schablone wird in einem eigenen Fenster dargestellt und ist nicht mehr Teil der Gruppe. Sie können das Fenster nun frei verschieben und die Größe anpassen.

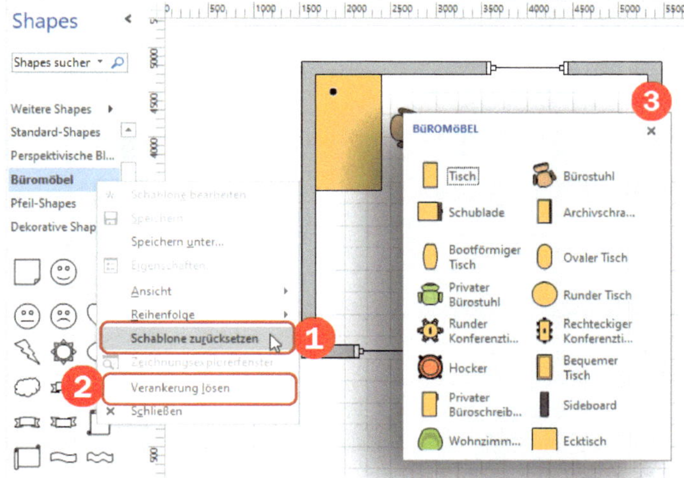

Schablone zurücksetzen und losgelöstes Schablonen-Fenster

Um die losgelöste Schablone wieder in die Ausgangsposition zu bringen, schieben Sie es mit der Maus wieder in den Bereich zurück oder schließen Sie es mit *x* ❸ (siehe Bild oben). Sie können es jederzeit wieder mit der Funktion *Weitere Shapes* öffnen.

Schablone speichern

Wenn Sie das Kontextmenü einer Schablone aufrufen, finden Sie noch den Befehl *Speichern* und *Speichern unter*. *Speichern* ist ausgegraut und kann nicht angewendet werden. Wie bereits erwähnt können Standardschablonen nicht angepasst oder geändert werden. Was aber funktioniert, ist, dass Sie *Speichern unter* anklicken, einen anderen Namen und Speicherort wählen und dann die Schablone anpassen. Eine praktische Alternative zeige ich Ihnen gleich.

Eigene Schablonen erstellen

Neue Schablone

Nachdem Sie nun schon einiges über Schablonen erfahren haben, ist es an der Zeit, eigene Schablonen zu erstellen. Das ist dann sehr wichtig, wenn Sie eigene Objekte gezeichnet haben und diese für Ihre unterschiedlichsten Dateien verwenden möchten.

Klicken Sie auf *Weitere Shapes* und anschließend auf *Neue Schablone (Metrisch)* ❶. Nun erstellt MS-Visio eine neue Schablone mit dem Namen *Schablone1* ❷ und auf der rechten Seite sehen Sie dieses Symbol ✱ ❸.

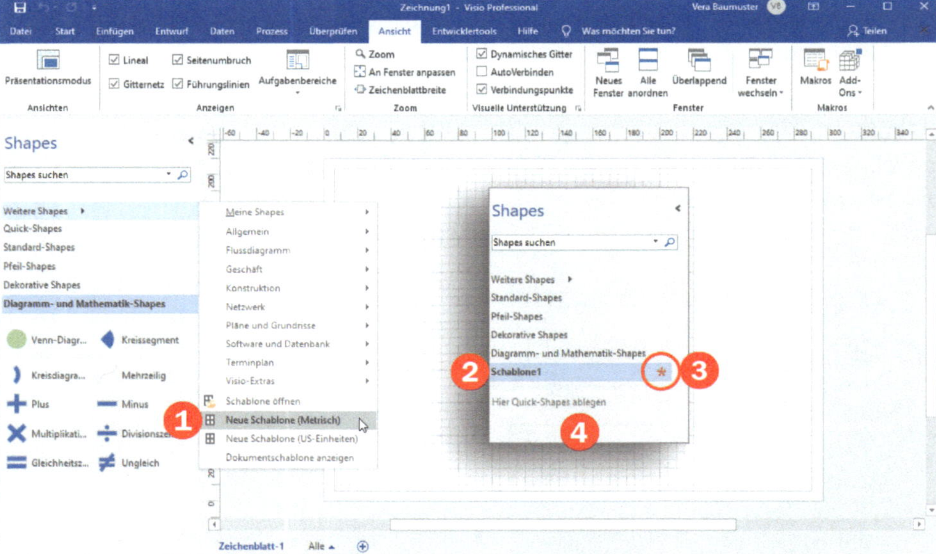

Neue Schablone ohne Namen und im Bearbeitungsmodus

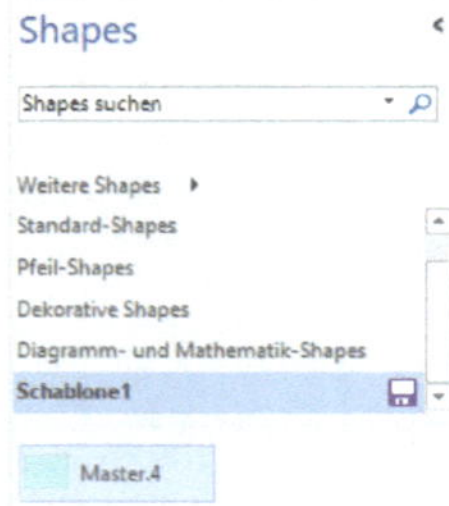

In dem unteren Bereich können Sie nun Shapes ablegen ❹. Ziehen Sie dazu einfach ein Shape auf Ihrem Zeichenblatt in den unteren Bereich hinein. Sie können aber auch ein Shape aus einer anderen Schablone ziehen und es in die neu erstellte Schablone (in diesem Beispiel *Schablone1*) schieben, indem Sie die Maustaste gedrückt halten und es dort ablegen. Das Symbol ✱ neben der Schablone verschwindet und es erscheint eine Diskette. Dies zeigt Ihnen an, dass die Inhalte Ihres neu geschaffenen Bereichs gespeichert werden müssen.

Schablone fertigstellen

Unten in Ihrer Ansicht befindet sich nun Ihr Shape mit dem Namen „Master.x". Dies bedeutet, dass es sich um ein Master-Shape handelt. Dies entspricht einem sogenannten Vorlagentyp. Das Verhalten eines Vorlagentyps unterscheidet sich von einem Shape, das sich in Ihrer Zeichnung befindet. Mehr zu Master-Shapes erfahren Sie gleich.

Nun können Sie Ihr Master-Shape mit einem entsprechenden Namen versehen und die Schablone speichern. Klicken Sie dazu mit der rechten Maustaste auf das Master-Shape ❶ und anschließend auf *Master-Shape umbenennen* ❷. Der Namen erscheint in der Vorschau und Sie können weitere Shapes auf die gleiche Art und Weise in diese Schablone hineinziehen.

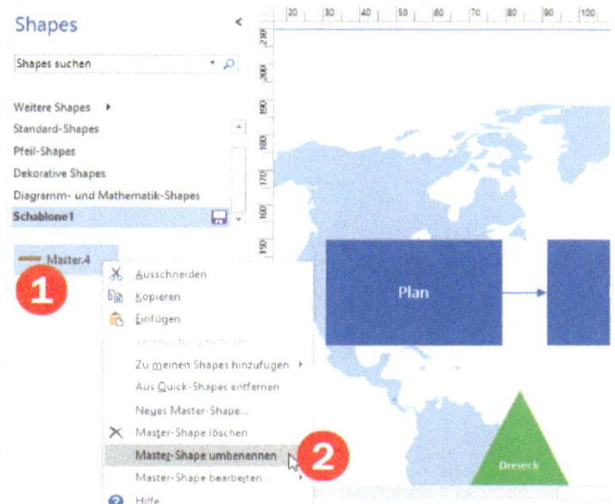

Master-Shape bearbeiten, über das Kontextmenü ändern

Das Diskettensymbol ist noch aktiv und Ihre Schablone ist nicht gespeichert. Deshalb klicken Sie auf das Symbol und der Explorer öffnet sich mit der Aufforderung, einen Namen und einen Speicherort zu wählen. Voreingestellt ist der gleiche Ort wie Ihre Favoriten. Vergeben Sie einen Namen und klicken Sie auf *Speichern*.

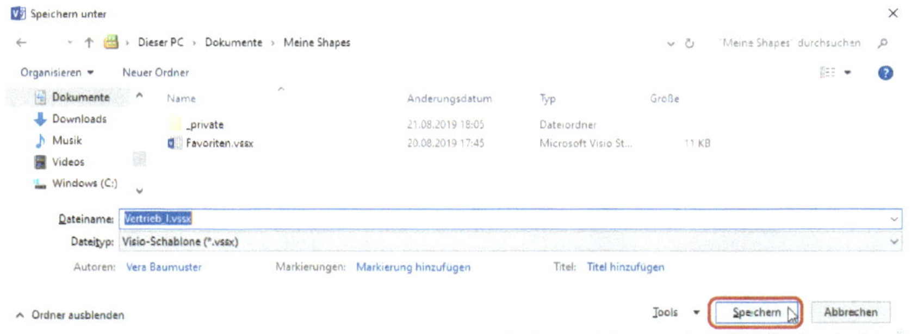

Dateiexplorer mit Standardeinstellung für eigene Schablonen

> Sie können auch mit der rechten Maustaste auf die neu erstellte Schablone klicken und dort die Speicherfunktion aufrufen.

Nachdem die Schablone gespeichert wurde, erscheint das rote Symbol ✱ wieder. Die Schablone ist noch nicht zur Bearbeitung gesperrt. Klicken Sie mit der rechten Maustaste auf den Schablonen-Namen und öffnen das Kontextmenü. Wählen Sie *Schablone bearbeiten* aus. Das Symbol * verschwindet und alle Shapes sind gegen die Bearbeitung geschützt.

So können Sie für Ihre Arbeit weitere Shapes in Ihre Schablone ziehen und diese vervollständigen oder weitere eigene Schablonen nach eigenen Kategorien erstellen.

Schablone vor Bearbeiten schützen

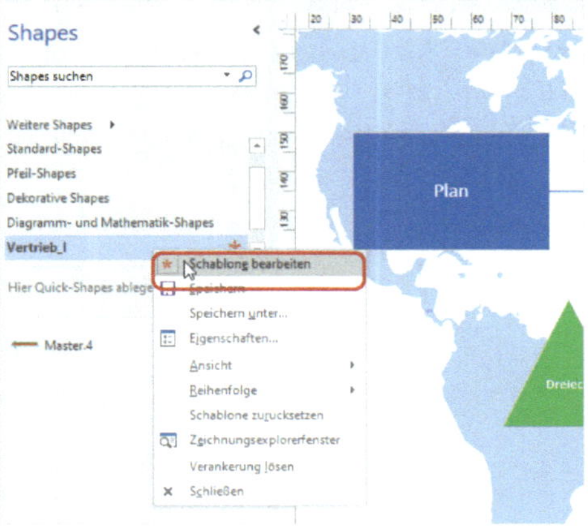

Schablone öffnen

Mit der Zeit werden Sie einige eigene Schablonen erstellt haben, die sich auf der Festplatte Ihres Computers befinden. Wollen Sie eine Schablone öffnen, klicken Sie auf *Weitere Shapes* ❶ und dann auf *Schablone öffnen* ❷. Der Dateiexplorer wird angezeigt und standardmäßig erscheint der Ordner *Meine Shapes* ❸, wo Sie Ihre eigenen Schablonen finden. Sie sehen auch, dass Schablonen ein eigenes Dateiformat haben. Die Erweiterungen lauten *.vssx, *.vssm, *.vss und *.vsx.

Schablone öffnen

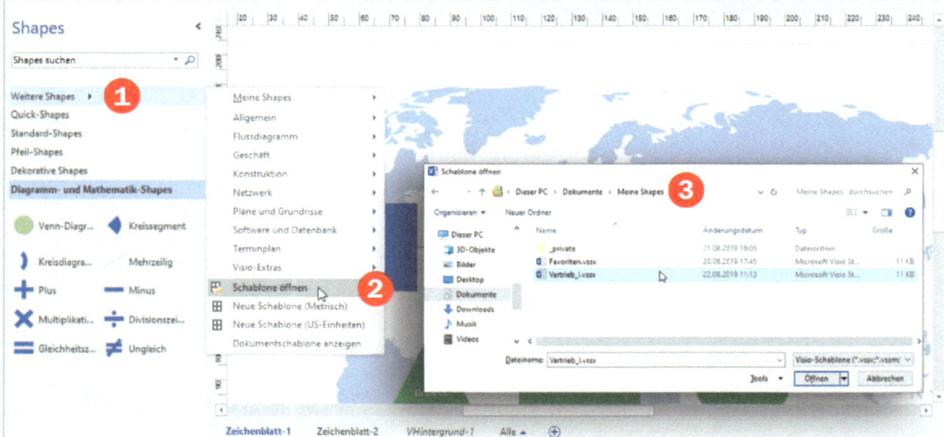

Die Visio-Schablonen haben je nach Version ein eigenes Dateiformat. Die neue Dateiversion ist vssx und vssm und die alte Version vss und vsx. Die Standard-Schablonen sind gegen Bearbeitung und Änderungen geschützt. Eine Änderung ist nicht möglich oder nur mit sehr viel Aufwand verbunden.

Master-Shapes zu eigenen Schablonen hinzufügen

Möchten Sie ein Master-Shape einer anderen Schablone hinzufügen, so öffnen Sie die Schablone, in der sich das Shape befindet. Klicken Sie es mit der rechten Maustaste an, wodurch sich das Kontextmenü öffnet. Wählen Sie hier nun *Zu meinen Shapes hinzufügen* ❶ aus und bestimmen Sie die Schablone ❷, wo das Shape abgelegt werden soll.

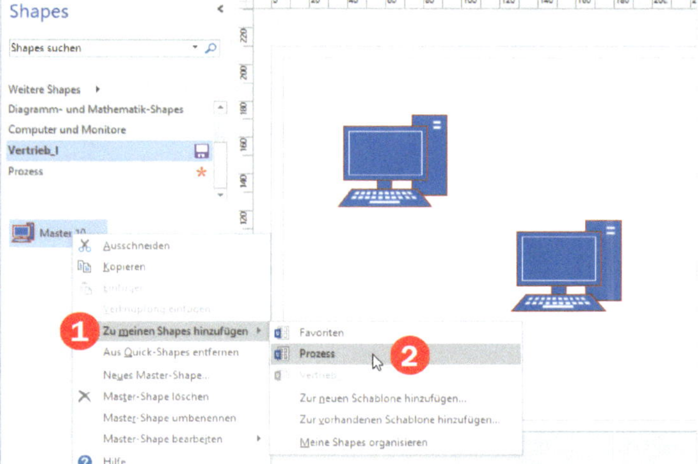

Master-Shape hinzufügen

Das Shape wird nicht verschoben. Es wird eine Kopie des Master-Shapes in der neuen Schablone erstellt. Notfalls müssen Sie das Ursprungs-Shape löschen.

4.4 Master-Shapes

Den Master-Shapes fällt eine zentrale Bedeutung zu, die sich gegenüber anderen Zeichenprogrammen deutlich unterscheiden. Wenn Sie in MS-Visio ein Shape aus einer Gruppe auf Ihr Zeichenblatt ablegen, ist das keine Kopie des Master-Shapes, sondern eine Instanz daraus.

Somit liegen in Ihrer Zeichnung keine klassischen Kopien, wie Sie es aus den anderen Office-Programmen her kennen.

Master-Shapes sind Vorlagen für Shapes auf dem Zeichenblatt und können viele Informationen und Eigenschaften enthalten, die an die Instanz vererbt werden. Somit wird jedes Objekt eindeutig identifiziert. Shapes sind auch in der Lage, individuelle Informationen mitzuführen. Weiterhin können Sie Master-Shapes eigene Felder zuweisen, die dann auf dem Zeichenblatt mit individuellen Daten weiterbearbeitet werden.

Dazu möchte ich Ihnen zwei Beispiele zeigen.

1. Sie erstellen ein eigenes Shape, bei dem Sie später individuelle Informationen hinzufügen.
2. Sie gestalten ein vollkommen neues Shape auf einem Zeichenblatt.

Master-Shape individuell anpassen

Erstellen Sie ein neues Zeichenblatt, indem Sie ganz unten in der Statuszeile auf das Plus-Symbol ⊕ klicken. Wahlweise können Sie auch mit der Umschalt-Taste + F11 eine neue Seite hinzufügen. Anschließend öffnen Sie die Schablone *Computer und Monitore* ❶ über *Weitere Shapes* ❷ ▶ *Netzwerke* ❸. Nachdem sich die Schablone geöffnet hat, legen Sie das Shape *PC* auf Ihrem neuen Zeichenblatt ab.

Schablone Computer und Monitore öffnen

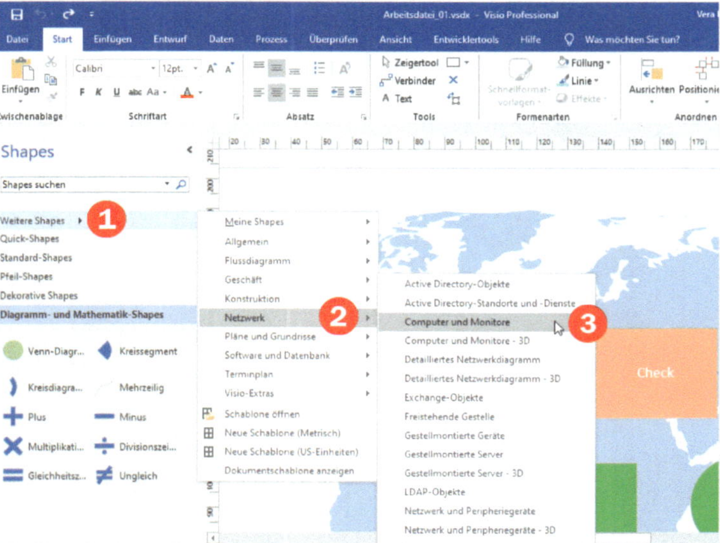

Ziehen Sie anschließend einen zweiten PC aus der Schablone auf Ihr Zeichenblatt. Dieses zweite Objekt ist keine Kopie des ersten, sondern eine Instanz davon. Dies sehen Sie später, wenn wir uns den Details widmen. Markieren Sie nun das zweite Shape (PC2), halten Sie die Strg-Taste gedrückt (der Mauszeiger zeigt Ihnen ein kleines + an der Spitze an) und schieben Sie das Objekt mit gedrückter Maustaste zur Seite. Sie erhalten eine Kopie des zweiten PCs (aber eigentlich ist es eine Instanz, keine Kopie).

Achtung: Es ist an der Zeit eine wichtige Hauptregisterkarte zu aktivieren, die MS-Visio standardmäßig nicht im Menüband ausführt und die in diesem Beispiel gleich Anwendung findet. Klicken Sie auf *Datei* ❶ ► *Optionen* ► *Menüband anpassen* ❷ und aktivieren Sie hier *Entwicklertools* ❸. Bestätigen Sie dann mit *OK* ❹.

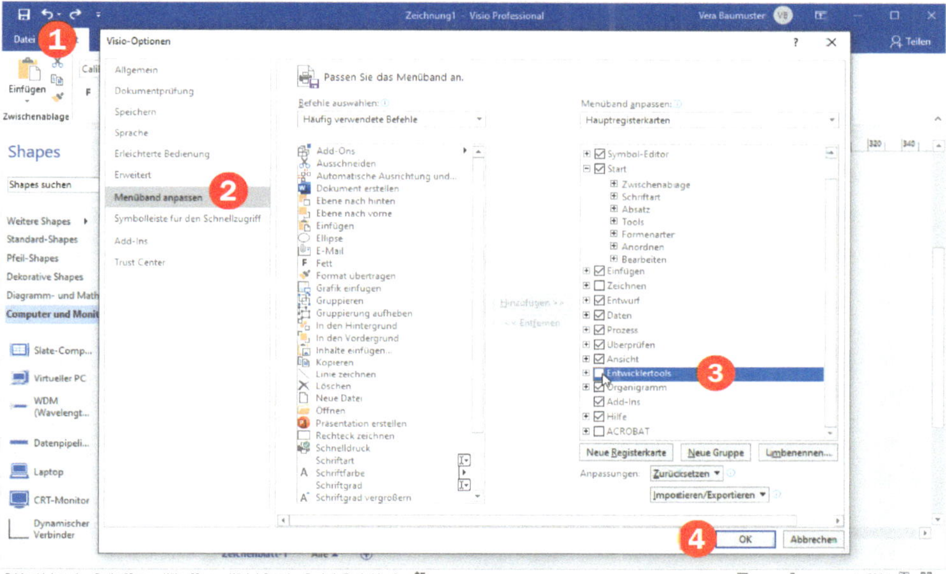

Entwicklertools aktivieren

Informationen zu Master-Shapes anzeigen

Nachdem Sie mit OK bestätigt haben, erscheint wieder Ihr Zeichenblatt mit den drei PC-Shapes. Wählen Sie das erste Shape aus und klicken Sie auf das Register *Entwicklertools* ❶. In der Gruppe *Shape-Design* finden Sie den Befehl *Shape-Name* ❷. Klicken Sie darauf, wird ein Dialogfeld mit Informationen zu Ihrem gewählten Shape angezeigt ❸.

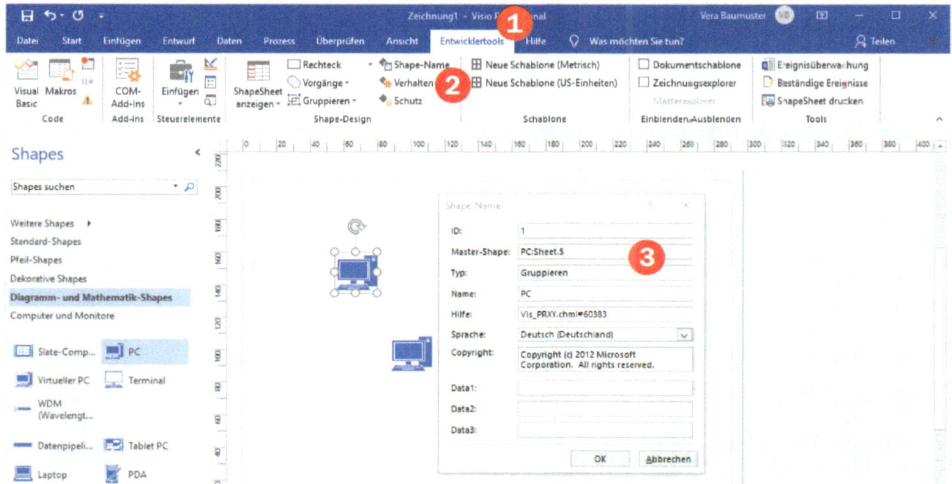

Shape-Informationen bei geöffneten Entwicklertools

In der obersten Zeile des Dialogfensters steht die ID mit einer Nummer dahinter. Über diese Nummer kann MS-Visio die Objekte eindeutig unterscheiden und Zuordnungen anlegen. Vergleichen Sie einmal Ihre drei Shapes miteinander. Auch bei der Kopie vom zweiten zum dritten PC hat MS-Visio eine neue ID-Nummer automatisch erstellt.

Master-Shape bearbeiten

Jetzt verpassen wir unserem Master-Shape einen neuen Look. Markieren Sie einen der PC-Shapes, indem Sie auf das Register *Start* ❶ klicken und in der Gruppe *Formenarten* ❷ die *Linie* ❸ wählen. Suchen Sie sich eine passende Farbe Ihrer Wahl aus. In diesem Beispiel wurde Rot gewählt.

Farbwahl bei einer Objektkontur

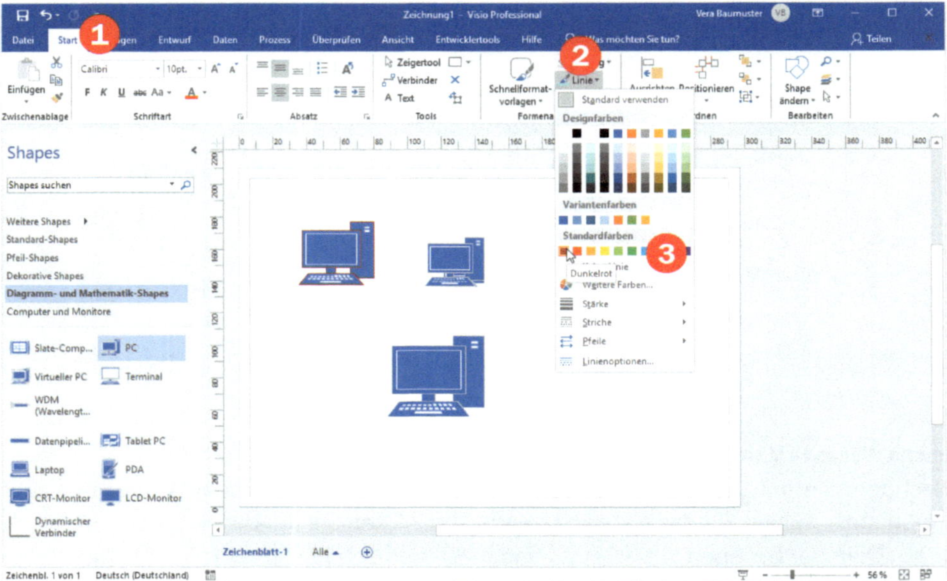

Die Shape-Kontur des PCs verändert sich und erhält die Farbe Rot. Sie könnten noch weitere Änderungen vornehmen, was für dieses Beispiel aber nicht nötig ist.

Ziehen Sie nun dieses Shape mit der roten Kontur in seine Schablone zurück. Sie erhalten folgende Fehlermeldung:

Wie eingangs beschrieben, können Standard-Schablonen nicht bearbeitet werden.

Ziehen Sie jedoch das Shape in eine von Ihnen erstellte Schablone (in diesem Beispiel Vertrieb_I) ❶, so können Sie es dort ablegen und auch bearbeiten. Nachdem Sie es in die eigene Schablone gezogen haben, erscheint ein Hinweisfenster, mit der Frage, ob Sie die Schablone bearbeiten möchten, damit der Vorgang abgeschlossen werden kann ❷. Klicken Sie auf *Ja* ❸. Sie haben somit ein neues Master-Shape erstellt und in Ihrer eigenen Schablone abgelegt, die alle Attribute aus Ihrer Vorlage enthält. Dennoch können Sie dieses Shape immer wieder bearbeiten und Ihren Anforderungen anpassen. Speichern Sie Ihre Schablone ab, indem Sie auf das Diskettensymbol klicken.

Vorgang abschließen

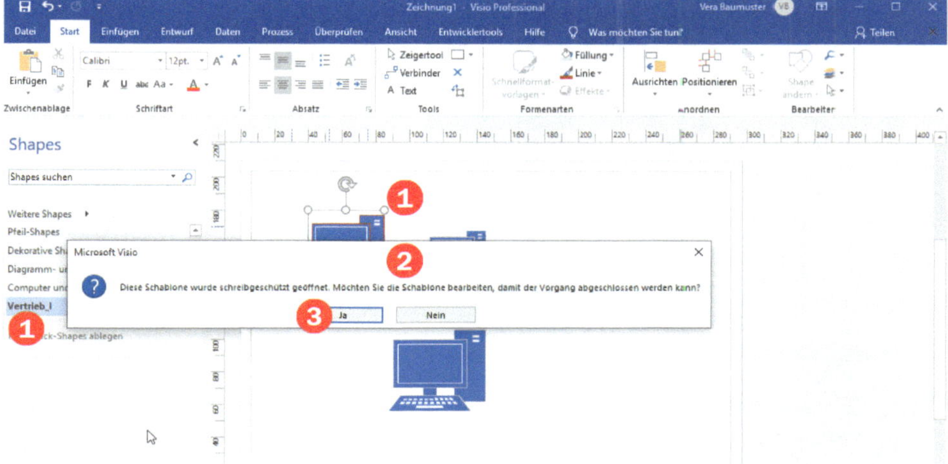

Um ein Master-Shape nachträglich zu verändern, klicken Sie doppelt auf das Shape-Symbol (nicht auf den Namen des Shapes) in Ihrer erstellten Schablone.

> Mit einem Doppelklick auf dem Symbol-Namen können Sie den Namen des Shapes verändern.

Das Shape öffnet sich nun in einem neuen Visio-Fenster. Den Namen des Shapes sehen Sie ganz oben in der Programmleiste ❶ (siehe Bild nächste Seite). Das Zeichenblatt entspricht der Größe des Shapes und Sie können nun Änderungen durchführen. In diesem Fall fügen Sie dem Master-Shape einige Zusatzinformationen hinzu. Wenn das Andockfenster Shape-Daten nicht aktiviert ist , dann schalten Sie es über das Register *Ansicht* ▶ Gruppe *Anzeigen* ▶ *Aufgabenbereich* ein (siehe Seite 37).

Wenn Sie das PC-Shape markieren, erscheinen im Andockfenster *Shape-Daten* alle Datenfelder zu diesem Objekt. Es handelt sich bei einem PC um übliche Informationen, wie beispielsweise Inventarnummer, Seriennummer, zum Hersteller etc ❷. MS-Visio hat diese Felder bereits erstellt und Sie können sie nun ausfüllen.

Master-Shape speichern

Wenn Sie den Vorgang abschließen und Ihre Daten speichern wollen, müssen Sie das Fenster schließen, indem Sie auf das schwarze *x* rechts oben klicken ❸. Bestätigen Sie die Sicherheitsabfrage von MS-Visio, ob das Shape aktualisiert werden soll, mit *JA* ❹.

Master-Shape mit Shape-dateninformationen

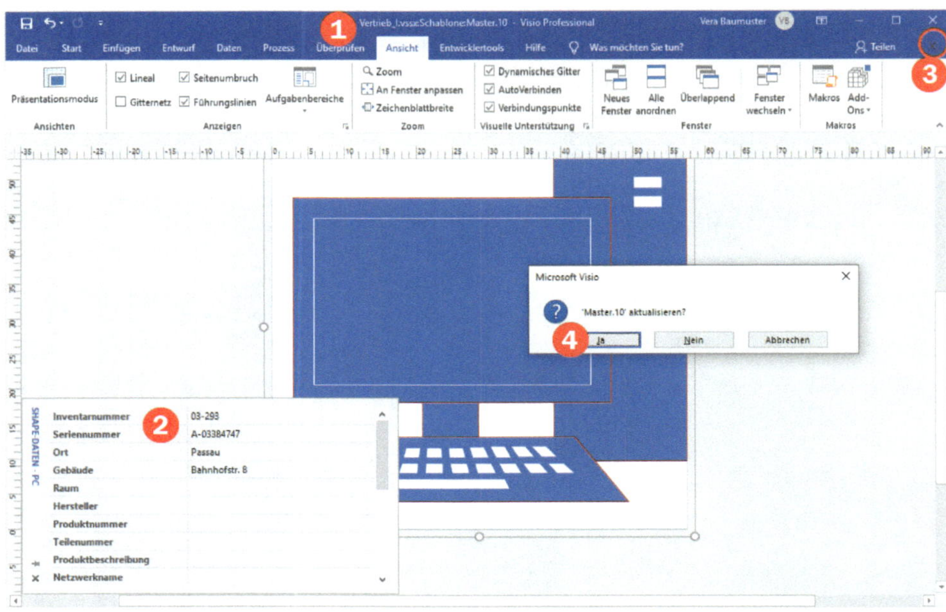

Ziehen Sie nun das geänderte Master-Shape PC auf Ihr Zeichenblatt und öffnen Sie das Andockfenster *Shape-Daten*. Die vorher ausgefüllten Daten stehen in den entsprechenden Feldern. Das kann beim Arbeiten mit immer gleichen Shapes sehr viel Zeit sparen.

Eigene Master-Shapes erstellen

Immer wieder kommt es vor, dass ein benötigtes Shape standardmäßig nicht vorhanden ist. Wenn Sie beispielsweise eine Hantel suchen, werden Sie keinen Erfolg haben. Also muss das Shape selbst erstellt und einer Schablone hinzugefügt werden.

Erstellen Sie ein neues Zeichenblatt über das Plus-Symbol ⊕ unten in der Zeichenblattleiste. Ziehen Sie ein Rechteck-Shape aus der Schablone *Standard-Shapes* ❶ (Bild nächste Seite) auf Ihr Zeichenblatt. Passen Sie die Größe des Shapes über das Andockfenster *Größe und Position* ❷ auf die Maße 40 mm Breite und 10 mm Höhe an. Sie können das Shape natürlich auch mit den Anfassern vergrößern. Zoomen Sie entsprechend auf das Objekt ein, damit der Bildschirm besser ausgefüllt ist. Bei mir sind es ca. 350%.

Nun ziehen Sie einen Kreis auf Ihr Zeichenblatt. Legen Sie die Größe des Kreises auf 20 mm fest. Erstellen Sie eine Kopie davon, indem Sie ihn anklicken, die Strg-Taste gedrückt halten und den Kreis zur Seite ziehen.

Schieben Sie jetzt je einen Kreis auf die linke und rechte Seite des Rechteckes, sodass sie das Rechteck überlappen ❸. So sollte es nun aussehen:

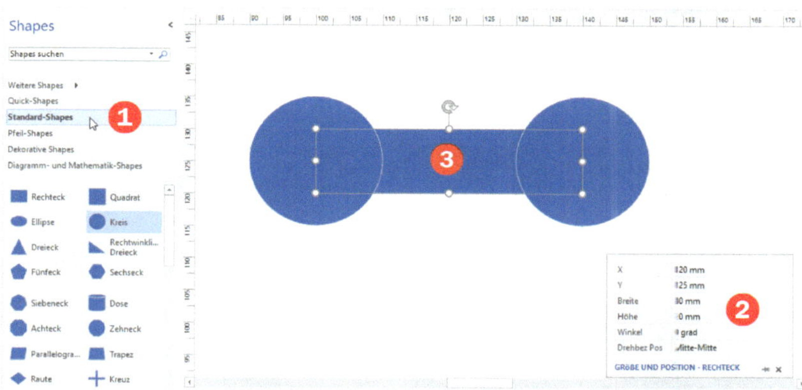

Master-Shape einer Hantel

Nun haben Sie drei Shapes auf Ihrem Zeichenblatt, die nun in ein ganzes, zusammenhängendes Shape umgewandelt werden sollen. Markieren Sie alle drei Shapes, indem Sie sie mit gedrückter Maustaste umfahren. Sie sehen schließlich drei blaue Objektrahmen.

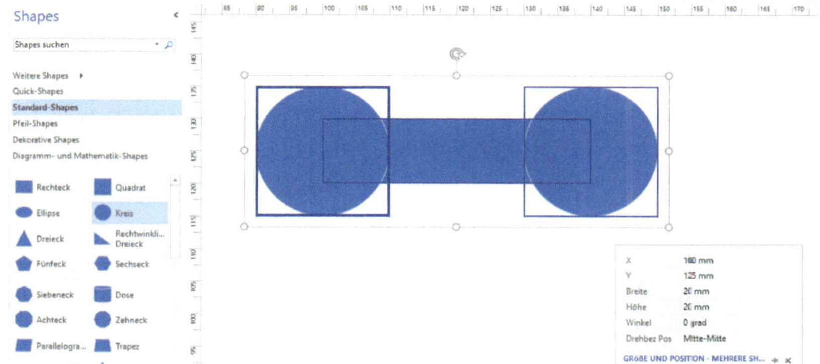

Alle drei Shapes mit aktiver Rahmenmarkierung

Je nachdem, in welcher Reihenfolge Sie die Shapes auf dem Zeichenblatt abgelegt haben, sehen die Konturen anders aus.

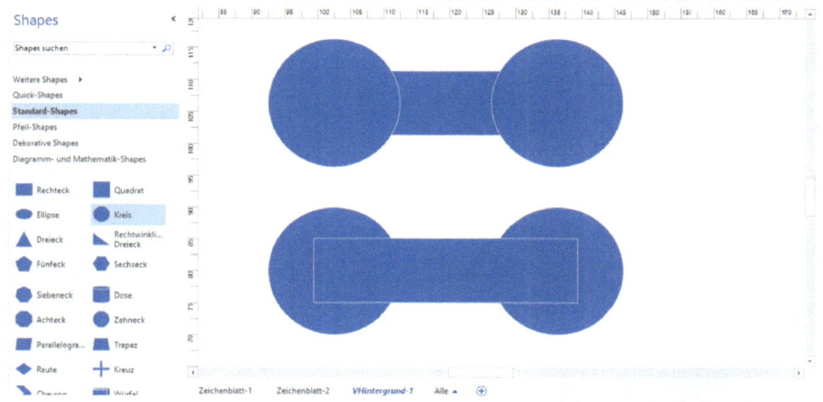

Die gleichen Shapes in anderer Reihenfolge abgelegt

Das entspricht aber nicht dem Aussehen einer Hantel. Damit die drei Shapes eine einzige Konturenführung erhalten und als ein Objekt bearbeitet und von MS-Visio verwaltet wird, müssen sie vereint werden. Klicken Sie auf das Register *Entwicklertools* ❶, in der Gruppe *Shape-Design* auf *Vorgänge* ❷ und schließlich auf *Gesamtmenge* ❸.

Ein Shape aus mehreren Shapes erstellen

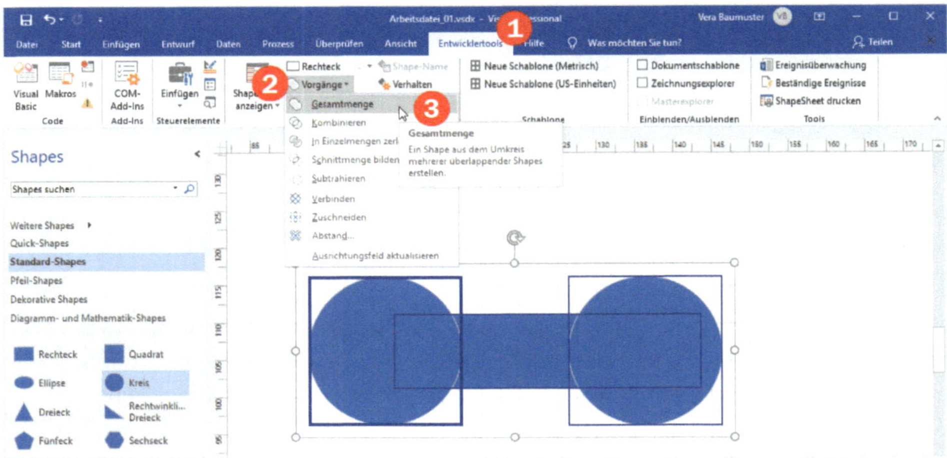

Aus den drei Shapes wurde ein neues Shape erstellt. Es besteht aus den Umrisslinien aller drei Shapes anhand der Außenkontur. Möchten Sie noch Änderungen an der Konturfarbe und -stärke vornehmen, so können Sie dies jetzt machen.

Wenn Ihnen Ihre Shape-Hantel gefällt, ziehen Sie sie in Ihre gewünschte Schablone und vergeben einen Namen dazu ❶. Später können Sie immer noch eigene Felddaten wie Gewicht oder Einsatzort etc. hinzufügen. Vergessen Sie nicht die Schablone zu speichern ❷ und den Bearbeitungszustand zu deaktivieren.

Fertige Hantel aus den Außenkonturen von drei Standard-Shapes

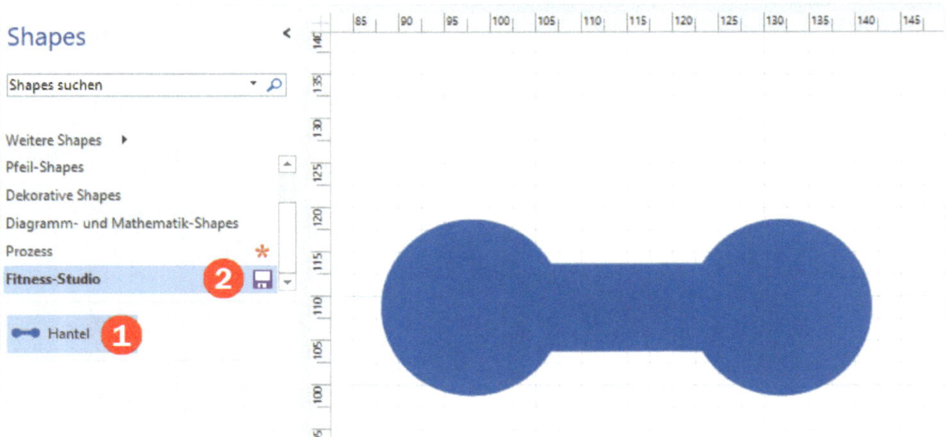

5 Mit Text arbeiten

In diesem Kapitel lernen Sie...

- Umgang mit Text
- Erstellen von Text-Shapes
- Umgang mit freiem Text
- Editieren von Text
- Formatierung von Shapes

Das sollten Sie bereits wissen...

- Grundlegender Umgang mit MS-Visio
- Grundlegende Kenntnisse im Umgang mit Text
- Kenntnisse im Umgang mit der Word- oder der Textverarbeitung

Es gibt drei Varianten, wie Sie Ihr Zeichenblatt mit Texten gestalten können. Sie können ein Shape beschriften, indem Sie es markieren und drauflos schreiben oder Sie ziehen ein vorgefertigtes Text-Shape in das Zeichenblatt. Eine weitere Variante ist die Beschriftung mit dem Textwerkzeug, auf das in Kapitel 6.3 näher eingegangen wird.

5.1 Text in ein Shape einfügen und formatieren

Texteingabe

Ziehen Sie ein Standard-Shape auf Ihr Zeichenblatt und beginnen Sie mit der Eingabe Ihres Textes. Es erscheint ein weißes Textfeld, das über dem Shape liegt ❶. Wenn Sie viel Text eingeben, wird das Textfeld größer. Wenn der Text bzw. das Textfeld größer ist als das Shapes, wird der Text es überragen ❷. Wenn Sie an den Anfassern ❸ des Shapes ziehen, passt sich der Text automatisch an. Die Schriftgröße und andere Einstellungen der Formatierung bleiben unverändert.

Dreieck-Shape mit überlaufendem Text

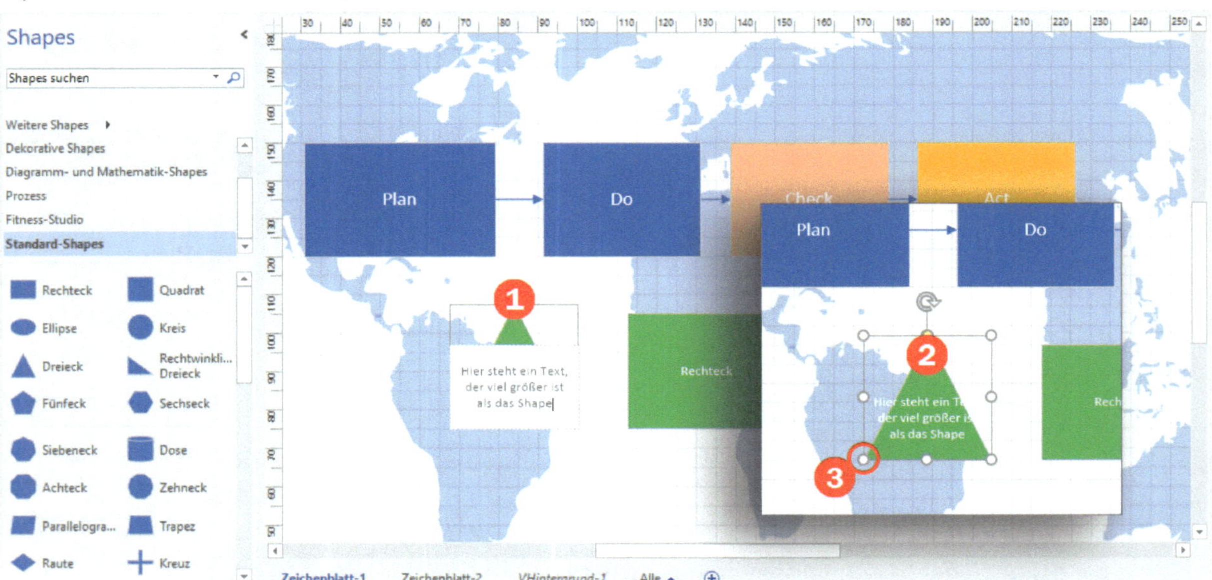

> Dieses Verhalten kann von Shape zu Shape abweichen, je nachdem welches Shape Sie gewählt haben, werden Schriftgrößen skaliert, Zeilenumbrüche nicht angepasst etc. Diese Eigenschaften sind in dem jeweiligen Shapes hinterlegt.

Formatierung des Textes

Schriftformat ändern

Sie können den Text so anpassen, dass er in das Shape passt. Diesen können Sie über Register *Start* ▶ Gruppe *Schriftart* formatieren. Markieren Sie den Text und passen Sie ihn nach Ihren Wünschen an. Unter anderem können Sie zwischen verschiedenen Schriftarten wählen, die Schriftgröße ändern oder den Text in fett, kursiv oder mit Unterstrich formatieren.

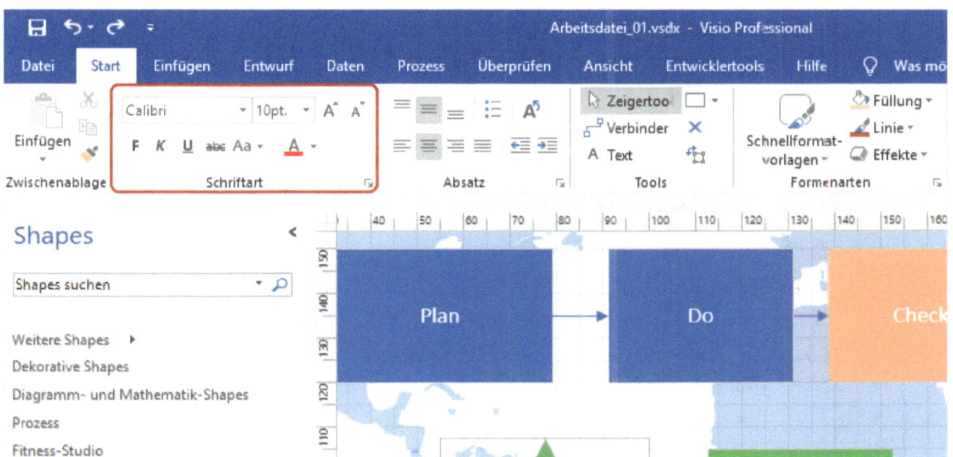

Schriftformat in der Gruppe Schriftart ändern

Schnellformatierung verwenden

Wenn Sie Ihren Text noch schneller und einfacher formatieren wollen, benutzen Sie die Schnellformatierung. Markieren Sie dazu den Text mit einem Doppelklick und es öffnet sich automatisch eine Minisymbolleiste mit den gängigsten Formatierungsoptionen.

Die Schnellformatierung

Erweiterte Formatierungseinstellungen über das Dialogfeld

Neben den Standard-Schaltflächen gibt es noch weitere Einstellungen zur Text - und Absatzformatierung. Diesen Dialog rufen Sie über das kleine Pfeilsymbol im Menüband der Gruppe *Schriftart* oder *Absatz* auf. Zuvor markieren Sie den Bereich, den Sie formatieren wollen. Die Einstellungen im Dialogfeld werden nur für diesen Bereich übernommen. Im oberen Bereich befinden sich die Registerkarten für *Schriftart*, *Zeichen*, *Absatz*, *Textblock*, *Tabstopps* und *Aufzählungszeichen*.

Dialogfeld Text

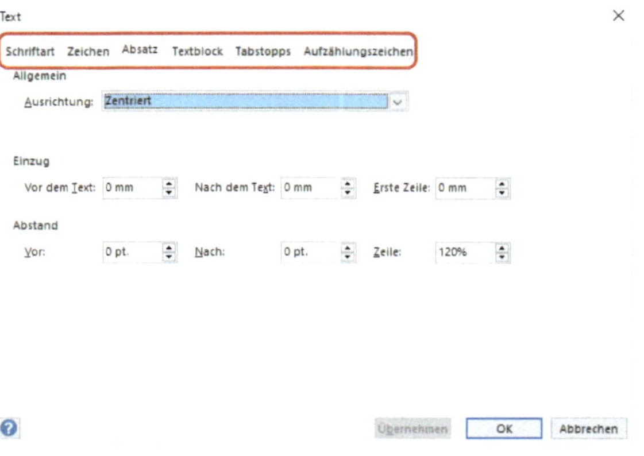

Schriftfarbe und Texthintergrund anpassen

Finden Sie die schwarze Schriftfarbe langweilig? Dann verändern Sie doch einfach die Farbe. Markieren Sie das Wort und klicken Sie entweder in der Minisymbolleiste oder im Register *Start* ▶ Gruppe *Schriftart* auf den grauen Pfeil ❶. Ihnen werden unterschiedliche Farben aufgelistet, aus denen Sie auswählen können ❷. Wenn Sie auf *Weitere Farben...* ❸ klicken, können Sie eine benutzerdefinierte Farbe erstellen. Haben Sie sich für eine Farbe entschieden, verwenden Sie sie auf andere von Ihnen markierte Textstellen, indem Sie einfach auf das A neben dem grauen Pfeil klicken. Damit wird die zuletzt benutzte Farbe angewendet - ersichtlich an dem farbigen Unterstrich.

Schriftfarbe ändern

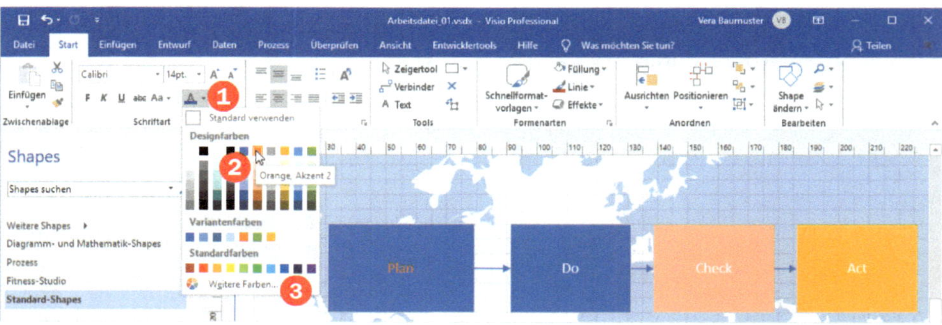

> **Achtung**: Je nach Auswahl des Designs im Entwurfsregister Ihres Zeichenblattes kann Ihr Text eine andere Farbe annehmen.

Wenn Sie wollen, können Sie sogar die Transparenz der Schriftfarbe ändern. Dazu müssen Sie das Dialogfeld der Gruppe *Schriftart* oder *Absatz* öffnen. Klicken Sie auf das kleine Pfeilsymbol in der rechten unteren Ecke der Gruppe. Es erscheint das Dialogfeld mit dem Register *Schriftart*. Hier sehen Sie rechts einen Schieberegler, den Sie nach Belieben bewegen können. Stellen Sie den Wert der Transparenz auf 100 %, dann wird der Text nicht sichtbar sein, egal welche Farbe Sie wählen. Die Änderungen werden leider nicht in einer Vorschau angezeigt, stattdessen müssen Sie auf *Übernehmen* klicken und können das Ergebnis nachträglich begutachten. Sind Sie damit zufrieden, bestätigen Sie mit *OK*.

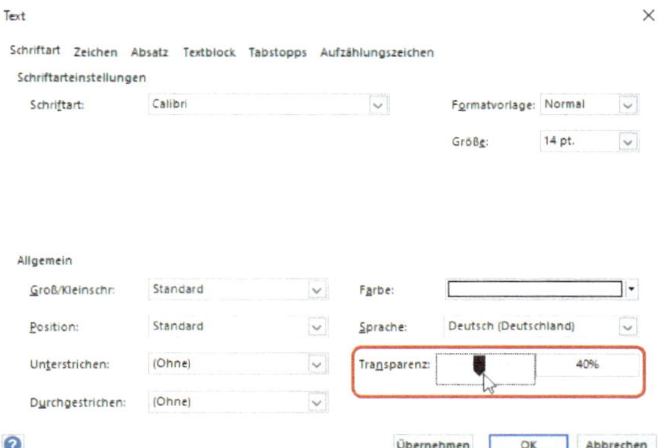

Transparenzregler

Wenn Sie eine andere Farbe für Ihren Texthintergrund wünschen, gibt es mehrere Möglichkeiten. Die einfachste und schnellste ist, die Hintergrundfarbe über die Minisymbolleiste ❶ der Schnellformatierung zu ändern. Markieren Sie dazu den Text und die Minisymbolleiste erscheint. Klicken Sie auf den Pfeil neben *Füllung* Füllung ▾ ❷ und suchen Sie sich eine passende Farbe aus. Wenn Sie hier auf *Füllbereichsoptionen…* ❸ klicken, öffnet sich auf der rechten Seite ein Fenster, in dem Sie unter anderem die Transparenz der Farbe ändern können ❹. Andere Möglichkeiten sind: Über das Menüband das Register *Start* ▶ Gruppe *Formenarten* ▶ *Füllung* oder über das Dialogfeld über Gruppe *Schriftart* ▶ Register *Textblock* ▶ *Texthintergrund*.

Texthintergrund anpassen

Skalierung und Abstand des Textes

Neben der Schriftart und -größe können Sie über das Dialogfeld noch weitere Einstellungen der Schrift vornehmen. Im zweiten Registerblatt *Zeichen* ❶ können Sie die Skalierung und den Abstand des Textes ändern. Die Skalierung ist nicht zu verwechseln mit der Schriftgröße in Punkten. Diese Einstellung ist ein Relikt aus alten Zeiten. Sie sollten den Wert bei *Skala* möglichst immer auf 100 % ❷ belassen. Besonders beim Drucken würden hier sonst Probleme entstehen. Bei der Einstellung *Abstand* ❸ wird der Text je nach Eingabe verkürzt oder auseinandergezogen, der Abstand der einzelnen Zeichen verändert sich. Bei großer Schrift, die auch fett markiert ist, wird die Lesbarkeit des Textes erhöht und kann gerne eingesetzt werden.

Skala und Abstand

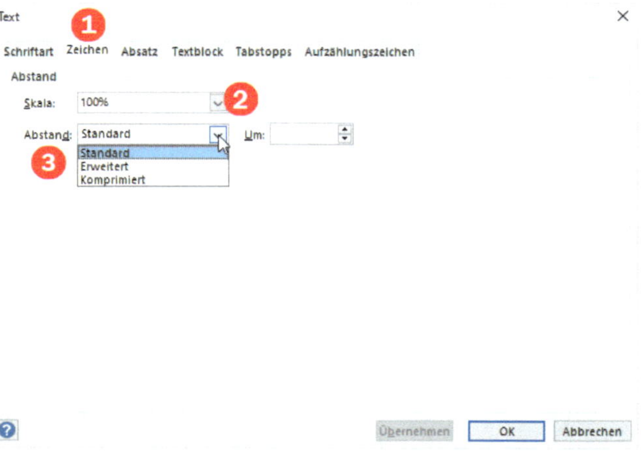

Text ausrichten

Wenn sich Ihr Mauscursor in dem Textfeld befindet, können Sie die Position des Textes verändern. Sie erreichen die Standardeinstellungen über das Register *Start* ▶ Gruppe *Absatz*. Sie können hier zwischen mehreren Optionen wählen. Mit den oberen drei Funktionen können Sie bestimmen, ob der Text *oben*, *mittig* oder *unten* ausgerichtet werden soll. Mit den vier Funktionen darunter ist es möglich, dass der Text *links-* oder *rechtsbündig* wird, sowie *zentriert* oder im *Blocksatz* erscheint. Standardmäßig ist in der unteren sowie oberen Zeile mittig bzw. zentriert ausgewählt. Auf der rechten Seite der Gruppe *Absatz* finden Sie die Funktionen, mit denen man den Einzug des Textes verkleinern bzw. vergrößern kann. Außerdem kann man den Text um 90 Grad drehen.

> In Dialogfeld *Text* ▶ Register *Schriftart* ▶ *Allgemein* finden Sie unter *Position* die Ausrichtung, wie der Text innerhalb einer Textzeile ausgerichtet werden soll. Hier kann *Hoch-* oder *Tiefgestellt* ausgewählt werden. Denken Sie an H_2O oder m^2 als typische Vertreter.

Einzug des Textes

Wie Sie bereits wissen, können Sie den Text unterschiedlich ausrichten. Es gibt allerdings weitere Möglichkeiten, wie man dem Text eine andere Form gibt. Rufen Sie das Dialogfeld über auf und öffnen Sie die Registerkarte *Absatz*. Im folgenden Beispiel ist der markierte Text linksbündig ❶ ausgerichtet. Der Einzug beträgt 6 mm vom linken Rand und die erste Zeile ragt um zusätzlich 2 mm nach innen ❷. Der Abstand zum nächsten und vorherigen Absatz wurde um 6 Pt. vergrößert ❸. Es befindet sich keine Leerzeile zwischen den Absätzen.

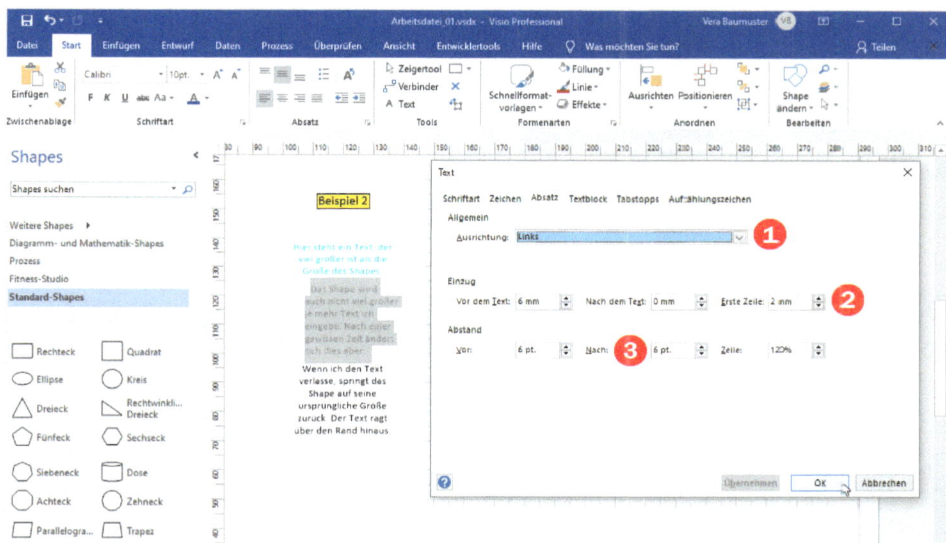

Absatzeinstellung des markierten Textes

Abstand des Textes zu seinem Rahmen

Wollen Sie den Abstand des Textes zu seinem Rahmen verändern, dann öffnen Sie das Dialogfeld im Menüband in der Gruppe *Schriftart* oder *Absatz* über . Dort können Sie in der Registerkarte *Textblock* den Text zum Rand vergrößern oder verkleinern. Je Rand sind jeweils 4 pt. voreingestellt.

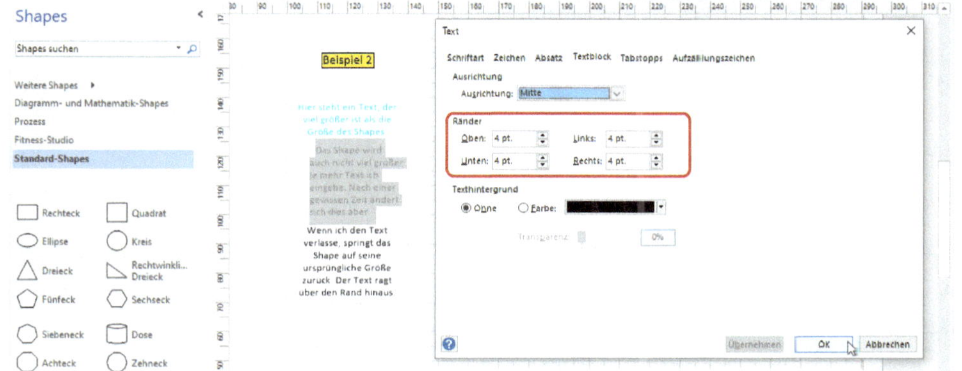

Ränder einstellen

Aufzählungszeichen

Benötigt Ihr Text Aufzählungszeichen, können Sie diese ganz leicht über das Menüband einfügen. Markieren Sie den Text, der mit einem Symbol versehen sein soll und klicken Sie danach auf ⁝☰ ❶. Gefällt Ihnen das Aufzählungssymbol nicht, dann ist es möglich, ein anderes über das Dialogfeld auszuwählen. Klicken Sie auf das kleine Pfeilsymbol im Menüband in der Gruppe *Schriftart* oder *Absatz* ❷. Der Dialog öffnet sich und Sie können aus den Vorschaubildern ❸ eine Wahl treffen. Rechts davon befindet sich die Skalierungsgröße für das Aufzählungszeichen ❹. Die angezeigten 100 % entsprechen der eingestellten Schriftgröße. Möchten Sie das Symbol größer machen, so ändern Sie die Prozentzahl. Darunter sehen Sie den Abstand zur Textposition ❺. Es ist der Abstand, an dem der Text nach dem Aufzählungszeichen beginnt. Beachten Sie, dass zuerst die Einstellung des Erstzeileneinzuges angewendet wird und dann der Wert aus der eingetragenen Textposition.

> Ist die Textposition kleiner als der Erstzeileneintrag, wirkt sich dieser nicht aus.

Aufzählungszeichen Dialog

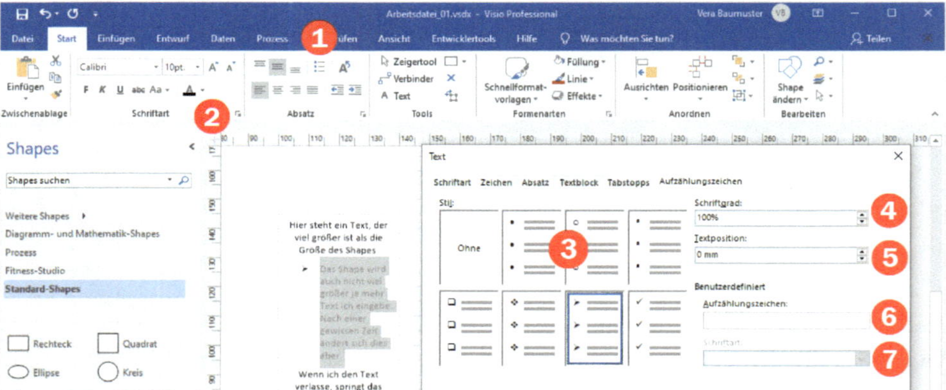

Möchten Sie ein anderes Zeichen als Aufzählungssymbol verwenden, tragen Sie den Buchstaben oder ein ASCII-Zeichen in die Eingabezeile *Aufzählungszeichen* ❻ ein. ASCII beschreibt eine Zeichenkodierungsnorm aus druckbaren und nicht druckbaren Zeichen einer Schriftart. Jedes Zeichen wird mit einer Nummer codiert und kann somit in Programmen verwendet werden. Darunter wählen Sie die dazugehörige *Schriftart* ❼ aus.

Textlineal und Tabstopps

Tabstopps sind wichtige Hilfsmittel bei der Erstellung von Text. Damit kann man die Abstände festlegen, zu denen mit der Tabulator-Taste gesprungen wird. Wichtig ist dabei das Lineal, das man sich ganz leicht einblenden lassen kann.

Das Textlineal einblenden

Markieren Sie Ihren Text in einem Shape und klicken Sie ihn mit der rechten Maustaste an. Es öffnet sich ein Kontextmenü. Wählen Sie hier den Eintrag *Textlineal* aus. Über Ihrem markierten Text erscheint nun ein Lineal mit kleinen, verschiebbaren Dreiecken (das sind die Einzüge) und links befindet sich eine Schaltfläche, mit der Sie die Art des Tabstopps festlegen. Außerdem sehen Sie auf dem Lineal zwei kleine kurze Striche, die die Standardpositionen der Tabstopps darstellen. Verändern Sie das Shape in der Breite, passt sich das Lineal an. Das Lineal wird nun für alle Shapes und Texte eingeblendet, wenn Sie im Editiermodus sind.

Ausschneiden
Kopieren
Einfügen
Schriftart...
Absatz...
Aufzählungszeichen
Feld einfügen...
Erneut konvertieren
Textlineal
Nachschlagen...
Übersetzen...

Eine Besonderheit gilt für den linken Rand. Haben Sie einen Erstzeileneinzug eingestellt und ändern anschließend den Rand, so wird der Erstzeileneinzug automatisch um den gleichen Abstand mit verschoben. Deshalb kommt es vor, dass Sie diese Einstellungen auch zwei oder mehrmals anpassen müssen. Das Lineal können Sie übrigens wieder entfernen, indem Sie das Kontextmenü wieder öffnen und erneut auf *Textlineal* klicken.

Tabstopps verwenden

Das obere Dreieck ❶ steht für den Einzug der ersten Zeile. Wenn Sie Ihren Text markieren und dieses Dreieck verschieben, ändert sich der Einzug der ersten Zeile. Das ist sehr praktisch, wenn Sie zur besseren Übersichtlichkeit die erste Zeile eingerückt haben wollen. Das untere Dreieck steht für alle anderen Zeilen ❷. Wenn Sie einen Tabstopp setzen wollen, klicken Sie auf das Tabstopp-Symbol ❸ und wählen entweder den linken, rechten, dezimalen oder zentrierten Tabstopp. Klicken Sie sich durch die Auswahl und anschließend auf die entsprechende Stelle im Lineal. Wollen Sie den Tabstopp wieder entfernen, dann ziehen Sie ihn mit gedrückter Maustaste nach unten.

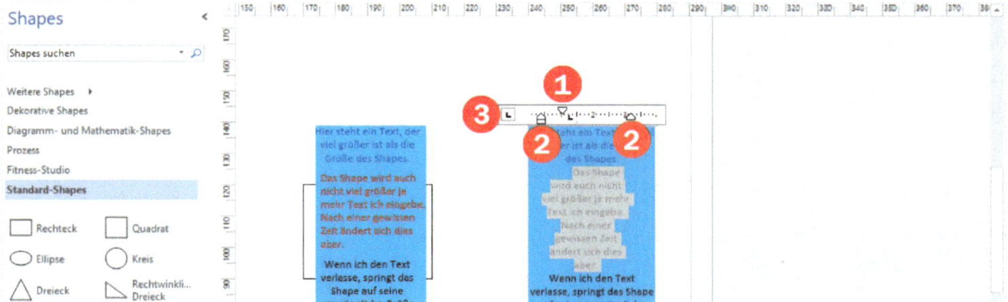

Aktives Textlineal

Diese Art der Verwendung von Tabstopps ist sehr einfach, aber nicht immer zu verwenden. Daher gibt es noch die Möglichkeit, Tabstopps über das Dialogfeld hinzuzufügen. Klicken Sie dazu im Menüband Register *Start* ▶ Gruppe *Schriftart* auf den kleinen Pfeil in der rechten unteren Ecke ❶ (siehe Bild nächste Seite) und dann auf *Tabstopps* ❷. Rechts oben tragen Sie bei *Tabstoppposition* den genauen Wert ein ❸. Weiter unten können Sie auch noch Einstellungen für die *Standardtabstopps* vornehmen. Bestätigen Sie anschließend mit *Hinzufügen* ❹. Wenn Sie den Tabstopp löschen oder ändern wollen, klicken Sie auf *Entfernen* oder *Ändern* ❺. Mit *Übernehmen* und *OK* wird der Vorgang abgeschlossen.

Manuelle Tabstopps über das Dialogfeld setzen

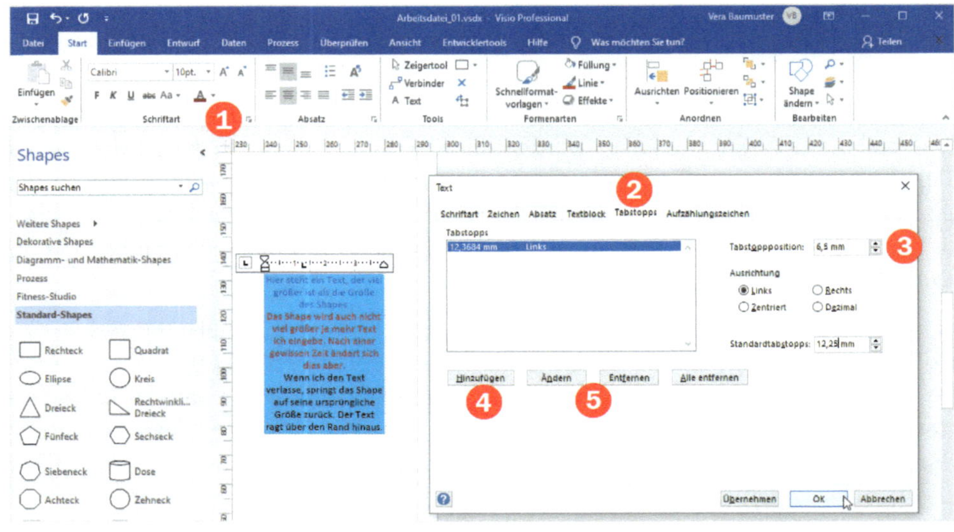

5.2 Mit Text-Shapes arbeiten

Nach Text-Shapes suchen

Geben Sie in das obere Suchfeld Ihres Schablonenbereichs den Suchbegriff „Text" ❶ ein und bestätigen Sie entweder mit der Enter-Taste oder mit Klick auf die Lupe, dann findet MS-Visio eine Menge Text-Shapes aus diversen Gruppen mit den verschiedensten Verhaltensregeln, also unterschiedlichen Formatierungen ❷. MS Visio listet die Text-Shapes auf und zeigt die ersten vier Shapes einer Gruppe. Klicken Sie auf weitere Ergebnisse ❸, dann werden die anderen Shapes der Gruppe mit angezeigt.

Sucheintrag "Text" im Schablonenbereich

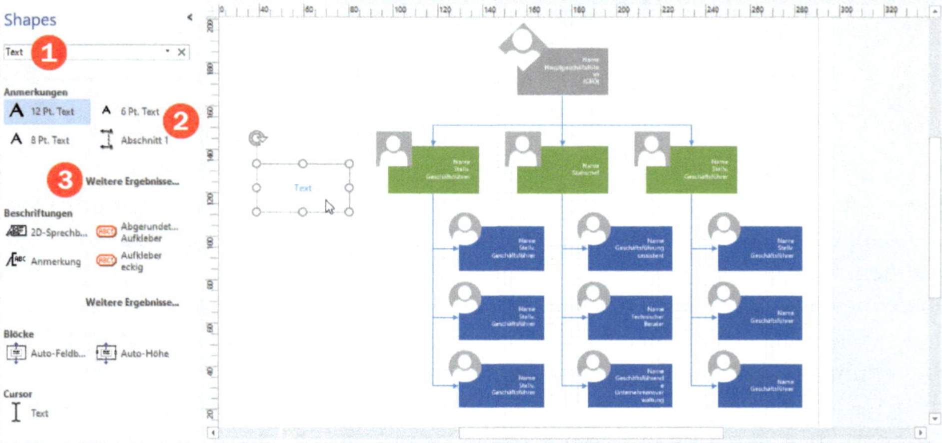

Mit *Alle Gruppen erweitern* oder *Alle Gruppen reduzieren* werden alle angezeigten Gruppen mit ihren Shapes geöffnet bzw. geschlossen. Machen Sie dazu in der Liste einen Rechtsklick und es wird Ihnen ein Kontextmenü mit den zwei Optionen angezeigt, aus denen Sie auswählen können. Sie können sich so mühevolle Arbeit sparen.

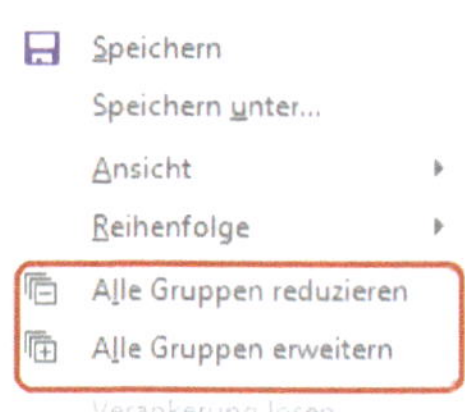

Text-Shapes verwenden

Wie bereits erwähnt sind die Text-Shapes mit unterschiedlichen Verhaltensfunktionen ausgestattet. Ziehen Sie beispielhaft das Shape *12Pt. Text* auf Ihr Zeichenblatt, so können Sie mit der Texteingabe sofort beginnen. Der Text hat 12 Punkte Schriftgröße. Sie können die Formatierung des Textes natürlich noch nachträglich ändern. Es gibt unzählig weitere Text-Shapes, einige Beispiele werden im Folgenden verdeutlicht:

1. Text-Shapes in den Schriftgrößen 6, 8 und 12 Pt.
2. Auto-Text-Shape: Das Feld passt sich dem Text an.
3. Anmerkung-Text-Shape: Die Anmerkungsklammer hat eine Positionslinie und eine Haltelinie, die mit dem gelben Anfasser angepasst werden können. Der Endpunkt lässt sich mit einem anderen Text-Shape verbinden.
4. Sprechblase-Text-Shape: Steuerpunkte können an den Sprecher ausgerichtet werden.

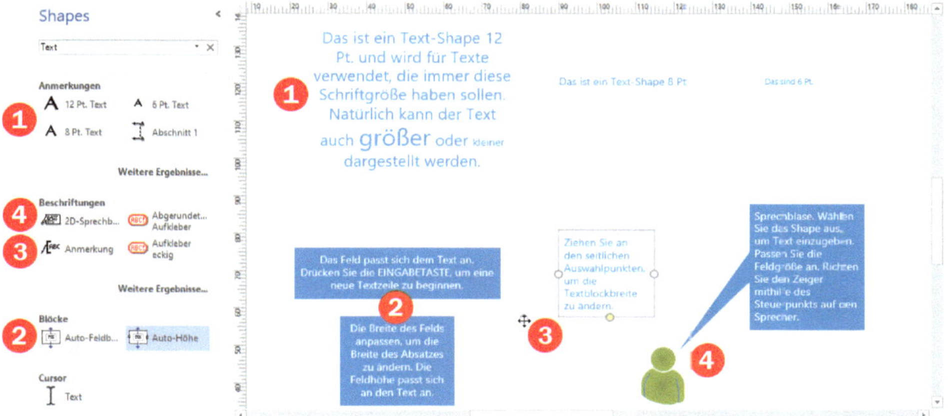

Text-Shapes mit Einstellfunktion

Wie Sie sehen, gibt es eine große Anzahl von Text-Shapes, die Sie nun für Ihre Arbeit entdecken können.

5.3 Textwerkzeug

Die sicher einfachste Art einen Text zur erstellen, ist mit dem Textwerkzeug. Klicken Sie im Menüband Register *Start* ▶ Gruppe *Tools* auf *Text* ❶ und anschließend auf Ihr Zeichenblatt oder ziehen Sie einen Rahmen auf ❷. Beginnen Sie nun direkt mit der Texteingabe. Der Cursor ändert sein Aussehen ❸ und bleibt immer aktiviert, bis Sie das Werkzeug wieder wechseln.

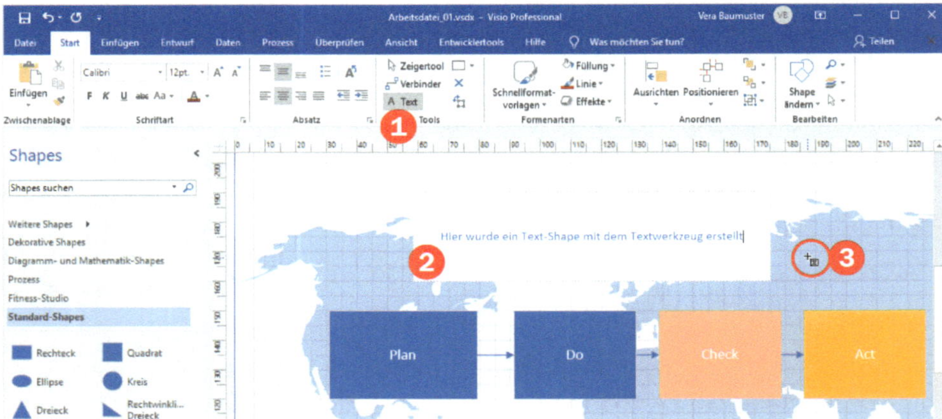

Aufgezogener Textrahmen

Im Gegensatz zu den anderen Möglichkeiten, ein Text-Shape zu generieren, handelt es sich hier um ein Shape ohne Mastervorlage.

Die Größe des Textfeldes bestimmen Sie durch die Größe des aufgezogenen Rahmens. Der Rahmen hat keine Konturfarbe und -linie. Sie können anschließend die Größe des Rechtecks über die Anfasser anpassen und ändern. Ansonsten können Sie dieses Shape, wie die anderen Text-Shapes, bearbeiten und formatieren.

6 Umgang mit der Werkzeugpalette

In diesem Kapitel lernen Sie...

- Umgang mit den Werkzeugen
- Grafische Objekte erstellen
- Freihandzeichnungen erstellen
- Verknüpfungen zwischen Shapes erstellen
- Verschiedene Texteingaben anwenden

Das sollten Sie bereits wissen...

- Grundlegender Umgang mit MS-Visio
- Umgang mit Shapes
- Praktische Erfahrung mit dem Umgang Maus und Tastatur
- Guter Umgang Windows

Der richtige Umgang mit der Werkzeugpalette in MS-Visio ist grundlegend, um mit Ihren grafischen Darstellungen zu arbeiten. Insgesamt gibt es sechs verschiedene Werkzeuge, die Sie sich alle ganz leicht im Menüband unter Register *Start* ▶ Gruppe *Tools* finden lassen:

1 Auswahlwerkzeug (Zeigertool)

2 Verbinderwerkzeug

3 Textwerkzeug

4 Grafikwerkzeuge für

- Rechteck
- Ellipse
- Linie
- Freihandform
- Bogen
- Bleistift

5 Verbindungspunktwerkzeug

6 Textblockwerkzeug

6.1 Das Auswahlwerkzeug

Mit der Strg-Taste + 1 können Sie das Zeigertool aktivieren.

Das wohl am häufigsten verwendete Werkzeug ist das Auswahlwerkzeug (*Zeigertool*). Mit diesem markieren Sie Ihre Shapes, um sie zu verschieben, skalieren, kopieren oder auszuschneiden etc. Es ist das einzige Werkzeug, mit dem Sie keine Shapes erstellen können.

Shapes mit der Rechteckauswahl markieren

Wenn Sie das Auswahlwerkzeug ausgewählt haben, wird das Shape mit einem Mausklick ausgewählt und markiert. Es ist auch möglich, mehrere Shapes zu markieren: Umfahren Sie sie mit gedrückter Maustaste und ziehen Sie einen grauen Rahmen auf. Der Mauscursor ändert sein Aussehen zu einem Plus ❶ (Bild nächste Seite). Eine andere Möglichkeit, mehrere Objekte zu markieren, besteht darin, die Strg-Taste zu drücken und andere Objekte mit der linken Maustaste anzuklicken. Wenn Sie erneut auf das Objekt klicken, wird es wieder aus der Auswahl entfernt. An dem grauen Rahmen und den Anfassern ❷ sehen Sie, welche Shapes sich in der Auswahl befinden. Außerdem erhalten die markierten Shapes einen blauen Rahmen ❸. Im folgenden Beispiel ist das linke Rechteck mit einer dickeren blauen Linie umrahmt ❹. Das zeigt Ihnen, welches Objekt Sie zuerst ausgewählt haben.

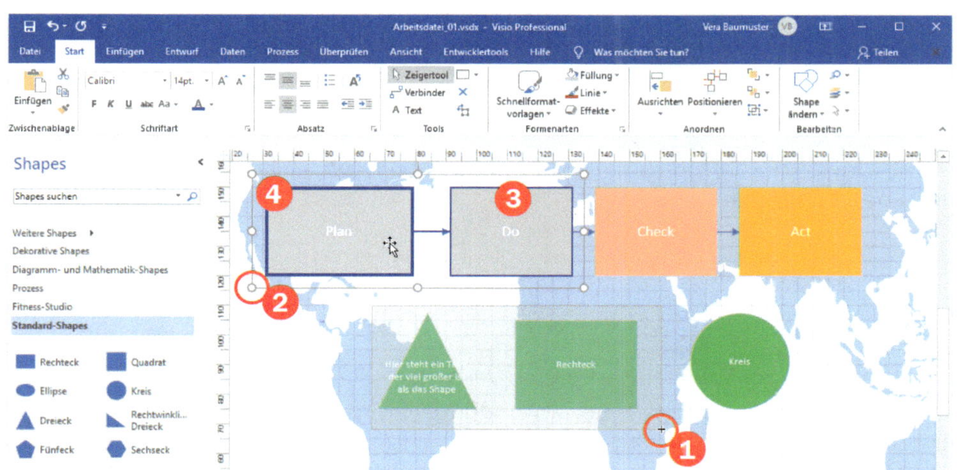

Objektauswahl durch Umfahren und durch Einzelmarkierung

Möchte Sie Objekte ausrichten, anordnen oder anpassen, ist das zuerst ausgewählte Objekt, also mit dem dickeren blauen Rand, immer als Referenz zu betrachten. Daran orientiert sich MS-Visio.

Shapes mit der Freiformauswahl markieren

Alternativ zur Rechteckauswahl können Sie Ihre Shapes auch mit der Freiformauswahl markieren. Diese Funktion erreichen Sie, indem Sie im Menüband auf Register *Start* ▶ Gruppe *Bearbeiten* ▶ *Markieren* ▶ *Lassoauswahl* ❶ klicken. Danach können Sie Ihre Auswahl in einer Freiform um die Objekte herum bestimmen. Wenn Sie Ihre Shapes mit dem Lasso umfahren, sehen Sie eine graue gepunktete Linie ❷, die Ihnen anzeigt, welche Strecke bzw. welche Shapes Sie ausgewählt haben ❸.

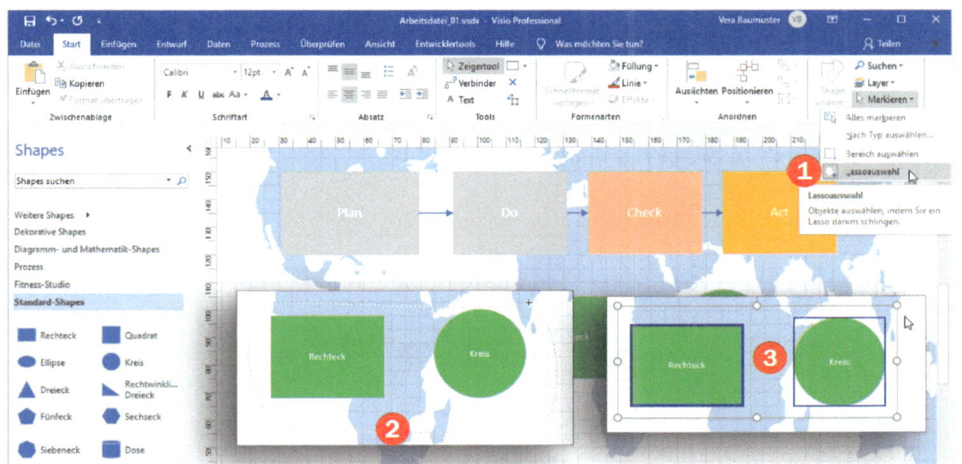

Auswahlbereich von Rechteck auf Lasso einstellen und Objekte markieren

Wenn Sie viele Objekte auf Ihrem Zeichenblatt haben, ist die Lassoauswahl eine sehr hilfreiche Möglichkeit, Objekte zu aktivieren. Um wieder zur Rechteckauswahl zurückzukehren, klicken Sie im Menüband auf Register *Start* ▶ Gruppe *Bearbeiten* ▶ *Markieren* ▶ *Bereich auswählen*.

Weitere Möglichkeiten zur Auswahl von Objekten finden Sie im Kapitel 9 (Mit Layern und Ebenen arbeiten).

6.2 Das Verbinderwerkzeug

Mit dem Verbinder Werkzeug wird eine Verbindungslinie oder ein Verbindungspfeil zwischen Shapes erstellt. Bei den Verbindungen wird zwischen einer dynamischen und einer statischen Verbindungsform unterschieden. Auch Mischformen können angewendet werden. Je nachdem, für welche Art Sie sich entscheiden, werden beim Verschieben Ihrer Shapes die Verbindungslinien umgestellt. Dazu später mehr.

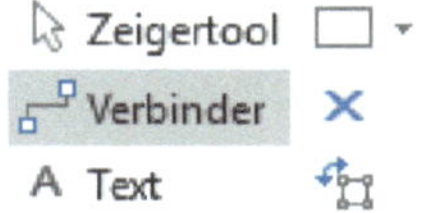

Wählen Sie zunächst das Verbinderwerkzeug über das Menüband im Register *Start* ▶ Gruppe *Tools* ▶ *Verbinder* aus. Die Form Ihres Mauscursors ändert sich zu einem Symbol mit zwei Pfeilen. Einem schrägen Pfeil und einem abgewinkelten Pfeil. Je nachdem, wo Sie sich mit Ihrem Cursor nun über einem Objekt bewegen, erhalten Sie bei einer dynamischen Verbindung einen grünen Rahmen um das Objekt oder bei einer statischen Verbindung einen grünen Punkt.

Shapes dynamisch verbinden

Was bedeutet nun dynamisches Verbinden bzw. Verkleben? Wenn Sie eine Verbindung von einem Shape zum anderen herstellen und es an den grünen Rahmen ankleben, sucht sich die Verbindungslinie, wenn Sie die Shapes verschieben, immer den kürzesten Weg und wählt irgendeinen Punkt an dem Rahmen aus.

Bewegen Sie den Cursor in ein Shape, halten Sie die Maustaste gedrückt und ziehen Sie eine Verbindungslinie zu dem grünen Rahmen des anderen Shapes. Der Mauscursor verwandelt sich in ein Plus. Lassen Sie die Maustaste los und der Verbindungspunkt ist verklebt. Es wird automatisch ein Pfeil nach Ihrer Standard-Design-Einstellung erzeugt.

Verbundene Shapes (dynamisch)

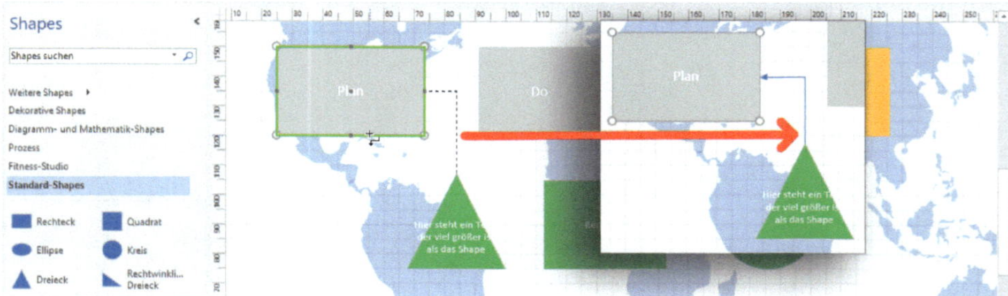

> Alternativ zum Verbindungswerkzeug kann auch ein Verbindungs-Shape aus einer Schablone verwendet werden. Die Anwendung wird in gleicher Art und Weise durchgeführt.

Der Verbindungspfeil kann in Ihrer MS-Visio Datei anders aussehen als hier im gezeigten Beispiel.

Wie Sie aus dem oberen Bild entnehmen zeigt der Pfeil mit seiner Spitze von links nach rechts. Dies ist nicht ohne Einfluss auf das Verhalten eines Shapes:

> Wenn Sie die Richtung umkehren, dann wählen Sie zuerst das andere Shape aus und ziehen dann die Linie zu Ihrem Ziel-Shape. Die Reihenfolge der Objektauswahl bestimmt die Richtung der Pfeilspitze und nicht die grafische Formatierung der Pfeilspitze für Anfang und Ende.

Shapes statisch verbinden

Wir haben bereits thematisiert, was dynamische (grüner Rahmen) Verbindungsstellen sind. Kommen wir nun zu den statischen (grüner Punkt): Wenn Sie eine Linie von einem zum anderen Shape ziehen und Sie sie genau auf einem grünen Punkt des Rahmens ablegen, bleibt diese Verbindung erhalten. Das heißt also, dass, wenn Sie diese Shapes verschieben, sucht sich die Verbindungslinie keinen anderen Punkt - sie bleibt unbeweglich.

Statischer Verbindungspunkt

Das grüne Viereck ist dynamisch verklebt ❶ (siehe Bild nächste Seite). Das orange Sechseck ist statisch mit einem Klebepunkt verbunden ❷. Wenn man das grüne Viereck nun nach rechts außen verschiebt, dann wandert der Klebepunkt des Vierecks auf die linke Seite in der Mitte ❸. Die Position des statisch verbundenen Punktes verändert sich nicht ❹.

Ausgangsszenario beim Verkleben von Shapes und neue Position des grünen Vierecks

Kombination aus dynamischer und statischer Verbindung

Es besteht natürlich auch die Möglichkeit, eine dynamische und statische Verbindung in Kombination auf einem Shape anzuwenden.

Im folgenden Bild ist der Verbindungspfeil des Dreiecks mit dem Sechseck dynamisch verklebt ❶. Der Kreis wurde dynamisch verbunden ❷. Wenn das gelbe Dreieck nach rechts oben verschoben wird, bleibt die Klebeposition unverändert ❸. Der Kreis wurde unter das Sechseck versetzt, der Klebepunkt verändert seine Haftung und sucht sich den kürzesten Weg ❹. Mit dem Verschieben des Dreiecks und des Kreis sieht das Ergebnis nun so aus:

Dynamische und statische Verbindung

Sicher haben Sie erkannt, dass mit einem Klick des Verbinderwerkzeugs die Formartengruppe aktiviert wurde. Wenn Sie einen Verbindungspfeil markiert haben, können Sie über die Auswahl sehr einfach formatieren.

> Je nachdem welches Werkzeug Sie aktiviert haben, ändert sich die Formartergruppe des gewählten Werkzeugs. Dies gilt nicht für alle Werkzeuge im Toolbereich.

6.3 Das Textwerkzeug

In Kapitel 5 haben Sie das Textwerkzeug bereits kennengelernt, nichtsdestotrotz soll es auch hier seinen Platz finden, weil es in diesem Kapitel über die Werkzeugpalette nicht fehlen darf. Um das Textwerkzeug auszuwählen, klicken Sie im Register *Start* ▶ Gruppe *Tools* auf *Text* ❶. Sie merken an dem veränderten Aussehen Ihres Cursors, dass Sie sich nun im Text-Modus befinden ❷. Klicken Sie auf das Zeichenblatt und beginnen Sie einen Text zu schreiben.

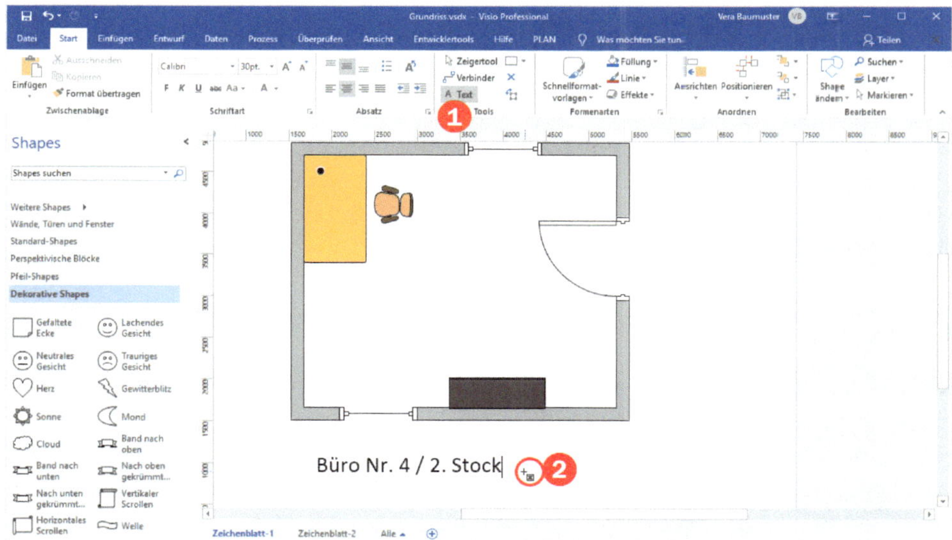

Sie können den Text natürlich wie gewohnt formatieren. Wenn Sie das Textfeld verändern, das heißt, den Rahmen weiter aufziehen wollen, dann wechseln Sie zum Auswahlwerkzeug (*Zeigertool*). Hier wird dann auch erkenntlich, dass der Rahmen keine Konturfarbe und -linie hat.

6.4 Das Grafikwerkzeug

Das Grafikwerkzeug untergliedert sich in mehrere Einzelwerkzeuge, die Sie über das Menüband im Register *Start* ▶ Gruppe *Tools* bei □ ▾ finden. Wenn Sie auf das kleine Dreieck klicken, erscheinen folgende Werkzeuge: Rechteck, Ellipse, Linie, Freihandform, Bogen und Bleistift.

Das Rechteck

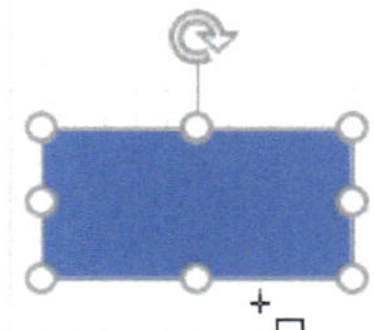

Das erste Grafikwerkzeug ist das Rechteck. Wenn Sie dieses auswählen, ändert sich Ihr Cursor und Sie können ein Rechteck aufziehen, in das Sie Ihren Text schreiben. Es entsteht ein Rechteck-Shape ohne eine dazugehörige Mastervorlage. So können Sie das Rechteck nun frei formatieren und bearbeiten.

Tipp: Wenn Sie ein Rechteck aufziehen und dabei die Shift-Taste drücken, entsteht ein Rechteck mit vier gleich langen Seiten.

Die Ellipse

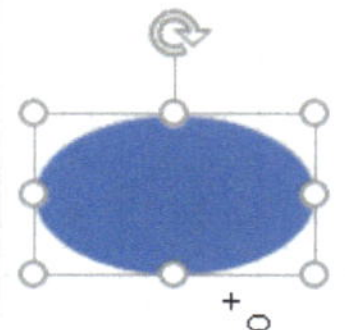

Mit dem Ellipsenwerkzeug können Sie ein rundes Shape erstellen. Wählen Sie das Werkzeug aus und ziehen Sie mit gedrückter Maustaste eine Form auf. Wenn Sie dabei die Shift-Taste drücken, erhalten Sie eine gleichmäßig runde Linie, deren Punkte alle den gleichen Abstand vom Mittelpunkt besitzen.

Die Linie

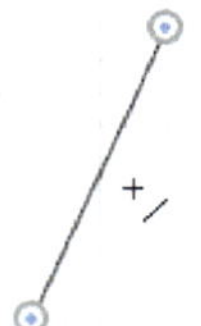

Die Linie ist das dritte Werkzeug in Ihrer Visio-Palette. Klicken Sie in Ihrem Zeichenblatt mit der linken Maustaste auf einen Punkt und ziehen mit gedrückter Maustaste eine gerade Linie auf. Lassen Sie anschließend die linke Maustaste los, so entsteht eine Linie mit Anfangs- und Endpunkt. Sie sehen danach keinen Rahmen, sondern nur zwei Punkte, die als Anfasser zur Bearbeitung der Linie dienen. Klicken Sie mit dem Zeigertool auf einen solchen Punkt, können Sie die Position und die Länge der Linie verändern.

Die Freihandform

Die Arbeit mit diesem Werkzeug erfordert im Umgang mit der Maus einiges an Geschick. Für diejenigen, die an ihrem Gerät über eine Stifteingabe verfügen, haben es um einiges einfacher mit der Freihandform. Für die anderen bedeutet es, mit Geduld und Übung seine Objekte zu erstellen. Die Freihandform folgt Ihrer Mausbewegung und daraus entsteht eine Form und schließlich das Shape. Auch hier gibt es kein Master-Shape dazu.

Wenn Sie das Werkzeug auswählen, ändert sich Ihr Mauscursor. Klicken Sie nun einen Punkt auf Ihrem Zeichenblatt an und führen mit gedrückter Maustaste Ihre Maus über das Zeichenblatt. Lassen Sie die linke Maustaste erst los, wenn die Zeichnung ungefähr Ihren gedanklichen Vorstellungen entspricht. Im folgenden Bild sehen Sie den Objektrahmen ❶, einige Formknoten ❷ und den aktivierten lila Knoten mit Mauscursor ❸, der nun bearbeitet werden kann.

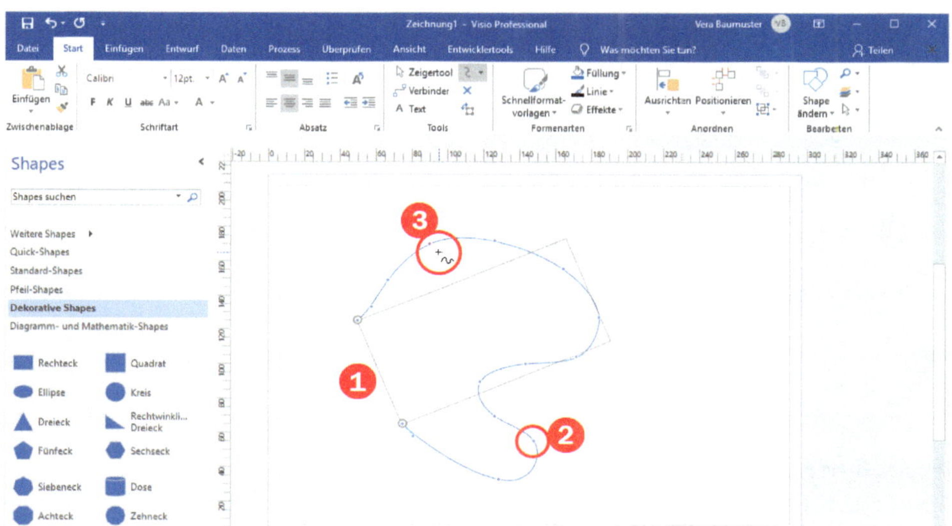

Erster Versuch einer Freiformzeichnung mit Anfasser und aktivem Knoten

Beispiel: Eine Erpel-Zeichnung mit der Freihandform erstellen und bearbeiten

Wenn Sie eine Zeichnung mit der Freihandform anfertigen, folgt MS-Visio Ihren Mausbewegung und erstellt daraus zusammenhängende Linienformen, die es automatisch mit Knotenpunkten füllt. Die Knotenpunkte sind die kleinen blauen oder lila Punkte auf der Linie. Anhand der erstellten Knotenpunkte ❶ können Sie die runden Formen auch Stück für Stück anpassen, dazu gleich mehr. Das Bild besteht aus drei einzelnen Linien: dem Kopf ❷, dem Mund ❸ und dem Auge ❹, die unabhängig voneinander erstellt wurden. Es sind drei einzelne Objekte.

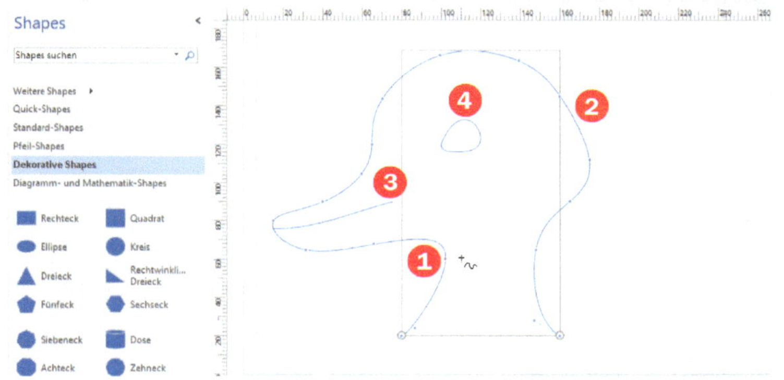

Erpel bestehend aus drei Freiformobjekten

Möchten Sie die Form an einer bestimmten Stelle anpassen, suchen Sie sich einen naheliegenden Knotenpunkt aus und klicken Sie mit dem Freihandwerkzeug darauf. Der Punkt ändert seine Farbe von blau nach lila und ist aktiviert. Verschieben Sie nun mit gedrückter Maustaste den lila Punkt an eine andere Position, so wandert die Linie entsprechend ihrer Kurvenform mit. Achten Sie dabei immer auf die Veränderungen der angrenzenden Linien.

Anpassen eines Knotenpunktes

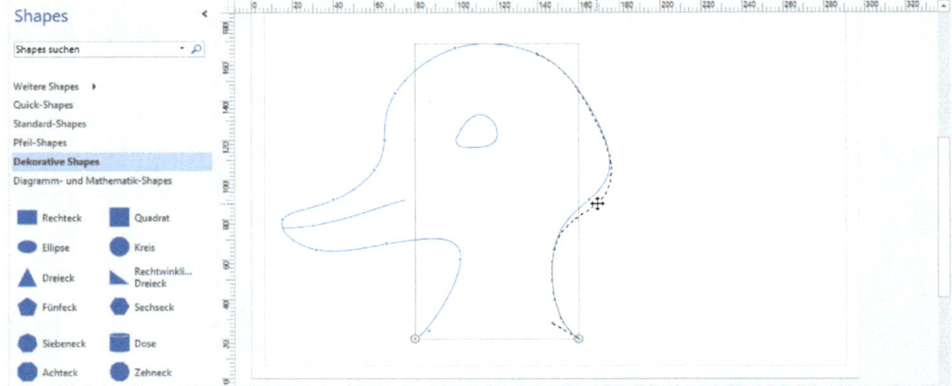

Beispiel: Einen Freiformkreis erstellen und bearbeiten

Wenn Sie das folgende Bild betrachten, sehen Sie den Versuch eines Freiformkreises mit weiteren Punkten. Diese Punkte bestimmen die Kurvenführung.

Der aktiv gewählte Punkt ❶ zeigt immer zwei weitere Anfasser-Punkte mit an. Sie bestimmen die Form der Kurve zu beiden Seiten um den gewählten Punkt. Der Punkt ❷ ist für die linke Bogenform und der Punkt ❸ für die rechte Bogenform verantwortlich. Klicken Sie nun auf einen der Bogenanfasser und aktivieren ihn. Bewegen Sie mit der gedrückten linken Maustaste den Bogenanfasser-Punkt, wandert die gebogene Linie mit Ihrer Mausbewegung mit.

Freiform mit aktiviertem Werkzeug und Kurvenpunkten

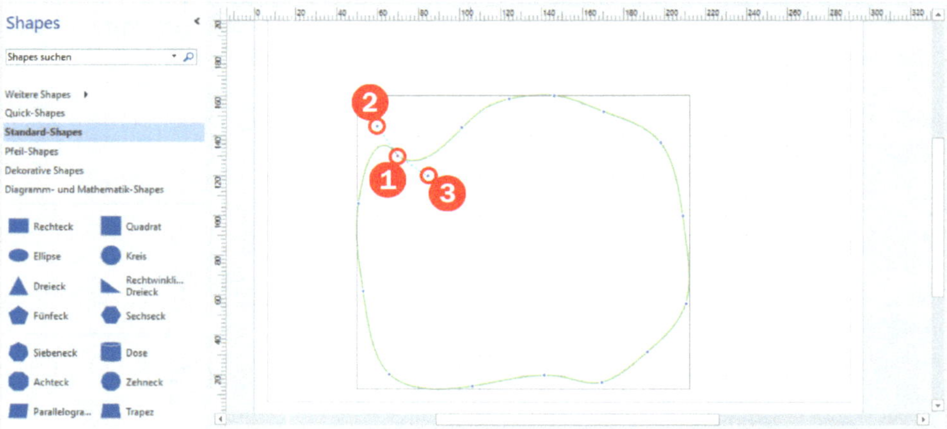

Der aktive Ausgangspunkt ist gewählt und die beiden Kurvenanfasser-Punkte, die durch die blau-gestrichelten Linien gekennzeichnet sind, werden sichtbar ❶. Mit einem Klick auf Punkt ❷ wird nur der linke Teil des Segmentes verändert. Ziehen Sie nun den Punkt mit gedrückter linker Maustaste in die neue Position ❸, so entsteht ein verändertes Bogensegment ❹, wie die gestichelte Linie andeutet.

Auf diese Art und Weise können Sie alle Arten von Formen erzeugen, Formen anpassen oder verändern. Entspricht die erwartete Form nicht Ihren Vorstellungen, müssen Sie der Form weitere Anfasser-Punkte hinzufügen. Mehr dazu im folgenden Abschnitt.

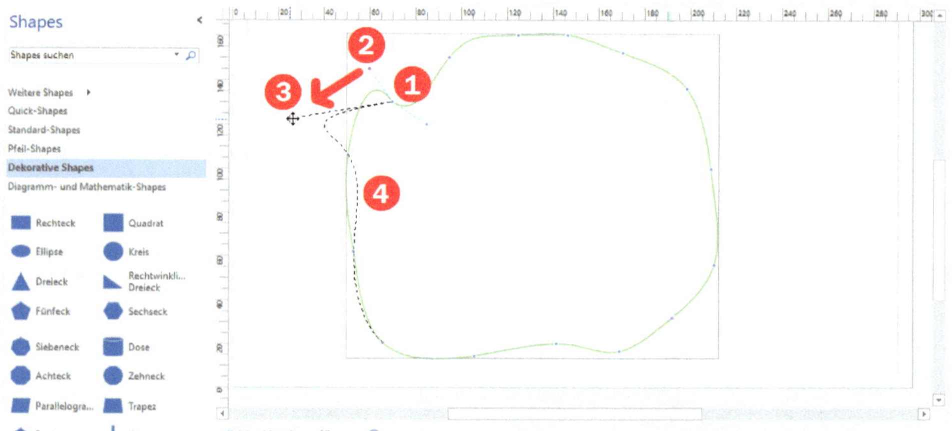

Neue Kurvenführung nach geänderter Position eines Anfasser-Punktes

Ein zusätzlicher Ankerpunkt kann ganz einfach hinzugefügt werden, indem Sie die Strg-Taste drücken und mit der linken Maustaste auf eine beliebige Stelle der Linie klicken.

Der Bogen

Mit dem Bogenwerkzeug erstellen Sie frei gerundete Linien, die eine vom Programm gesetzte Kurvenform erzeugen. Die Form der Kurve wird von Ihrem ersten Klick auf das Zeichenblatt und der nachfolgenden Mausführung errechnet. Es ist nicht ganz einfach, im Vorfeld zu erkennen, welche Kurvenform sich letztendlich auf dem Zeichenblatt darstellt.

Die grundsätzliche Ausrichtung des Bogens nach rechts, links, oben oder unten wird gleich zu Anfang Ihrer Mausbewegung festgelegt. Aktivieren Sie das Bogenwerkzeug und klicken Sie auf einen Punkt in Ihrem Zeichenblatt. Halten Sie die Maustaste gedrückt. Ziehen Sie die gedrückte Maustaste in die gewünschte Richtung ❶ (Bild nächste Seite). Eine Bogenform wird in der Vorschau erstellt und Sie können mit der Mausbewegung die Form anpassen. Klicken Sie erneut mit der linken Maustaste, so können Sie einen neuen Bogen erstellen ❷, der sich mit dem vorherigen verschmelzt ❸. Auch hier bestimmen Sie die Richtung, Länge und den Radius des Folgebogens.

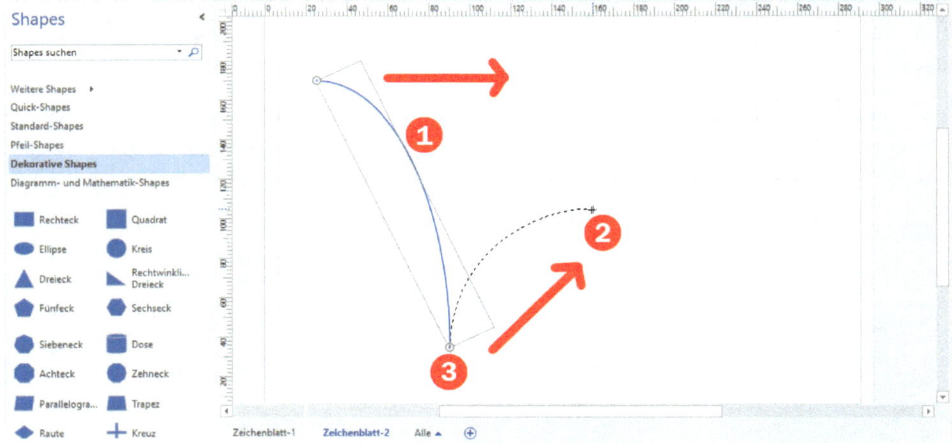

Zeichnen mit dem Bogenwerkzeug

Wenn Sie fertig sind, wechseln Sie zum Auswahlwerkzeug zurück. Sind alle Objekte mit dem Auswahlrahmen versehen, haben Sie ein einzelnes Shape erstellt. Sollten Sie mehrere Objektrahmen sehen, sind nicht alle Bogenlinien verschmolzen.

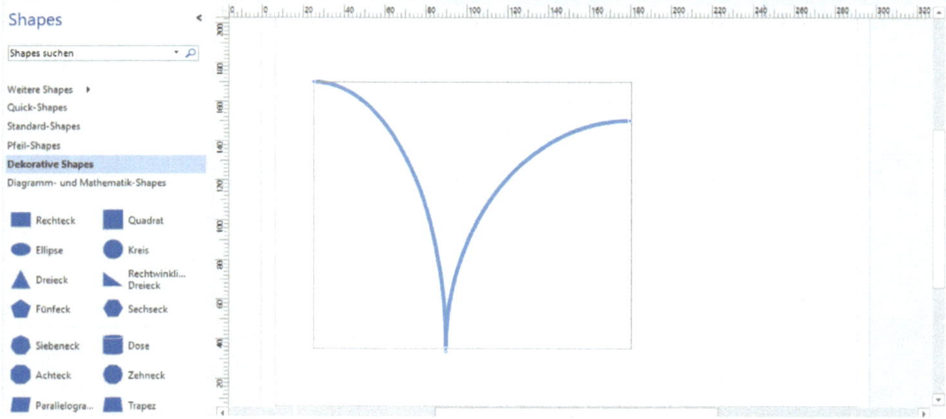

Zwei Bögen, die zu einem Objekt verschmelzen

> Ein nachträgliches Ändern der Richtung ist nicht möglich. Deshalb sollten Sie gleich zu Anfang die Richtung des Bogens festlegen.

Bogenform anpassen

Ihre gezeichnete Bogenform weist kleine blaue Punkte auf, die das Programm als Ankerpunkte erstellt hat. Möchten Sie Ihr Objekt anpassen, können Sie diese verschieben. Klicken Sie dazu auf einen blauen Ankerpunkt, der sich anschließend in einen lila Punkt umwandelt. Wenn Sie Ihren Mauszeiger über den lila Punkt führen, ändert er sich zu einem Doppelkreuz oder dem Auswahlwerkzeug, das Sie bereits kennen. Nun können sie den lila Punkt verschieben und die Form des Bogens anpassen.

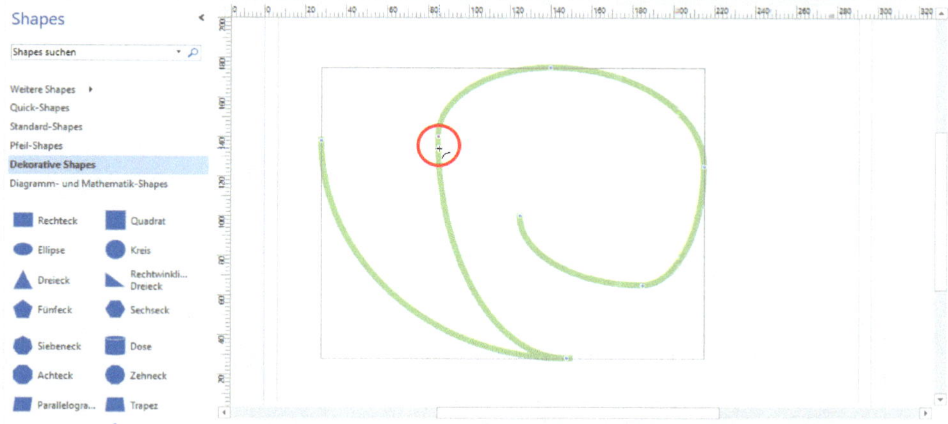

Ankerpunkte anpassen

Wenn Sie einen Ankerpunkt löschen wollen, klicken Sie ihn an und drücken die Entf-Taste auf Ihrer Tastatur. Ist er gelöscht, wird eine Kurvenverbindung zum nächsten Punkt erstellt und das zwischenliegende Stück entfernt.

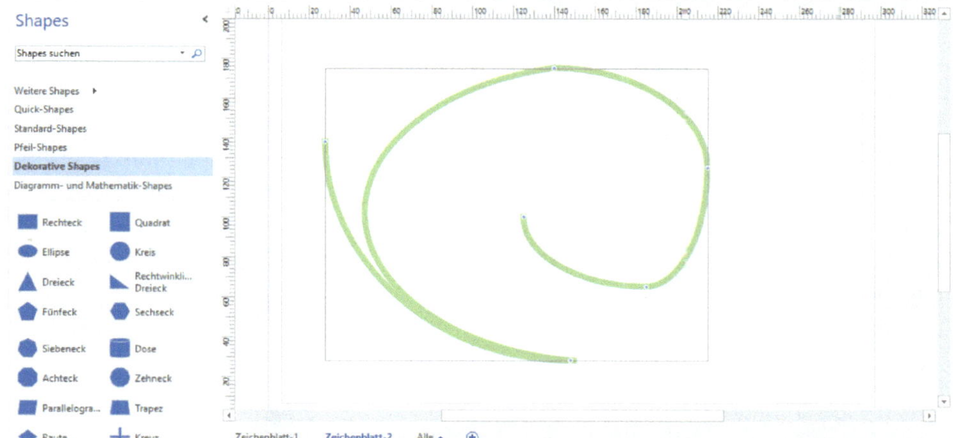

Gelöschter Ankerpunkt und neue Kurvenform

Der Bleistift

Mit dem Bleistift wird eine Freiform mit der Mausbewegung erstellt. Das Programm erstellt Ankerpunkte, die geändert, gelöscht oder angepasst werden können. Sie können Kurven ❶ (Bild auf der nächsten Seite) und gerade Linien ❷ gleichermaßen zeichnen, je nachdem, wie Sie Ihre Maus bewegen. Möchten Sie die Form schließen, bewegen Sie die Maus über den Ankerpunkt des Ausgangspunktes. Der Zeichenstift bekommt ein Plus-Zeichen am Cursor. Klicken Sie nun mit der linken Maustaste und die Form wird geschlossen ❸.

Offene Bleistiftform wird geschlossen

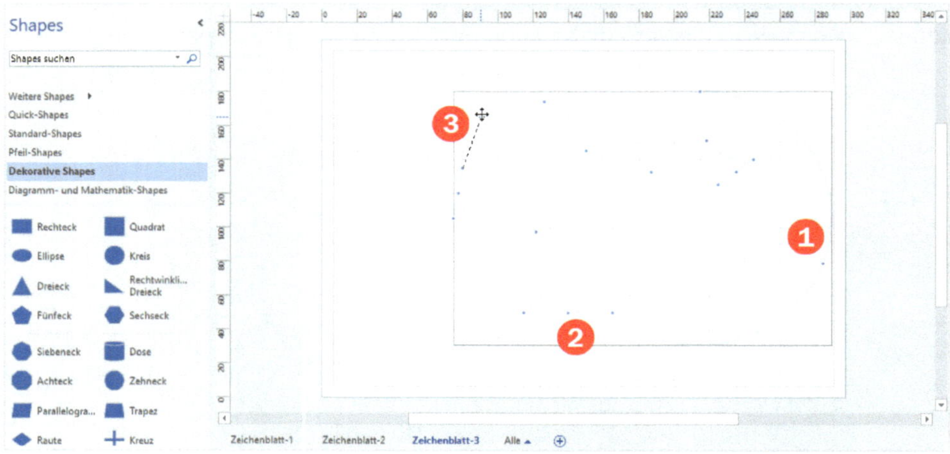

Möchten Sie einen Ankerpunkt hinzufügen, dann halten Sie die Strg-Taste gedrückt und klicken Sie mit der linken Maustaste auf eine beliebige Stelle der Linie. Es wird an dieser Stelle ein neuer Ankerpunkt gesetzt, der anschließend verändert werden kann. Ankerpunkte löschen können Sie, wie bereits beschrieben, wenn Sie diese anklicken und die Entf-Taste drücken.

6.5 Das Verbindungspunktwerkzeug

Möchten Sie an vorhandene Shapes weitere Verbindungs- oder Klebepunkte erstellen, ist das Verbindungspunktwerkzeug das richtige Mittel. Standardmäßig besitzen die Shapes diverse solcher Klebepunkte. Benötigen Sie einen zusätzlichen Punkt zum Ankleben eines Verbinders, so geht das über dieses Werkzeug, das Sie im Menüband im Register *Start* ▶ Gruppe *Tools* über ✕ erreichen ❶.

Klebepunkt erstellen

Aktivieren Sie mit dem Verbindungspunktwerkzeug ein Shape. Der Cursor ändert sich und das Shape zeigt kleine Quadrate, die als Verbindungspunkte bezeichnet werden. Klicken Sie mit der linken Maustaste und gedrückter Strg-Taste auf eine Stelle, so erhalten Sie einen neuen Klebepunkt. Ein aktiver Klebepunkt ist lila ❷. Im folgenden Bild sehen Sie auf der linken Seite ein Shape mit seinen Standard-Klebepunkten ❸ und auf der rechten ein Shape, in das an den Ecken weitere Klebepunkte hinzugefügt wurden ❹.

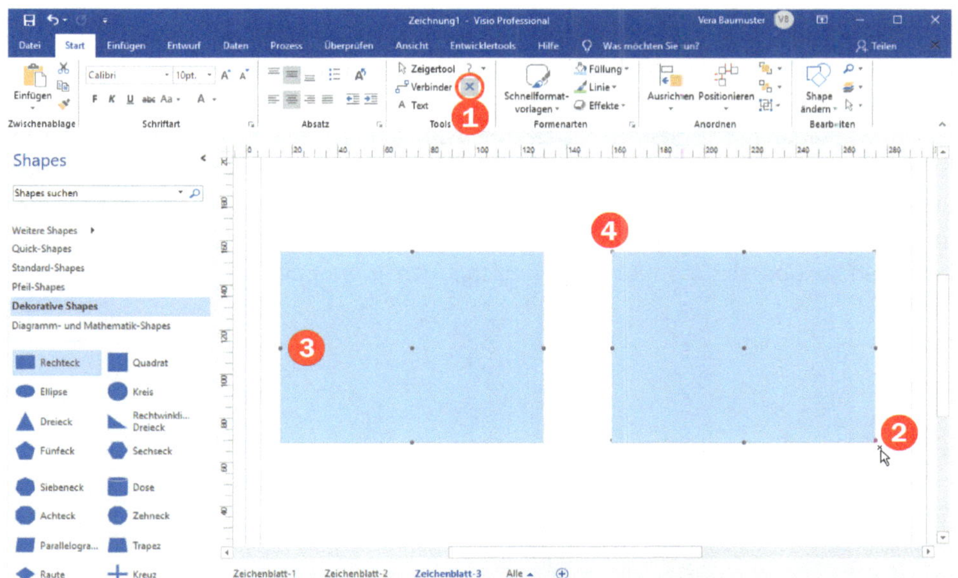

Shape mit Standard-Klebepunkten (links) und eigenen Klebepunkten (rechts)

Klebepunkt verschieben

Zum Verschieben eines Klebepunktes bewegen Sie den Mauszeiger über den Punkt. Das Verbindungspunktwerkzeug ändert sich zu einem Doppelkreuz ❶. Klicken Sie auf den Punkt ❷ und verschieben ihn an eine neue Position. Im rechten Bild sehen Sie, dass der Klebepunkt in der Mitte nach links oben verschoben wurde ❸.

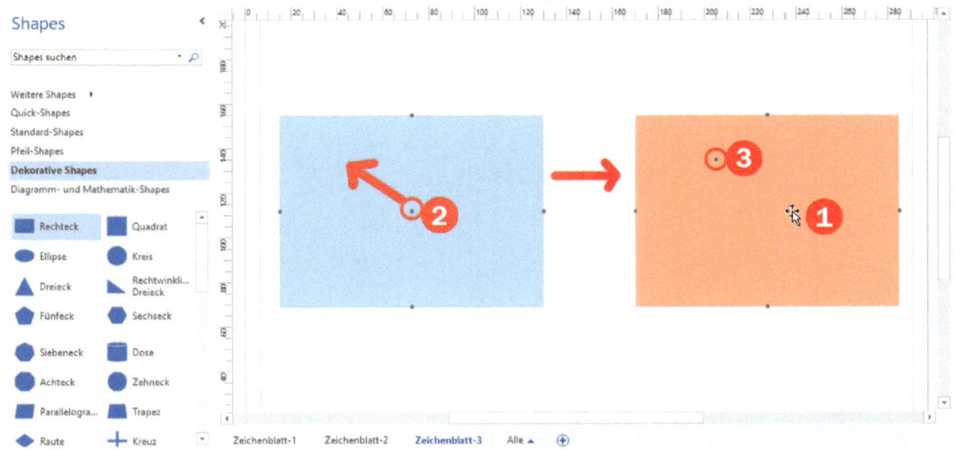

Verschieben des mittleren Klebepunktes

6.6 Das Textblockwerkzeug

Mit dem Textblockwerkzeug können Sie den Text in einem Shape verschieben, in der Größe anpassen oder drehen. Im Wesentlichen ist es identisch mit dem Textwerkzeug. Sie können einen beliebig großen Textrahmen aufziehen, der in seiner Größe bestehen bleibt. Im Nachhinein können Sie den Platzhalter natürlich mit den Anfassern wieder ändern. Erstellen Sie dagegen mit dem Textwerkzeug einen Textrahmen, wird dieser immer so groß wie der Text sein, den der Rahmen enthält. Zum Textblockwerkzeug gelangen Sie über das Menüband im Register *Start* ▶ Gruppe *Tools* ▶ .

7 Shapes anordnen, ausrichten und gruppieren

In diesem Kapitel lernen Sie...

- Shapes anordnen
- Shapes ausrichten
- Gruppieren von Shapes
- Shapes verteilen
- Automatische Abstandseinstellungen
- Objekte verschieben und stapeln

Das sollten Sie bereits wissen...

- Umgang mit Shapes und Schablonen
- Grundlegende Kenntnisse mit MS-Visio
- Umgang mit Schablonen
- Umgang mit einem Container

Haben Sie mehrere Objekte auf Ihren Zeichenblatt erstellt, ist es notwendig, diese Shapes auf dem Zeichenblatt auszurichten. Sie haben die Möglichkeit dies während der Eingabe oder im Nachgang zu erledigen. Wie Sie bereits in Ihren Übungen erfahren haben, werden beim Ablegen eines Shapes unterschiedliche Hilfen angeboten. Diese sind sowohl visuell oder per Mausbewegung in Form von dynamischen Hilfslinien oder einer magnetischen Einrastfunktion zu erspüren. Dies ist von verschiedenen Einstellungen des Programmes abhängig. Mit einer Standardinstallation ist die Funktion Ausrichten am Gitter voreingestellt. Weiterhin ist die Einstellung für das Kleben und Ausrichten per Vorgabe gesetzt. Um hier Abweichungen oder Änderungen vorzunehmen, finden Sie weitere Details in Kapitel 7.4.

Welche Vorgehensweise nun am besten ist, ablegen und gleich ausrichten oder ablegen und später ausrichten, muss jeder für sich selbst ausfindig machen. Ich persönlich habe die Funktion Ausrichten am Gitter deaktiviert, weil die Gitterhilfe bei meinen Zeichnungen am wenigsten Anwendung findet.

7.1 Visuelle Unterstützung

Über das Menüband im Register *Ansicht* ▶ Gruppe *Visuelle Unterstützung* ❶ haben Sie zahlreiche Möglichkeiten, Einstellungen vorzunehmen, wie Ihre Shapes ausgerichtet werden sollen. Wenn Sie in dieser Gruppe auf den kleinen grauen Pfeil klicken, öffnet sich das Dialogfenster mit dem Register *Allgemein* ❷. Hier sehen Sie, wie und wo sich Objekte auf Ihrem Zeichenblatt ausrichten und einrasten sollen. Die Gruppe links zeigt den aktuellen Stand der aktivierten Funktionen an ❸. Auf der rechten Seite finden Sie, an welchen Objekten die Einrastfunktion wirken soll ❹.

Einstellungen zum Ausrichten und Einrasten

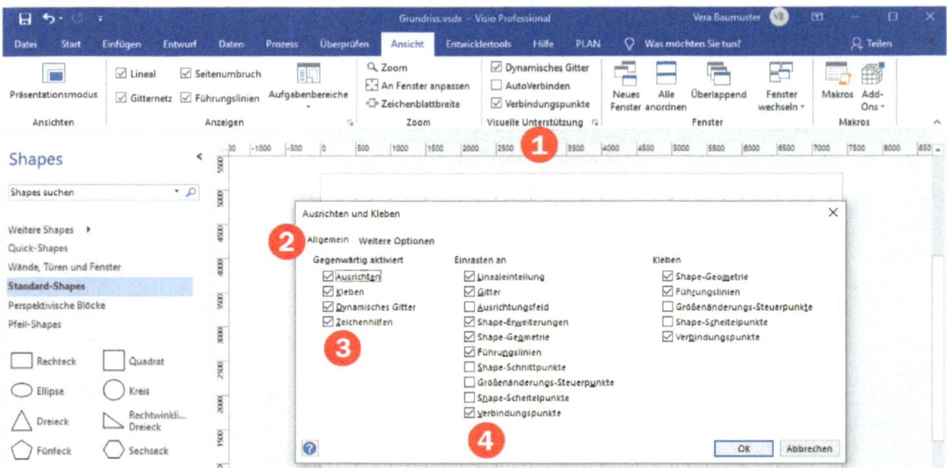

Ein logisches und gegenseitiges aus- und einschließen dieser Funktionen gibt es nicht. So wird ein Shape entweder an der Linealeinteilung, an den Führungslinien oder an der Shape-Geometrie eingerastet, je nachdem was bei der Ablage eines Shapes zutrifft.

> Diese Einstellfunktion hat Gültigkeit für die gesamte Datei und kann nicht für einzelne Zeichenblätter umgestellt werden. Wenn Sie eine neue Datei erstellen, werden diese Einstellungen nicht auf die neue Datei angewendet, sondern es werden die Standardeinstellungen aus der Dokumentenvorlage geladen.

Das Gitter

Wenn Sie ein Shape auf ein leeres Zeichenblatt ziehen und es ablegen, ist die erste Einrastposition an das Zeichengitter gekoppelt. Je nach Einstellung wird ein Shape an eine Kante dieses Gitters abgelegt und an der oberen oder linken Gitterkante magnetisch angezogen. Verschieben Sie nachträglich ein Shape mit den Pfeiltasten, wird das Shape immer an die Kanten angezogen. Da die Größe und Breite von Shapes manchmal nicht proportional zum eingestellten Gitter sind, kann die Einrastfunktion nicht immer Ihren Erwartungen entsprechen.

> Die Einstellungen zur Größe des Zeichengitters wirkt sich auf die Anziehungskraft des Gitters aus. Das Ausrichten am Zeichengitter kann über das Menüband ▶ Register *Ansicht* ▶ Gruppe *Visuelle Unterstützungen* im Dialogfeld *Allgemein* ▶ *Gitter* deaktiviert werden, wenn es nicht erwünscht ist.

Ziehen Sie ein Shape auf Ihr Zeichenblatt und legen Sie die linke obere Kante an einer Ecke des Gitters ab. Die linke Objektkante sitzt exakt in der Gitterkante. Sie wird magnetisch dahingezogen. Die eingestellte Ansichtsgröße kann hier noch dazu beisteuern, dass es sich anders auswirkt als erwartet, je nachdem wie Sie Ihre Gittereinstellung gewählt haben.

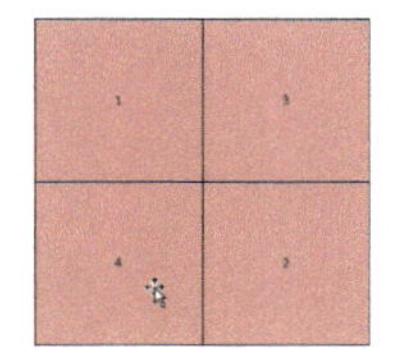

Objekte am Gitternetz ausgerichtet und eingerastet

Ziehen Sie mit gedrückter Maustaste weitere Objekte in der aufgezeigten Reihenfolge auf Ihr Zeichenblatt. Sie merken, dass die exakte Position sehr leicht zu finden ist, wenn Sie die Maustaste losgelassen haben. Denken Sie daran, dass die Nummer 2 exakt Spitze an Spitze positioniert ist.

Das Shape springt exakt an die Gitternetzlinie, die es als erstes findet. Wenn Ihre Shapes den Größeneinstellungen Ihres Gitters entsprechen, können Sie somit sehr schnell die Objekte millimetergenau ablegen und positionieren. Leider ist das im Alltag und bei der Vielzahl der Shapes nicht der Fall. Die Proportionen und Verhältnisse von Gitter und Shapes sind zu unterschiedlich. Dynamische Hilfslinien, die unabhängig vom Gitter verwendet werden können, schaffen Abhilfe (siehe nächster Abschnitt).

Die dynamischen Hilfslinien

Die andere Möglichkeit, Objekte schnell und präzise auf dem Zeichenblatt abzulegen, gelingt Ihnen mit den dynamischen Hilfslinien. Aktivieren Sie im Menüband ▶ Register *Ansicht* ▶ Gruppe *Visuelle Unterstützung* die dynamischen Hilfslinien und deaktivieren Sie das Gitter, wie auf der vorherigen Seite beschrieben.

Ziehen Sie ein Shape auf Ihr Zeichenblatt und fügen Sie anschließend drei weitere hinzu. Wie das folgende Beispiel zeigt, treten die Einstellung zum Positionieren und Einrasten je nach Wahl in Erscheinung. Das letzte Shape unten links wird bei der Positionierung die vertikale Mitte ❶ und die horizontale Mitte ❷ des letzten Shapes anzeigen. Die Abstände zwischen den Rechtecken wird mit den grünen Abstandspfeilen ❸ deutlich angezeigt. Verschieben Sie mit gedrückter Maustaste eines dieser Objekte, verschwinden je nach Mausrichtung und Bewegung die betroffenen grünen Hilfslinien.

Dynamische Hilfslinien bei der Ausrichtung

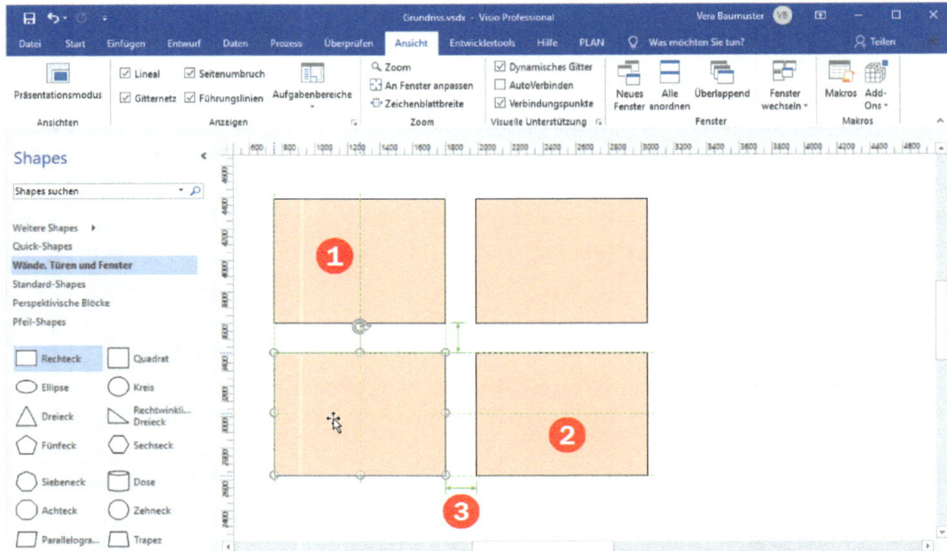

Dieses Beispiel zeigt, dass alle Abstände der Objekte zueinander gleich groß sind. Sie können erkennen, dass die vier Rechtecke nicht an den Gitterhilfslinien ausgerichtet wurden.

7.2 Shapes ausrichten

Was bei symmetrischen und gleich großen Objekten mit den bereits vorgestellten Hilfsmitteln sehr gut und schnell geht, kann nicht immer angewendet werden. Wenn sich unterschiedliche Objekte auf einem Zeichenblatt befinden, können Sie die Schaltfläche *Ausrichten* im Register *Start* ▶ Gruppe *Anordnen* sinnvoll einsetzen.

Für dieses Beispiel suchen Sie sich einen Stuhl und einen trapezförmigen Tisch heraus. Diese finden Sie über das Suchfenster. Ziehen Sie die Objekte auf Ihr Zeichenblatt.

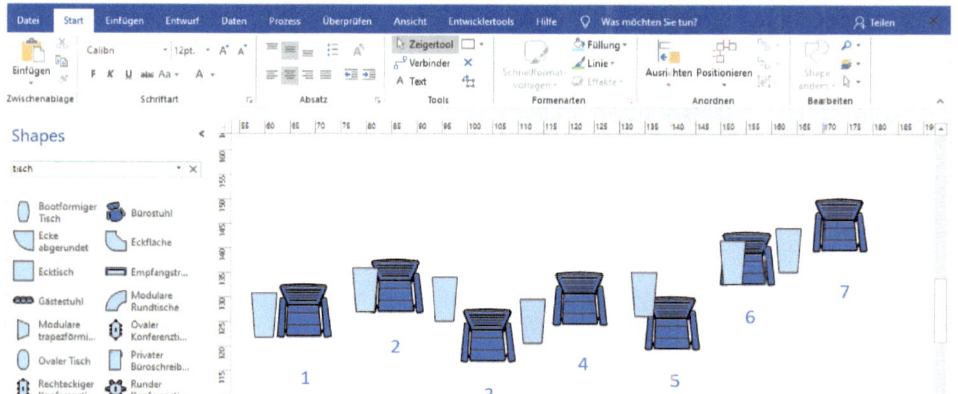

Stühle und Tische zum Ausrichten Ausgangsposition

Im folgenden Bild sehen Sie das fertige Ergebnis. Wie Sie Ihre Shapes mit wenigen Mausklicks nach diesem Beispiel ausrichten und anordnen können, erfahren Sie auf den nächsten Seiten.

Fertige Zeichnung mit ausgerichteten Objekten

Ein wichtiger Aspekt bei dieser Übung gilt der Reihenfolge der ausgewählten Objekte. Das zuerst gewählte und das mit einer dick umrandeten Linie ist das Bezugsobjekt. Es bedeutet, dass sich die anderen Shapes an der Position dieses Objektes ausrichten. Umfahren Sie alle Objekte mit gedrückter Maustaste, werden alle markiert und Stuhl Nr. 1 wird mit einer dicken Umrandung angezeigt, weil er als erstes Objekt vollständig umfahren wurde. Dabei wurde die Umrandung von links nach rechts gezogen. Wählen Sie die Objekte einzeln aus, wird nach der Reihenfolge der Auswahl bestimmt, welches Objekt als Bezugspunkt verwendet wird.

Wird ein Objekt nachträglich verschoben, so bestimmt die Stapelfolge von oben nach unten welches Objekt als Bezugspunkt verwendet wird.

Achten Sie auf die Markierung und probieren Sie einige Möglichkeiten aus. Am besten ist es, die einzelnen Shapes zu markieren, indem Sie sie mit der Strg-Taste und der linken Maustaste nach der Reihe anklicken. Achten Sie darauf, dass Stuhl Nr. 1 als Bezugspunkt dient und als erstes markiert wurde.

Bezugspunkt Stuhl Nr. 1: Alle anderen Objekte werden danach ausgerichtet

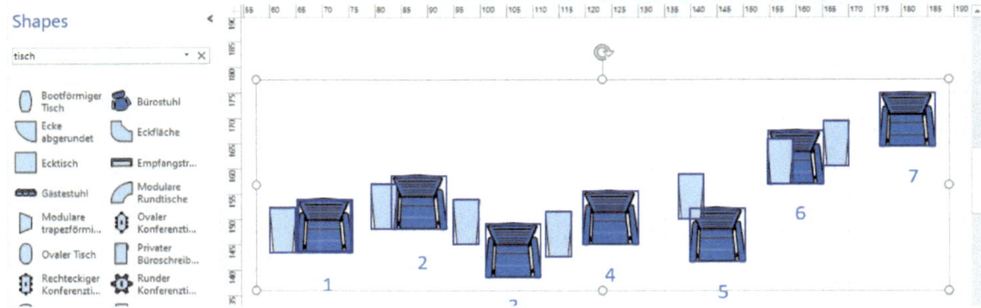

Sie haben immer noch Ihr Zeichenblatt mit den ungeordneten Sitzen und Stühlen vor sich. Und es gibt mehrere Wege an dieses Zeichenprojekt heranzugehen. In diesem Fall verwenden Sie die Verteilungs- und Ausrichtungsfunktion. Nachdem Sie alle Objekte markiert haben, klicken Sie im Menüband ▶ Register *Start* ▶ Gruppe *Anordnen* auf das kleine Dreieck unter *Ausrichten* ❶. Es öffnet sich ein Auswahlfeld mit folgenden Möglichkeiten: *Automatische Ausrichtung*, *Linksbündig*, *Horizontal zentrieren*, *Rechtsbündig*, *Oben ausrichten*, *Vertikal zentrieren*, *Unten ausrichten* ❷.

Wenn Sie jetzt die Maus, ohne eine Taste zu drücken, über die Auswahlmöglichkeiten schieben, sehen Sie eine Vorschau auf Ihrem Zeichenblatt. Klicken Sie auf *Unten ausrichten* und die Tische und Stühle befinden sich auf der richtigen Höhe zueinander. Jetzt fehlt nur noch der richtige Abstand zwischen Stuhl und Tisch. Wie das funktioniert, sehen Sie im folgenden Kapitel.

Objekte unten ausrichten

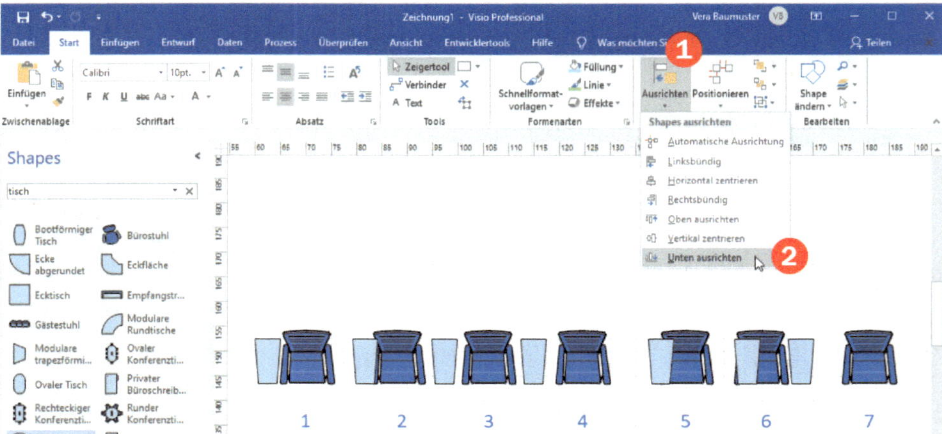

7.3 Abstände von Shapes anpassen

Nachdem die Shapes alle in einer Flucht liegen, geht es jetzt darum, die Abstände der Objekte anzupassen. Markieren Sie dazu alle Shapes und klicken Sie im Menüband ▶ Register *Start* ▶ Gruppe *Anordnen* auf *Positionieren* ❶. Ein Auswahlfeld klappt auf. Fahren Sie mit der Maus über die verschiedenen Auswahlmöglichkeiten. Auch hier wird Ihnen wieder eine Vorschau auf Ihrem Zeichenblatt präsentiert. In diesem Fall klicken Sie auf *Horizontal verteilen* ❷, sodass die Tische und Stühle den gleichen Abstand aufweisen.

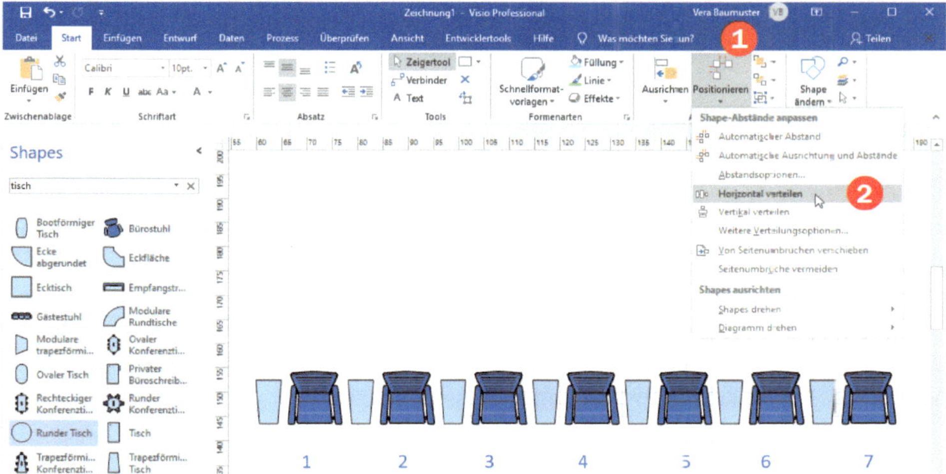

Objekte horizontal ausrichten

Alle Objekte haben nun den gleichen Abstand zueinander. Um die Tische näher an die Stühle zu rücken, markieren Sie mit gedrückter Strg-Taste und linkem Mausklick alle Tische. Nachdem diese markiert sind, verschieben Sie die Objekte am besten mit der rechten Pfeiltaste auf Ihrer Tastatur, bis sie die gewünschte Position erreicht haben.

Sind die Positionssprünge zu groß, können Sie mit gedrückter Shift-Taste kleinere Positionssprünge durchführen, um ein besseres Ergebnis zu erzielen.

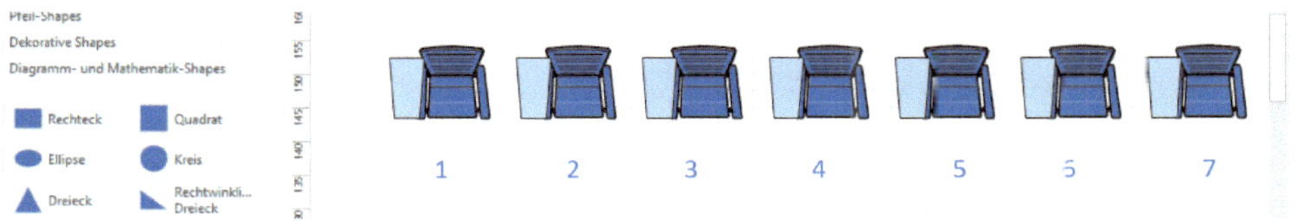

Exakt ausgerichtete Objekte

Ihre erste Sitzreihe ist fertig. Nun können Sie diese Reihe komplett markieren und kopieren. Damit die zweite Reihe exakt unter der ersten steht, gehen Sie folgendermaßen vor: Markieren Sie die Sitzreihe, sodass sich ein grauer Rahmen bildet. Halten Sie die Strg-Taste gerückt und ziehen Sie den Auswahlrahmen mit der linken gedrückten Maustaste nach unten. Jetzt wird eine Kopie erstellt, Sie sehen es an dem Plus-Zeichen.

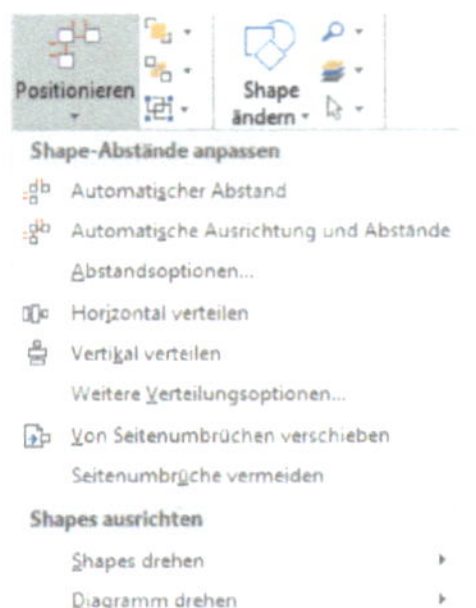

Lassen Sie die linke Maustaste noch nicht los. Drücken Sie jetzt zusätzlich die Shift-Taste, wird neben der Kopie auch die Ausrichtposition fixiert. Durch die Shift-Taste wird gewährleistet, dass sich das Objekt immer im 45/90-Grad-Winkel ausrichtet.

Nun haben Sie zwei Reihen fertiggestellt. Markieren Sie die beiden und wiederholen Sie den vorherigen Schritt erneut.

> Warum wurde nicht die Funktion *Automatischer Abstand* und *Automatische Ausrichtung und Abstände oder Abstandsoptionen* verwendet. Die Auswahlfelder können zwar angewählt werden, zeigen aber kein Ergebnis und keine Wirkung. Diese Funktionen können Sie nur verwenden, wenn zwischen den Shapes Verbindungslinien sind.

7.4 Shapes gruppieren

Wie Sie im vorherigen Beispiel gesehen haben, ist der Umgang mit vielen Shapes immer sehr aufwendig. Sie müssen darauf achten, dass Sie kein Shape vergessen und präzise die Auswahl verschieben. Es wäre doch viel einfacher, wenn Sie mehrere Objekte als ein einziges Objekt behandelt könnten. Das ist mit einer Gruppe zu bewerkstelligen. Eine Gruppe besteht aus mindestens zwei Shapes. Eine Änderung der Gruppe überträgt alle Einstellungen an jedes Einzelobjekt weiter.

Gruppe bilden

Aktivieren Sie das *Zeigertool-Werkzeug* ❶ und markieren Sie mit gerückter Strg-Taste jeden Stuhl aus der obersten Reihe aus dem vorherigen Beispiel. Nachdem alle Objekte mit der Markierungslinie umrandet sind, klicken Sie im Menüband ▶ Register *Start* ▶ Gruppe *Anordnen* ▶ *Gruppieren* ❷. Alternativ können Sie mit der rechten Maustaste auf den markierten Bereich klicken und im Kontextmenü den Befehl *Gruppieren* ❸ auswählen.

Gruppieren im Menüband oder mit dem Kontextmenü

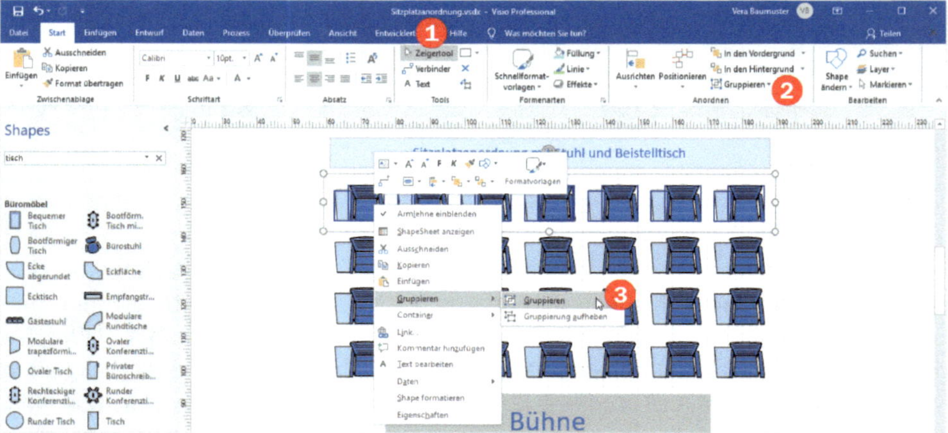

Wiederholen Sie jetzt das Gleiche mit der ersten Tischreihe. Wenn Sie einmal auf einen Stuhl klicken, ist die gesamte Stuhlreihe markiert. Ändern Sie die Farbe eines Stuhls, werden alle Stühle Ihrer Gruppe umgefärbt. Klicken Sie zweimal hintereinander auf das Objekt, wird innerhalb der Gruppe der einzelne Stuhl ausgewählt und Sie können diesen wiederum anpassen.

Die graue gestichelte Linie zeigt Ihnen die Auswahl der Gruppe an. Das einzelne Objekt erkennen Sie am Objektrahmen mit seinen Anfassern. Somit haben Sie die Möglichkeit eine Gruppe von Objekten zu verschieben oder ein einzelnes Shape in einer Gruppe anzupassen.

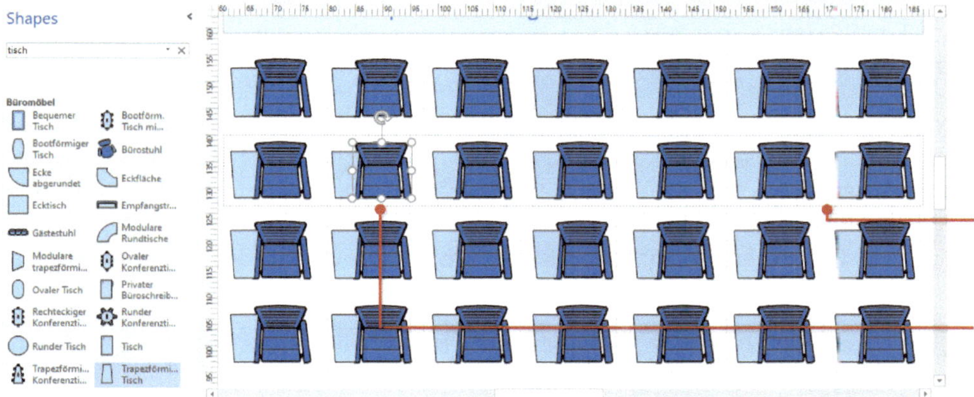

Einzelnes Objekt in einer Gruppe markiert

Die grau gestrichelte Linie bedeutet, dass die Gruppe aktiv ist.

Objektrahmen mit seinen Anfassern.

Eine zusätzliche Möglichkeit besteht darin, dass Sie mehrere Gruppen wieder in eine neue Gruppe zusammenfassen. In unserem Beispiel der Stuhlreihe würden Sie die Gruppe der Stühle und die Gruppe der Tische in die Gruppe der Stuhlreihe zusammenfassen. Klicken Sie auf einen Stuhl, halten Sie die Strg-Taste und klicken abermals auf einen Tisch. Beide Gruppen sind markiert. Kicken Sie nun wieder auf die Schaltfläche *Gruppieren*. Beide Gruppen sind nun vereint. Um in den Gruppen zu navigieren, klicken Sie jeweils mehrmals auf das einzelne Shape, bis es den ursprünglichen Objektrahmen anzeigt. Dann können Sie das Shape in der Gruppe individuell anpassen.

> Wenn Sie Objekte gruppieren, kann es vorkommen, dass sie nicht mehr angezeigt werden. In dem Falle sind Ihre Objekte verschoben worden. Mit dem Gruppieren werden Objekte in der Stapelreihenfolge verschoben.

Gruppe auflösen

Möchten Sie eine bestehende Gruppe wieder auflösen, markieren Sie das Objekt und klicken Sie im Menüband ▶ Register *Start* ▶ Gruppe *Anordnen* ▶ *Gruppieren* auf *Gruppierung aufheben* ❶. Haben Sie mehrere Gruppen, muss jede einzelne Gruppe für sich aufgelöst werden. Sie können auch das Kontextfeld über die rechte Maustaste aufrufen ❷.

Gruppe aufheben

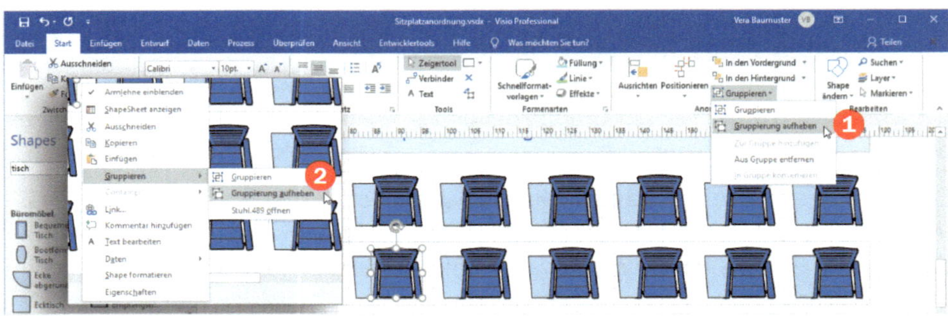

Nachträgliches Ändern in einer Gruppierung

Möchten Sie ein weiteres Objekt ❶ einer Gruppe hinzufügen (im folgenden Beispiel ein Papier-Shape) oder wieder herauslösen, ist dies auch im Nachhinein möglich. Markieren Sie die Gruppe und das Objekt, das Sie hinzufügen möchten und klicken Sie im Menüband ▶ Register *Start* ▶ Gruppe *Anordnen* ▶ *Gruppieren* auf *Zur Gruppe hinzufügen* ❷. Genauso gehen Sie vor, wenn Sie ein Objekt aus der Gruppe entfernen wollen, indem Sie auf *Aus Gruppe entfernen* ❸ klicken.

Nachträgliches hinzufügen zu einer Gruppe

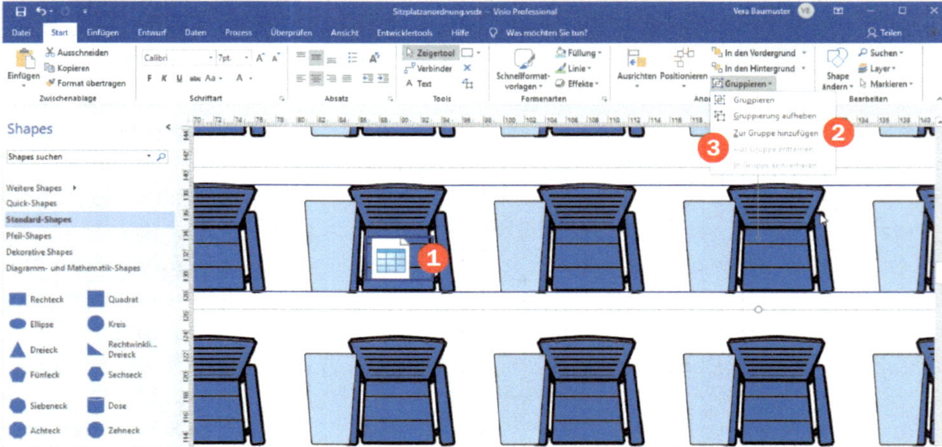

Erstellen Sie eine Kopie eines Shapes aus einer Gruppe heraus, wird diese Kopie nicht Teil der Gruppe, aus der Sie es erstellt haben. Sie müssen diese Kopie wieder einer Gruppe hinzufügen.

Möchten Sie ein Shape aus seiner Verbindung zu seinem Master-Shape trennen, dann klicken Sie in der *Gruppieren*-Schaltfläche auf den Eintrag *In Gruppe konvertieren*. Die Verbindung ist aufgelöst und Änderungen am Master-Shape werden nicht mehr auf dieses Objekt übertragen. Sie können das Shape später nicht mehr an das Master-Shape zurückführen. Dieser Befehl kann nicht rückgängig gemacht werden.

7.5 Shapes zwischen Vorder- und Hintergrund

Wie Sie beim Gruppieren festgestellt haben, ändert sich die Stapelreihenfolge der Shapes. Unter Umständen erkennen Sie dies nicht auf den ersten Blick. Die Objekte können Sie mit der Funktion in den Vordergrund und in den Hintergrund korrigieren.

Die normale Abfolge beim Ablegen eines Objektes auf dem Zeichenblatt folgt von unten nach oben. Ein neues Objekt liegt immer oben. Verschieben Sie es, bleibt die Stapelfolge erhalten. Kopieren Sie das Objekt, wird es als oberstes Objekt auf dem Zeichenblatt wieder abgelegt.

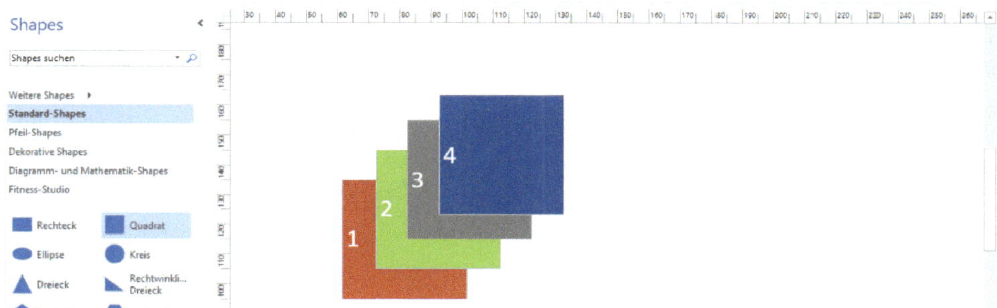

Objekte in der Reihenfolge der Ablage auf dem Zeichenblatt

Die Einstellung *In den Vordergrund* überspringt alle bisher abgelegten Shapes auf dem Zeichenblatt und zeigt das markierte Shape auf der obersten Ebene. Im Gegenzug wirkt die Funktion *In den Hintergrund*, damit wird das aktive Shape als unterstes Objekt positioniert und überspringt somit wieder alle Stufen in einem Schritt.

Möchten Sie ein Shape nur eine Ebene nach vorne oder hinten verschieben, klicken Sie im Menüband ▶ Register *Start* ▶ Gruppe *Anordnen* auf das kleine Dreieck neben *In den Vordergrund* bzw. *In den Hintergrund* ❶. Im folgenden Beispiel wurden die Shapes Nr. 2 ❷ und Nr. 4 ❸ um eine Ebene nach vorne verschoben.

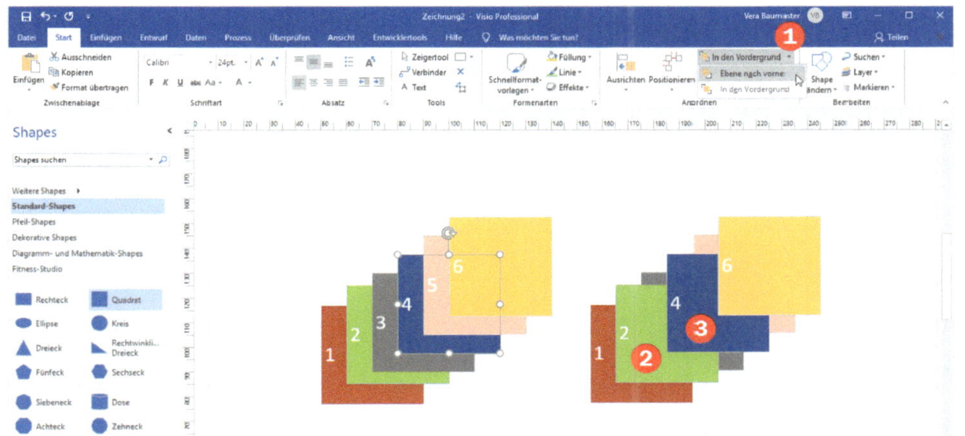

Verschieben von zwei Objekten um eine Position nach vorne (vorher - nachher)

Eine weitere Möglichkeit neben dem Stapeln von Objekten sind die Layers in MS-Visio. Vorder-/Hintergrund-Befehl und Layer schließen sich nicht aus und wirken unabhängig voneinander. Sie addieren sich gegenseitig, siehe Kapitel 9.

Werden vor dem Verschieben Objekte in Gruppen zusammengefasst, wird die Gruppe in eine andere Ebene verschoben. Markieren Sie die Shapes Nr. 2 und Nr. 4 und erstellen daraus eine Gruppe. Das neue Objekt wird an oberster Stelle über der Nr. 6 abgelegt. Heben Sie die Gruppe wieder auf, bleiben die Objekte in ihrer neuen Stapelfolge bestehen.

8 Shapes mit Daten anreichern und eigene Felder anlegen

In diesem Kapitel lernen Sie...

- Shapes mit eigenen Daten anlegen
- Auslesen der Daten von Shapes
- Berichte erstellen

Das sollten Sie bereits wissen...

- Umgang mit Shapes und Schablonen
- Grundlegende Kenntnisse mit MS-Visio
- Grundlegende Kenntnisse über MS-Excel
- Umgang mit Schablonen
- Kenntnisse über Master Shapes

Eine der großen Besonderheiten und Stärken von MS-Visio ist die Möglichkeit, Shapes mit eigenen Daten und Informationen anzureichern. Haben Sie eigene Shapes und eigene Datenstrukturen in einem Zeichenblatt, so bietet MS-Visio an, diese Informationen in Form von Berichten oder Excel-Tabellen wieder auszugeben. Vereinfacht dargestellt erstellen Sie eine Zeichnung und geben diese erfassten Daten der Zeichnung zur weiteren Bearbeitung wieder aus. Diese Datenbindung an Shapes kann sehr tiefgreifend und weit verzweigt eingesetzt werden.

8.1 Eigene Felder anlegen

Standard-Netzwerkdiagramm erstellen

Für dieses Kapitel erstellen Sie eine neue Datei, indem Sie im Menüband unter *Datei* ▶ *Neu* ❶ ▶ *Netzwerk* ❷ ▶ *Standard-Netzwerkdiagramm* ❸ wählen.

Eine neue Datei (Standard-Netzwerkdiagramm) anlegen

Das Zeichenblatt soll die IT-Infrastruktur einer Abteilung visualisieren. Als eigene Felder möchten Sie den Namen des Mitarbeiters, die Abteilung, die Durchwahl, die Kostenstelle und die monatlichen Kosten des Arbeitsplatzes festhalten. Somit müssen Sie fünf eigene Felder anlegen und wenn möglich vorbelegen.

> Bevor Sie ein eigenes Feld anlegen, möchte ich nochmals kurz in Erinnerung rufen, dass, wenn Sie ein Shape auf einem Zeichenblatt ablegen und mit Feldinformationen füllen, müssen Sie beim nächsten Shape diese Felder wieder ausfüllen. Es wäre doch einfacher, zunächst ein Shape komplett vorzubereiten und anschließend in einer eigenen Schablone zu speichern. Anschließend können Sie Shape für Shape aus der Schablone ziehen und ablegen. Damit sind alle Bestandsfelder und eigene Felder immer verfügbar. Nach dieser Methode gehen Sie auch hier vor.

Nachdem Sie die Datei angelegt haben, ziehen Sie aus der Schablone *Computer und Monitore* ❶ das PC-Shape ❷ auf Ihr Zeichenblatt. Es ist sehr praktisch, wenn Sie die *Shape-Daten* im Menüband ▶ Register *Ansicht* ▶ Gruppe *Anzeigen* unter *Arbeitsbereiche* ❸ aktiveren.

Klicken Sie mit der rechten Maustaste auf das PC-Shape, woraufhin sich das Kontextmenü öffnet. Wählen Sie hier die Schaltfläche *Daten* ❹ und anschließend *Shape-Daten definieren* ❺.

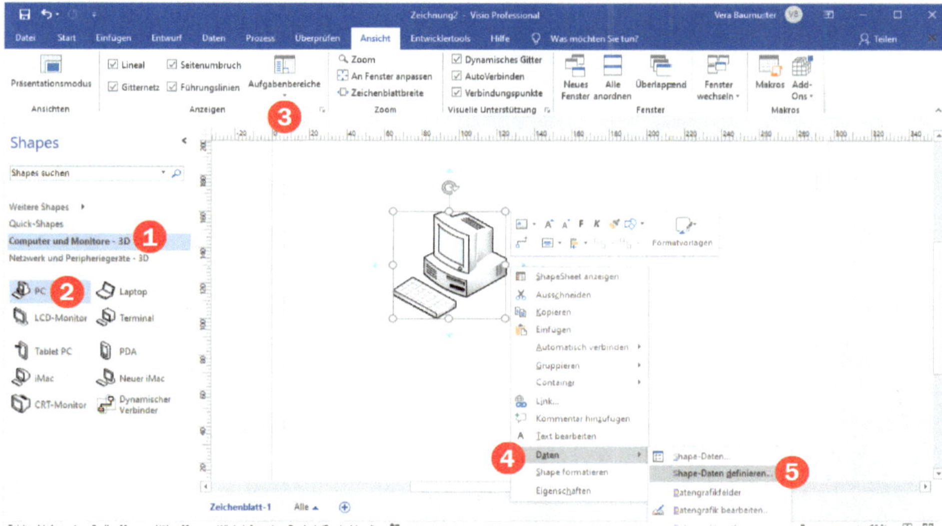

Erstellen von eigenen Feldern

Shape-Daten definieren

Nachdem Sie *Shape-Daten definieren* im Kontextmenü gewählt haben, erscheint ein Eingabefenster, das bereits einige definierte Felder enthält ❶ (siehe Bild auf der nächsten Seite). Ganz unten finden Sie die Schaltfläche *Neu* ❷. Klicken Sie darauf, dann leert sich die Maske und Sie erstellen das erste eigene Feld.

Auf der linken Seite der Maske befinden sich die Feldnamen ❸ und auf der rechten Seite die dazugehörigen Eingabefelder.

> Der eingegebene Wert im Feld *Name* ist für MS-Visio der intern gespeicherte Wert auf den das Programm immer zurückgreift. Er ist der Schlüssel für die Weiterverarbeitung. Das Feld darf keine Leerzeichen und Sonderzeichen enthalten, ist kontextsensitiv (unterscheidet Groß- und Kleinbuchstaben) und vieles mehr.

Der untere Teil zeigt alle bestehenden Felder ❹ an, die Sie mit einem einfachen Klick auf den Namen in den Eingabebereich holen. Ganz unten sind die Schaltflächen, wenn Sie neue Felder erstellen oder bestehende wieder löschen ❺ möchten. Mit *Abbrechen* verlassen Sie den Dialog ❻.

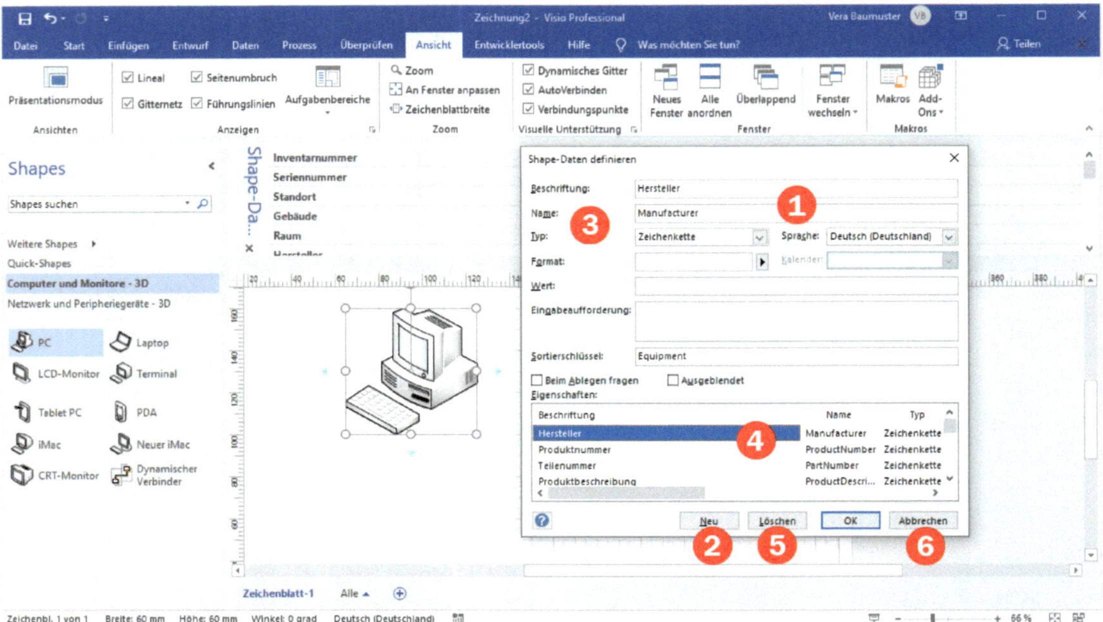

Maske der Felddaten

Im Feld *Beschriftung* überschreiben Sie die Vorbelegung mit dem Wort „Mitarbeiter". Darunter befindet sich das Feld *Name*. Schreiben Sie auch hier das Wort „Mitarbeiter" in das korrespondierende Feld. Das Feld *Typ* können Sie im Moment überspringen. Es legt die Form der Eingabe fest, ob Zahlen, Datum oder Text zulässig sind. Die anderen Angaben benötigen Sie auch nicht. Schließen Sie die Eingabe ab, indem Sie auf die Schaltfläche *Neu* klicken und das nächste Feld beginnen. Legen Sie das Feld Kostenstelle an, in dem Sie in die Felder *Beschriftung* und *Name* jeweils „Kostenstelle" hineinschreiben. Da sich alle Mitarbeiter auf der gleichen Kostenstelle befinden, können Sie das Feld *Wert* vorbelegen. Schreiben Sie neben das Feld *Wert* das Wort „KSt 1424" hinein.

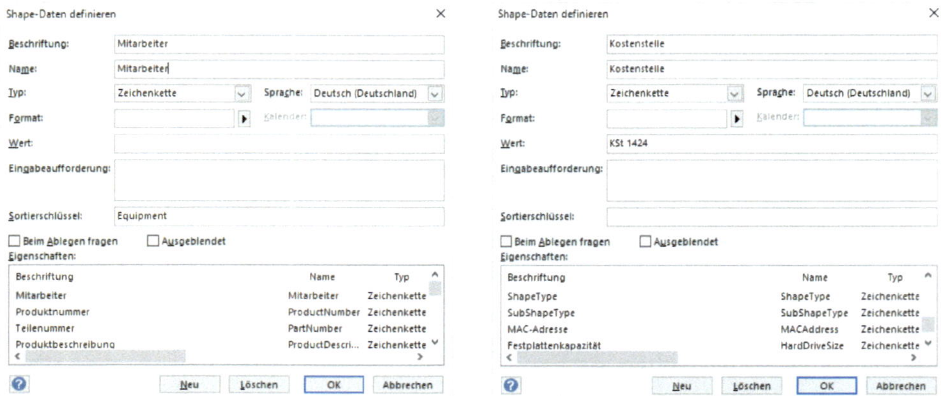

Eingabemaske „Mitarbeiter" (links) und „Kostenstelle" (rechts)

Klicken Sie wieder auf *Neu* und tragen Sie in den Feldern *Beschriftung* und *Name* „Telefondurchwahl" ein. Im Feld *Wert* soll die Rufnummer +49.0711.2211- ohne Durchwahl stehen. Im Feld *Eingabeaufforderung* können Sie dem Anwender Informationen zu diesem Feld mitteilen. In Ihrem Fall schreiben Sie folgenden Text: „Bitte tragen Sie Ihre Durchwahl ein". Als nächstes Feld möchten wir die Kosten des PCs anhand einer Pauschale festlegen. Erstellen Sie das Feld Kosten, indem Sie wieder auf *Neu* klicken. Als *Beschriftung* und *Namen* vergeben Sie den Text „Kosten". Öffnen Sie das Feld *Typ* und wählen Sie *Währung* aus. Das nächste Feld *Format* bestimmt die Formatierung. Klicken Sie auf den kleinen grauen Pfeil und es werden Ihnen mehrere Möglichkeiten angezeigt. Wählen Sie Ihr gewünschtes Format aus und verlassen Sie das Feld, indem Sie wieder auf *Neu* klicken.

Kommen wir zum Feld Abteilung. Dieses Feld ist bereits im Shape-Typ PC vorhanden, sodass wir dieses nur anpassen müssen. Suchen Sie in der unteren Auflistung nach dem Feld *Abteilung*. Scrollen Sie sich durch die Auswahl. Haben Sie das Feld gefunden, stehen alle Werte in der Maske und Sie können im Feld *Wert* den Text „Einkauf Abt." eintragen. Verlassen und schließen Sie die Maske, indem Sie auf *OK* klicken.

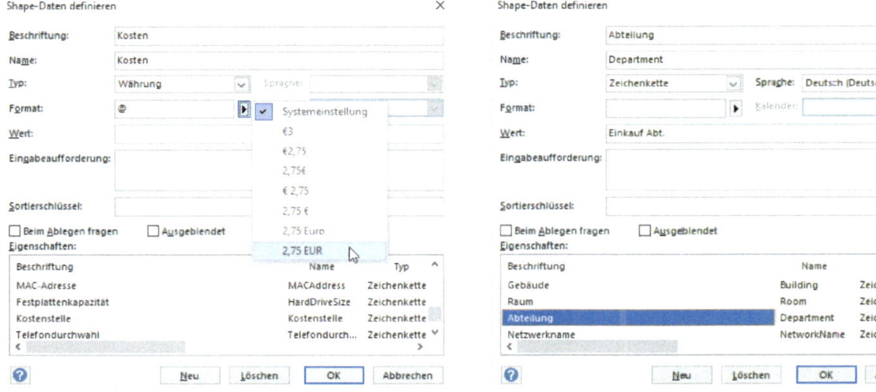

Eingabemaske „Kosten" (links) und „Abteilung" (rechts)

Ihr Shape ist fertig konfiguriert. Nun müssen Sie dieses Shape in einer eigenen Schablone speichern (siehe Kapitel 4).

Im folgenden Bild sehen Sie, wie Ihre Datei nun aussehen müsste. Sie haben eine Schablone erstellt ❶, den PC der Schablone hinzugefügt ❷. Das abgelegte PC-Shape auf dem Zeichenblatt ist aktiv ❸ und die vorbelegten Daten sind sichtbar ❹ und können jetzt mit eigenen Werten weiter angereichert werden.

Daten aus einem Shape mit Vorbelegungen

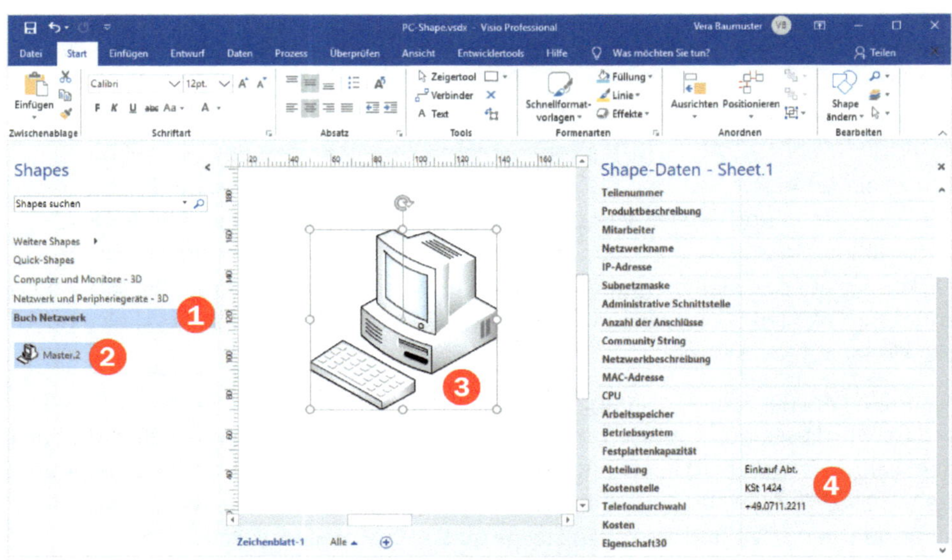

Um jetzt Daten einzugeben, klicken Sie in der Datenmaske auf ein Eingabefeld und füllen Sie die Felder aus, die Sie benötigen.

Beispiel: Ausgefüllte Maske mit Werten

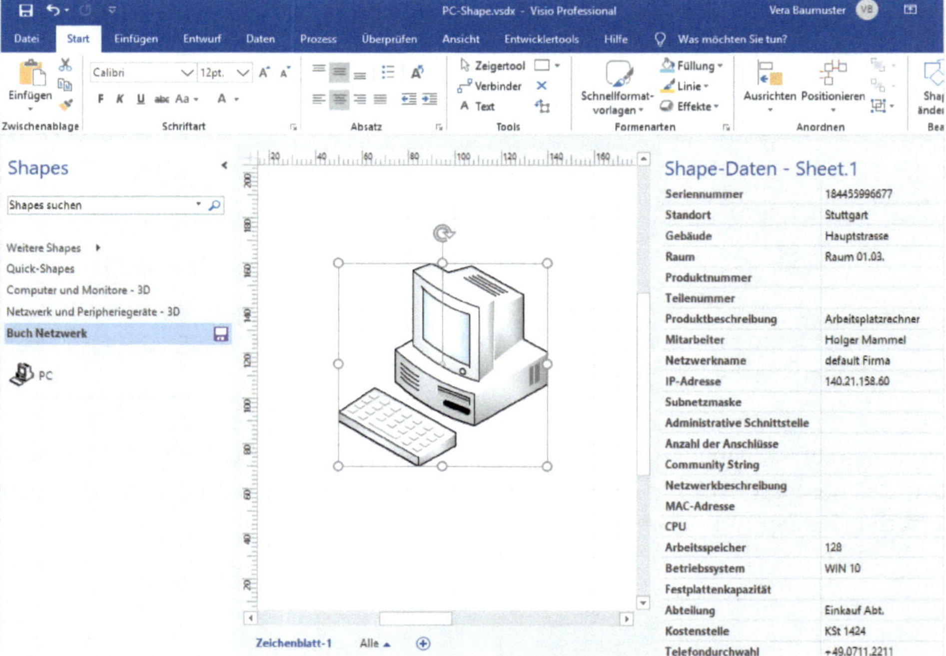

So könnte eine ausgefüllte Maske nach Ihrer Eingabe aussehen. Diese müssen Sie für jedes Shape ausfüllen. Was aber ist mit den Feldern Ort, Gebäude und Raum? Hier können Sie sich die Arbeit erleichtern. Markieren Sie zunächst alle Shapes, die mit den gleichen Werten ausgefüllt werden können. Nun tragen Sie in der Maske diese gleichlautenden Werte ein. In diesem Falle sind es Ort, Gebäude, Raum und Betriebssystem. MS-Visio nimmt für jedes Shape diese Werte an. Auf diese Weise können Sie auch bereits vorbelegte Felder mit neuen Werten verändern.

Haben Sie mehrere Shapes auf Ihrem Datenblatt abgelegt und markiert, dann können Sie für alle Shapes gleichartige Felder erstellen, wie gerade beschrieben. Welche Vorgehensweise Sie bevorzugen, bleibt Ihnen überlassen.

8.2 Die Wertefelder

Wie Sie bereits kennengelernt haben, gibt es verschiedene Feldtypen, die Ihnen in der Auswahlbox angeboten werden. Haben Sie einen bestimmten *Typ* festgelegt, sehen Sie im Dialog *Format*, welche Einstellungen möglich sind und wie sie sich auswirken.

Feldtypen festlegen

Klicken Sie mit der rechten Maustaste ein Shape an. Das Kontextmenü öffnet sich und dort wählen Sie *Daten* ▶ *Shape-Daten definieren*. Beim Feld *Typ* und *Format* haben Sie, wenn Sie auf den Pfeil neben dem Eingabefeld klicken, unterschiedliche Auswahlmöglichkeiten, die nun vorgestellt werden.

Auswahl an Feldtypen und Formatauswirkungen

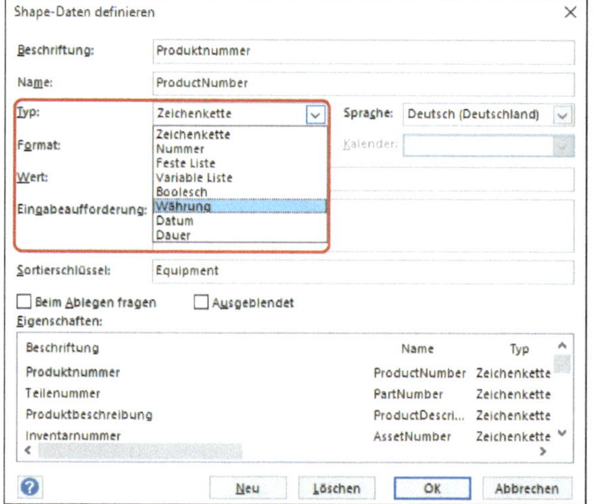

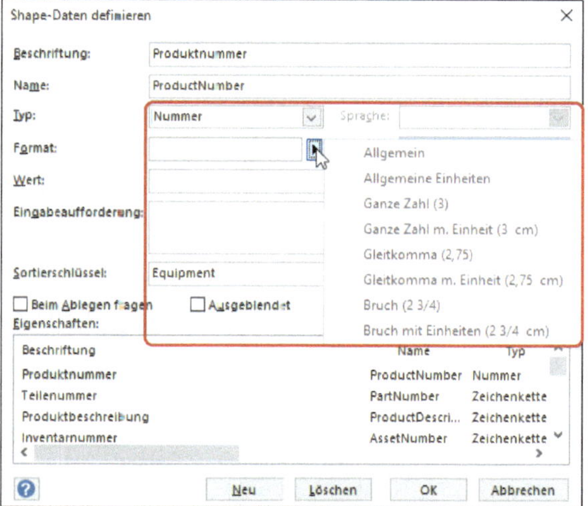

Zeichenkette

Sie können jegliche Zeichen, wie Buchstaben, Zahlen und Sonderzeichen verwenden. Es gibt keine Einschränkungen. Sie können die Groß- oder Kleinschreibung erzwingen.

Normal
GROSSBUCHSTABEN
Kleinbuchstaben

Allgemein
Allgemeine Einheiten
Ganze Zahl (3)
Ganze Zahl m. Einheit (3 cm)
Gleitkomma (2,75)
Gleitkomma m. Einheit (2,75 cm)
Bruch (2 3/4)
Bruch mit Einheiten (2 3/4 cm)

Nummer

Sie dürfen nur Zahlen zwischen 0 und 9 eingeben. Bindestriche oder ähnliche Trennzeichen können nicht verwendet werden. Auch Leerzeichen sind verboten. Wenn Sie auf den Pfeil neben dem Eingabefeld von *Format* klicken, können Sie verschiedene Einheiten wählen.

Feste Liste

Eine feste Liste ist ein Auswahlklappfeld, bei der ein Anwender nur zwischen den festgelegten Werten seine Eingabe wählen kann. Dazu müssen Sie in dem Formatfeld die Werte mit Semikolon getrennt eingeben, z. B. Abt 1; Abt 2; Abt 3.

Variable Liste

Vergleichbar zur festen Liste, nur dass der Anwender hier neben einer Auswahl auch eigene Daten und Werte eintragen kann. Die Liste muss in das Formatfeld eingetragen werden und mit einem Semikolon getrennt sein. Ein Beispiel wäre eine Liste mit verschiedenen Städtenamen oder Abteilungen eines Unternehmens, die für den Anwender als Auswahl zur Verfügung stehen.

Typ: Boolesch
Format:
Wert: FALSE

Boolesch

Boolesche Werte sind mathematische, logische Bedingungen, wie Größer, Kleiner, Enthält, Ungleich usw. In MS-Visio wird wahr oder falsch (TRUE oder FALSE) in das Feld *Wert* eingetragen. Sie können somit in einem Feld zwischen richtig und falsch wählen. Es entspricht den klassischen Checkboxen oder ja-/nein-Auswahlfeldern.

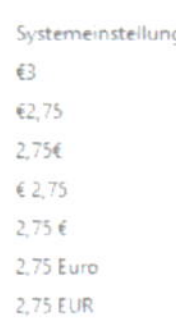

Währung

Dieser Feldtyp bestimmt die Währung, die in Ihrer Systemkonfiguration voreingestellt ist (Währungszeichen oder in ausgeschriebener Darstellung). Bei Format können Sie die Darstellung bestimmen, indem Sie auf den schwarzen Pfeil klicken. Die Auswahl *Systemeinstellungen* verwendet die Windows-Systemumgebung an Ihrem PC.

03.10.1993
Sonntag, 3. Oktober 1993
3. Oktober 1993
03.10.93
1993-10-03
93-10-03
03/10/1993
03. Okt. 1993
03/10/93
Oktober 93

Datum

Der Name erklärt schon vieles zu diesem Feldtyp. Es wird das Datum, wahlweise mit der Uhrzeit, als Eingabemuster festgelegt. Sie erhalten ein Datums-Picker, mit dem Sie das Datum sehr einfach auswählen können. Alternativ können Sie das Datum auch selbst schreiben. Das Feld erwartet ein korrektes Datum. Der 30. Februar wäre beispielsweise keine gültige Eingabe.

Wochen
Tage
Stunden
Minuten
Sekunden
Stunden und Minuten (1:23)
Minuten und Sekunden (0:12)

Dauer

Das letzte Feld gibt den Wert als Dauer in Form von Stunden, Tagen, Wochen etc. aus. In der Formatierungsleiste können Sie die verschiedenen Ansichtsdarstellungen anschauen. In der Formatzeile finden Sie einen Eintrag mit folgendem Aussehen [d] ,vt.' . Wenn Sie den Text zwischen den Hochkommas ändern, wird dieser Text in der Ansicht dargestellt. Schreiben Sie [d] , Tage warten'. Geben Sie nun die Zahl 14 bei *Wert* ein, so lesen Sie in der fertigen Zusammenstellung „14 Tage warten".

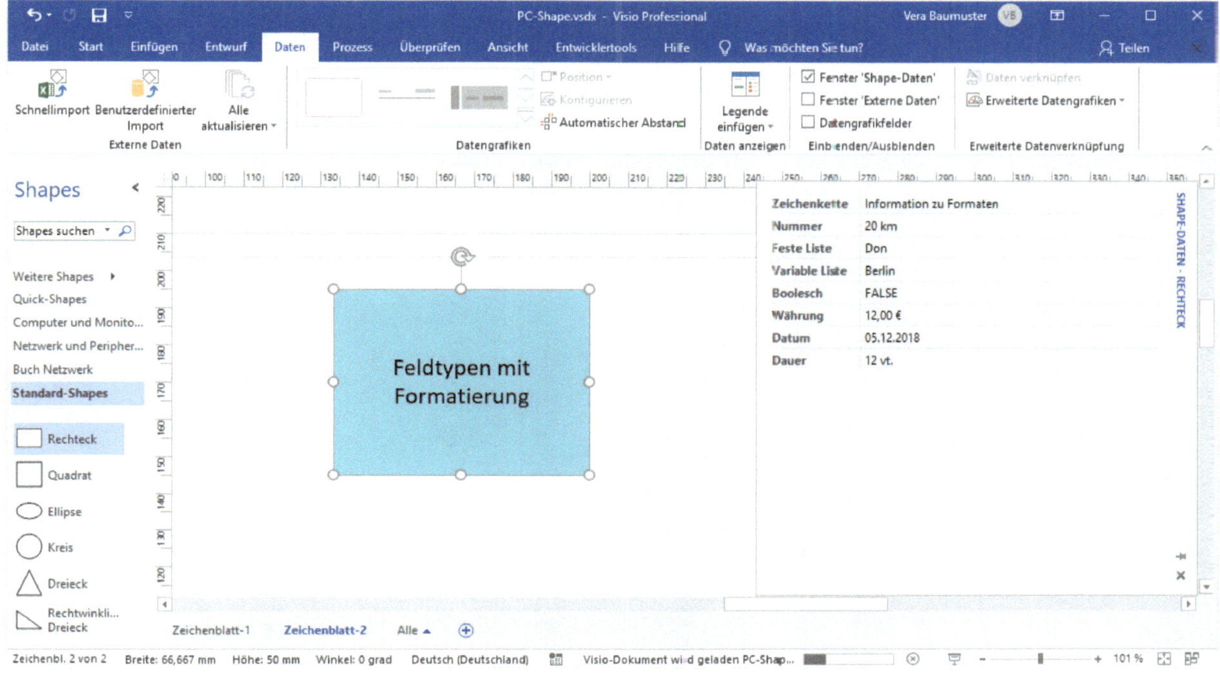

Liste verschiedener Feldtypen

Die Reihenfolge der Eingabe der Felder kann später nicht angepasst werden.

Mit dem Legenden-Shape eine Zusammenfassung der Objekte erstellen

Erstellen Sie eine Zeichnung mit folgenden Shapes: 6 PCs, 3 Smartphones, 1 Multifunktionsgerät, 1 Ethernet und 1 Funkzugriffspunkt.

Legenden-Shape hinzufügen

Ganz zum Schluss fügen Sie ein letztes Shape hinzu: Das Shape *Legende* aus der Schablonen-Gruppe *Netzwerk- und Peripheriegeräte - 3D*. Legen Sie es auf dem Zeichenblatt ab. Jetzt erstellt Visio aus all den Shapes eine Zusammenfassung der Objekte, die sich auf Ihrem Zeichenblatt befinden. Er addiert die Anzahl der gleichartigen Shapes. Fügen Sie ein weiteres Shape hinzu oder löschen eines aus dem Zeichenblatt heraus, aktualisiert sich das Legenden-Shape sofort.

Geben Sie im Zahlenfeld ein Minus als Trennstrich in einem nummerischen Feld ein, so berechnet MS-Visio das Ergebnis aus den zwei Zahlen. Verwenden Sie den Schrägstrich, dann berechnet das Programm eine Division und schreibt das Ergebnis ins Feld.

So ungefähr sollte die Zeichnung aussehen (siehe nächste Seite):

Fertige Zeichnung mit dem Legenden-Shape

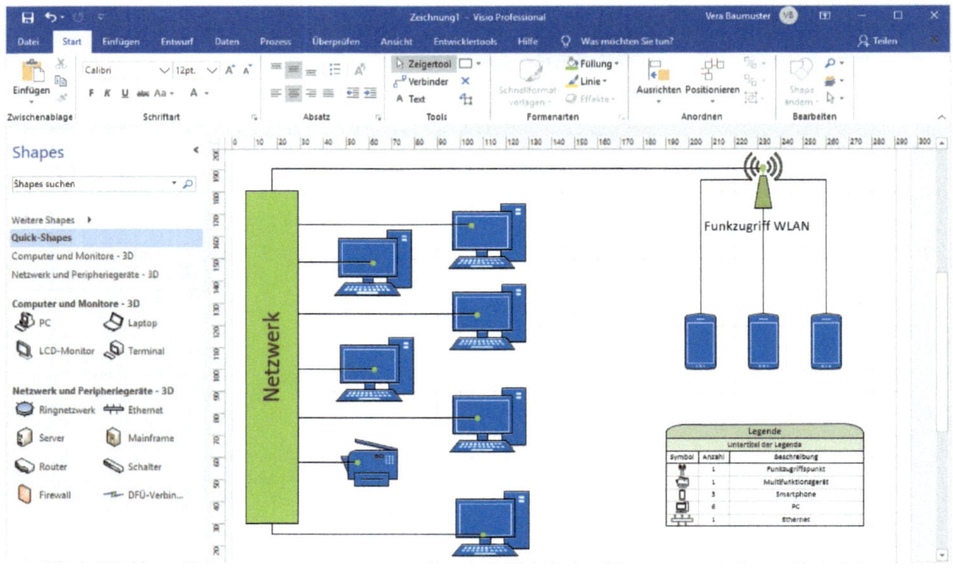

Es werden nicht immer alle Shapes in eine Legende aufgenommen.

Legenden-Shape konfigurieren

Möchten Sie das Legenden-Shape anpassen, so klicken Sie mit der rechten Maustaste auf das Shape und wählen *Legende konfigurieren* ❶. Entfernen Sie die Häkchen ❷, so werden die Einträge im Legenden-Shape ausgeblendet. Im unteren Bereich können Sie die Reihenfolge einstellen ❸, indem Sie einen Eintrag anwählen und die Schaltfläche *nach oben* oder *nach unten* wählen. Zuletzt bestimmen Sie noch, welche Texte in der Legende angezeigt werden sollen. Dies gilt für alle Einträge, die sichtbar eingestellt sind.

Das Shape Legende aus der Netzwerkschablone konfigurieren

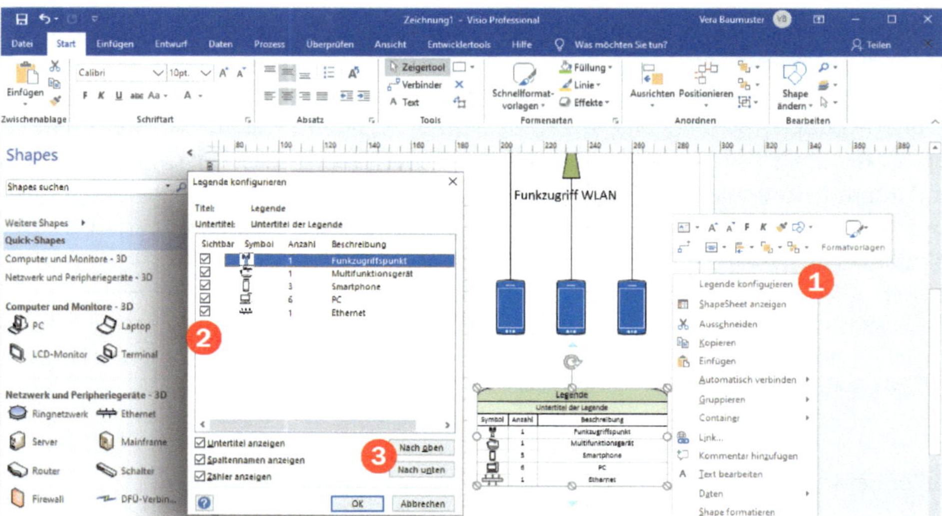

8.3 Shape-Daten in einer Excel-Tabelle ausgeben

Möchten Sie für Ihre Weiterverarbeitung diese Zeichnung als eine Excel-Tabelle zur Verfügung haben, so wählen Sie im Menüband im Register *Überprüfen* ❶ ▶ *Shape-Berichte* ❷. Es öffnet sich ein Dialogfeld mit den passenden Berichten zu Ihrer Zeichnung.

MS-Visio hat entsprechend den Shapes auf dem Zeichenblatt diese vorgefertigten Berichte eingeblendet ❸. Sie können selbst neue Berichte erstellen oder bestehende anpassen und ändern ❹. Hier ist ein sehr umfangreicher Dialog dabei, den Sie in einem späteren Kapitel nachlesen können.

Klicken Sie in diesem Fall auf die Berichtseinstellung *Netzwerksausrüstung* ❸ und danach auf die Schaltfläche *Ausführen* ❺.

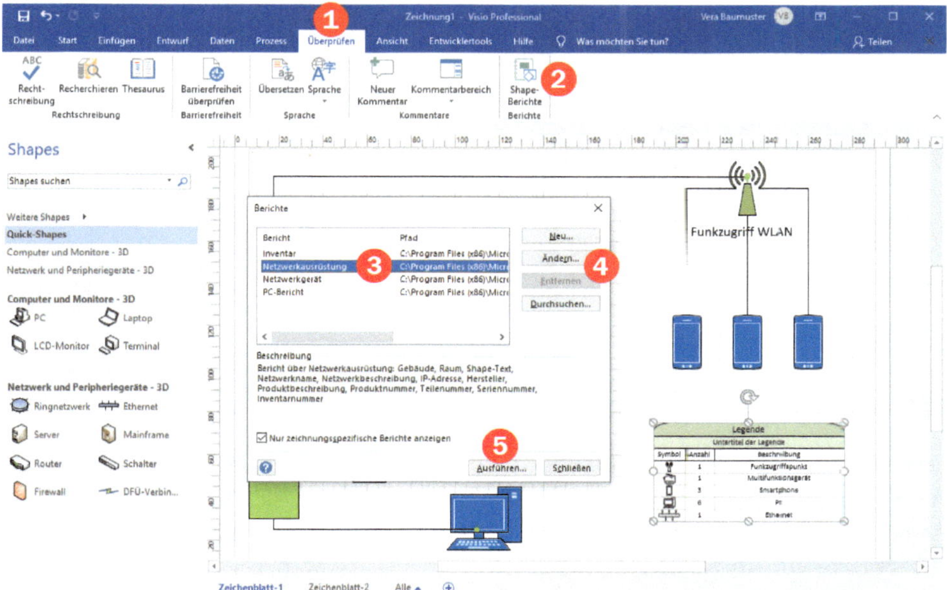

Berichtsdialogfeld mit passenden voreingestellten Berichten

Es öffnet sich ein weiterer Dialog für die Ausgabeform des Berichtes. Es stehen Ihnen mehrere Formate zur Verfügung. Neben Excel können Sie eine HTML-Seite für die Browser-Darstellung erzeugen oder eine XML-Datei für eine universelle Weiterverarbeitung. Sie können auch wieder ein Visio-Shape erstellen, das Sie auf Ihrem Zeichenblatt ablegen. Probieren Sie die verschiedenen Formen einmal aus. In diesem Beispiel wählen Sie die Berichtsform *Excel* aus. Klicken Sie auf die Schaltfläche *OK*, so wird im Hintergrund Excel gestartet und der Tabellenbericht wird erstellt.

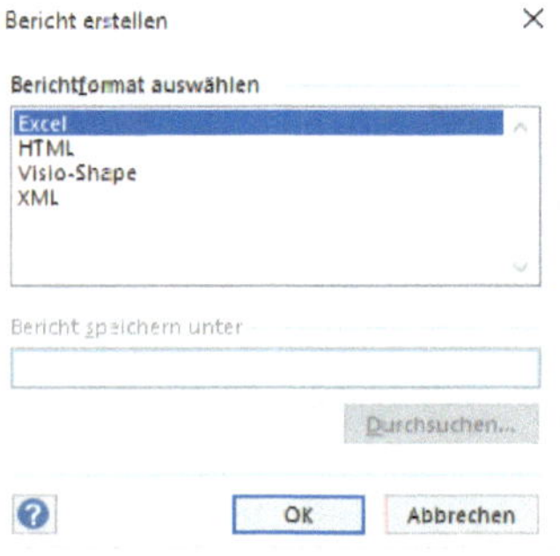

Hier sehen Sie den Tabellenbericht in Excel. Die Werte des Berichts sind eingetragen.

Ausgabe eines Tabellenberichts in Excel mit den eingetragenen Werten

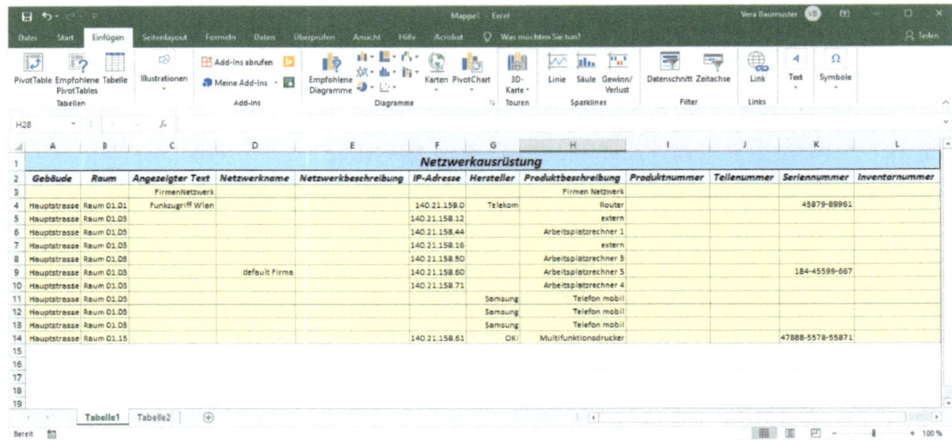

Netzwerkausrüstung											
Gebäude	**Raum**	**Angezeigter Text**	**Netzwerkname**	**Netzwerkbeschreibung**	**IP-Adresse**	**Hersteller**	**Produktbeschreibung**	**Produktnummer**	**Teilenummer**	**Seriennummer**	**Inventarnummer**
		FirmenNetzwerk					Firmen Netzwerk				
Hauptstrasse	Raum 01.01	Funkzugriff Wien			140.21.158.0	Telekom	Router			45879-89961	
Hauptstrasse	Raum 01.03				140.21.158.12		extern				
Hauptstrasse	Raum 01.03				140.21.158.44		Arbeitsplatzrechner 1				
Hauptstrasse	Raum 01.03				140.21.158.16		extern				
Hauptstrasse	Raum 01.03				140.21.158.50		Arbeitsplatzrechner 3				
Hauptstrasse	Raum 01.03		default Firma		140.21.158.60		Arbeitsplatzrechner 5			184-45599-667	
Hauptstrasse	Raum 01.03				140.21.158.71		Arbeitsplatzrechner 4				
Hauptstrasse	Raum 01.03					Samsung	Telefon mobil				
Hauptstrasse	Raum 01.03					Samsung	Telefon mobil				
Hauptstrasse	Raum 01.03					Samsung	Telefon mobil				
Hauptstrasse	Raum 01.15				140.21.158.61	OKI	Multifunktionsdrucker			47888-5578-55871	

Beachten Sie, dass die hier dargestellten Daten als Text in Excel erzeugt werden. Zahlen, wie beispielsweise Währungen müssen in Excel umgestellt werden, damit die Funktionen berechnet werden können. Zahlen sind hier Text und können nicht berechnet werden.

8.4 Shape-Grafik erstellen

Eine erweiterte Möglichkeit in MS-Visio sind die Shape-Grafiken. Auch hier möchte ich mit einer Standardeinstellung aufwarten. Wie Sie auf Ihrer Zeichnung sehen, sind die eingetragenen Daten nicht sichtbar. Es wäre doch sinnvoll, wenn die IP-Adresse oder andere Dateninhalte zu den jeweiligen Shapes zu lese wären. Dies erreichen Sie über die Shape-Grafiken.

Markieren Sie zunächst ein Objekt bzw. mehrere Objekte auf Ihrem Zeichenblatt, bei denen Sie die IP-Adressfelder ausgefüllt haben. Klicken Sie das markierte Objekt mit der rechten Maustaste an und wählen Sie *Daten* ❶ und *Datengrafik bearbeiten* ❷ aus.

So oder ähnlich soll das Shape auf dem Zeichenblatt mit allen dazugehörigen Objekten aussehen ❸. Das Shape zeigt in diesem Fall drei Felder: IP-Adresse, Kostenstelle und Kosten. Sie sind alle nach den Standardeinstellungen des Programms erstellt.

Es öffnet sich eine Dialogbox, in dem Sie nun die umfangreichen Einstellungen vornehmen können ❹.

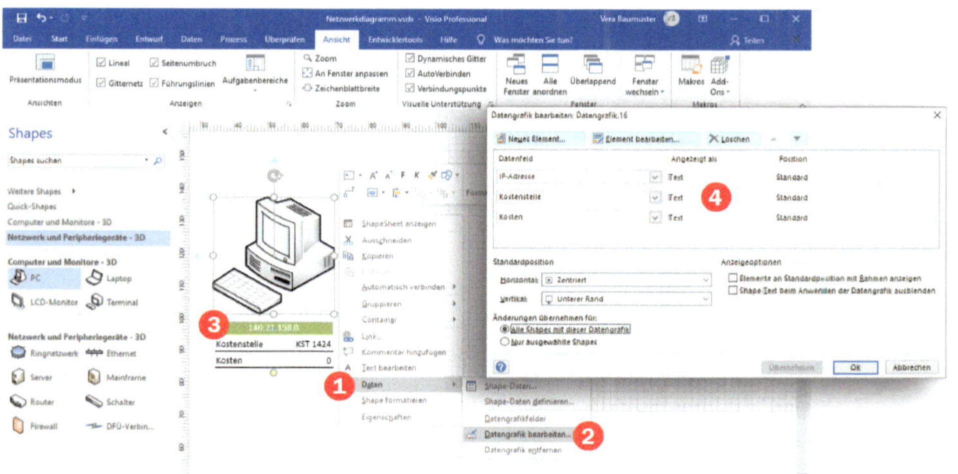

PC-Shape mit Shape-Grafiken und ausgelesenen Daten

In der obersten Reihe finden Sie die Schaltflächen für die Bearbeitung der Elemente ❶, die am Shape angezeigt werden sollen. Sie können ein *Neues Element* erstellen, ein *Element bearbeiten* oder ein Element *löschen*. Im mittleren Bereich sind alle Datenfelder, die das Shape mit sich führt ❷. Darunter sind die Einstellungen zur Ausrichtung der Shape-Daten am Shape und weitere Infos zur Position ❸. Klicken Sie auf *Neues Element* ❹.

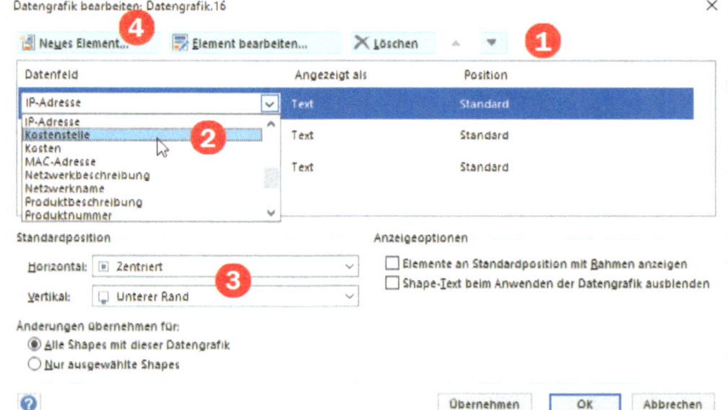

Einstellungen zur Datengrafik

Eine neue Dialogbox poppt auf, in der Sie die Einstellungen vornehmen können. Wählen Sie hier den Eintrag *IP-Adresse* ❶ (siehe Bild nächste Seite) aus. Darunter befindet sich die Auswahl, wie die Daten dargestellt werden sollen. Sie können einen Text, Balken, ähnlich wie Excel Grafikbalken, Symbolsätze oder Werte nach Farben verwenden ❷. Nicht jede Darstellungsart macht einen Sinn entsprechend der Daten. Würden Sie das Feld Gebäude nehmen, ist eine Darstellung nach Balken keine vernünftige Aussage für den Anwender. Hier wäre *Text* die richtige Wahl. Wählen Sie für die IP-Adresse die Form *Text* ❸.

Neues Datenelement erstellen

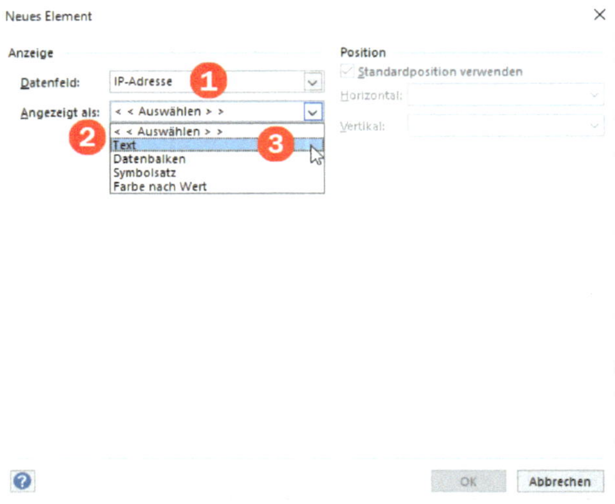

Nun öffnet sich entsprechend Ihrer Wahl die Einstellung zur Formatierung des Textes ❶. Auch hier finden Sie eine große Auswahl an vorgefertigten Layouts, die Sie in Ruhe einmal durchgehen können.

Nehmen Sie im Feld *Formatvorlage* die Variante *Überschrift 3* ❷ und verlassen das Feld mit *OK*. Achten Sie darauf, dass die Einstellung in der Position bei *Horizontal* auf *zentriert* steht und bei *Vertikal* auf *Unterer Rand*. Entfernen Sie das Häkchen bei *Standardpositionen verwenden* ❸ und nehmen Sie die Anpassung vor.

Formateinstellung eines Elements

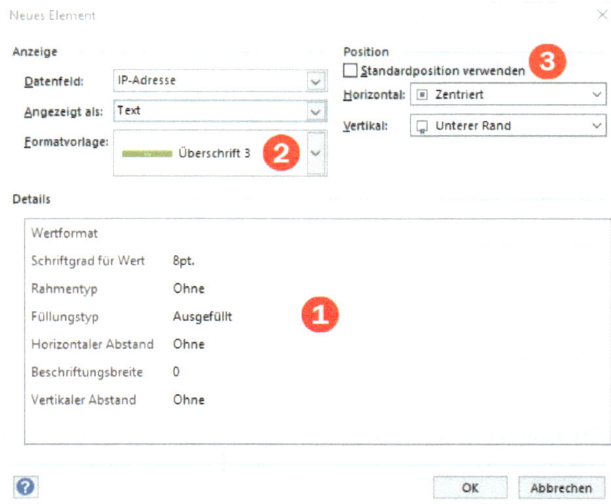

Nun haben Sie das erste Feld erstellt. Erstellen Sie nun die beiden anderen Felder *Kostenstelle* und *Kosten*. Dazu verwenden Sie die Standard-Formatvorlage *Text*.

9 Mit Layern und Ebenen arbeiten

In diesem Kapitel lernen Sie...

- Mit verschiedenen Ebenen arbeiten
- Eigene Ebenen erstellen
- Ebenen-Einstellungen
- Shapes auf Ebenen verschieben
- Ebenen anpassen

Das sollten Sie bereits wissen...

- Umgang mit Shapes und Schablonen
- Grundlegende Kenntnisse mit MS-Visio
- Kenntnisse über Verteilen und Ausrichten
- Arbeiten mit Gruppen
- Umgang mit Ansichten

In diesem Kapitel geht es um Layern, also Ebenen, um die Eigenschaften mehrerer Shapes festzulegen. Sie haben mit dieser Funktion die Möglichkeit, die Shape-Eigenschaften, die den Shapes zugeschrieben wurden, zu ändern. Es können unterschiedliche Eigenschaften festgelegt werden, auf die im Laufe dieses Kapitels näher eingegangen wird.

9.1 Eine Zeichnung mit Layern erstellen

Bei dem folgenden fiktiven Beispiel geht es nicht um die korrekte Prozessdarstellung, es soll lediglich zur Veranschaulichung und zum besseren Verständnis dienen. Erstellen Sie eine neue Datei. Als Vorlage verwenden Sie das *Workflowdiagramm - 3D*, das Sie so erreichen: Öffnen Sie Visio, klicken Sie in der linken Spalte auf *Neu* und scrollen Sie nach unten zu der besagten Vorlage. Wählen Sie *Erstellen* und die Vorlage öffnet sich.

In diesem Beispiel wurden folgende Schablonen und Shapes verwendet:

- *Workflowschritte - 3D*, *Workflowobjekte - 3D* und *Abteilung - 3D*, die schon in Ihrer Vorlage (*Workflowdiagramm - 3D*) enthalten sind (Leiter/in der Finanzabteilung, Webseite, Dokument, Kasten, Kunde, Lieferant, Fertigung, Qualitätssicherung, Verpackung, Lagerhaus, Versand, Niederlassung)
- *Weitere Shapes* ▶ *Pläne und Grundrisse* ▶ *Karte* ▶ *Shapes für markante Gebäude o. ä.* (Lagerhaus, Laden)
- *Weitere Shapes* ▶ *Geschäft* ▶ *Geschäftsprozess* ▶ *Arbeitsflussdiagramm-Shapes* (Einkauf, Warenannahme, Fertigung, Qualitätssicherung, Verpackung, Versand, Vertrieb/PR)
- *Weitere Shapes* ▶ *Konstruktion* ▶ *Verfahrenstechnik* ▶ *Prozessanmerkungen*

Die Prozessanmerkungen sind zulässige Hilfstexte zur Verständlichkeit eines Objekts für den Leser.

Alternativ hätten Sie auch über die Suche nach dem dazugehörigen Namen das gleiche Ergebnis erzeugt.

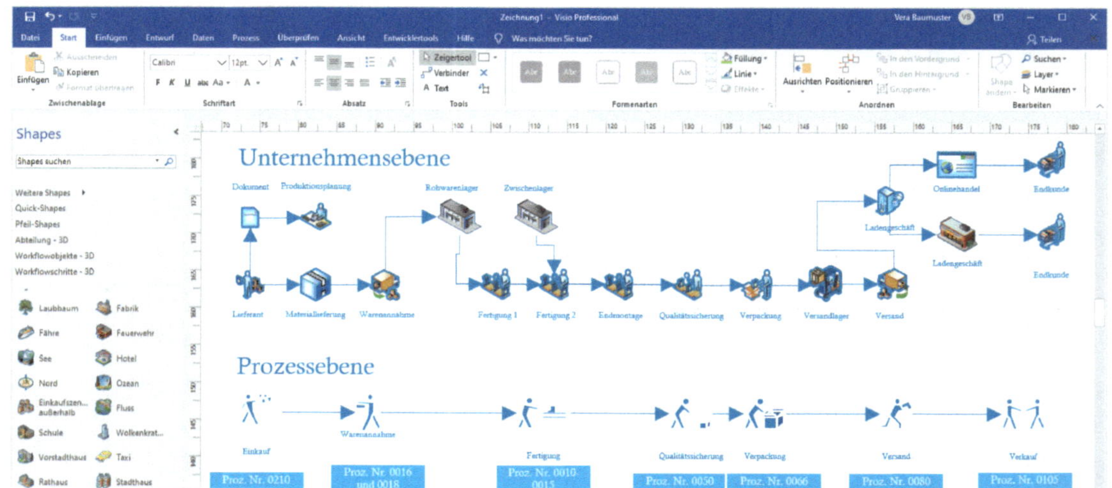

Fertige Zeichnung der Arbeitsdatei nach der Vorlage

Diese Darstellung besteht aus der Unternehmensebene und den dazugehörigen Shapes. Darunter folgen die Prozessebene mit den jeweiligen Prozessschritten und wieder darunter die Bemerkungen.

Nun können Sie damit beginnen, die Shapes der Reihe nach auf Ihrem Zeichenblatt abzulegen. Fangen Sie mit den Shapes der Unternehmungsebene an und warten Sie noch mit den Verbindungslinien. Richten Sie die Objekte an der oberen oder unteren Kante aus. Verteilen Sie diese gleichmäßig mit Hilfe der Funktionen *Ausrichten* und *Positionieren* aus dem Register *Start* (siehe Kapitel 7.2).

Öffnen Sie nun das Dialogfeld *Layer* im Menüband unter Register *Start* ▶ Gruppe *Bearbeiten* ❶ ▶ *Layer* (wenn der Begriff nicht zu sehen ist, klicken Sie auf den Pfeil neben ❷) ▶ *Layereigenschaften*. Sie sehen keinerlei Einträge ❸.

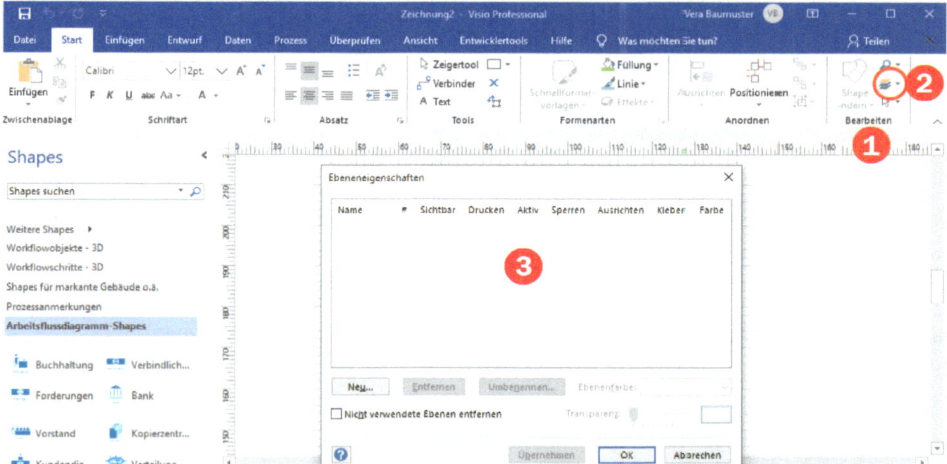

Das Dialogfeld der Layereigenschaften aufrufen

Fügen Sie nun die Verbinder in Ihrem Zeichenblatt hinzu und orientieren Sie sich mit der Pfeilrichtung an der Beispielzeichnung. Öffnen Sie erneut die Layereigenschaften, so ist von MS-Visio eine Ebene hinzugefügt worden, die den Namen *Verbinder* erhalten hat.

Sie sehen unter dem Raute-Symbol die Anzahl der Verbinder. Lassen Sie sich aber nicht täuschen, diese Zahl entspricht nicht immer den tatsächlichen Gegebenheiten. Dies liegt daran, dass Shapes auch mehrere Ebene anlegen und die Objekte somit mehrfach zählen.

Die Layereigenschaften beziehen sich immer auf das jeweils aktive Zeichenblatt.

> Wenn Sie ein bestimmtes Shape auf dem Zeichenblatt abgelegen, werden entsprechend den Shape-Eigenschaften eine oder mehrere Layerebenen vom Programm automatisch angelegt. Ein Shape kann auch mehrere Ebenen durch das Programm erstellen. Löschen Sie ein Shape vom Zeichenblatt, bleibt die Ebene erhalten.

Es sind jetzt insgesamt drei Ebenen aufgelistet: Die Anmerkungs-, Flussdiagramm- und Anmerkungsebene. Unter dem Raute-Symbol wird die Anzahl der Objekte angezeigt. Was die anderen Inhalte in den Spalten zu bedeuten haben, erfahren Sie im Anschluss.

Vom Programm erzeugte Layerebenen

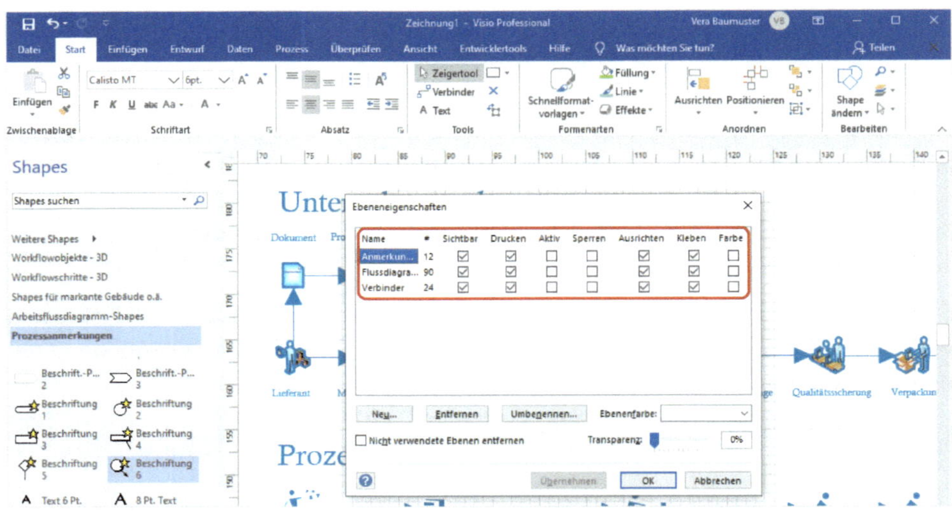

Sie sehen, dass MS-Visio die Reihenfolge der Ebenen nach der Reihenfolge der Ablage erstellt. Wenn Sie nach dem Text im Buch vorgegangen sind, waren die *Anmerkungen* zum Schluss dran und liegen somit in der Stapelreihenfolge ganz oben. Die Abfolge nachträglich zu ändern, geht nicht.

Die Unternehmens-Shapes sind keiner Ebene zugeordnet. Sie liegen oben auf und können wie gewohnt in den Vorder- und Hintergrund verschoben werden. Im nächsten Kapitel wird eine Vielzahl von automatisch erzeugten Ebenen erstellt.

Die Ebeneneigenschaften

Im Folgenden finden Sie die Auflistung der Ebeneneigenschaften und ihre Bedeutungen.

- *Raute* (#): Zeigt die Anzahl der Objekte auf dem Zeichenblatt an. Achtung: Die Anzahl ist oft nicht korrekt!
- *Sichtbar*: Blendet alle Objekte der Ebene ein und aus.
- *Drucken*: Ist die Schaltfläche aktiviert, wird die Ebene ausgedruckt. Entfernen Sie den Haken, dann wird die Ebene nicht ausgedruckt. Achten Sie darauf, dass ein Shape eventuell mehrmals einer Ebene zugeordnet wurde. MS-Visio erstellt dies z. B. bei Raumplänen und anderen Vorlagetypen ja nach Master-Shape-Vorlage.
- *Aktiv*: Standardmäßig ist diese Schaltfläche deaktiviert. Aktivieren Sie das Häkchen, wird jedes neue Shape, das Sie auf dem Zeichenblatt ablegen, dieser Ebene zugeordnet. Ist ein Shape per MS-Visio schon einer Ebene zugeordnet, wird es in seiner Ebene abgelegt und nicht in der aktiv gesetzten.
- *Sperren*: Ist die Funktion eingeschaltet, können Objekte dieser Ebene nicht verschoben oder gelöscht werden. Die Drucken- und Aus-/Einblenden-Funktion

kann weiterhin verwendet werden, ist davon unberührt. Weiterhin kann das Aktiv-Kästchen nicht mehr angewählt werden.

- *Ausrichten*: Ist der Haken gesetzt, werden Objekte nicht automatisch eingerastet. Das Ausrichten markierter Objekte hingegen kann nach wie vor angewendet werden.
- *Kleben*: Die Klebefunktion kann aktiviert und deaktiviert werden.
- *Farbe*: Hier können Sie die einem Layer zugewiesene Layerfarbe ein- und ausblenden.

Die Layerebenen einfärben

Wie im letzten Punkt beschrieben, können Sie Ihre Ebene mit einer Farbe belegen. Öffnen Sie dazu die Layereigenschaften, und wählen Sie dann die zu bearbeitende Ebene aus. In diesem Beispiel ist es die Ebene *Verbinder*.

Klicken Sie auf die Ebene *Verbinder* ❶ und wählen Sie aus dem Feld der Ebenenfarbe eine Farbe ❷ Ihrer Wahl. Sie finden dort eine große Auswahl an Farben und die Möglichkeit, eigene Farben zu definieren. Die Farbe ist zugeordnet und mit dem Häkchen ❸ können Sie nun die Farbe temporär auf die Objekte übertragen, die in dieser Ebene liegen. Klicken Sie auf *Übernehmen* ❹ und alle blauen Verbindungslinien werden nun rot überzogen ❺. Darunter bleibt die ursprüngliche blaue Objektfarbe erhalten.

Verbinder-Ebene einfärben

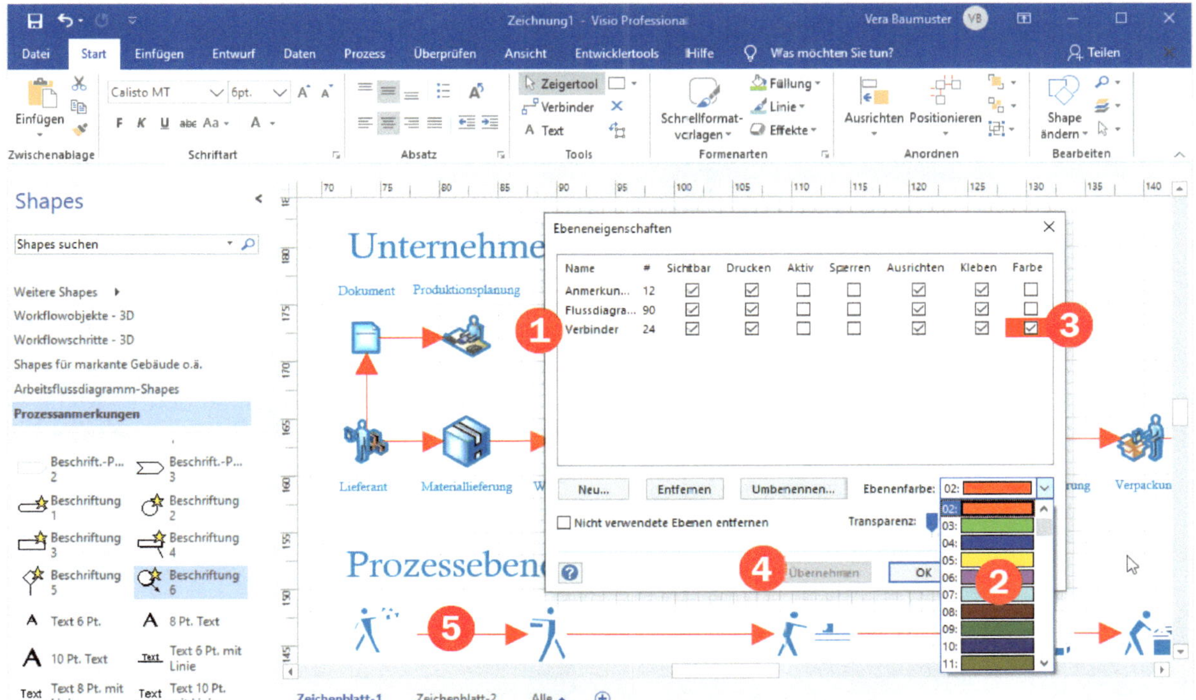

Mit der Schaltfläche *Transparenz* können Sie die Deckkraft der Objekte bestimmen. Der Wert 100 % macht das Objekt völlig unsichtbar, während 0 % keine Transparenz darstellt und das Objekt voll sichtbar macht.

Wechseln Sie das gesamte Farbdesign der Datei, wird der blaue Pfeil angepasst, die rote Layerfarbe bleibt Ihnen erhalten. Mit dieser Methode können Sie Ihre Objekte mit Farbe strukturieren oder ganze Bereiche ohne Auswahlmarkierung anfärben.

Eine Ebene löschen

Wenn Sie ein Objekt löschen, bleibt eine vorab erstellte Ebene erhalten. Möchten Sie auch diese Ebene löschen, so setzten Sie das Häkchen auf *Nicht verwendete Ebenen entfernen*. Im Gegensatz zur Schaltfläche *Entfernen*, werden alle Shapes, die mit mehreren Ebenen verbunden sind, gelöscht.

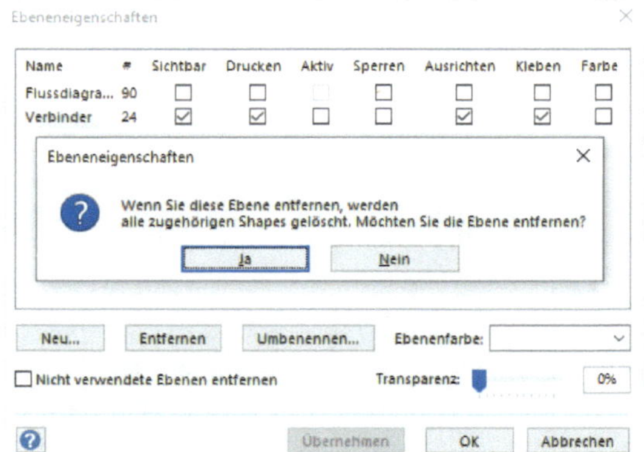

9.2 Objekte auf andere Layer verschieben

Eine neue Ebene anlegen

Sind Sie mit der Zuordnung der Objekte nicht zufrieden, können Sie dies ändern. Es ist dann sinnvoll, wenn Sie Ihre Objekte und Shapes nach eigenen Gruppen zuordnen möchten. In diesem Beispiel sollen alle Objekte der Fertigungsgruppe einer neuen Ebene zugeordnet werden. Somit kann eine Darstellung der Fertigungsabteilungen oder in reduzierter Form dargestellt werden. Diese kann auch auf die farbliche Darstellung ausgedehnt werden.

Markieren Sie die Shapes, indem Sie die Strg-Taste gedrückt halten und sie nacheinander mit der rechten Maustaste anklicken. Öffnen Sie dann das Dialogfeld über das Register *Start* ▶ Gruppe *Bearbeiten* ▶ *Layer* ▶ *Layer zuweisen*.

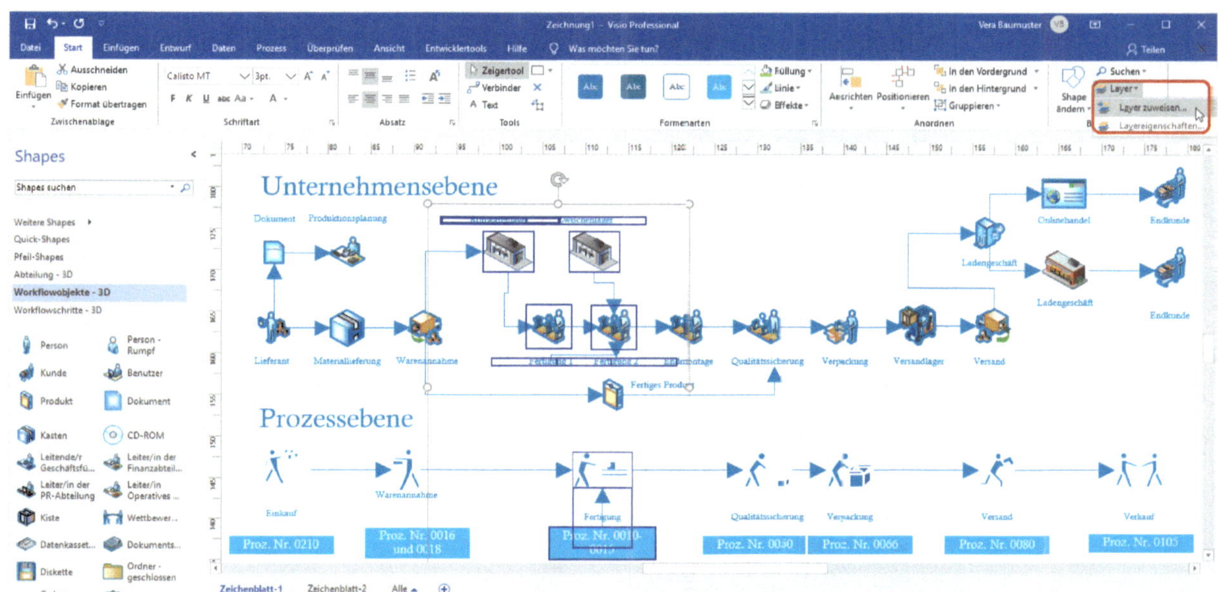

Shape-Auswahl zur Bearbeitung

Klicken Sie auf *Neu* ❶ und schreiben Sie in die Eingabezeile *Produktion* ❷. Bestätigen Sie Ihre Eingabe mit *OK* ❸. Alle markierten Shapes gehören jetzt zur Gruppe Produktion ❹.

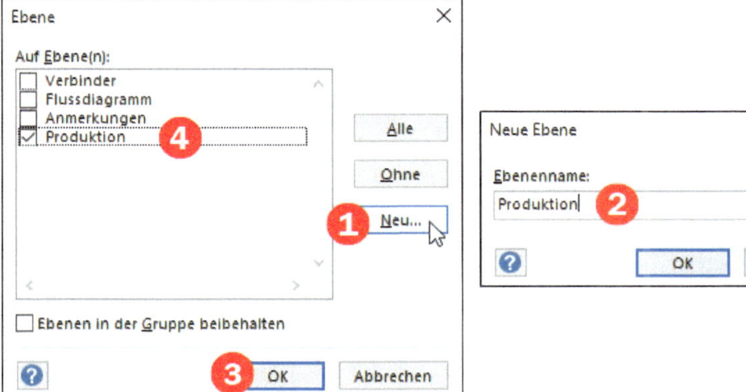

Dialogfeld Layer zuweisen

Shapes einer neuen Ebene zuweisen

Nun müssen die Verbinder, die in die Ebene Produktion gehören, markiert werden. Öffnen Sie anschließend wieder das Dialogfeld über *Layer* ▶ *Layer zuweisen*. In diesem Fall ist das Häkchen bei *Verbinder* gesetzt. Entfernen Sie dieses Häkchen und aktivieren Sie das Häkchen bei *Produktion* (siehe oberes linkes Bild).

Um die neue Ebene farblich hervorzuheben, wird ihre Farbe geändert. Rufen Sie dazu wieder die Ebeneneigenschaften über *Layer* ▶ *Layereigenschaften* auf. Aktivieren Sie die Spalte *Farbe* bei der Produktionsebene und wählen Sie, wie bereits beschrieben, die Farbe. Wenn Sie dem Beispiel in diesem Kapitel gefolgt sind und die Farbe der Ebene Verbinder geändert haben, ist die Farbauswahl nicht nötig.

Zusammengefasste Prozessebene Fertigung in rot

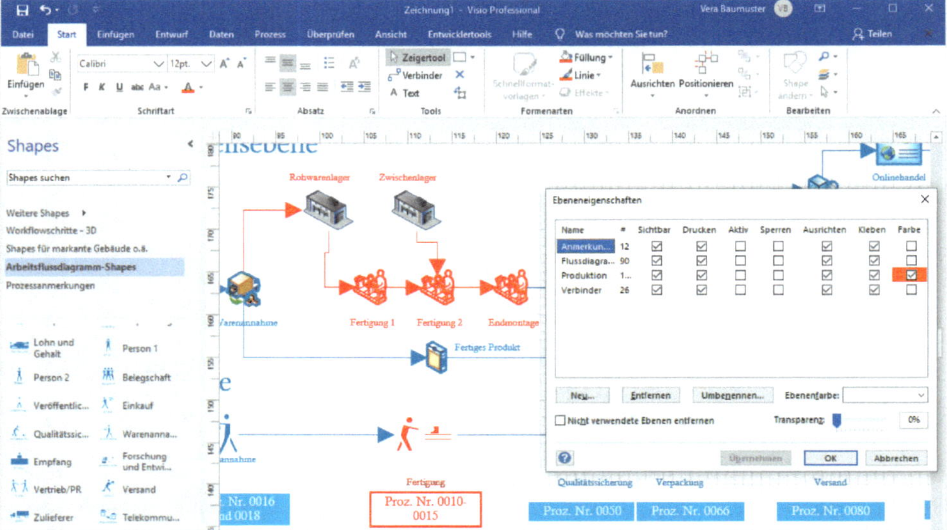

Wenn Sie die neue Produktionsebene ausblenden wollen, entfernen Sie bei *Sichtbar* den Haken - das Ergebnis zeigt keine Fertigungsinformationen.

Layerebene Produktion auf unsichtbar gestellt

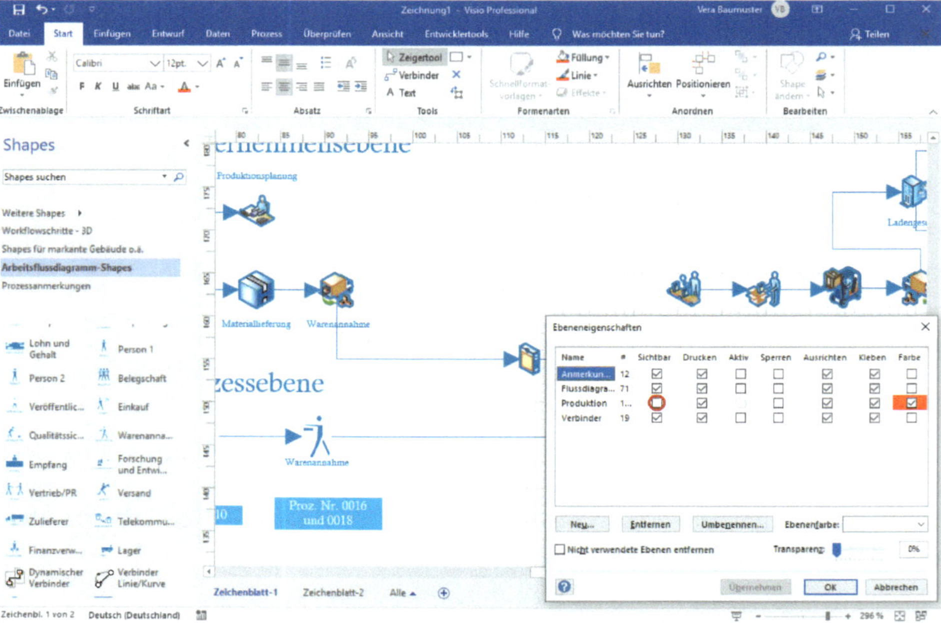

Sie haben durch diese Möglichkeit eine große Anzahl von Kombinationen. mit der Sie Ihre Zeichnungsdateien einfach anpassen und aufbereiten können.

Ebenen in der Gruppe beibehalten

Als letztes stellt sich die Frage nach der Funktion *Ebenen in der Gruppe beibehalten*. Sie finden diese Funktion *Layer* ▶ *Layer zuweisen*. Dies wirkt sich dann aus, wenn Sie mehrere Shapes in einer Gruppe zusammengefasst haben und Shapes von Haus aus mehreren Layern zugeordnet sind. Ist das Häkchen deaktiviert, wird eine Gruppe dem neuen Layer zugewiesen. Es verliert seine ursprüngliche Zuordnung der Ebenen. Ist das Häkchen aktiv, bleiben die Ebenen erhalten, wenn Sie die Gruppe in einen neuen Layer verschieben.

Beispiel: Sie können einen Schreibtisch dem Einrichtungs-Layer und einen Computer dem Elektronik-Layer zuweisen. Gruppieren Sie beide. Wenn Sie die Gruppe dann dem Gebäude-Layer zuweisen, behalten Schreibtisch und Computer auch ihre früheren Layer-Zuweisungen.

10 Verschiedene Flussdiagramme mit MS-Visio

In diesem Kapitel lernen Sie...

- Detaillierte Fachliche Zeichnungen zu erstellen
- Ausrichten von Shapes
- Shapes konfigurieren
- Details in Shapes und Objekten
- Mit Berichten arbeiten
- Vereinfachen und professionelle Anwendung von MS-Visio

Das sollten Sie bereits wissen...

- Umgang mit Shapes und Schablonen
- Grundlegende Kenntnisse mit MS-Visio
- Umgang mit Dateien und Ordner
- Guter Umgang mit Windows und Excel

In diesem Kapitel gebe ich Ihnen einen praktischen Einblick in die unterschiedlichsten Zeichnungstypen, die MS-Visio aufzubieten hat. Es orientiert sich hier mehr an den sogenannte Klickanleitungen, denen Sie Schritt für Schritt folgen können. Auch fachliche Kenntnisse und Wissen zum jeweiligen Thema sind in diesem Abschnitt mehr oder weniger gefragt. Besonders bei Zeichnungen, die in irgendeiner Form Prozesse darstellen. Dazu finden Sie ein paar wichtige Informationen, die zur jeweiligen Methode dazugehören.

So ist bei einem Prozess betriebswirtschaftliches Wissen von Vorteil. Wenn Sie beispielsweise ein Gantt-Diagramm erstellen, befinden Sie sich im Projektmanagement und Kenntnisse darüber sind hilfreich. Bei einem Raum- oder Büroplan sind Erfahrungen und Wissen aus der Baubranche von Vorteil. Aus diesem Grunde habe ich auf Zeichnungsvorlagen und Möglichkeiten verzichtet, bei denen ich mich überhaupt nicht zu Hause fühle, wie Schaltkreise, Elektrotechnik oder Pneumatik.

Wenn Sie diesen Ausführungen folgen möchten, erstellen Sie jeweils eine neue Datei zu dem jeweiligen Unterkapitel. Am Anfang finden Sie eine kleine Einführung in das Szenario zur Zeichnung und es wird Ihnen die fertige Datei dargestellt. Sie finden zu dem Kapitel auch viel Neues, z. B. Funktionen, die bisher nicht angesprochen wurden, weil ich der Meinung bin, Sie passen besser direkt zu einem Zeichnungstyp.

10.1 Die Bedeutung von Flussdiagrammen

Flussdiagramme in ihren unterschiedlichen Unternehmensbereichen

MS-Visio bietet eine große Anzahl verschiedenster Typen von Flussdiagrammen an, die zu den unterschiedlichsten Unternehmensbereichen passen.

- Standard: Standard-Flussdiagramm
- EPK: Ereignisorientierte Prozesskette
- BPMN: Business Process Model and Notation
- ITIL: Information Technology Infrastructure Library
- UML: Unified Modeling Language
- IDEF: Integrated DEFinition Methods/Nr. 0-5
- Und viele mehr

Alle diese Modelle sind einer Art Notation oder Sprache ähnlich. Sie verwenden Regeln und Schreibweisen, um einheitlich verstanden zu werden. Sie bedienen sich einer Grammatik, um Details zu beschreiben, vergleichbar mit unseren unterschiedlichen Sprachen.

Sie werden von den Akteuren verstanden, können gelesen werden und Sie wirken zusammen vergleichbar einem Notenblatt für verschiedene Instrumente. Jedes Instrument hat ein anderes Aussehen seines Notenblattes und trotzdem ist das Ergebnis der richtige Ton zur richtigen Zeit wohlklingend. Es ist eine Notation und diese ist genormt.

Natürlich ist jedem Anwender oder Unternehmen freigestellt, seine eigene Unternehmenssprache oder Notation zu entwickeln und zu verwenden. Sie werden jedoch nur vom eigenen Personal verstanden und die Weitergabe an Dritte bleibt eine Herausforderung, was das Verständnis angeht.

Aus diesem Grunde sind im Laufe der Zeit unterschiedliche Prozessmodelle für diverse Aufgabenbereiche entwickelt worden. Im Folgenden gehe ich auf einige Modelle ein und beschreibe kurz die theoretische Grundlage dazu.

Die Basisbausteine eines Flussdiagramms

Möchten Sie ein Flussdiagramm erstellen, treten drei wichtige Bausteine auf, die Sie auf jeden Fall benötigen:

1. Der Task oder Prozess, teilweise auch Aufgabe benannt, wird als ein Rechteck mit abgerundeten Ecken abgebildet.
2. Eine Entscheidung oder Gateway hat das Aussehen einer Raute.
3. Der Sequenzfluss oder Verbinder wird mit einer Linie und einer Pfeilspitze dargestellt. Die Spitze bestimmt die Richtung des Prozessflusses.

Später kommen dann noch weitere Bausteine in den jeweiligen Diagrammtypen hinzu. Innerhalb der verschiedenen Flussdiagrammtypen gibt es auch Abweichungen von Symbolen, die das Gleiche bedeuten und anders dargestellt werden. So entspricht ein Task oder Prozess bei dem EPK-Diagramm einer Funktion.

10.2 Das Standard-Flussdiagramm

In diesem Flussdiagramm werden Sie weitere Bausteine kennenlernen. Dazu gehören das Start- und Ende-Element sowie das Dokument. Jeder Prozess beginnt mit einem Start-Element und endet mit einem Ende-Element. Eine Anmerkung möchte ich Ihnen ans Herz legen: Beschreiben Sie Ihre Prozessschritte immer mit einem Substantiv und einem Verb, z. B. „Reise buchen“. Wenn Sie eine abgeschlossene Handlung beschreiben, verwenden Sie wiederum Hauptwort und Tätigkeitswort in der Passiv-Form, z. B. „Reise gebucht“.

Ein Flussdiagramm erstellen

Im folgenden Diagramm beschreiben Sie die Planung einer Reise mit Hotel und Flug, die entweder separat oder zusammen über ein Reiseportal gebucht werden.

Öffnen Sie Visio und klicken Sie in der linken Spalte auf *Neu* und wählen Sie aus den verschiedenen Vorlagen das Standard-Flussdiagramm. Sie sehen nun eine Auswahl mit vier Varianten. Diese unterscheiden sich nicht grundsätzlich, sondern nur durch kleine vorgefertigte Zeichnungen mit Hilfstexten. Klicken Sie auf das erste Symbol oben links und dann auf *Erstellen*.

Mit der Autoverbinder-Funktion Shapes einfügen

Es wird ein leeres Zeichenblatt mit zwei Schablonen erstellt. Beginnen Sie mit dem Shape *Start/Ende* ❶ und ziehen Sie es auf das Blatt. Eine Regel besagt, dass Objekte beschriftet sein müssen. Klicken Sie auf das Shape und schreiben Sie Start in das Shape. Wenn Sie Ihr *dynamisches Gitter* ❷ im Menüband im Register *Start* ▶ Gruppe *Anzeigen* aktiviert haben und Sie sich mit der Maus über das Shape bewegen bzw. ein paar Sekunden auf dem Shape verweilen, sehen Sie vier kleine blaue Dreiecke (Autoverbinder-Funktion) ❸. Sobald die Maus ein Dreieck erkennt, erscheint die Schnellauswahl für das nächste Shape ❹. Bewegen Sie nun Ihre Maus zu dem Rechteck und klicken Sie darauf. Es wird ein Sequenzfluss und ein Prozess-Shape eingefügt. Das Prozess-Shape beschriften Sie mit dem Text Reiseziel auswählen.

Shape mit dynamischem Gitter

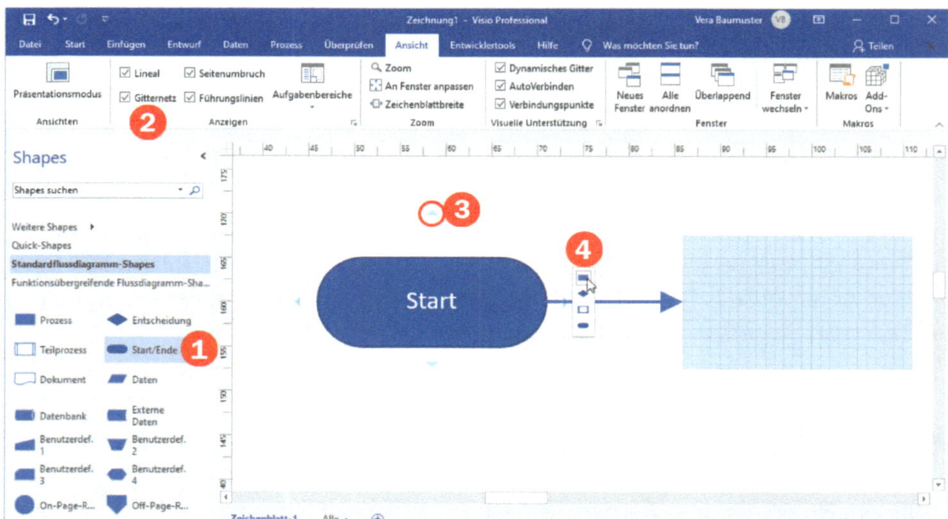

Die Entscheidungsraute verwenden

Wiederholen Sie den Schritt für die zwei anderen Prozesse und beschriften Sie sie mit Termin festlegen und Angebotsform festlegen. Letzteres besagt, ob Sie alles selbst buchen oder ein Reiseportal im Internet nehmen. Als nächstes lassen Sie wieder die Maus auf dem letzten Shape ruhen, bis die blauen Pfeile erscheinen. Wählen Sie den rechten Pfeil an und klicken Sie anschließen auf die Raute, um eine Entscheidung zu treffen, ob Sie selbst buchen oder ein Internetportal nutzen. Beschriften Sie die Raute mit Zusammen buchen. Von der Raute aus sollen nun zwei Entscheidungsstränge abzweigen, die Ja- und die Nein-Entscheidung. Für den Ja-Strang fügen Sie zwei blaue

Rechtecke ein und beschriften sie mit Hotel und Flug suchen und Hotel und Flug buchen.

Springen Sie zurück zu Ihrer Entscheidungsraute und beginnen Sie den Nein-Weg zu modellieren. Dazu benötigen Sie vier Prozessschritte mit folgenden Beschriftungen: Hotel suchen, Flug suchen, Hotel buchen, Flug buchen. Somit wären Ihre Prozessschritte vollständig, fehlt nur noch jeweils das Shape *Ende* für jeden Entscheidungsstrang. Fügen Sie diese hinzu und beschriften Sie jedes mit Ende.

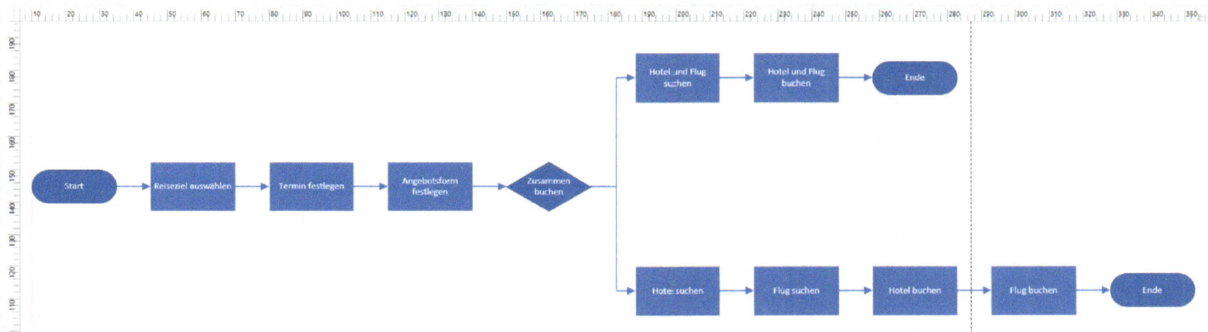

Fertiger Prozess der einfachen Reisebuchung

Sequenzflüsse einfügen und beschriften

Sie müssen bei der Entscheidungsraute noch die beiden Sequenzflüsse beschriften. Klicken Sie mit der linken Maustaste auf einen Pfeil. Schreiben Sie sofort los und ein Texteingabefeld am Pfeil öffnet sich. Schreiben Sie Ihren Text fertig und klicken Sie danach außerhalb in einen freien Bereich.

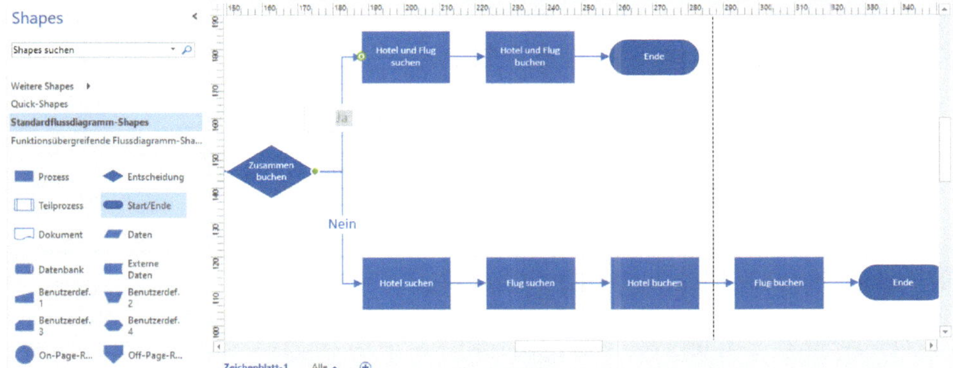

Beschriftung des Sequenzfluss

Wenn Sie die Position des Textes auf Ihren Pfeilen verändern wollen, klicken Sie nochmals auf Ihren Pfeil, dann sehen Sie einen kleinen gelben Kreis. Damit können Sie den Text des Pfeiles frei verschieben, sollte er eine ungeschickte Position einnehmen.

Daten vollständig.

Ihr Prozessdiagramm ist fertig und Sie können wie gewohnt einen Hintergrund und weitere benötigte Shapes hinzufügen.

Prozess überprüfen

An diesem gerade einfach erstellten Diagramm können Sie die Überprüfung Ihres Prozesses sehr deutlich nachvollziehen. Dazu müssen Sie zwei Fehler einbauen. Löschen Sie beispielsweise an einem *Ende-Shape* den Text heraus und lösen Sie zwischen zwei Shapes die Verbinder von ihren Klebepunkten, sodass Sie optisch als korrekt zu erkennen sind. Nachdem jetzt beide Fehler vorhanden sind, geht es auf die Suche danach. Die Funktion ist nur in MS-Visio Professional vorhanden. Sollten Sie die Standard-Version installiert haben, blättern Sie weiter zum nächsten Kapitel.

Aktivieren Sie im Menüband im Register *Prozess* ❶ das Kästchen bei *Problemfenster* ❷. Im unteren Bereich öffnet sich ein großes Andockfenster, das leer ist ❸. Klicken Sie anschließend wieder im Menüband auf den schwarzen kleinen Pfeil neben *Diagramm überprüfen* und wählen Sie hier *Zu überprüfende Regel* ▶ *Flussdiagramm* aus ❹.

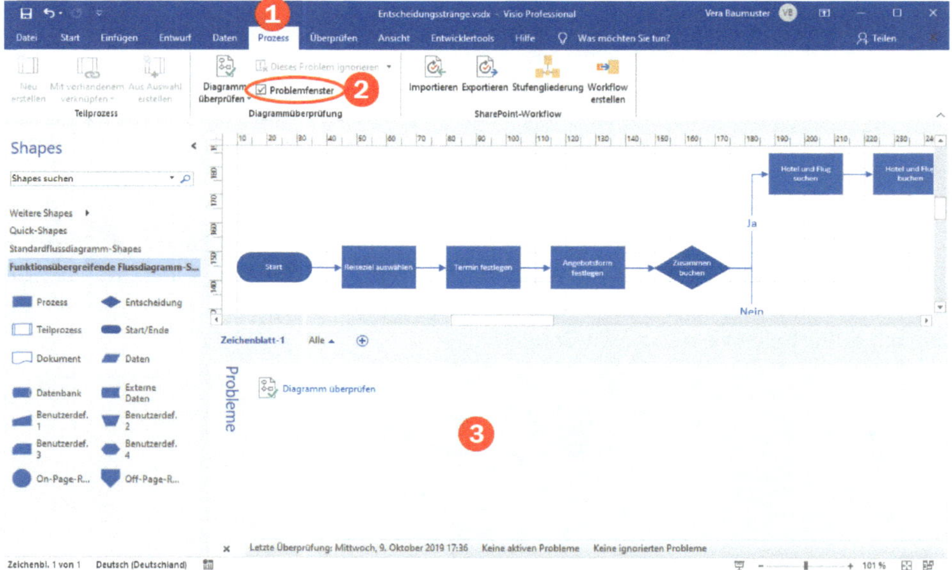

Prozess Menüband in der MS-Visio Professional Version

Nachdem die Vorbereitung erledigt ist, starten Sie nun die eigentliche Prüfung des Prozesses. MS-Visio überprüft auf der Grundlage der Logik von Prozessmodellen, ob sich ein Fehler in der Zeichnung befindet und wo er auftritt. Anschließend können Sie die Fehler beseitigen und die Prüfung wiederholen. Entdeckt MS-Visio keinen Fehler mehr, bleibt das untere Andockfenster leer.

Klicken Sie nun auf den oberen Teil der Schaltfläche *Diagramm überprüfen* ❶ (siehe nächstes Bild). Es dauert einen Moment und unten im Andockfenster stehen die aufgelisteten Fehler ❷. In diesem Fall sind es vier Stück. Wenn Sie nun unten auf eine der Fehlermeldungen klicken, springt MS-Visio zu dem Shape, welches den Fehler verursacht ❸. In diesem Fall erkennen Sie das *Ende-Shape*, bei dem Sie den Text heraus gelöscht haben. Sie sehen auch, dass die Verbinder, die Sie gelöst haben, erkannt werden.

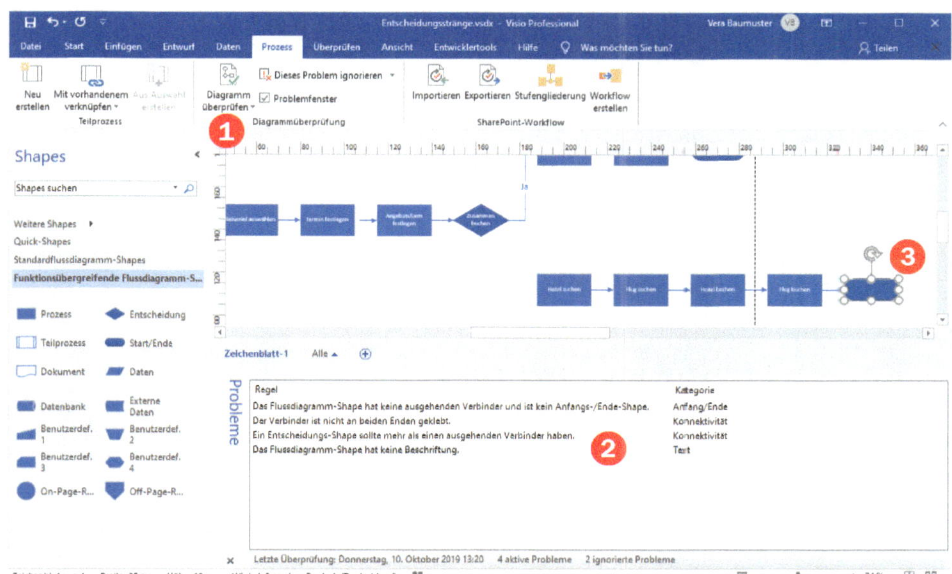

Prozessüberprüfung bei einem StandardFlussdiagramm

Anschließend können Sie den Fehler beseitigen und erneut die Prüfung durchlaufen lassen.

Weitere Funktionen aus diesem Register *Prozess* werden in den folgenden Kapiteln behandelt.

10.3 Mit Excel ein funktionsübergreifendes Flussdiagramm aufbauen

Ein weiteres Standard-Diagramm für Ihre Prozesse geht einen anderen Weg. Sie können aus Excel heraus ein Prozessdiagramm aufbauen. Dazu benötigen Sie eine Excel-Datei, in der Sie die Daten zunächst erfassen müssen. Sie brauchen dazu entsprechende Felder, die ich in der folgenden Tabelle dargestellt habe. Denken Sie daran, die Tabelle muss die Logik des Prozesses enthalten und entsprechend ausgefüllt sein. So müssen Sie für eine einfache Ja-Nein-Entscheidung zwei nachfolgende Shapes definieren. In diesem Beispiel sehen Sie in Zeile 5 die beiden Shapes, die nach einer Entscheidung ausgeführt werden. Die beiden Werte müssen in Excel durch ein Komma oder Semikolon getrennt werden.

In diesem Diagramm fügen wir ein weiteres Werkzeug bei der Prozessdarstellung ein: Die sogenannten Funktionsbänder. Es werden verschiedene Begriffe dafür verwendet. Alle beschreiben das Gleiche; und verwenden dafür andere Begriffe wie Swimlanes, Schwimmbahn, Pools, Funktionsband, Lane oder Rolle. Sie alle ordnen ein Prozess-Shape einer Einheit zu. Sei es die Abteilung, der Kunde, der Mitarbeiter usw. Im nächsten Beispiel ordnen wir den Besitzer einer Schwimmbahn zu.

Excel-Datei als Vorlage für ein Standard-Flussdiagramm

Erstellen Sie zuallererst in Excel eine Datei mit folgendem Inhalt:

	A	B	C	D	E	F	G
1	Prozessstufen-ID	Prozessstufenbetreibung	ID der nächsten Stufe	Verbinderbezeichnung	Shape-Typ	Besitzer	Kosten
2	P100	Start	P102		Start	Inge	50,00 €
3	P102	Reiseziel festlegen	P104		Prozess	Holger	100,00 €
4	P104	Termin festlegen	P106		Prozess	Holger	100,00 €
5	P106	Angebotsform festlegen	P300		Prozess	Inge	100,00 €
6	P300	Entscheidung Hot/Flu	P107;P109	Ja; Nein	Entscheidung	Holger	100,00 €
7	P107	Hotel und Flug suchen	P108		Prozess	Inge	100,00 €
8	P108	Hotel und Flug buchen	P400		Prozess	Holger	100,00 €
9	P109	Flug suchen	P111		Prozess	Holger	100,00 €
10	P111	Hotel suchen	P113		Prozess	Inge	100,00 €
11	P113	Hotel buchen	P115		Prozess	Holger	100,00 €
12	P115	Flug buchen	P200		Prozess	Holger	100,00 €
13	P200	Ende			Ende	Holger	- €
14	P400	Ende			Ende	Inge	- €

Nachdem Sie diese Datei gespeichert haben, gehen wir daran, diese in ein Visio-Diagramm zu verwandeln.

Ein funktionsübergreifendes Flussdiagramm erstellen

Die folgende Übung ist nur mit der MS-Visio Version Plan2 aus der Office365-Familie in dieser Form möglich. Sollten Sie eine andere MS-Visio-Version verwenden, fehlt Ihnen der 5stufige-Assistent. In dem Fall überspringen Sie den Teil der Übung.

Starten Sie MS-Visio, wählen Sie *Neu* und geben Sie in der Suchleiste Standardflussdiagramm Datenschnellansicht ein. Es erfolgt eine neue Ansicht. Wählen Sie nun *Funktionsübergreifendes Flussdiagramm Datenschnellansicht* aus. Entweder erscheint nun eine Maske, in die Sie die folgenden Einstellungen vornehmen können oder Sie klicken auf Ihrem Zeichenblatt im Menüband ▶ Register *Daten* ❶ (siehe nächste Seite) ▶ Gruppe *Aus Daten erstellen* ❷ ▶ *Erstellen* ❸.

Im oberen Bereich wählen Sie die Ausrichtung der Swimlanes, die Sie verwenden möchten. Wählen Sie bitte das *Funktionsübergreifendes Flussdiagramm (horizontal)* ❹ und anschließend Ihre Excel-Datei. Klicken Sie auf *Durchsuchen* ❺ und wählen Ihre Excel-Tabelle aus. In der Eingabezeile steht der Pfad zu Ihrer Datei und der Dateiname. Nun müssen Sie noch den Bereich der Excel-Tabelle bestimmen soweit Excel den Bereich nicht selbst erkannt hat. Wenn Sie später erneut auf die Datei wieder zu greifen, finden Sie in der Dateiauswahlzeile eine Liste Ihrer Dateien, die Sie verwendet haben.

Klicken Sie auf *Benutzerdefinierter Bereich* ❻ und umfahren Sie in Ihrer Excel-Tabelle den Bereich Ihrer Daten, den Sie für den Prozess bestimmt haben. Klicken Sie auf *Weiter* ❼ und weisen nun die Spaltennamen zu.

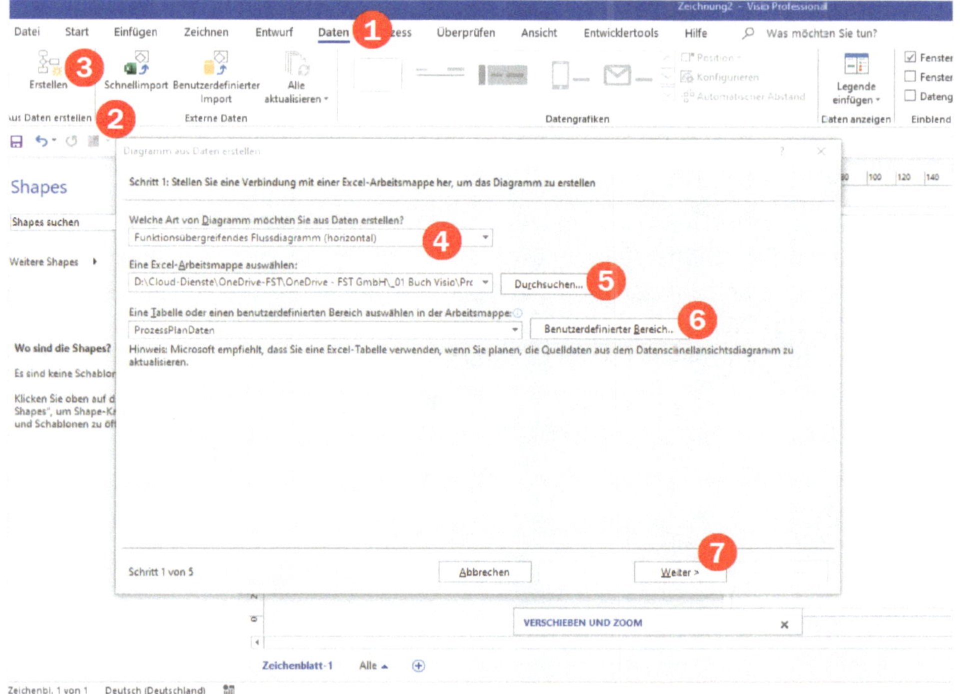

Schritt 1 zum Prozessdiagramm

Ziehen die Spaltenbeschriftung *Besitzer* mit gedrückter linker Maustaste nach rechts auf die Fläche, wo *Spaltennamen hierhin ziehen* steht. In dieser Spalte steht jetzt der Name *Besitzer*. Nachdem Sie das erfolgreich ausgeführt haben, können Sie auch auf *Weiter* klicken, das jetzt aktiviert wurde. Die anderen Einstellungen können Sie im Moment vernachlässigen.

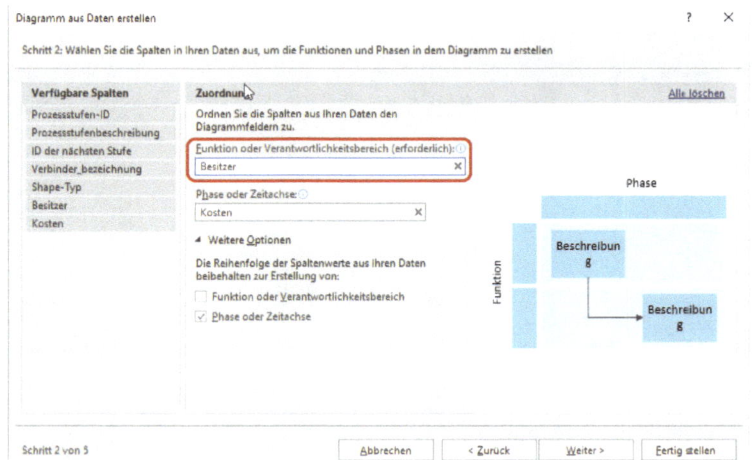

Schritt 2 von 5 zum Prozessdiagramm

In Schrittfolge 3 hat MS-Visio die Zuordnung aus Ihrer Excel-Datei erkannt und vorausgefüllt. Klicken Sie auf *Weiter* und Sie landen auf Seite 4. Hier können Sie die Shape-Typen definieren, die Sie zugrunde legen möchten. Auch hier sind alle Werte richtig gesetzt und Sie kommen zum Schritt 5, indem Sie auf *Weiter* klicken. Sie haben Glück, weil MS-Visio aus Ihrer Excel-Datei die Spaltennamen erkannt hat und diese Werte Ihrem Diagramm zuweist.

Betrachten Sie diesen Dialog und vergleichen Sie ihn mit Ihrer Excel-Datei, so erkennen Sie die Spaltenüberschriften aus der Excel Datei. Das Trennzeichen bei einer Entscheidung müssen Sie anhand der Excel-Datei bei Trennzeichen eintragen. Klicken Sie auf *Fertig stellen*. Das Diagramm wird erzeugt, alle Verbinder gesetzt und die Prozess-Shapes den Verantwortlichen richtig zu geordnet.

Schritt 4 und 5 im Dialogaufruf für einen automatischen Prozess.

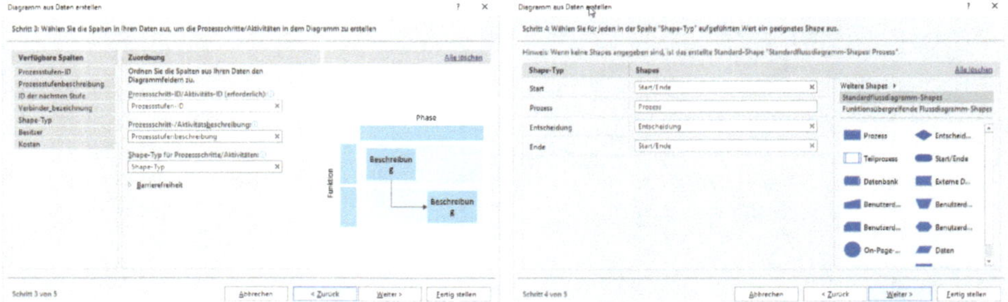

Ein paar kleine Korrekturen müssen Sie noch durchführen. (Shapes vertauschen und an die optisch ausgerichtete Position schieben).

Nachdem MS-Visio Ihr Diagramm erstellt hat, sehen Sie auf der rechten Seite den Bereich der Datengrafik. Ganz oben finden Sie den Excel-Adressbereich und darunter die verfügbaren Spalten, die Sie angelegt haben. Aktivieren Sie das Häkchen bei den Kosten, so werden die dazugehörigen Daten in Ihr Diagramm eingeblendet. So haben Sie jederzeit eine Kontrolle über Ihre Prozessdaten.

Fertig erzeugtes Prozessdiagramm aus

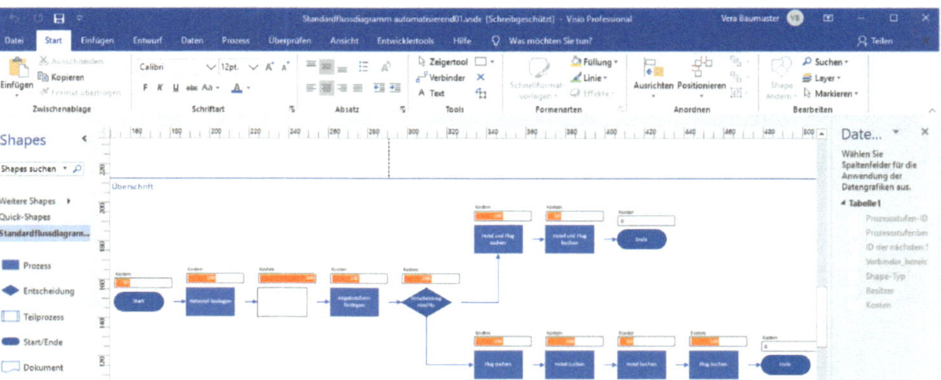

Der Datenpool

Wie Ihnen aufgefallen ist erscheint ein neues Funktionsband mit dem Namen *Datentools-Entwurf*, wenn Sie ein Shape markiert haben. Klicken Sie auf den äußersten Rahmen des Containers, wird auch das Containertool mit aktiviert.

Im Datentool haben Sie die Möglichkeit, Ihre Datenverbindung mit Excel anzupassen, neue Prozessschritte anzulegen und vieles mehr. Möchten Sie in Ihrer Visio-Zeichnung auf einen anderen Datenbereich zugreifen, klicken Sie auf *Quelldaten neu verknüpfen*.

Ein Dialog öffnet sich und Sie können sowohl auf die Datei als auch auf den Datenbereich der Arbeitsmappe zugreifen. Klicken Sie anschließend auf die Schaltfläche *Neu verknüpfen* und MS-Visio liest alle Daten in Ihre aktuelle Zeichnung ein.

Müssen Sie Ihre Daten ändern, können Sie dies in der Zeichnung erledigen. Öffnen Sie in Ihrer Datei den Shapedaten-Bereich. Gehen Sie dazu auf das Register *Ansicht* ▶ *Aufgabenbereiche* ▶ *Shape-Daten*.

Markieren Sie das Shape *Flug buchen* in Ihrer Zeichnung. Der Bereich *Shape-Daten* wird eingeblendet und Ihre Daten sind sichtbar. Ändern Sie die Kosten im Shape-Datenfenster von 100 Euro auf 50 Euro. Wenn Sie die Kostengrafik aktiviert haben, sehen Sie sofort den veränderten Wert. Dieser neue Wert von 50 Euro steht aber noch nicht in Ihrer Excel-Tabelle. Damit Sie diese Daten zurück in Ihre Excel-Datei schreiben können, wählen Sie *Quelldaten aktualisieren* aus dem *Datentools Entwurf* im Menüband. Achten Sie darauf, vorab ein Shape zu aktivieren, damit das Menü eingeblendet wird.

> Möchten Sie Ihre Prozessdaten vorab in Excel erfassen, können Sie ein Diagrammvorlagenpaket mit der Schaltfläche *Exportieren* erstellen.

Fügen Sie noch weitere Shapes Ihrer Wahl hinzu und speichern anschließend die Datei in Ihrem vorgesehenen Ordner.

10.4 Die ereignisorientierte Prozesskette (EPK- oder EPC-Diagramm)

Eine andere Form der Prozessdarstellung ist die ereignisorientierte Prozesskette, EPK oder EPC genannt. Sie ist in den 1990 Jahren entstanden und kommt aus der SAP-Umgebung. Es gibt aber einige Einschränkungen gegenüber der Modulierungssprache BPMN. So müssen Rollen mehrfach notiert werden. Alternierend folgt einer Aktivität immer ein Ereignis, wobei die Prozessketten dadurch sehr lang werden. In der EPK ist die Aktivität vergleichbar dem Prozess in einem Standard-Flussdiagramm. Es gibt auch nur einen Ereignistyp, und eine Unterscheidung nach Nachricht, Zeit, Fehler usw. ist hier nicht gegeben. Dennoch ist diese Notation weit verbreitet und soll hier kurz besprochen werden.

Erstellen Sie eine neue Datei. Öffnen Sie MS-Visio, klicken Sie auf *Neu* und geben Sie in der Suchleiste *EPC Diagramm* ein. Wählen Sie hier *Erstellen* - ein neues Zeichenblatt mit der EPC-Schablone wird erstellt. In dieser finden Sie unter anderem neue Shapes wie *XOR*, *OR* und *AND* zum Modellieren von Verzweigungen.

In diesem Diagramm werden Sie eine Antragsbearbeitung modellieren. Die Prozessrichtung läuft von oben nach unten. Das Szenario, das dahinter liegt, ist einfach erklärt. Ein Antrag geht ein und wird auf Vollständigkeit geprüft. Sind alle Informationen beigefügt, wird der Antrag erfasst und danach der Kunde angelegt. Sind die Daten unvollständig, gehen Sie zurück zum Kunden. Diese Schleife läuft so lange, bis alle Daten vorliegen. Zum Schluss erhält der Kunde eine Nachricht darüber.

Am einfachsten beginnen Sie, wenn Sie je ein Ereignis (Raute) ❶ und danach eine Aktivität (Rechteck mit runden Ecken) ❷ auf Ihr Blatt ziehen. Nachdem das erste Ereignis sich oben in der Mitte befindet, können Sie über die *Autoverbinden-Funktion* ❸ die weiteren Shapes abwechselnd hinzufügen. Klicken Sie dazu auf einen der hellblauen Pfeile ❹, je nachdem, in welcher Richtung das neue Shape dargestellt werden soll, und wählen danach das gewünschte Shape aus. Diesen Vorgang können Sie nach Belieben wiederholen. Orientieren Sie sich an dem Schaubild. Der linke Prozesspfad wäre erstellt. Es ist der Workflow, der ohne Komplikationen von Anfang bis Ende durchläuft. Diesen nennt man im Fachjargon auch „Happy Path".

Es werden bei dieser Methode auch alle Verbindungspfeile sofort erstellt. Ziehen Sie nun mit gedrückter Maustaste das Symbol *XOR* ❺ (entweder oder) zwischen zwei Shapes. Wenn Sie das Verzweigungs-Shape *XOR* über der Pfeillinie loslassen, fügt es sich korrekt ein. Es folgt die Abteilung (gelb) ❻, die eine Aufgabe ausführen soll und dem entsprechenden System (blau) ❼.

Sie können bei EPK-Diagrammen keine Unterscheidungen treffen. Ist das Formular per Post oder Email etc. eingetroffen? Die Rolle oder die auszuführende Einheit muss jedes Mal beschriftet werden. Ein System (blaues Rechteck) muss auch jedes Mal in die Zeichnung eingefügt werden, damit es der Regel entspricht. Betrachten Sie ein Shape aus der EPK im Detail, so stellen Sie fest, dass keinerlei Daten zu diesem Shape mitgeführt werden. Möchten Sie einen Shape-Bericht erstellen, so werden die Shapes aus der EPK nicht als Prozess-Shapes von MS-Visio erkannt und liefern einen leeren Excel-Bericht ab. Zusammengefasst können Sie Prozesse einfach, übersichtlich und lesbar modellieren, viele Details gehen aber verloren oder bleiben Ihnen versagt.

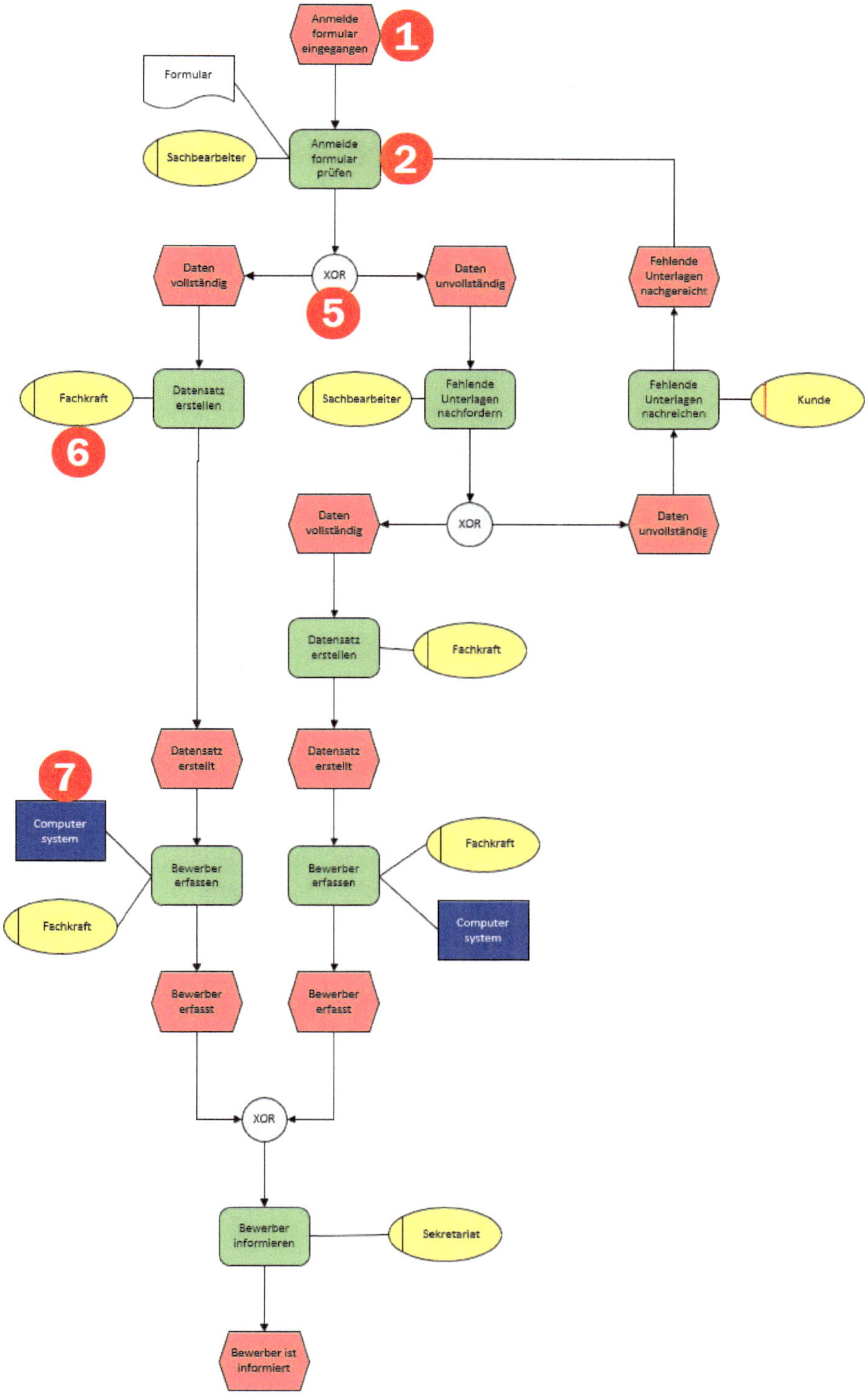

Beispiel einer EPK (Ereignisorientierte Prozesskette)

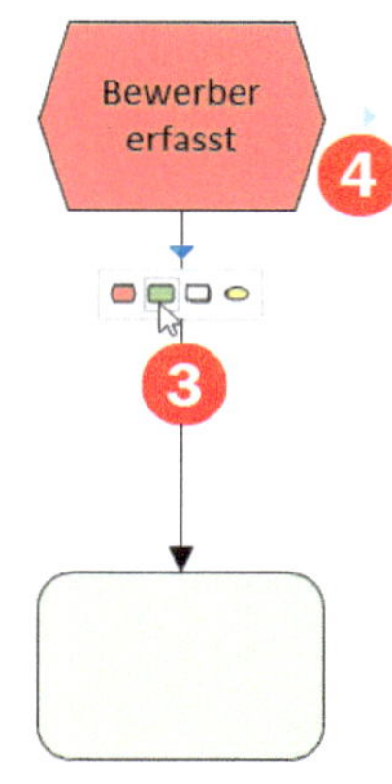

Die AutoVerbinden-Funktion (im Register Ansicht einzustellen).

10.5 Das BPMN 2.0 Diagramm

Der Begriff BPMN steht für Business Process Model and Notation. Er liegt aktuell in der Version 2.0 vor. BPMN 2.0 ist als internationaler Standard in der Prozessdarstellung etabliert und löst die anderen Modelle immer mehr ab, die zum Teil noch aus den 70er-Jahren stammen. MS-Visio unterstützt seit der Version 2013 die Version BPMN 2.0 und hat bereits in der Version 2010 den Standard 1.1 unterstützt.

Natürlich steht es jedem Unternehmen frei, in welcher Sprache sie ihre Geschäftsprozesse modellieren möchten. Ich habe Unternehmen gesehen, die verwenden mehrere Modelle gleichzeitig. Dort sind die EPK, die MS-Visio Standard- und BPMN-Prozesse im Einsatz. Möchten Sie diese vereinheitlichen und auch untereinander verknüpfen, so ist das nicht so einfach durchzuführen.

In diesem Kapitel werden Sie mit dem Prozessdiagramm von MS-Visio vertraut werden. Innerhalb der Prozessmodulation gibt es aber noch andere Diagrammarten:

- Prozesslandkarte
- Choreographie-Diagramm
- Kollaborationsdiagramm
- Konversationsdiagramm
- „Happy-Path"-Diagramm

In diesem Abschnitt finden Sie immer wieder Ähnlichkeiten zu den vorhergehenden Kapiteln.

> Verständigen Sie sich in Ihrem Unternehmen auf ein Sprachmodell. Wenn immer Sie beginnen, Ihre Prozesse zu modellieren, empfehle ich Ihnen, die BPMN 2.0 Modellierungssprache zu verwenden.

Wie eingangs besprochen, unterliegt jede Sprache einer Grammatik und benötigt Regeln. Hier ein paar Regeln zu BPMN 2.0, die Ihnen aufzeigen, was Sie beachten und befolgen müssen, damit alle Beteiligten verstehen, was Sie ausdrücken möchten.

Sollten Sie über die Standard-Version von MS-Visio verfügen, so ist das Register *Prozess* in Ihrem Menüband nicht verfügbar. Sie können jedes BPMN-Diagramm erstellen, haben aber nicht die Möglichkeit, diese Prozesse auf Ihre Richtigkeit hin zu überprüfen, um Fehler aufzuspüren.

Die wichtigsten Elemente eines BPMN-Diagramms

Die wichtigsten Elemente in einem Prozess sind das Ereignis ❶ (nächstes Bild), die Verzweigung ❷ und die Aufgabe ❸. Sie werden mit einem Sequenzfluss ❹ richtungsweisend verbunden. Sie befinden sich alle in der BPMN-Standard-Shapes-Schablone ❺.

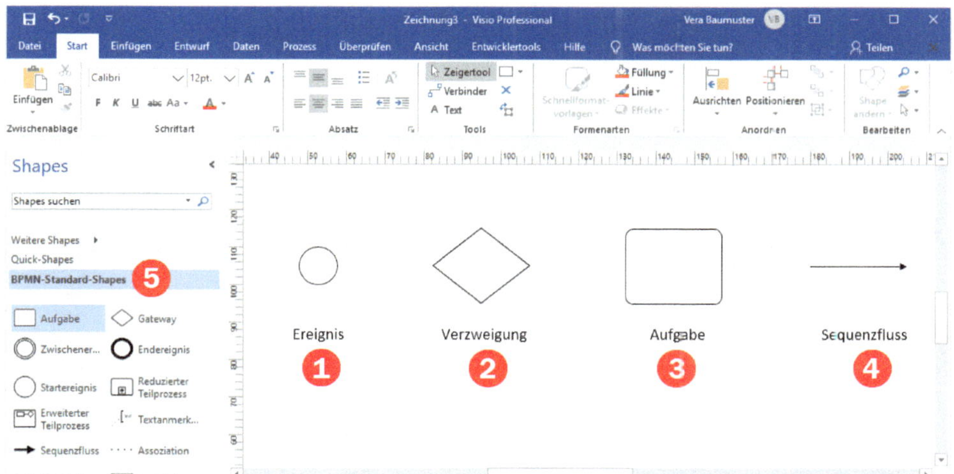

Die 3 wichtigsten Elemente mit Sequenzfluss

Eine Liste aller Symbole gibt es im Internet. Sie finden dort eine Vielzahl an Postern mit allen BPMN-Shapes und Symbolen. Einige dieser Shapes werden Sie sehr oft benötigen. Wiederum andere werden sehr selten benutzt oder kommen überhaupt nicht zum Einsatz. Es hängt davon ab, wie detailliert Sie Ihre Prozesse beschreiben.

Regeln und Vorgaben, die Sie bei der Modulierung Ihrer Prozesse einhalten müssen, finden Sie in der einschlägigen Literatur oder im Internet.

Eine vollständige Liste aller BPMN 2.0 Elemente finden Sie im Internet, unter anderem bei http://www.bpmb.de/index.php/BPMNPoster. Scrollen Sie weiter nach unten zu *Poster Download* und wählen Sie die deutsche Version.

Ein Flussdiagramm nach dem BPMN 2.0 Modell erstellen

Öffnen Sie MS-Visio, klicken Sie auf *Neu* ❶ (siehe nächstes Bild) und geben Sie in der Suchleiste *BPMN* ❷ ein. Wählen Sie hier die erste Vorlage aus. Es öffnet sich ein Auswahlfenster, in dem Sie auf die erste Vorlage ❸ und dann auf *Erstellen* ❹ klicken.

Wenn Sie eines der drei anderen Symbole mit einem Klick aktivieren, finden Sie eine kurze Erklärung ❺ zu der jeweiligen Variante. Es öffnet sich eine neue Datei mit dem Schablonenfenster *BPMN-Standard-Shapes* ❻. Dort finden Sie alle BPMN-Shapes für Ihre Zeichnung. Die Varianten zu den jeweiligen Prozess-Shapes finden Sie bei MS-Visio an einer anderen Stelle.

Das Pool-Shape

Beginnen Sie mit einem Pool. Ziehen Sie das *Pool-Shape* ❼ auf Ihr Zeichenblatt. Fügen Sie zwei weitere Bahnen hinzu. Liegt Ihr Zeichenblatt im Querformat, so stellen Sie es für dieses Beispiel über das Register *Entwurf* ▶ *Ausrichtung* ins Hochformat. Markieren Sie anschließend jeweils ein Pool-Shape und klicken Sie im Register auf *FUNKTI-*

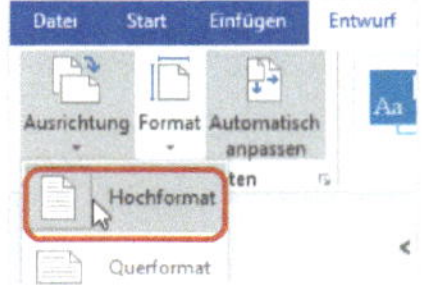

ONSÜBERGREIFENDES FLUSSDIAGRAMM ❽ und dann auf die Schaltfläche *Ausrichtung*. Wählen Sie hier *Vertikal* ❾ aus.

Das BPMN-Diagramm erstellen

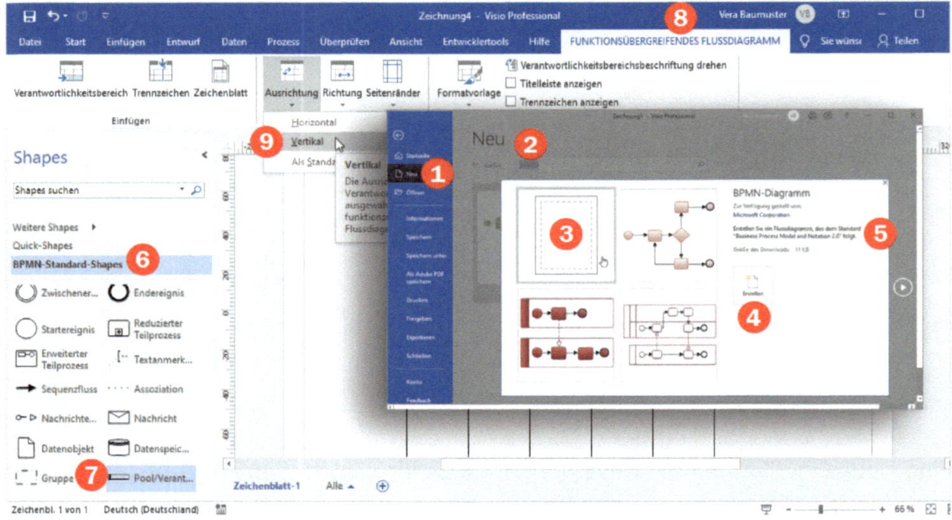

> Prozessdiagramme können wahlweise von oben nach unten oder von links nach rechts erstellt werden. Üblich ist von links nach rechts.

Beschriften Sie in den drei Pools die drei Felder *Funktionsname* ❶, indem Sie auf den Text klicken und anfangen zu schreiben. Geben Sie als Funktionsname die Abteilung oder die Person an, die für eine bestimmte Aufgabe verantwortlich ist. Hier sind es *Fachkraft* – *Vorgesetzter* – *Kunde*. Als nächstes ziehen Sie das Shape *Startereignis* ❷ in die mittlere Bahn. Jeder Prozess beginnt mit einem Start- und endet mit einem End-Ereignis. Nun gibt es im Gegensatz zur EPK bei dieser Methode verschiedene Start-Ereignisse. In diesem Fall erhält der Vorgesetzte eine E-Mail oder einen Brief.

Das Start-Ereignis

Aktivieren Sie das Start-Ereignis und klicken Sie auf die rechte Maustaste. Das Kontextmenü zum Shape öffnet sich und Sie haben, je nachdem welcher Shape-Typ aktiviert ist, die jeweiligen Detaillierungsgrade. Wählen Sie hier *Trigger/Ergebnis* ❸ und *Nachricht* ❹ aus - in Ihrem Startereignis wird ein Briefumschlag angezeigt. Fügen Sie als nächstes eine Aufgabe hinzu, indem Sie es aus der Schablone holen oder über die *Autoverbinden-Funktion*, indem Sie eine Weile auf dem Shape verweilen und schließlich auf das kleine blaue Dreieck klicken und das Shape (Rechteck) auswählen. Das Shape wird abgelegt und gleichzeitig mit einem Sequenzfluss-Pfeil angezeigt ❺.

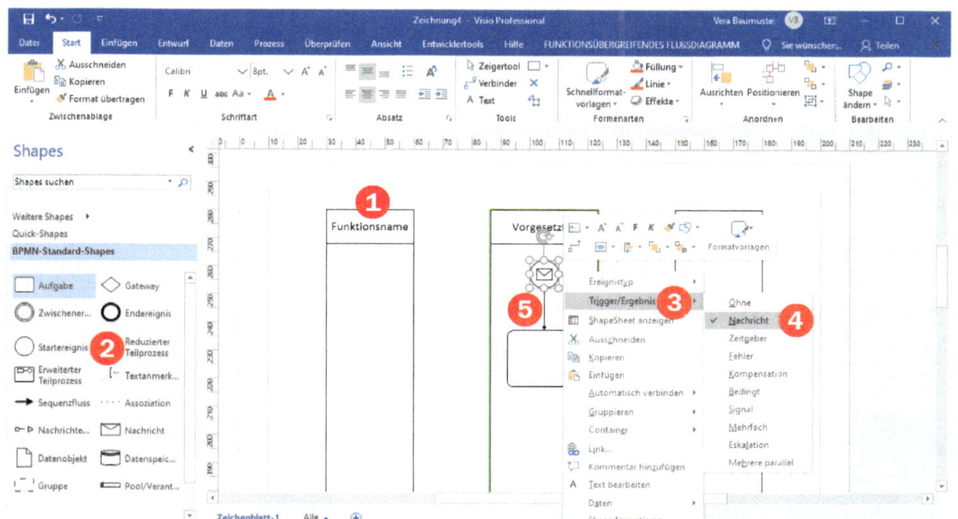

Detailfenster zum BPMN-Shape Start

Das Aufgaben-Shape

Ein Aufgaben-Shape zeigt Ihnen andere Inhalte zum Shape-Typ an. Hier finden Sie fünf Zustände ❶, die Sie diesem Typ zuordnen können. Jede Gruppe hat wiederum weitere Einstellmöglichkeiten, um Ihre Aufgabe genauer und spezifischer zu beschreiben ❷. In diesem Fall wählen Sie den Typ *Manuell* ❸. Das bedeutet, dass es eine manuelle Sichtprüfung ist, die durch kein unterstützendes System ausgeführt wird. Geben Sie noch den Aufgabentext Antrag prüfen ein ❹.

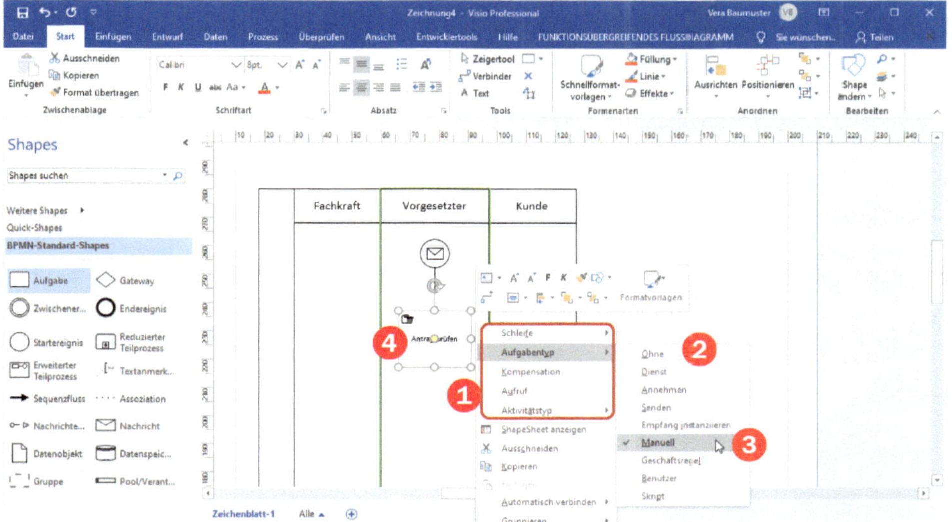

Den Aufgabentyp bestimmen

Das Rauten-Shape (Gateway)

Als nächstes folgt ein Gateway bzw. eine Verzweigung. Ziehen Sie dieses *Rauten-Shape* auf Ihr Zeichenblatt. Auch hier haben Sie wie bei den anderen Shapes eine große Auswahl an zusätzlichen Informationen, mit dem Sie Ihr Diagramm präzisieren können. Ein Verzweigungstyp kann auf verschiedene Bedingungen Ihres Prozesses eingehen. In diesem Fall sind die Daten vollständig oder unvollständig. Je nachdem, welcher Zustand eintritt, nimmt der Prozess einen anderen Lauf. Anders ausgedrückt: *Entweder Oder/XOR* sind andere Bezeichnungen für ein und dasselbe. MS-Visio verwendet per Standard diese *Entweder-Oder-Regel*, ohne das dazugehörige Symbol anzuzeigen. Ich empfehle Ihnen, das Symbol immer einzublenden. Klicken Sie mit der rechten Maustaste auf die Raute, anschließend auf *Gatewaytyp* ❶ und letztendlich auf *Exklusive Daten (mit Marker)* ❷. Das Kreuz/X-Symbol wird angezeigt ❸.

Das Gateway-Shape und die Varianten

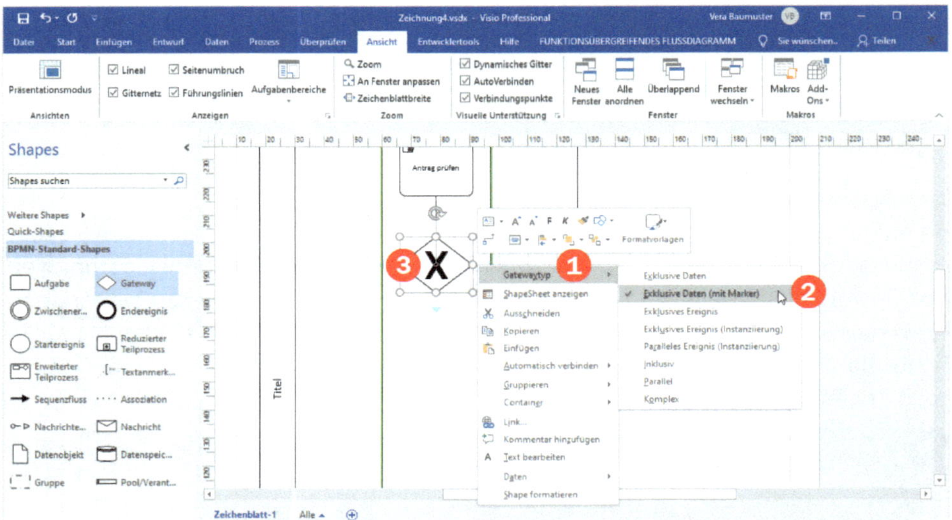

Die Einträge, die Sie über die rechte Maustaste aufrufen, erreichen Sie auch über das Shape-Datenfenster ❶. Im Menüband über das Register *Ansicht* ▶ Gruppe *Anzeigen* ▶ *Aufgabenbereiche* ❷ ▶ *Shape-Daten*. Nach welcher Methode Sie arbeiten möchten, bleibt Ihnen überlassen.

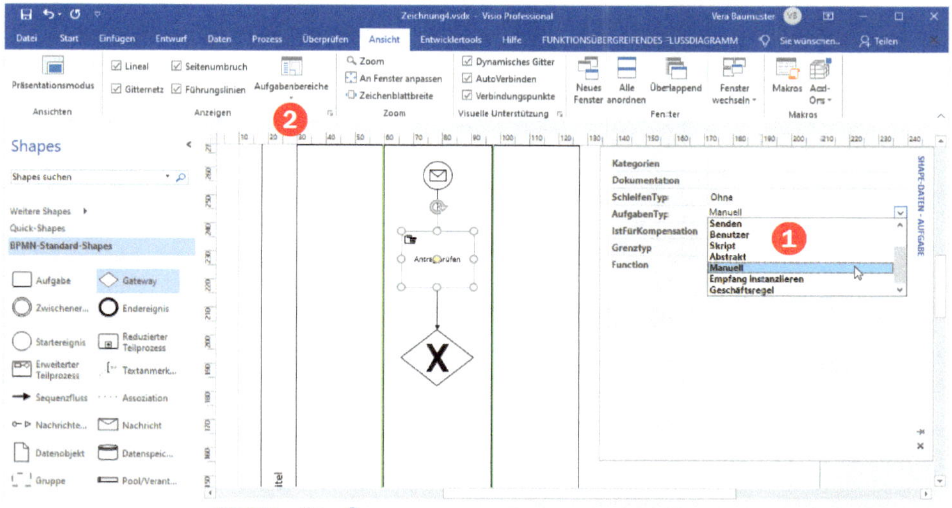

BPMN-Shape über den Datenbereich einstellen

Happy Path

Setzen Sie die Modulierung fort, indem Sie zunächst den optimalen und einfachsten Weg erstellen. Den sogenannten Happy Path. In diesem Fall sind die Daten vollständig und Sie können zwei weitere *Aufgaben-Shapes* hintereinander auf dem Blatt ablegen. Diese Shapes werden von der Fachkraft bearbeitet und müssen deshalb in diesem Pool abgelegt werden. Die Beschriftungen lauten Daten erfassen und Bewerber erfassen ❶ (siehe Bild nächste Seite). Im Anschluss kommt ein Zwischenereignis. Ziehen Sie das *Zwischenereignis-Shape* in den gleichen Pool und beschriften es mit Formulardaten erfasst ❷. Jetzt müssen Sie den Weg, den Sie oben verzweigt haben, unten wieder schließen. Dazu ziehen Sie wieder ein *Gateway* in den Pool *Vorgesetzter* und weisen *Exklusive Daten (mit Marker)* zu ❸. Danach müssen die Antragssteller per Mail oder Brief informiert werden. Ziehen Sie ein *Aufgaben-Shape* in den Pool *Vorgesetzter*, klicken Sie mit der rechten Maustaste darauf und weisen Sie den Aufgabentyp *Senden* zu ❹. Ganz zum Schluss kommt das *Ende-Shape* in den gleichen Pool hinein ❺. An der oberen Verzweigung beschriften Sie noch die Sequenzpfeile mit Daten vollständig ❻.

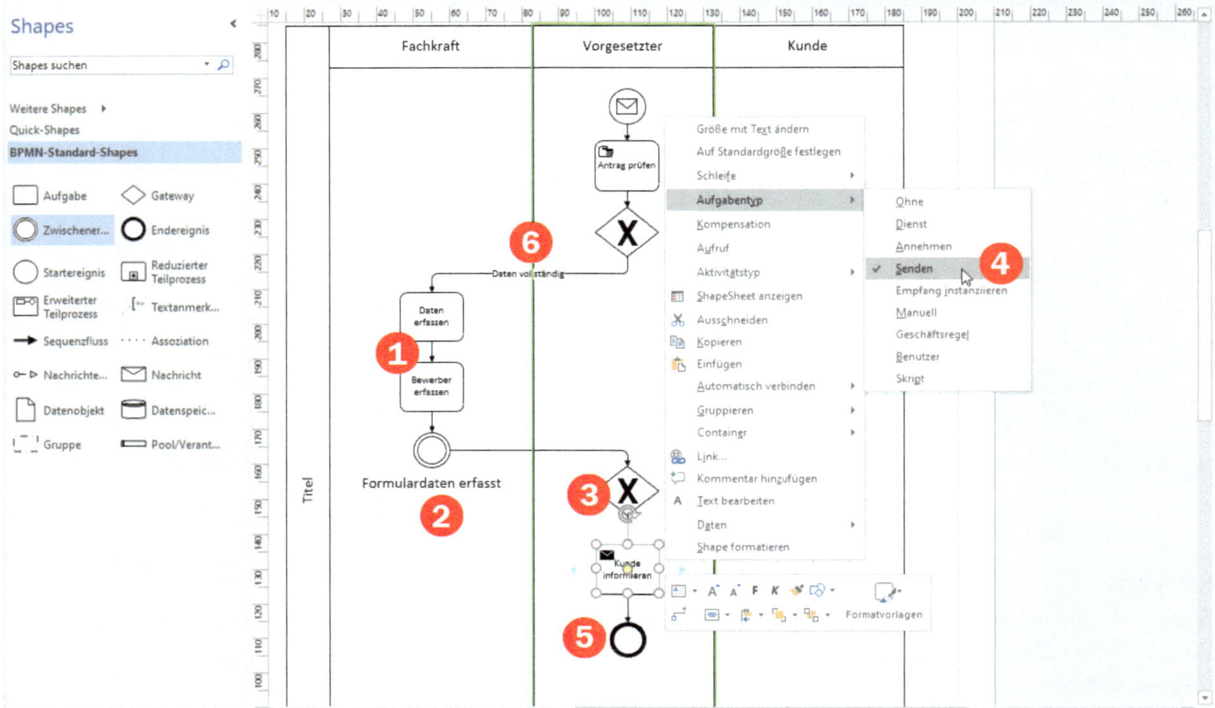

Happy Path des Prozesses

Nun müssen Sie die Alternativen einbauen. In diesem Beispiel wird bei unvollständigen Daten der Kunde aufgefordert, diese nachzureichen. Für den Fall, dass dieses Ereignis eintritt, werden die Aufgaben nicht mehr von der Fachkraft, sondern vom Vorgesetzten erledigt.

Starten Sie, indem Sie die obere Verzweigung anwählen und eine *Aufgabe* über den Autoverbinder hinzufügen. Beschriften Sie diese Aufgabe wieder mit Antrag prüfen ❶ (siehe Bild nächste Seite). Setzen Sie das *Aufgaben-Shape* auf *Manuell*, indem Sie darauf mit der rechten Maustaste klicken und den Aufgabentyp einstellen. Nun muss wie im oberen Bereich wieder eine Verzweigung hinzukommen. Für den Fall, dass die Daten wieder unvollständig oder diesmal vollständig sind. Fügen Sie ein *Gateway* ❷ nach dem Shape mit der Beschriftung Antrag prüfen ein. Wenn die Daten vollständig sind, bauen Sie zwei *Aufgaben-Shapes* und ein *Zwischenergebnis-Shape* ein. Die Beschriftungen für die Aufgaben lauten Daten erfassen, Bewerber erfassen ❸ und für das Zwischenergebnis Formulardaten erfasst ❹. Zuletzt betten Sie noch einen Verbinder zum unteren *Gateway* ein ❺. Zum jetzigen Stand sieht das Prozessdiagramm so aus.

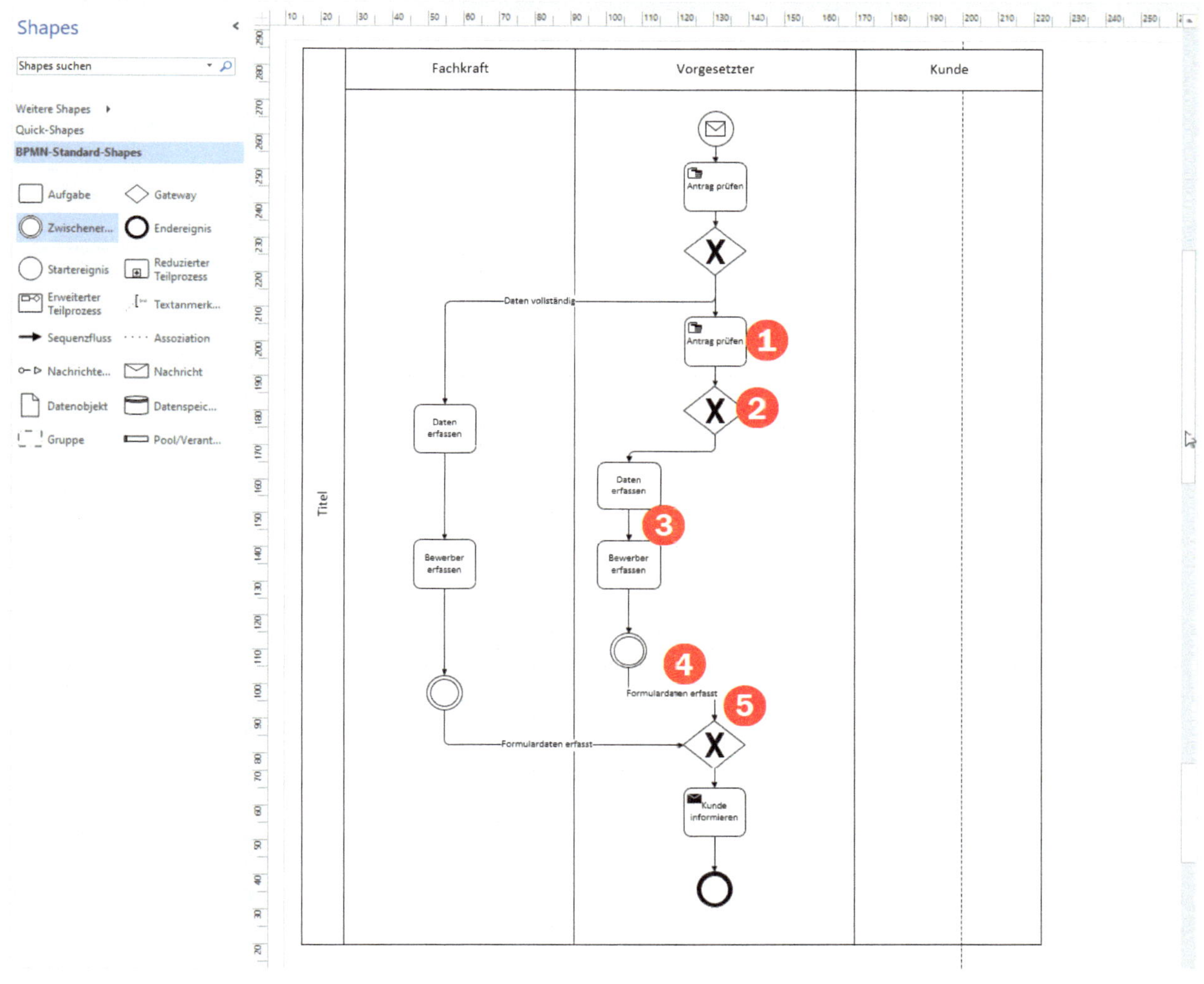

Der zweite Teil des Prozesses

Für den Fall, dass die Daten wieder unvollständig sind, muss ein *Aufgaben-Shape* mit der Beschriftung Fehlende Informationen nachfordern nach der zweiten Verzweigung eingefügt werden ❶ (siehe nächste Seite). Als *Aufgabentyp* wählen Sie *Senden*, indem Sie wieder das Kontextmenü über einen Rechtsklick öffnen. Ein schwarzer Briefumschlag wird im Shape angezeigt. Jetzt benötigen Sie zwei weitere Aufgaben, die der Kunde bearbeiten muss. Diese sind Informationen zusammenstellen ❷ und Fehlende Unterlagen nachsenden ❸. Schieben Sie diese Aufgaben in den Pool des Kunden. Zuletzt müssen Sie noch einen *Sequenzfluss* vom Shape mit der Beschriftung Fehlende Unterlagen nachsenden zum Shape Antrag prüfen hinzufügen ❹.

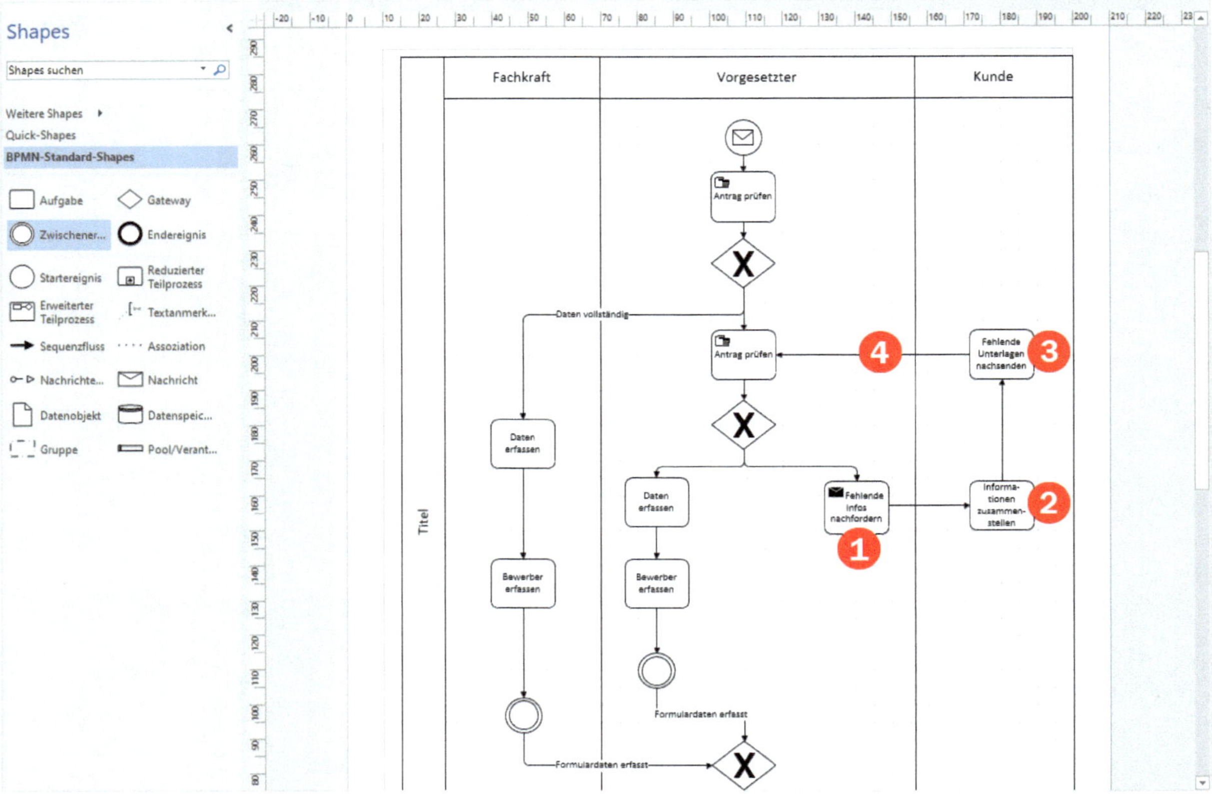

Schleife im Prozessdiagramm

Erstellen Sie zu guter Letzt noch die fehlenden Beschriftungen und ziehen Sie ein *Datenspeicher-Shape* ❶ auf Ihr Zeichenblatt. Verbinden Sie dieses Shape mit ❷ *Assoziationslinien* zu den jeweils vier *Aufgaben-Shapes* ❸, die der Datenerfassung zugeordnet sind.

Assoziationslinien zum Verbinden von unterstützenden Systemen zu einer Aufgabe

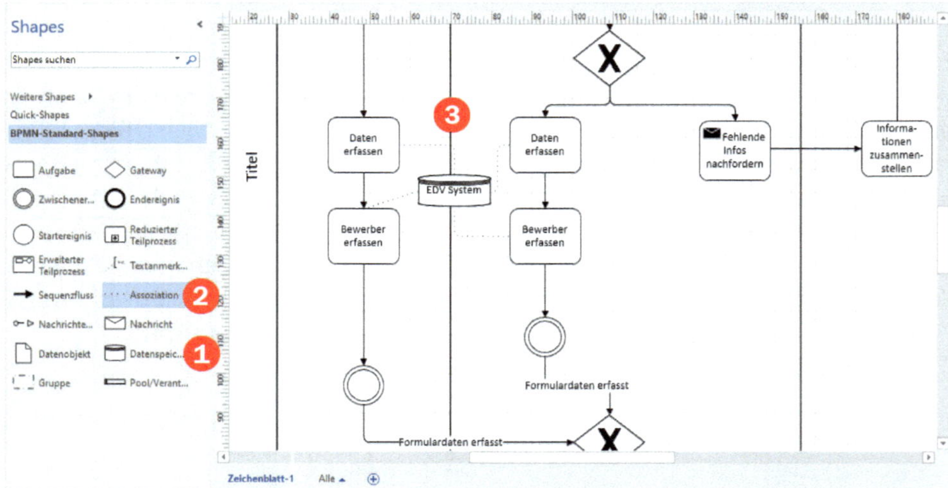

So könnte Ihr fertiges Diagramm aussehen:

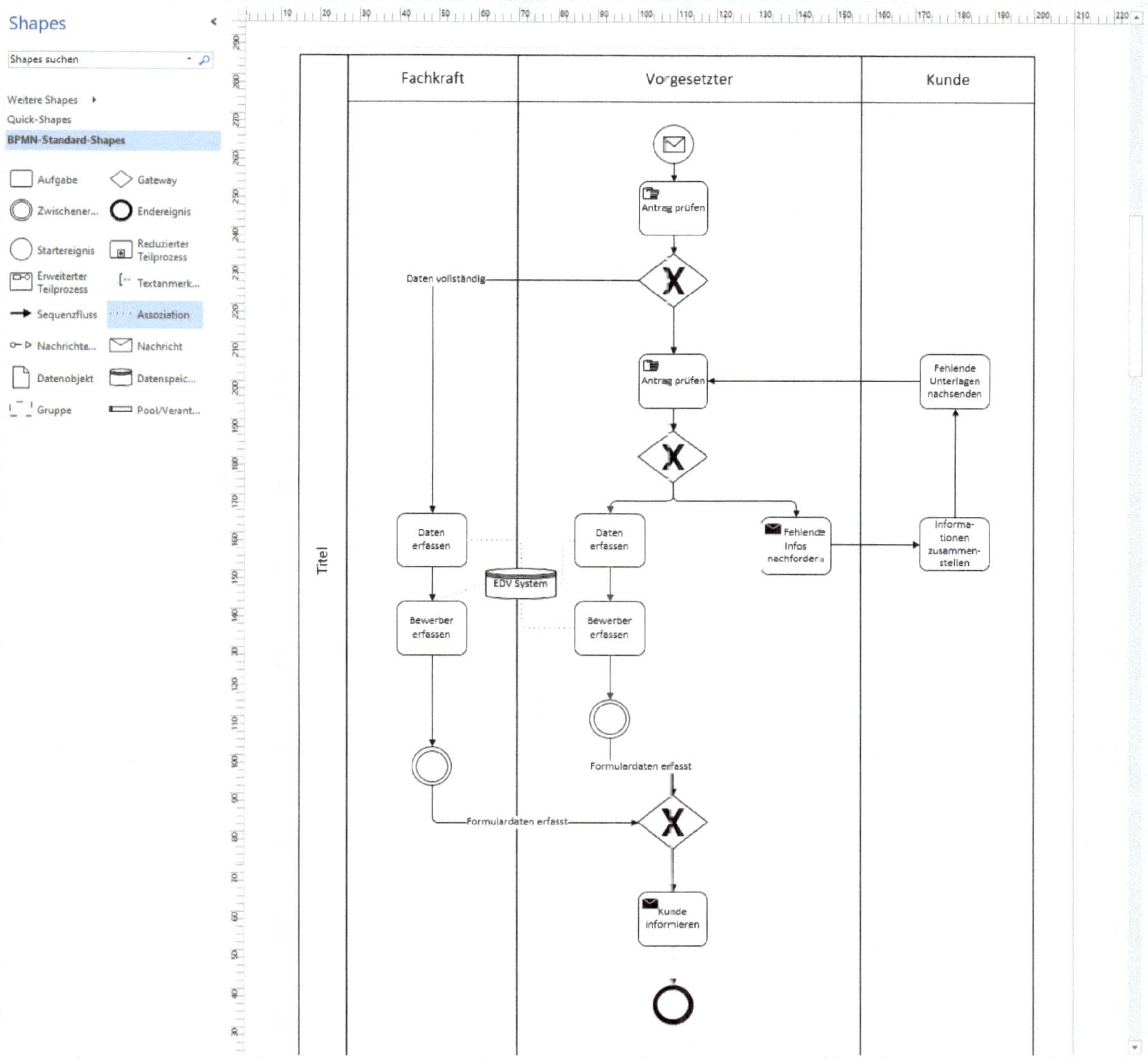

Fertiges Diagramm

Ein BPMN 2.0 Shape anpassen

Wenn Sie den Aufwand oder die Kosten eines Prozesses darstellen möchten, stehen Ihnen dafür in den Standard-Shapes keine passenden Felder zu Verfügung. Um eigene Werte in der Prozessmodulierung mitzuführen, müssen Sie Ihre Standard-Shapes anpassen. Markieren Sie die vier Shapes *Daten erfassen* und *Bewerber erfassen*. Klicken Sie mit der rechten Maustaste auf die markierten Shapes und wählen Sie *Daten* ▶ *Shape-Daten definieren*. Klicken Sie auf *Neu* ❶ (nächstes Bild) und legen Sie das Feld „Kosten" ❷ an.

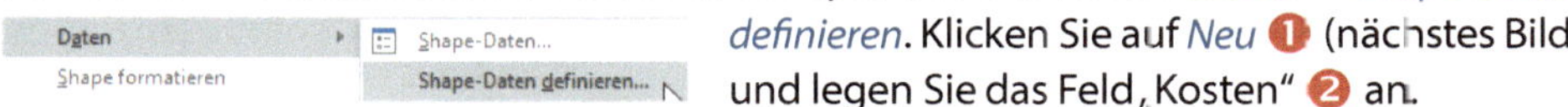

Shape-Datenfenster zum Anlegen von Feldern

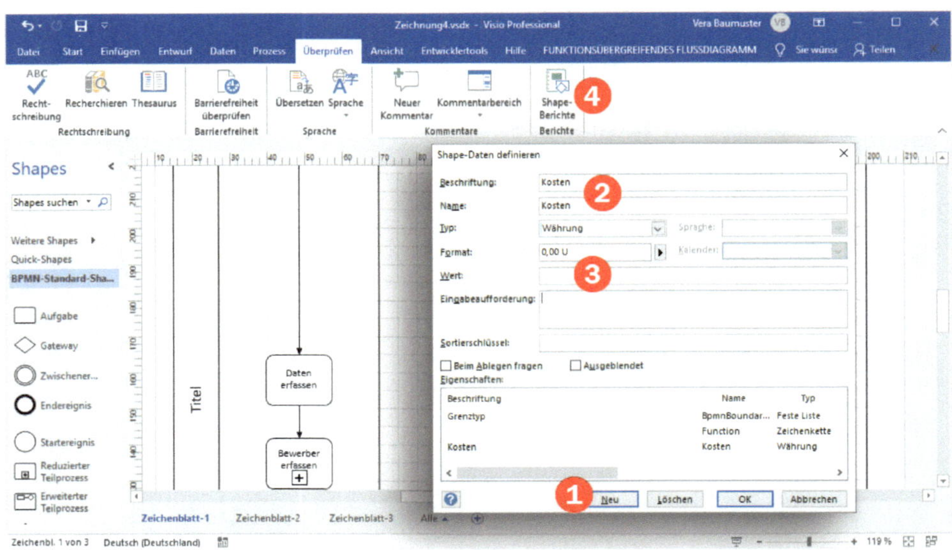

Im Feld *Wert* ❸ können Sie nun Geldbeträge eingeben. Damit wäre die Vorarbeit für einen individuellen Bericht abgeschlossen.

Klicken Sie im Menüband ▶ Register *Überprüfen* auf *Shape-Berichte* ❹. Der Laufbalken erscheint kurz und zeigt Ihnen an, welche Berichte zur Verfügung stehen. Wählen Sie Flussdiagramm aus und klicken Sie auf *Ausführen*. MS-Visio erstellt nun einen neuen Bericht und schreibt die Werte in ein neu dafür erzeugtes Shape. Wählen Sie dazu Visio-Shapes aus und dann klicken Sie wieder auf *Ausführen*. Es wird ein Visio-Shape mit den Informationen auf dem aktuellen Zeichenblatt abgelegt.

Das Prozessdiagramm BPMN erweitern

Ein weiteres Prozess-Shape ist der reduzierte Teilprozess, der viel Anwendung innerhalb von BPMN 2.0 findet. Sie können das eigene Shape aus der Schablone auf das Zeichenblatt ziehen oder eine Aufgabe dazu umwandeln. Für diesen Fall soll das Aufgaben-Shape mit der Beschriftung Bewerber erfassen aus der letzten Übung in einen Teilprozess ausgelagert werden. Dies ist dann sinnvoll, wenn er öfter in einem Prozess vorkommt und das ursprüngliche Diagramm überfrachten würde. Das findet hier statt und der Prozess *Bewerber erfassen* wird auf einer neuen Seite erstellt.

Ein Shape in einen Teilprozess umwandeln

Markieren Sie das Shape *Bewerber erfassen* und klicken Sie mit der rechten Maustaste darauf. Der Kontextbereich öffnet sich und Sie finden unter *Aktivitätstyp* ❶ den Eintrag *Reduzierter Teilprozess* ❷. Klicken Sie auf den Eintrag und wiederholen Sie die Schritte bei dem anderen Shape. Das Shape hat ein Plus-Zeichen und wird so dargestellt ❸. Es gibt viele Varianten, die Sie mit der rechten Maustaste wiederum zuweisen können.

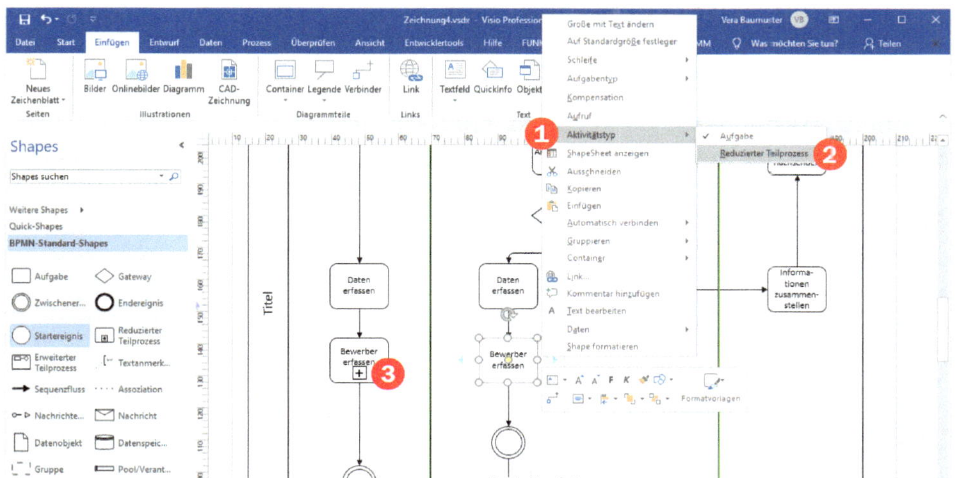

Aufgabe ändern in reduzierter Teilprozess

Eine automatische Sprungmarke mit einem Link erstellen

Erstellen Sie nun ein neues Zeichenblatt, auf dem der Teilprozess *Bewerber erfassen* abgebildet werden soll, indem Sie im unteren Bereich auf das Plus-Symbol ❶ klicken. Dieser vereinfacht dargestellte Prozess umfasst fünf Aufgaben-Shapes ❷ und ein Start- ❸ und Endereignis ❹.

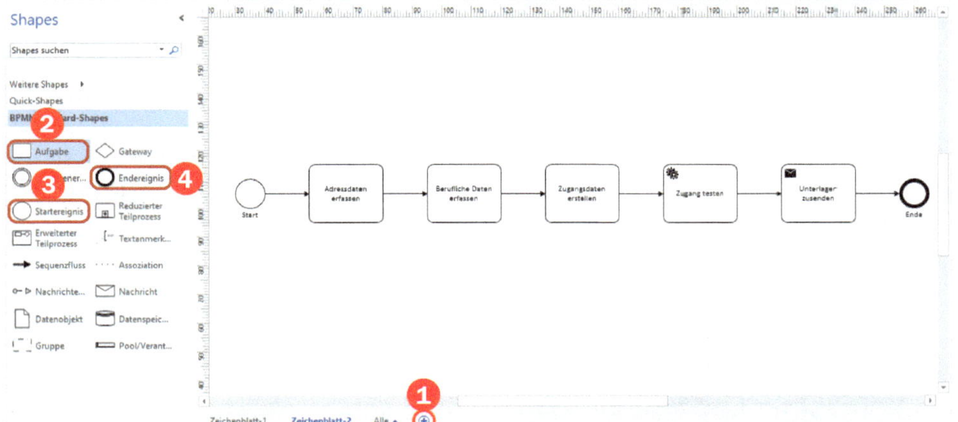

Ein neues Zeichenblatt erstellen

Jetzt müssen Sie noch eine automatische Sprungmarke von Ihrem Hauptprozess *Bewerber erfassen* zu diesem Teilprozess einstellen. Dies gelingt mit einem *Hyperlink*. Klicken Sie auf das Shape *Bewerber erfassen*, das sich auf Ihrem Zeichenblatt befindet. Klicken Sie im Menüband auf das Register *Einfügen* ❶ (nächstes Bild) ▶ Gruppe *Links* ▶ *Link* ❷.

In dem sich geöffneten Dialogfeld tragen Sie in den oberen drei Zeilen nur die notwendigen Sprunginformationen ❸ ein. Unter Adresse können Sie eine Internetadresse, beginnend mit http://www. ..., eintragen. Ein Klick auf die Schaltfläche und Ihr Browser öffnet sich und die Seite wird geladen. In Ihrem Fall ist die Unteradresse entscheidend. Wenn Sie innerhalb Ihrer Datei auf ein anderes Blatt springen möchten, klicken Sie auf *Durchsuchen* ❹ neben der Unteradresszeile.

Es öffnet sich ein Unterdialog, in dem all Ihre Zeichenblätter aufgelistet werden. Wählen Sie den Zeichenblattnamen, auf dem sich der Teilprozess befindet ❺. Fügen Sie noch eine kurze *Beschreibung* hinzu, damit andere Nutzer wissen, worauf Sie verlinken ❻. Klicken Sie auf *OK* und dann nochmals auf *OK* ❼. Wiederholen Sie das gleiche mit dem anderen Shape *Bewerber erfassen*, es ist ja für beide Shapes notwendig.

Einstellung der Hyperlinks

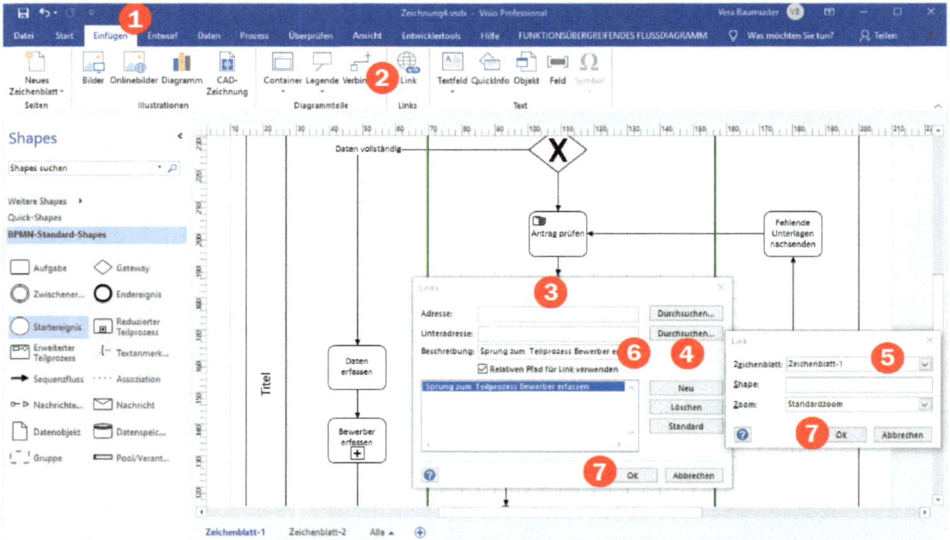

Wenn Sie nur auf Ihren Hauptprozess gehen und sich mit der Maus über das Shape *Bewerber erfassen* bewegen, erscheint an Ihrem Mauszeiger eine kleine Weltkugel mit einer Kette. Halten Sie die Strg-Taste gedrückt, springen Sie automatisch in den Teilprozess auf der andere Seite.

Möchten Sie einen Rücksprung zu Ihrer Hauptseite, so ziehen Sie ein Standard-Shape auf Ihr Zeichenblatt mit dem Teilprozess und wiederholen das Ganze.

> Jedes Shape kann als Hyperlink eingesetzt werden. Es gibt auch fertige Shapes, die automatisch Sprungfolgen erzeugen, wie das Page-Off Shape.

Fehler in einem Diagramm aufspüren

Nachdem Ihr BPMN-Prozess abgeschlossen ist, möchten Sie dieses nun auf die Richtigkeit hin überprüfen. Haben Sie die Professional-Version von MS-Visio, können Sie eine Prüfung Ihres Prozesses durchführen, bei einer Standard-Version geht das nicht.

Diagrammüberprüfung durchführen

Klicken Sie im Menüband im Register *Prozess* ❶ ▶ Gruppe *Diagrammüberprüfung* auf den schwarzen Pfeil bei *Diagramm überprüfen*. Gehen Sie zu *Regeln importieren aus* und wählen Sie hier *BPMN 2.0-Regelsatz* ❷. Es werden bei der ersten Verwendung die Regelsätze nach MS-Visio geladen. Klicken Sie nun auf *Zu überprüfende Regel* ❸ und aktivieren *BPMN 2.0*. Nun wird entsprechend Ihrer Auswahl die Prüfung nach dieser Methode erfolgen. Klicken Sie auf den oberen Teil der Schaltfläche *Diagramm überprüfen* ❹, so wird die Regel ausgeführt und im unteren Teil Ihres Bildschirmes finden Sie die Ergebnisse aus der Prüfung ❺.

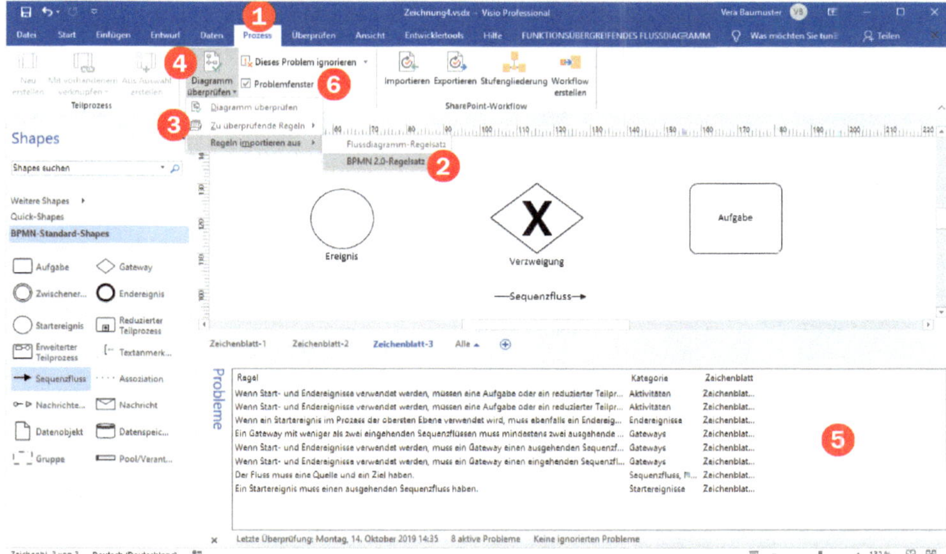

Regelsatz zur Überprüfung laden und oberen Prozessfluss überprüfen

Aktivieren Sie neben der Schaltfläche *Diagrammüberprüfung* die Checkbox *Problemfenster* ❻, damit Sie alle Meldungen von MS-Visio lesen können, sollten sie nicht sichtbar sein. Das Programm findet insgesamt acht Fehler. In der ersten Spalte sehen Sie den Regelverstoß in Form einer textlichen Beschreibung. In diesem Beispiel moniert MS-Visio keinen Sequenzfluss bei einem Startereignis. Klicken Sie auf den Text, wird im Diagramm das Shape aktiviert, das diesen Regelverstoß verursacht hat. In der Spalte daneben sehen Sie die Kategorie, ob es sich um eine Aktivität, einen Sequenzfluss etc. handelt. Die letzte Spalte zeigt Ihnen, auf welchem Zeichenblatt sich der Fehler befindet. Korrigieren Sie den ersten Fehler, indem Sie das *Startereignis* mit einem *Sequenzfluss* zum *Gateway* verbinden. Lassen Sie die Prüfung erneut laufen, indem Sie auf *Diagramm überprüfen* klicken. Diesmal findet MS-Visio weniger Fehler, da Sie einen zwischenzeitlich behoben haben.

> Bedenken Sie, dass eine Überprüfung immer über die gesamte Datei erfolgt und alle Zeichenblätter einbezieht. Liegen irgendwo Shapes auf einem Blatt herum, so werden diese mitberücksichtigt und als Fehler ausgegeben.

Fehler bei einer Überprüfung ignorieren

Nun kann es vorkommen, dass Sie ein Shape auf einem Zeichenblatt benötigen, das nicht in die Überprüfung miteinbezogen werden soll. Lassen Sie für diesen Fall eine Prüfung laufen und suchen Sie die Texte, aus denen eine Fehlermeldung erzeugt wird. Sie können dies prüfen, sobald das Shape markiert wird, wenn Sie einen Fehlertext aktivieren. Nun klicken Sie auf die Schaltfläche *Dieses Problem ignorieren* ❶. Ein Dialogfeld öffnet sich.

Nachdem Sie einen Text markiert haben und *Problem ignorieren* gewählt haben, ist der Text ausgegraut ❷ und wird zukünftig nicht als Fehler angezeigt. In dem Dialogfeld können Sie die Fehlertexte ausblenden lassen, indem Sie den Haken vor *Ignorierte Probleme anzeigen* ❸ aktivieren.

Ignorierte Shapes

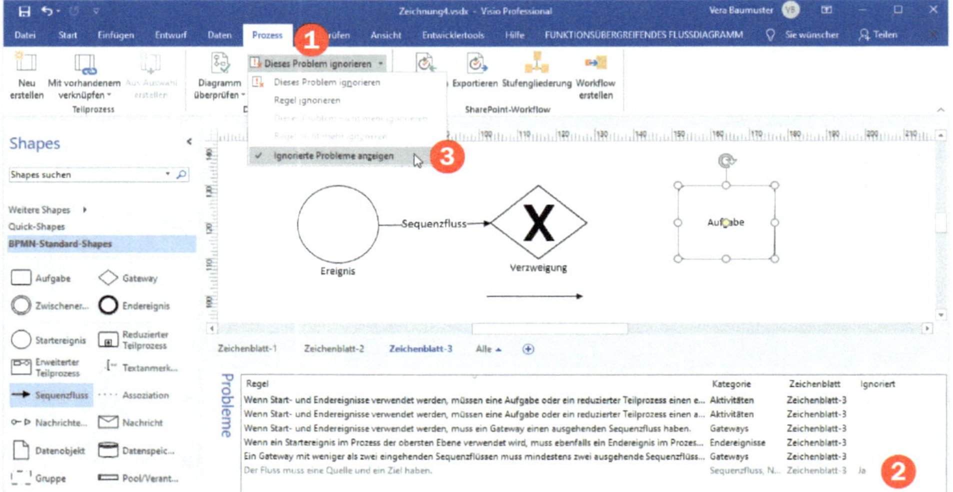

Auf diese Weise spüren Sie einen Fehler nach dem anderen auf und beheben ihn. Es gibt Möglichkeiten, indem Sie ein BPMN-Prozess auf unterschiedliche Weise darstellen können. Der eine ist etwas unübersichtlicher, der andere verständlicher. Beide haben nach einer Prüfung keinen Fehler gemeldet. Das ist durchaus möglich. Möchten Sie sich tiefer in die Prozessgrammatik von BPMN 2.0 einarbeiten, so empfehle ich Ihnen entsprechende Literatur („BPMN 2.0 Einführung in den Standard für die Geschäftsprozessmodellierung" von Thomas Allweyer) oder einen Blick ins Internet. Dort finden Sie genügend Material. Die Internetseite der BPMN Normungsstelle www.bpmn.org/ liefert leider nur in englischer Sprache wertvolle Tipps.

11 Andere Zeichnungsbeispiele

In diesem Kapitel lernen Sie...

- Details des Programmes
- Umgang mit Shape-Daten
- Umgang mit Layern
- Vielseitige Funktionen bei Objekten
- Bemaßung von Objekten
- Automatisierung in MS-Visio
- Nachträgliches und vereinfachtes Anpassen
- Professionelles Arbeiten mit MS-Visio

Das sollten Sie bereits wissen...

- Umgang mit Shapes und Schablonen
- Umgang mit den Werkzeugen
- Eigenschaften von Objekten
- Grundkenntnisse von Excel
- Kenntnisse mit MS-Visio
- Umgang mit Schablonen

In diesem Kapitel erfahren Sie alles rund um die Diagramme: Standard, Organigramm, Pivot, Gantt, Website, Raumplan und Brainstorming.

11.1 Das Marketingdiagramm

MS-Visio bietet eine Vielzahl an Diagrammen aus den unterschiedlichsten Disziplinen an. Das Standarddiagramm stellt in seiner Vorlage die wichtigen Shapes für Sie bereit. Es handelt sich um einfache Formen wie Rechtecke, Kreise, Pfeile, Sterne, Rahmen etc., die für einfache Zeichnungen benötigt werden. Somit haben Sie eine Grundausstattung, wenn Sie eine neue Zeichnung beginnen.

Das Entwicklertool im Menüband aktivieren

Die Entwicklertools beinhalten mehrere Befehle, die in MS-Visio sehr oft benötigt werden und mit der Standardinstallation nicht sichtbar sind. Diese sollten Sie einmalig aktivieren. Sie stehen Ihnen dann immer zur Verfügung. Für alle Dateien in diesem Kapitel aktivieren Sie, wenn noch nicht geschehen, *Entwicklertools* im Menüband. Klicken Sie dazu in der geöffneten Visio-Datei im Menüband auf *Datei* ❶ ▶ *Optionen*. Es erscheint ein Dialogfeld, in dem Sie bei *Menüband anpassen* ❷ das Häkchen bei *Entwicklertools* ❸ setzen. Bestätigen Sie Ihre Eingabe mit *OK* ❹.

Entwicklertool aktivieren

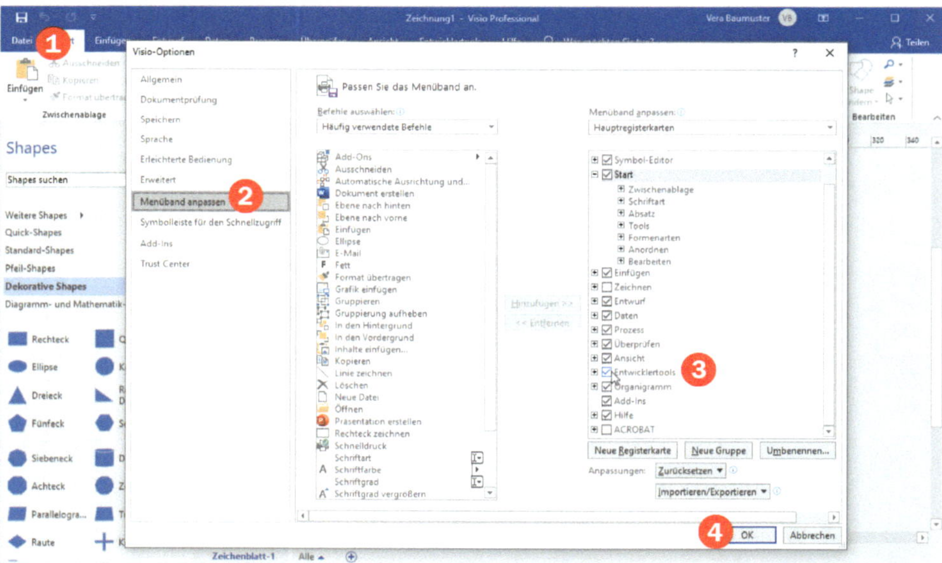

Eine Bewerberstatistik mit einem Kreisdiagramm darstellen

Im folgenden Beispiel soll eine Bewerberstatistik mit einem Kreisdiagramm erstellt werde. Klicken Sie im Menüband im Register *Datei* ▶ *Neu* ▶ *Geschäftlich* ▶ *Diagramme* und anschließend auf *Erstellen*. Die Shapes in diesem Diagramm zeigen noch die alte Visualisierung aus den Vorgänger-Modellen. Diese sind nach wie vor in der aktuellen Version verfügbar.

Segmente auf das Zeichenblatt ziehen

Ziehen Sie im linken Schablonenbereich bei *Diagramm-Shapes* ❶ das Shape *Segment* ❷ auf Ihr Zeichenblatt. Machen Sie vier Kopien davon, indem Sie aus der Schablone vier Segmente auf Ihr Blatt ablegen. Alternativ können Sie die Strg-Taste gedrückt halten und aus dem markierten Element vier weitere Elemente herausziehen. Sie haben insgesamt fünf Segmente auf dem Blatt ❸. Ein Segment hat einen gelben Anfasser ❹, mit denen Sie die Größe des Shapes in Prozent anpassen können. Weiterhin gibt es zwei weiße, runde Anfasser ❺, mit denen Sie die Ausrichtung des Segmentes bestimmen.

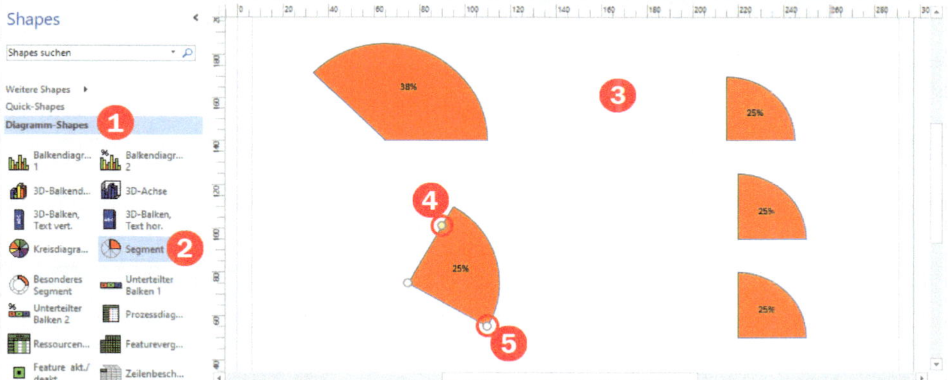

Kreissegmente erstellen

Segmente aneinanderreihen und ausrichten

Ziehen Sie nun in jedem Segment an dem gelben Anfasser, bis der Prozentwert aus Ihrer Bewerberstatistik (17 %, 25 %, 37 %, 13 %, 8 %) auf dem jeweiligen Shape angezeigt wird. Haben Sie Ihre Küchenstückchen soweit fertig, werden Sie nun zusammengesetzt. Die Reihenfolge können Sie selbst bestimmen. Klicken Sie mit dem *Zeigertool* auf die Spitze des Segments und ziehen mit gedrückter Maustaste diesen Segmentpunkt an den gleichen Punkt eines anderen Segments. Nun müssten beide Spitzsegmentpunkte übereinander liegen. Klicken Sie nun auf den anderen Anfasser Ihres Segmentes und führen diesen Punkt an die äußere Kante des ersten Segments, sodass sie immer einen größer werdenden Kreis bilden. Sie merken, dass die Punkte aneinander kleben und sich geradezu gegenseitig anziehen.

Sollte Ihr Kreis nicht ganz geschlossen sein, so müssen Sie von Hand nachkorrigieren. Meist liegt es an der ungenauen Stelle hinter dem Komma, das zu Abweichungen führt oder die Flächen überdecken sich. Verschieben Sie in so einem Fall den gelben Anfasser um ein kleines Stück.

Anfasserpunkte eines Segments

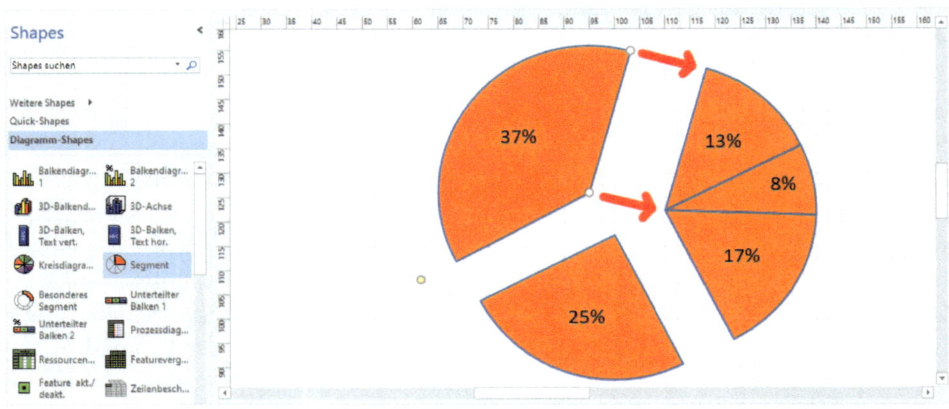

Segmente mit Farbe füllen

Färben Sie nun die Kuchenstücke ein. Klicken Sie auf das Shape und wählen Sie im Menüband ▶ Register *Start* ▶ Gruppe *Formenarten* ▶ *Füllung* ❶. Wechseln Sie nun zum Textwerkzeug und schreiben Sie neben jedem Segment den Namen des Landes ❷ und eine Überschrift ❸. Markieren Sie zu guter Letzt alle Objekte, indem Sie mit der Maustaste alle Objekte umfahren und klicken Sie im Startmenü auf *Gruppieren* ❹.

Fertiges Diagramm

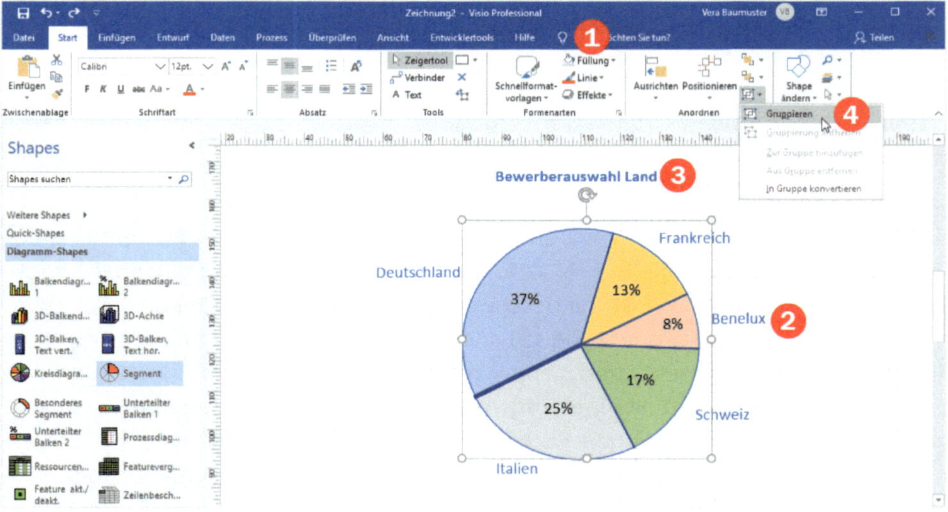

Ein Vergleichsdiagramm verwenden

Im zweiten Teil dieser Zeichnung möchten Sie beispielsweise bestimmte Anforderungen an Bewerber im Diagramm darstellen.

Das Diagramm beschriften

Ziehen das Shape *Featurevergleich* ❶ auf Ihr Zeichenblatt. Ein Dialogfeld poppt auf und Sie müssen die Anzahl der Zeilen (Features) ❷ und Spalten (Produkte) ❸ eingeben. Tragen Sie in diesem Beispiel je die Zahl 5 ein. Bestätigen Sie anschließend mit OK ❹. Die Zeilenbeschriftung des Shapes sind diese fünf Merkmale:

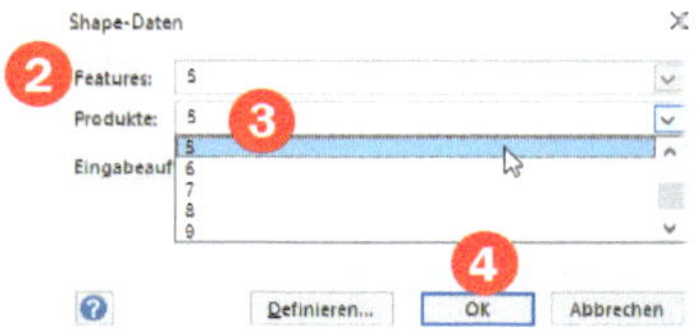

- Fachliche Kompetenz
- Erfahrung
- Gehaltswunsch
- Sprachkenntnis
- Soziale Kompetenz

Die Spaltenüberschrift sind die Bewerber 1- 5.

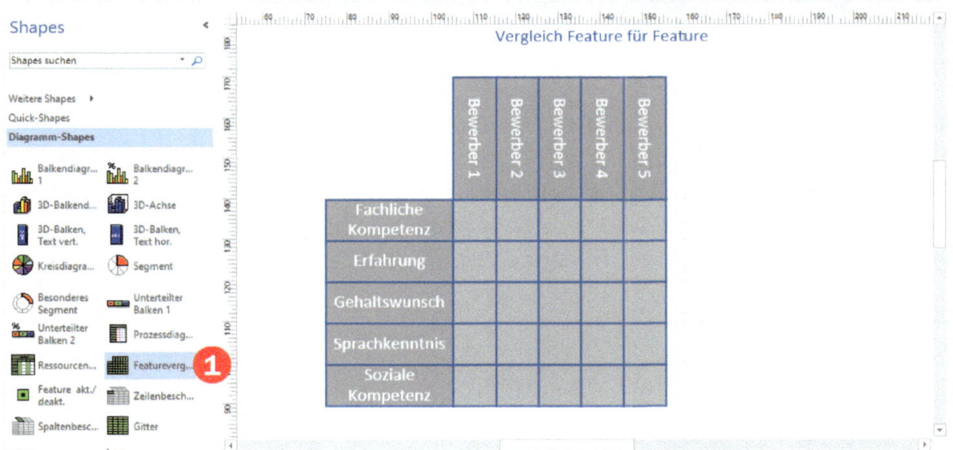

Das beschriftete Diagramm

Das Diagramm fixieren

Damit dieses Shape nicht unerwartet verschoben wird, müssen Sie es fixieren. Markieren Sie das Shape, klicken Sie im Menüband ▶ Register *Start* ▶ Gruppe *Bearbeiten* ▶ *Layer* auf *Layer zuweisen* ❶ (siehe nächstes Bild) und vergeben Sie einen neuen Namen ❷. Bestätigen Sie die zwei Dialogfelder mit *OK* ❸. Danach müssen Sie am gleichen Ort den Dialog *Layereigenschaften* ❹ aufrufen, die Ebene auswählen und den Haken bei *Sperren* ❺ aktivieren. Klicken Sie auf *Übernehmen* und dann auf *OK* ❻.

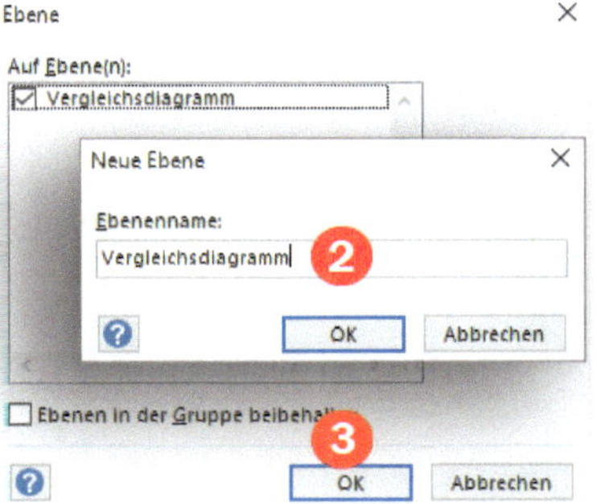

Das Diagramm sperren

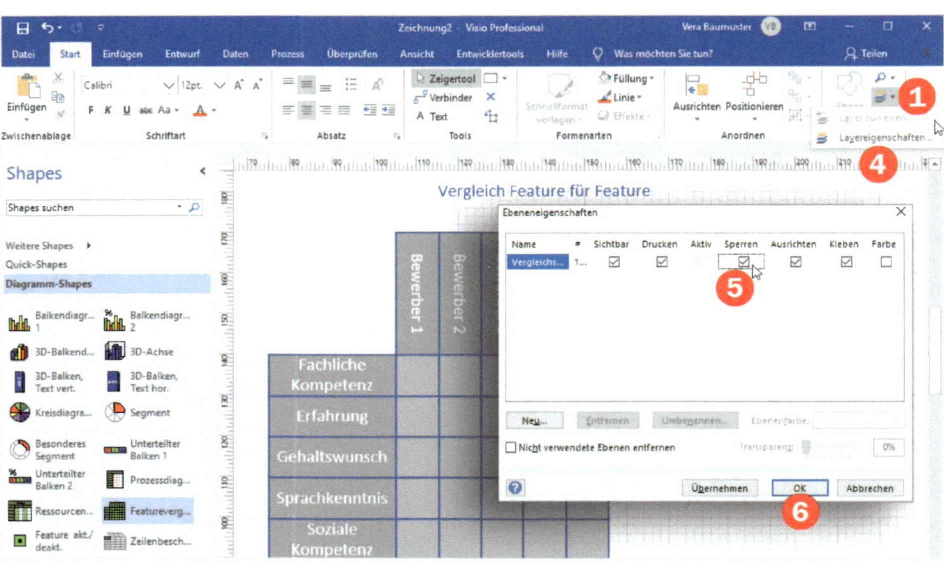

Den Feldern des Vergleichsdiagramms Merkmale zuweisen

Nun ziehen Sie das Shape *Feature akt./deakt.* ❶ aus dem Schablonenbereich *Diagramm-Shapes* ❷, um jedem Feld ein Merkmal zuzuweisen. Bei Ablegen werden Sie gefragt, welchen Zustand das Shape haben soll. Hier können Sie zwischen drei Auswahleinstellungen wählen ❸. Bestätigen Sie anschließend mit *OK* ❹.

Vergleich von Merkmalen

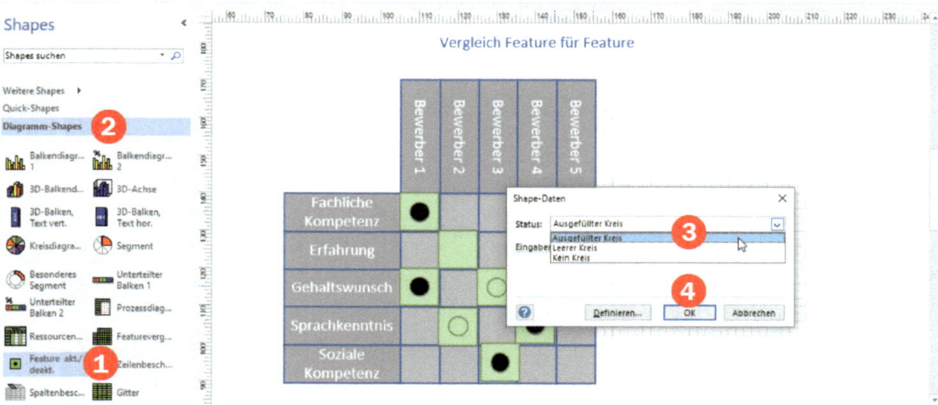

Der unterteilte Balken

Nun möchten Sie vielleicht noch ein Diagramm erstellen, indem Sie beispielsweise die Anteile der wichtigsten Wettbewerber visualisieren wollen. Dazu eignet sich der unterteile Balken sehr gut, der nun zur Anwendung kommt.

Ein Balkendiagramm erstellen

Ziehen Sie das Shape *Unterteilter Balken 2* ❶ auf Ihr Zeichenblatt. Das Shape hat unten zwei gelbe Anfasser ❷, mit denen Sie die Verteilung zu 100 % anpassen können. Verschieben Sie die Anfasser auf die Werte 20 %, 38 %, 42 %. Das Shape passt sich sofort an.

Den Balken beschriften und anpassen

Zur Beschriftung verwenden Sie das Shape *X-Achsenbeschriftung* ❸ und ziehen Sie es unter den ersten Balken. Wiederholen Sie das für die beiden anderen. Ziehen Sie die Linie auf die Breite der einzelnen Balkenabschnitte und klicken Sie doppelt in das Feld *Beschriftung*, um den Shapes Namen zu geben. Anschließend können Sie den einzelnen Balken (*Füllung*) ❹ und den Linien (*Linie*) ❺ ein anderes Aussehen in Form einer anderen Farbe geben. So sieht das fertige Blatt aus.

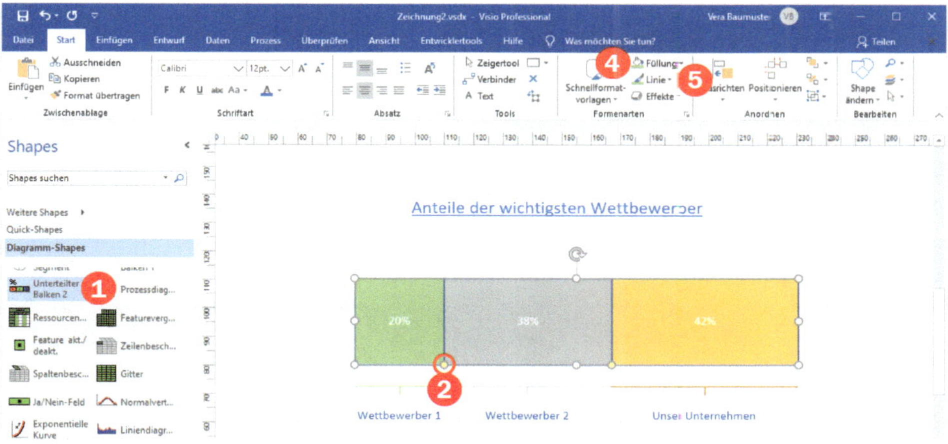

> Viele dieser Shapes können in ihrer Verwendung nicht angepasst werden. Der unterteile Balken kann nur drei Elemente verarbeiten. Brauchen Sie ein weiteres Element, müssen Sie improvisieren. Ziehen Sie dazu einen weiteren Balken auf Ihr Blatt und weisen Sie zwei Elementen den Wert 0 zu. Danach können Sie beide Objekte zusammenschieben.

Kreis-, Vergleichs- und Balkendiagramm in eine Gruppe zusammenfassen

Zum Schluss sollten Sie jedes der drei Diagramme noch in je eine Gruppe fassen.

Diagramme gruppieren

Markieren Sie jedes Diagramm mit all seinen Beschriftungen und klicken Sie im Menüband ▶ Register *Start* ❶ (siehe Bild auf der nächsten Seite) ▶ Gruppe *Anordnen* ▶ *Gruppieren* auf *Gruppieren* ❷.

Diagramm gruppieren

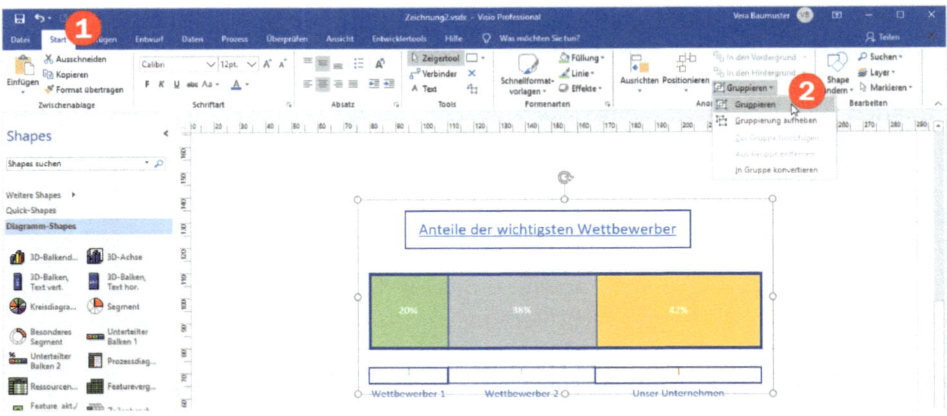

Zeichenblatt mit Rahmen und Titel versehen

Um das Blatt noch etwas aufzuhübschen, legen Sie einen Rahmen um die Zeichnung. Klicken Sie auf das Register *Entwurf* ❶ und dann auf *Rahmen und Titel* ❷. Nehmen Sie einen Rahmen Ihrer Wahl. Im obersten Text lesen Sie das Wort Titel. Dies ist noch zu ungenau und Sie können den Wortlaut nicht anpassen. Es handelt sich hierbei um ein Visio-Hintergrundblatt. Um es zu ändern, klicken Sie unten auf das Register *VHintergrund* ❸ und oben auf dem Blatt finden Sie den Wortlaut. Dort klicken Sie hinein und ändern den Text. Auf Ihrer Hauptseite wird der Text dann eingeblendet.

Das fertige Diagramm mit Rahmen und Titel

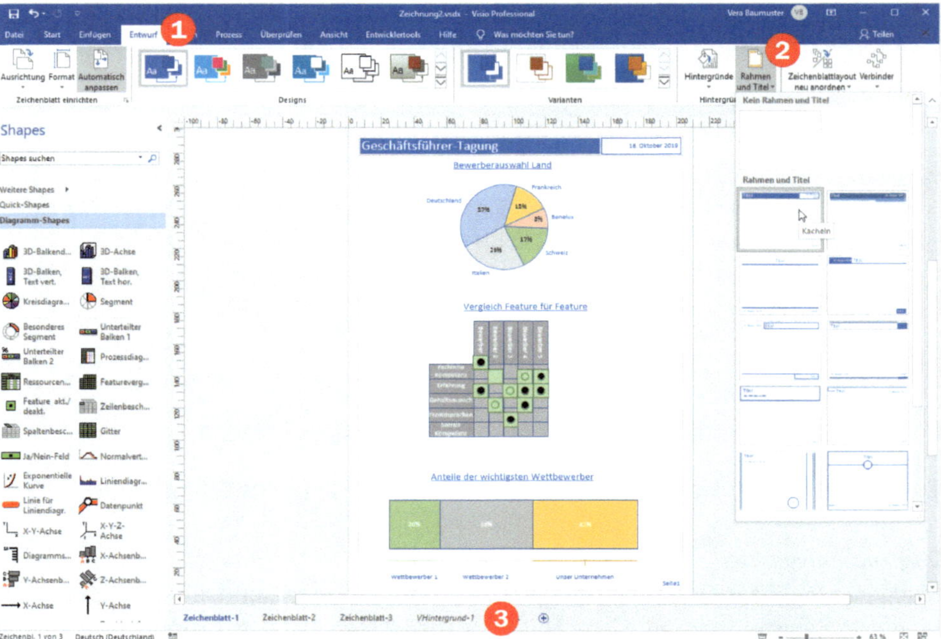

11.2 Das Organigramm

Das Organigramm zählt mit zu den wichtigsten Diagrammformen in MS-Visio. Es ist streng hierarchisch angelegt und MS-Visio bietet Ihnen viele Möglichkeiten zum Aufbau und nachträglichen Anpassen einer Zeichnung. Zur Methode sei an dieser Stelle bemerkt, dass MS-Visio nur einen Chef oder eine Führungskraft kennt und damit richtig umgehen kann. Das führt in der Praxis zu manchen Fragen, da solche Positionen oft doppelt besetzt sind. In diesem Fall legen Sie die Unternehmensführung ganz oben an und setzen darunter zwei gleichberechtigte Geschäftsführer ein. In diesem Dokument werden Sie das Organigramm eines Herstellungsbetriebes erstellen.

Ein Organigramm erstellen

Starten Sie MS-Visio und klicken Sie auf *Neu* ❶ ▶ *Geschäftlich* ❷ und wählen dann *Organigramm* aus. Alternativ können Sie natürlich die Suchleiste verwenden und dort den Begriff *Organigramm* eingeben. Es erscheint ein Fenster mit mehreren Vorlagen. Wählen Sie das leere Zeichenblatt mit dem Namen *Organigramm-Assistent* links oben aus ❸ und klicken Sie auf *Erstellen* ❹. Es öffnet sich der Organigramm-Assistent. Hier hätten Sie nun die Möglichkeit Ihre Zeichnung über eine Excel-Datei zu befüllen oder Ihre Daten über den Eingabeassistent zu erfassen. Klicken Sie in diesem Fall aber auf *Abbrechen* ❺.

Auswahlmaske für die Organigramm-Dateneingabe

Die drei wichtigsten hierarchischen Shapes

Wichtige Hinweise zu den Organigramm-Shapes

Das hierarchisch höchste Shape ist die *Führung*. Das zweithöchste hierarchische Element ist der *Vorgesetzte* und dann folgt die *Position* und weitere. Anhand dieser drei Shapes beschreibe ich die Regel, um ein funktionierendes Organigramm zu erstellen.

Bevor Sie wirklich das erste Shape auf das Zeichenblatt legen, müssen Sie folgendes unbedingt und wenn möglich immer einhalten.

- Das erste Shape, das Sie auf dem Blatt ablegen, muss immer die oberste Ebene sein und zwar das *Führungskräfte-Shape*.
- Jedes Shape, das Sie auf dem Zeichenblatt ablegen, müssen Sie auf dem hierarchisch darüberliegenden Shape ablegen, dem Sie es zuordnen möchten.
- Versuchen Sie beim Editieren in einem Organigramm die internen Funktionen/ Schaltflächen von MS-Visio zu verwenden und Shapes nicht mit der Maus zu verschieben.

Wenn Sie diese Regel nicht einhalten, kann MS-Visio die Verbindungsinformationen intern nicht richtig zuordnen. MS-Visio verliert diese Einstellungen und es kann vorkommen, dass Ihre Zeichnung zerstört wird. Es geht sogar so weit, dass Sie diese Zeichnung neu erstellen müssen. Folgen Sie diesen drei Regeln, wird MS-Visio immer richtig und zuverlässig arbeiten. Sie haben leider keinen Einfluss auf den inneren Speicher, wo MS-Visio die Zusammenhänge der Shape-Abhängigkeiten verwaltet.

Schritt-für-Schritt-Anleitung für ein Organigramm

Im Folgenden sehen Sie eine Schritt-für-Schritt-Anleitung, wie Sie vorgehen müssen.

1. Das Führungskraft-Shape auf das Zeichenblatt ziehen:

Das erste Shape Führungskraft wird auf dem Blatt abgelegt

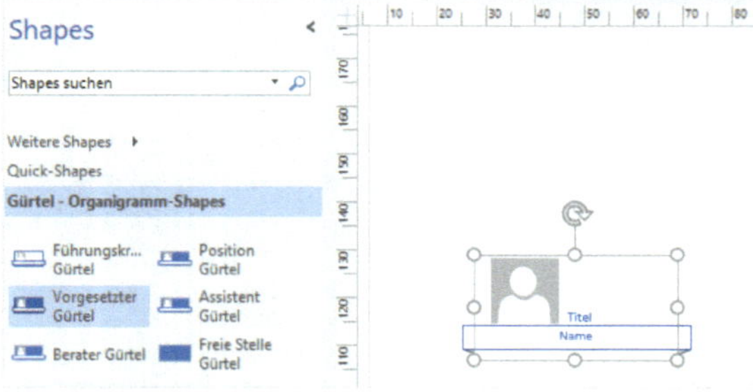

2. Das Vorgesetzter-Shape auf das erste Shape legen:

Das zweite Shape Vorgesetzter wird auf das Shape Führungskraft gelegt

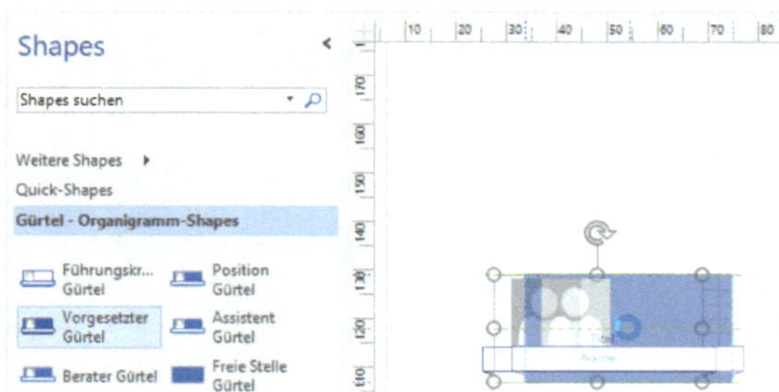

Wenn Sie das Shape richtig abgelegt haben, wird automatisch ein Verbinder erstellt. Machen Sie sich zu diesem Zeitpunkt keine Gedanken zur Ordnung, Ausrichtung, Beschriftung etc. Das können Sie alles später sehr komfortabel erledigen.

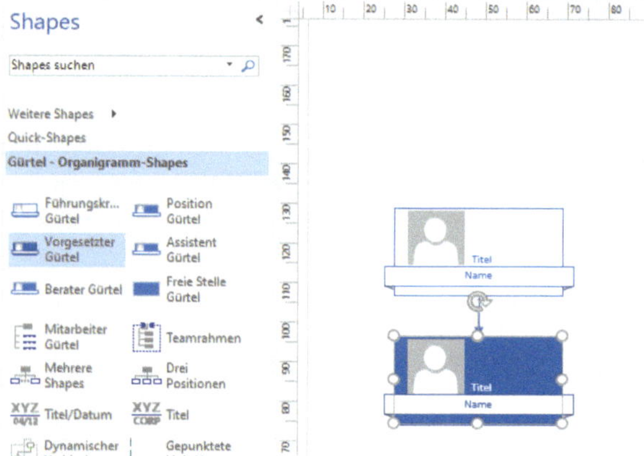

Das Ergebnis nach dem zweiten Schritt

3 Ein zweites Vorgesetzter-Shape auf die Führungskraft egen. Achten Sie darauf, dass eine Berührung mit dem hierarchisch höheren Shape gewährleistet ist:

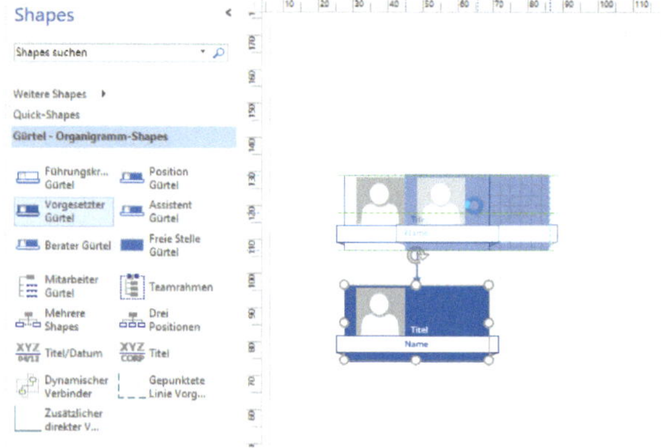

Einen Vorgesetzten auf den Chef ziehen

Die neue Führungskraft wird richtig eingeordnet und abgelegt.

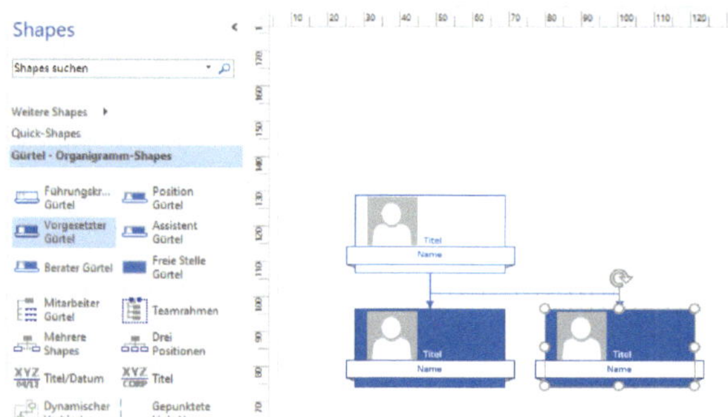

Ergebnis Schritt 3

Wiederholen Sie Schritt 2 bis 3 so oft, bis Sie sechs gleichberechtigte Vorgesetzte auf Ihrem Zeichenblatt haben.

So müsste Ihre Zeichnung aussehen (nächstes Bild). Beschriften Sie nun alle Shapes mit folgenden Namen. In das Feld *Titel* im Shape Führungskraft schreiben Sie *Unternehmensleitung*. Sie können auch gerne einen Namen in das andere Feld hineinschreiben, was Sie aber später leider ändern müssten.

Klicken Sie auf ein Shape, die Anfasser werden aktiviert und beginnen Sie sofort mit der Texteingabe. Der Text wird in das Feld *Titel* geschrieben. Die Abteilungen, die Sie in die weiteren Felder *Titel* einfügen sind: *Fertigung*, *Marketing*, *Personal*, *Finanzen*, *Einkauf*, *Verkauf*.

Führungsebene 1 und 2 sind erstellt

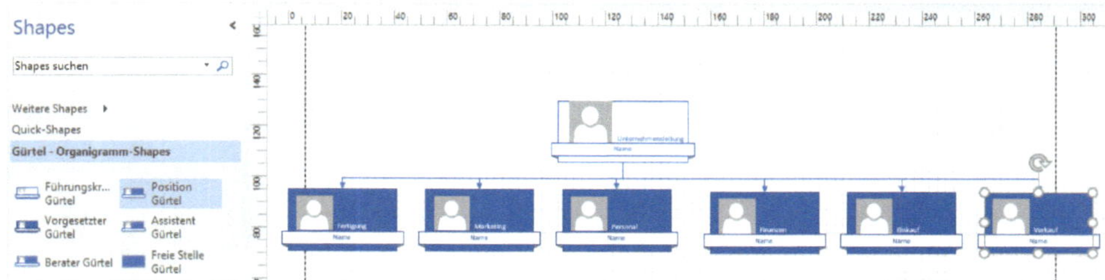

4 Ziehen Sie das Shape *Position* auf das Shape mit dem Titel *Finanzen* und eine Unterposition mit einem links hängenden Verbinder wird erstellt.

Unterposition in der Finanzabteilung

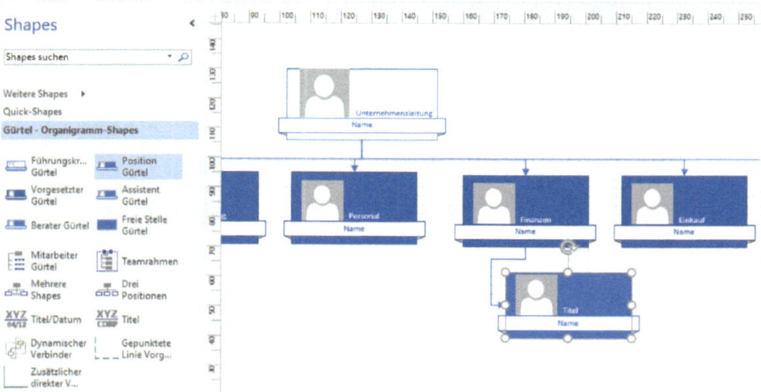

Wiederholen Sie den vierten Schritt weitere drei Male und beschriften Sie die Fachbereiche der Finanzabteilung mit: *Löhne*, *International ZV*, *Debitoren*, *Kreditoren*.

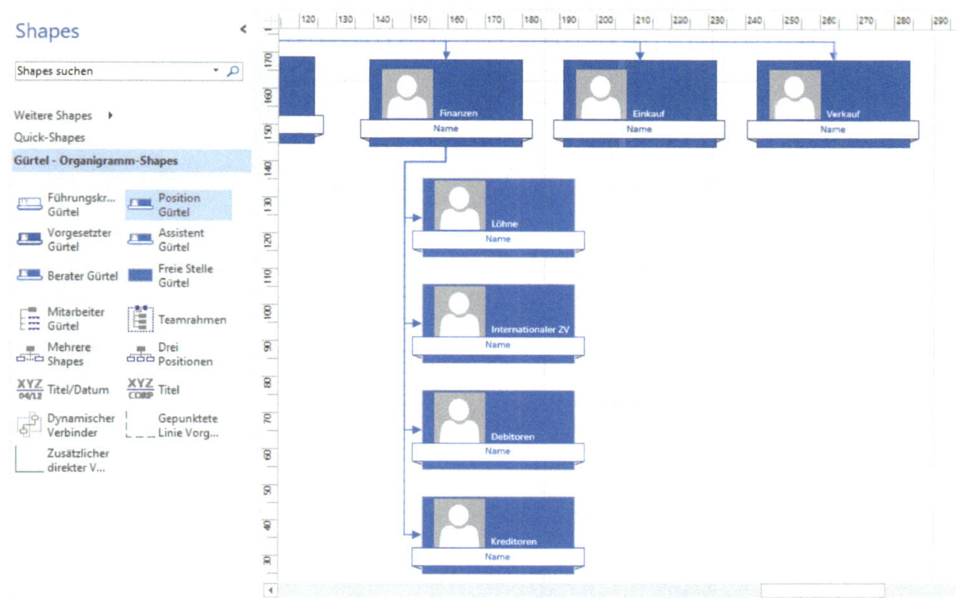

Organisation der Finanzabteilung

Die Orga der Finanzabteilung ist nun fertig und Sie werden jetzt den Hierarchiebaum für die Fertigung erstellen.

Hierarchiebaum fertigstellen

Diesmal verwenden Sie eine verkürzte Form des Organigramms. Es werden zehn Positionen benötigt. Ziehen Sie das Shape *Mehrere Shapes* ❶ auf das Shape mit dem Titel Fertigung ❷. Ein Dialogfeld öffnet sich und Sie können die Anzahl ❸ und die Hierarchieposition ❹ festlegen. Hier in diesem Beispiel wird *Position* verwendet.

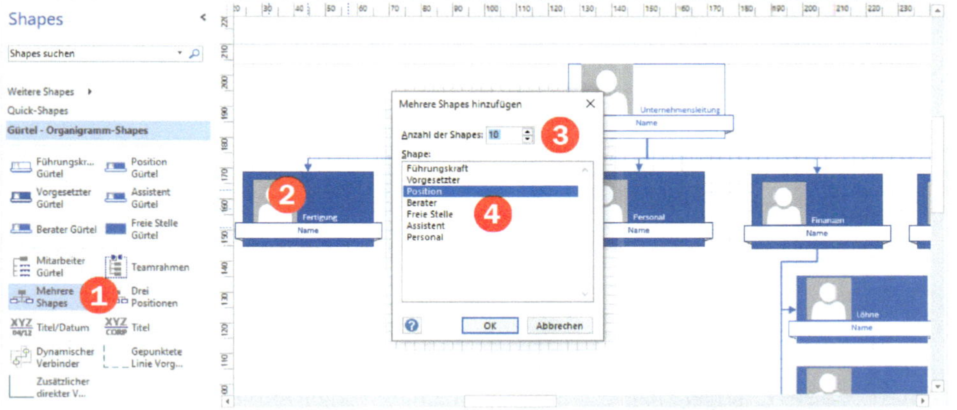

Mehrfaches Einfügen von Position-Shapes

Beschriften Sie diese zehn Shapes mit Begriffen Ihrer Wahl aus dem Fertigungsbereich.

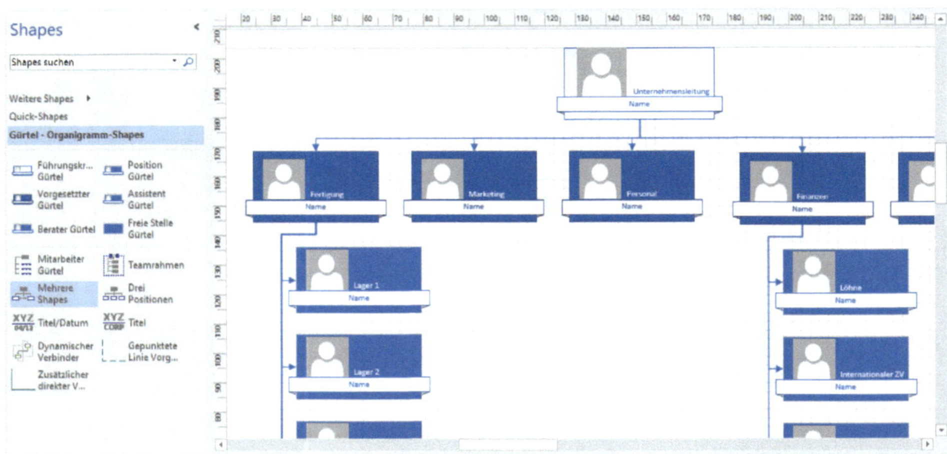

Position-Shapes beschriften

Zum Schluss fügen Sie einen *Assistenten* der Unternehmensleitung ❶ hinzu und zwei weitere Assistenten der Finanzabteilung ❷, indem Sie wieder das Shape *Mehrere Shapes* ❸ auf die jeweiligen Felder ziehen und im Dialogfeld die Anzahl eingeben und schließlich auf *Assistent* ❹ klicken. Ändern Sie die Farbe der drei Assistenten. Markieren Sie die drei Shapes und klicken Sie im Register Start auf *Füllung*. Wählen Sie eine Farbe Ihrer Wahl.

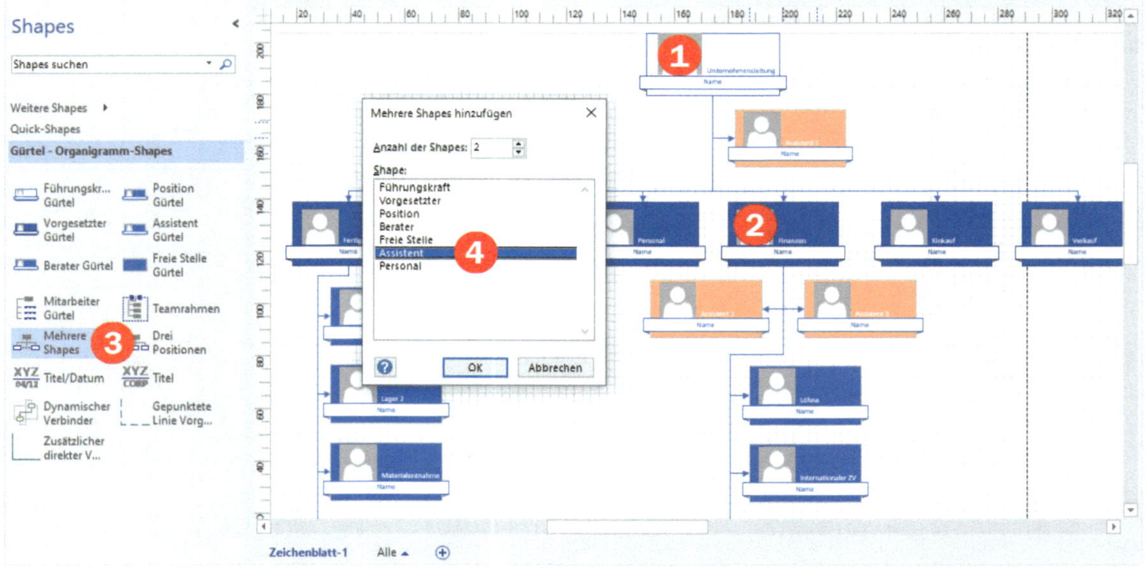

Fertiges Organigramm mit 4 Hierarchieebenen

Weitere Shapes fügen wir in diesem Beispiel nicht hinzu, da es nicht der Übersichtlichkeit in diesem Buch dient.

Layout neu anordnen

Löschen Sie ein Shape aus den zehn Positionen der Fertigung heraus. Markieren Sie das zweite Shape in der Fertigung und klicken die Entf-Taste. Das Shape verschwindet und eine Lücke bleibt zurück ❶. Klicken Sie im Menüband ▶ Register *Organigramm* ❷ ▶ Gruppe *Layout* ▶ *Layout neu anordnen* ❸. Daraufhin wird das Organigramm neu ausgerichtet und die Lücke geschlossen.

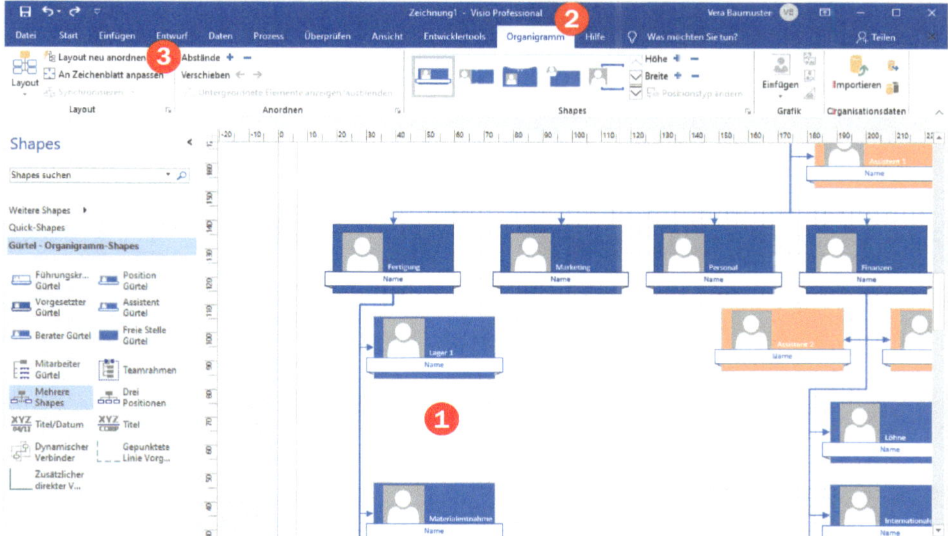

Das Organigramm neu ausrichten

> Die Funktion *Layout neu anordnen* sollten Sie immer ausführen, wenn Sie eine Änderung an Ihrem Diagramm vorgenommen haben.

Editieren eines Organigramms

Wenn Sie an Ihrer Zeichnung Änderungen vornehmen wollen, rate ich davon ab, dies per Mausbefehl, also beispielsweise das Verschieben von Elementen per Drag and Drop, zu tun. Verwenden Sie dazu die Funktionen, die Ihnen MS-Visio bietet.

Elemente verschieben

Klicken Sie auf das Shape mit dem Titel *Finanzen*. Dieses Shape möchten Sie in der Reihe an die erste Position links neben *Fertigung* verschieben ❶ (nächste Seite). Das erledigen Sie mit der Verschieben-Schaltfläche. Sie erreichen Sie im Menüband ▶ Register *Organigramm* ❷ ▶ Gruppe *Anordnen* ▶ ← ❸. Klicken Sie so oft auf den linken Pfeil, bis das Shape mit dem Titel Finanzen ganz links steht. Alle darunter hängenden Positionen werden mitgenommen ❹.

Klicken Sie nun wieder im Register *Organigramm* auf die Schaltfläche *Layout neu anordnen* ❺. Das Diagramm wird korrekt neu ausgerichtet ❻.

Kompletter Baum an neue Position verschoben

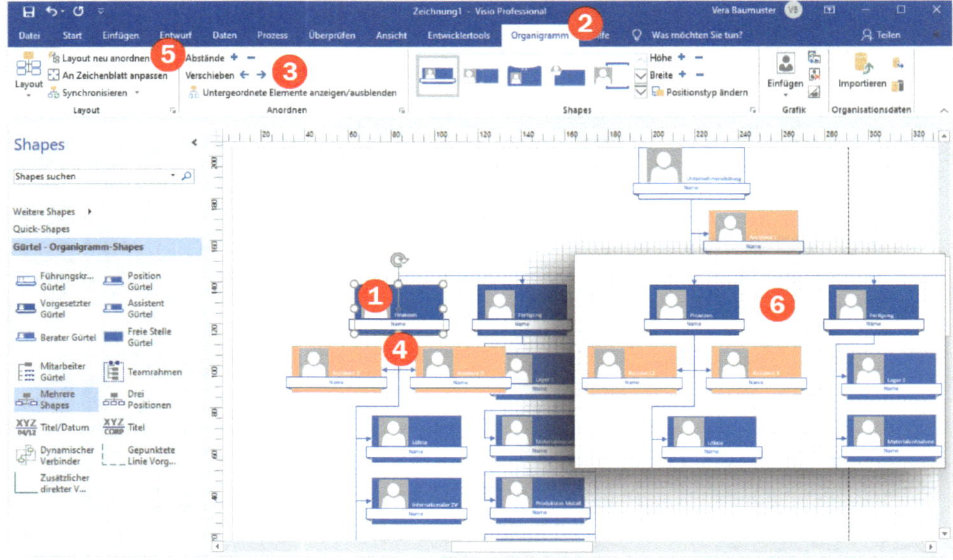

Shapes mit einem Layoutstil neu anordnen

Nun schieben Sie die *Fertigung* zwischen *Personal* und *Einkauf*. Klicken Sie erneut auf die Funktion *Layout neu anordnen*. Markieren Sie die beiden oberen Shapes in dem Fertigungsbaum und klicken Sie erneut auf den Pfeil nach rechts bei *Verschieben*. Wiederholen Sie das vier Mal. Beide Positionen werden nach unten verschoben.

Nun sehen Sie, dass die Shapes der Positionen im Baum links ausgerichtet sind. Ändern Sie dies nun ab. Markieren Sie das Shape *Fertigung* ❶ und klicken im Layout-Bereich auf das kleine Dreieck bei *Layout* ❷.

Ausrichtung einer Gruppe

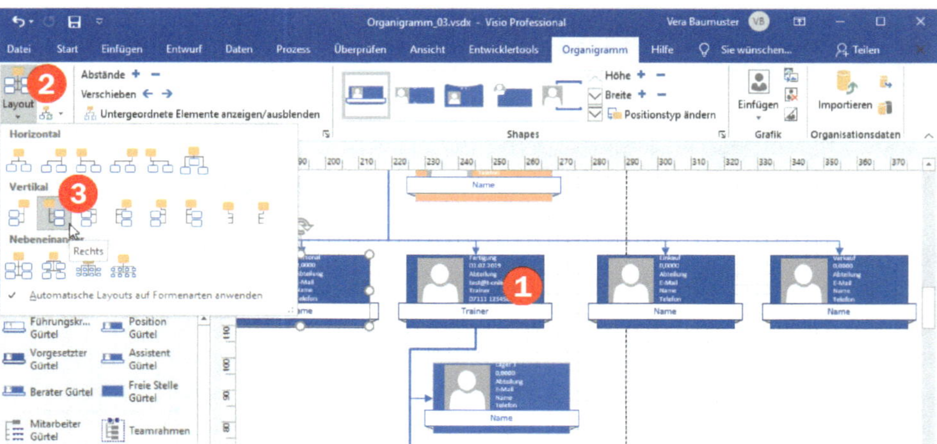

Hier finden Sie Möglichkeiten der Ausrichtung eines Hierarchiebaumes. Je nachdem, welches Shapes Sie aktiviert haben, wirkt sich diese Funktion nur darauf aus. In diesem Beispiel nicht auf das gesamte Diagramm, sondern nur auf den Baum *Fertigung*. Wählen Sie die Ausrichtung *Vertikal* und dann rechts ❸ (siehe vorheriges Bild). Anschließend lassen Sie das Diagramm neu anordnen.

> Die Funktion *Layout ausrichten* wirkt immer nur ausgehend vom aktivierten Shape.

Abstände zwischen Organigramm-Shapes verändern

Sind Ihre Shapes zu dicht aneinandergereiht, so gibt es auch hierfür eine praktische Lösung in MS-Visio. Anstatt mit der Maus die Positionen anzusteuern, verwenden Sie die Funktion *Abstände*. Markieren Sie ein Shape und klicken im Menüband ▶ Register *Organigramm* ❶ ▶ Gruppe *Anordnen* auf + oder - ❷. MS-Visio berechnet für alle Shapes neue Positionen und zeichnet das Diagramm neu. Dies können Sie mehrfach ausführen.

Weitere Einstellungen zu den Abständen finden Sie im Dialogfeld, wenn Sie auf ⧉ ❸ in der Gruppe *Anordnen* klicken. Hier gibt es einen benutzerdefinierten Dialog für sehr genaue Abstandsgrößen zwischen allen Shapes entsprechend Ihrer hierarchischen Einordnung ❹.

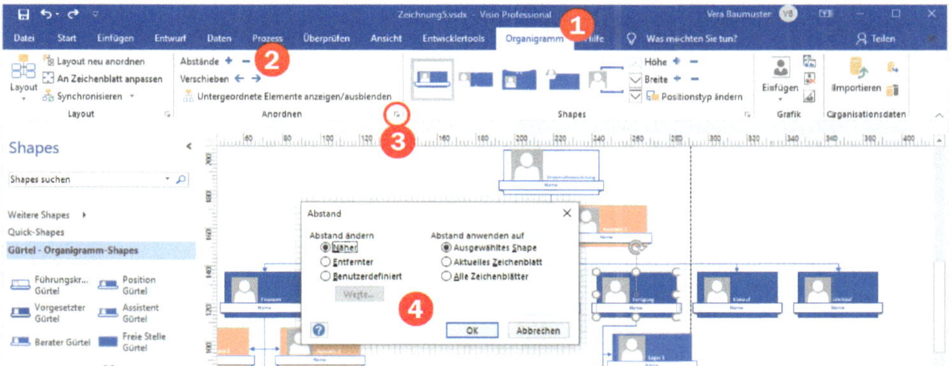

Abstände der Shapes einstellen

Ebenen anzeigen oder ausblenden

Ein Organigramm kann sehr schnell unübersichtlich werden. Dafür gibt es eine weitere Problemlösung, und zwar die Ebenen aus- und einzublenden.

Markieren Sie das Shape *Fertigung* und klicken Sie im Menüband ▶ Register *Organigramm* ❶ (siehe nächste Seite) ▶ Gruppe *Anordnen* ▶ *Untergeordnete Elemente anzeigen/ausblenden* ❷. Der gesamte Baum *Fertigung* wird nun unsichtbar gestellt. Sie erkennen das an diesem Symbol ❸, das rechts unten am Shape angezeigt wird. Auch hier geht MS-Visio nach der Regel vor, dass ein höheres Shape als Referenz herangezogen wird.

Anzeigen/Ausblenden eines Hierarchiebaumes

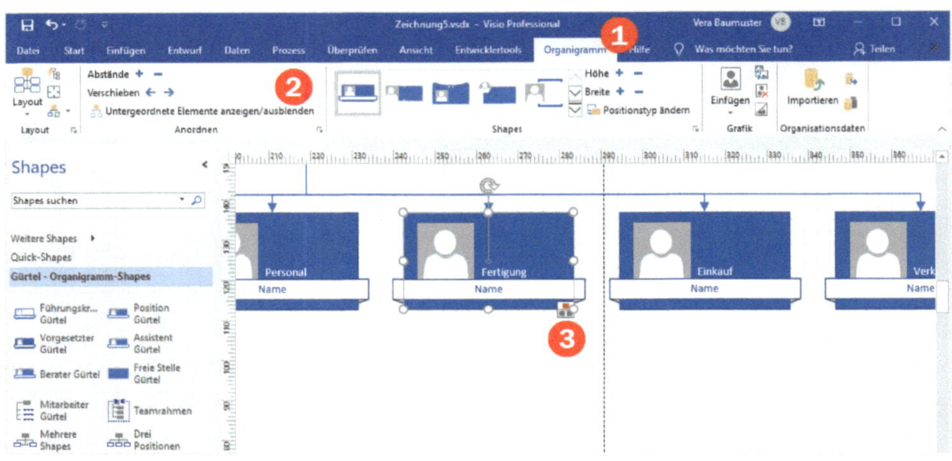

Anpassen eines Organigramm-Shapes

Sie können das Aussehen Ihrer Organigramm-Shapes mit vordefinierten Formatvorlagen in Visio ganz leicht verändern.

Vordefinierte Formatvorlagen

Die vordefinierten Formatvorlagen finden Sie im Menüband ▶ Register *Organigramm* ❶ ▶ Gruppe *Shapes* ❷. Das gesamte Diagramm wird angepasst und nach den Vorgaben neu geschrieben ❸.

Formatvorlage für Organigramme

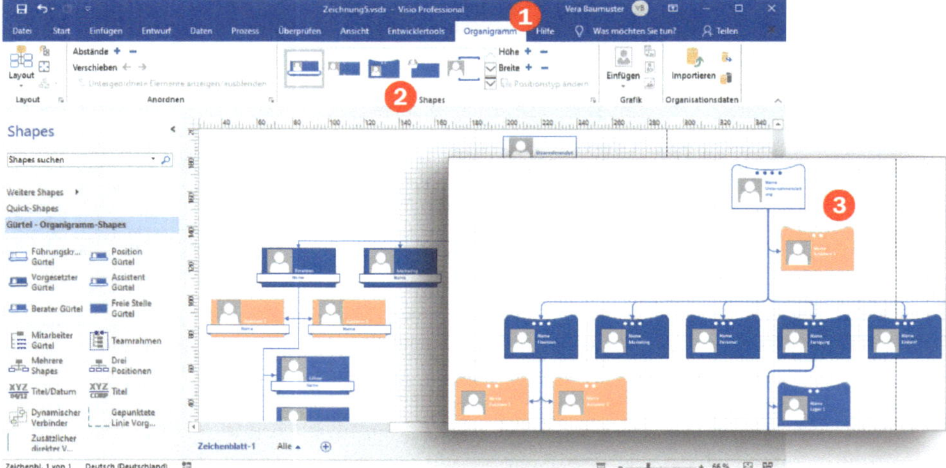

Individuelle Anpassung von Formatvorlagen
Ein anderer Aspekt ist die individuelle Anpassung aus einer Formatvorlage. Sie möchten andere Inhalte ein- oder ausgeblendet dargestellt haben, wenn Sie beispielsweise ein Organigramm intern einsetzen oder es an Externe weitergeben. Für interne Zwecke ist zum Beispiel die Telefondurchwahl sehr gut, für Externe würden Sie gegen den Datenschutz verstoßen.

Markieren Sie das Shape *Fertigung*. Öffnen Sie im Menüband ▶ Register *Ansicht* ❶ ▶ Gruppe *Anzeigen* ▶ *Aufgabenbereiche* die *Shape-Daten* ❷. Auf der rechten Seite befindet sich nun die Eingabemaske für die Daten. Füllen Sie die Felder wie *Telefon*, *E-Mail*, *Kalender* etc. ❸ aus. Ihre Daten haben Sie erfasst, nun möchten Sie bestimmte Informationen in der Zeichnung sichtbar machen.

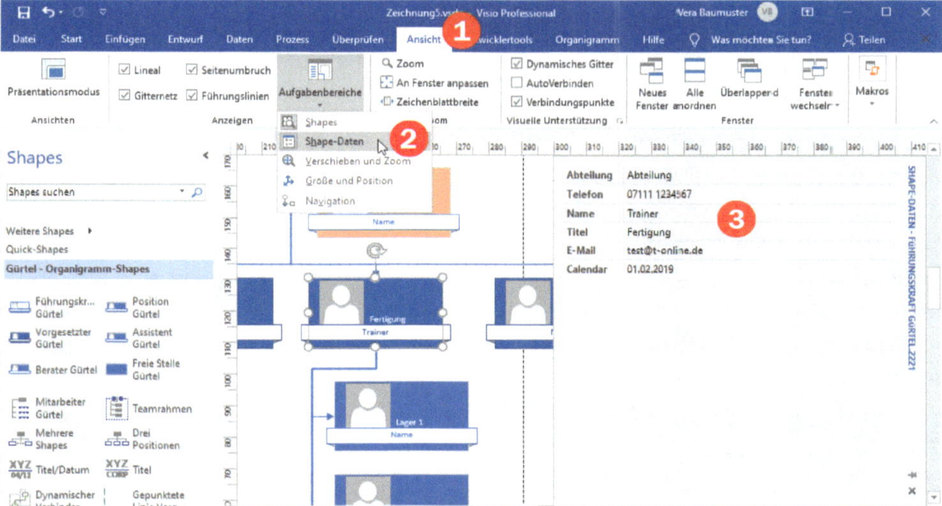

Shape-Daten ausfüllen

Klicken Sie auf im Register *Organigramm* ▶ Gruppe *Shapes* ❶ (siehe nächste Seite), um das Dialogfeld zu öffnen. Wählen Sie das Register *Felder* ❷. Hier können Sie die Felder mit einem Häkchen versehen, die in Ihrer Zeichnung erscheinen sollen ❸.

Fügen Sie nur noch ein Bild der Position hinzu, indem Sie im Register *Organigramm* auf das Symbol bei *Einfügen* klicken ❹. Der Dateiexplorer öffnet sich und Sie können das Bild von Ihrer Festplatte in das Shape laden. Es gibt auch hier die Möglichkeit, das Bild ein- und auszublenden. Klicken Sie dazu auf die Schaltfläche *Einblenden/Ausblenden* ❺. Auch hier bleibt das Bild gespeichert, unabhängig davon, welche Ansichtsform Sie gerade eingestellt haben.

Mit den Schaltflächen *Ändern* und *Löschen* ❻ können Sie ein oder mehrere Bilder aus den Shapes entfernen oder andere Bilder zuordnen.

Anpassen eines Organigramm-Shapes

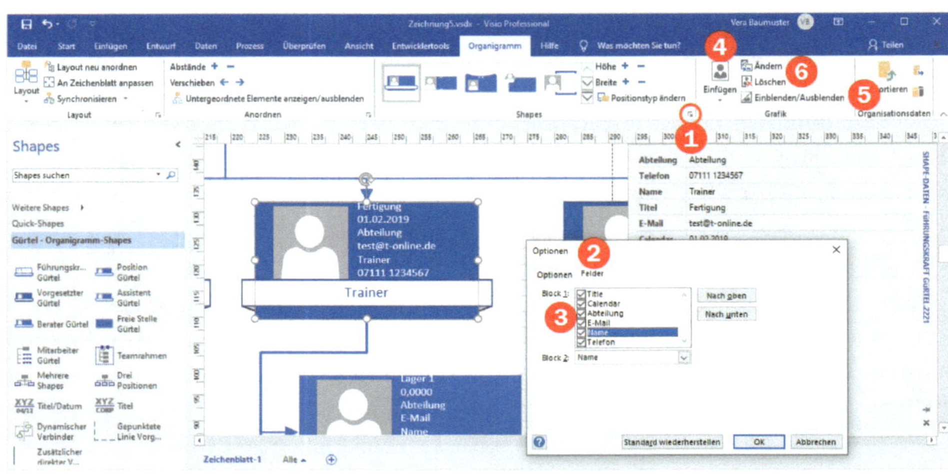

Position der Hierarchie verändern

Möchten Sie eine Hierarchieposition ändern, so gibt es auch hierfür eine Funktion in MS-Visio. Löschen und neu erstellen ist nicht notwendig. Markieren Sie ein Shape, beispielsweise den Assistenten 2 ❶, angesiedelt im Bereich Finanzen und klicken Sie auf die Schaltfläche *Positionstyp ändern* ❷. Wählen Sie aus dem Dialogfeld eine neue hierarchische Stellung aus ❸. Klicken Sie danach auf *OK* ❹. MS-Visio ordnet die Position richtig zu und Sie können danach das *Layout neu anordnen*, wie bereits auf Seite 169 beschrieben.

Positionstyp ändern

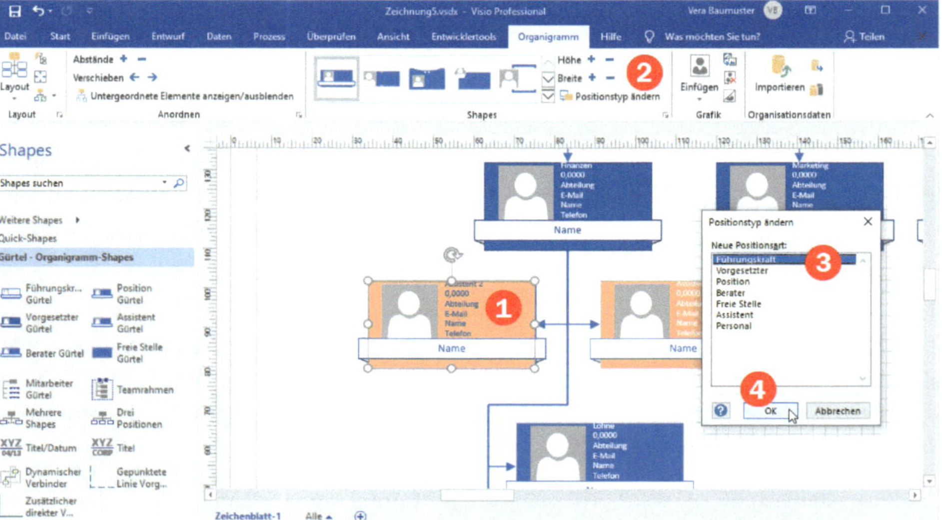

Export und Import von Organigrammen

Ist Ihr Organigramm soweit fertig und Sie möchten es an Kollegen weitergeben, damit Sie ihre Daten selbst vervollständigen, stoßen Sie schnell an Grenzen. Nicht jeder Mitarbeiter hat MS-Visio installiert und kann auch damit umgehen. Einfacher wäre es, wenn Sie eine Excel-Datei versenden, damit die Anwender Ihre Daten eingeben.

Unternehmensdaten exportieren

Im Menüband ▶ Register *Organigramm* ❶ ▶ Gruppe *Organisationsdaten* befindet sich die Schaltfläche für den Export. Klicken Sie auf *Exportieren* ❷ und ein Dialogfeld zum Speichern wird eingeblendet. Vergeben Sie einen passenden Dateinamen ❸ und den Ablageort. Im unteren Bereich haben Sie noch die Wahl, in welchem Format MS-Visio die Daten abliefern soll. Belassen Sie es bei der Excel-Arbeitsmappe ❹. Klicken Sie anschließend auf *Speichern* ❺ und bestätigen Sie danach die Meldung, dass *Unternehmensdaten erfolgreich exportiert* ❻ wurden. Mehr sehen Sie im Moment nicht. Öffnen Sie jetzt diese gespeicherte Datei in Excel, so sehen Sie die Struktur, wie MS-Visio die Daten ablegt und verwaltet.

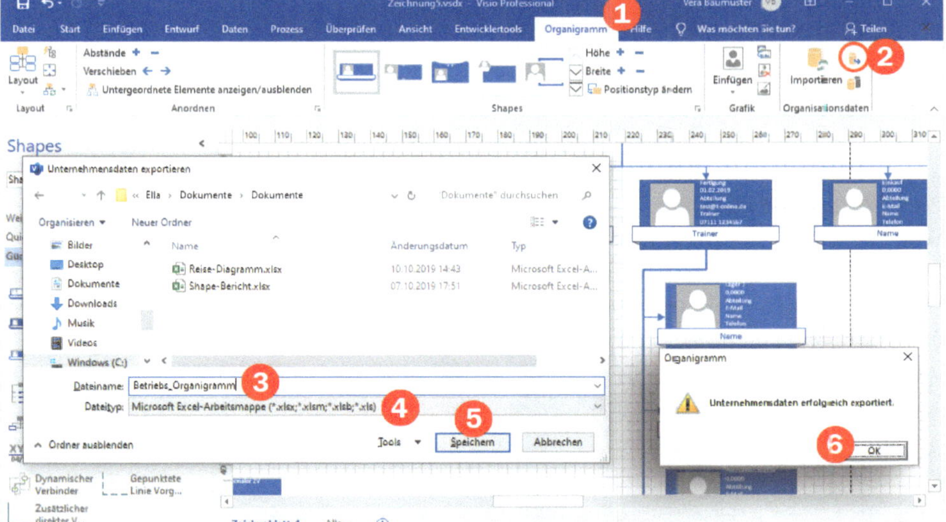

Organigramm exportieren

Excel-Tabelle mit Daten versehen

Öffnen Sie die Excel-Tabelle aus dem Ordner, in dem sie abgespeichert wurde. In der obersten Zeile befindet sich die Spaltenüberschrift. Links an erster Stelle ist die *Eindeutige_ID* Nr. zu sehen. Es ist die Bezeichnung ID1 bis ID + die fortlaufende Nummer. Auf das Format dieser Zahlen haben Sie keinen Einfluss. Auf der rechten Seite befinden sich die Spalte *Vorgesetzter*. Diese bezieht sich auf die Position links in der Spalte Eindeutige_ID. Beispiel: Die *Fertigung* in Zeile 5 hat als Vorgesetzten die ID1 in Zeile 2, das ist der Chef, die höchste hierarchische Position. In der Spalte *Master-Shape* ist die Nummer des hierarchischen Master-Shapes hinterlegt, dem es zugeordnet ist. In diesem

Beispiel hat der Chef das Master-Shape 0, die Vorgesetzten die Nr. 1, die Assistenten die Nr. 2. So werden beim Einlesen der Daten die richtigen Shape-Typen zugeordnet.

Excel-Tabelle mit den Organigramm-Daten

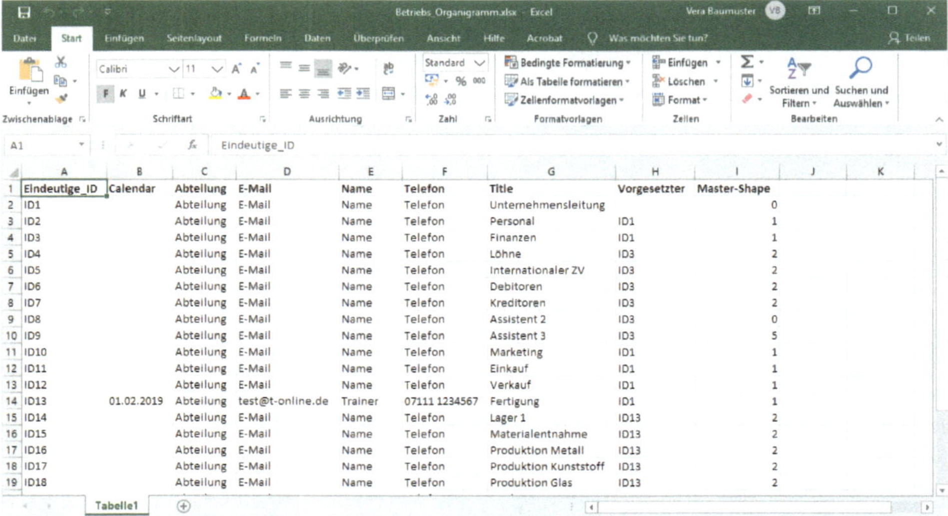

	A	B	C	D	E	F	G	H	I
1	Eindeutige_ID	Calendar	Abteilung	E-Mail	Name	Telefon	Title	Vorgesetzter	Master-Shape
2	ID1		Abteilung	E-Mail	Name	Telefon	Unternehmensleitung		0
3	ID2		Abteilung	E-Mail	Name	Telefon	Personal	ID1	1
4	ID3		Abteilung	E-Mail	Name	Telefon	Finanzen	ID1	1
5	ID4		Abteilung	E-Mail	Name	Telefon	Löhne	ID3	2
6	ID5		Abteilung	E-Mail	Name	Telefon	Internationaler ZV	ID3	2
7	ID6		Abteilung	E-Mail	Name	Telefon	Debitoren	ID3	2
8	ID7		Abteilung	E-Mail	Name	Telefon	Kreditoren	ID3	2
9	ID8		Abteilung	E-Mail	Name	Telefon	Assistent 2	ID3	0
10	ID9		Abteilung	E-Mail	Name	Telefon	Assistent 3	ID3	5
11	ID10		Abteilung	E-Mail	Name	Telefon	Marketing	ID1	1
12	ID11		Abteilung	E-Mail	Name	Telefon	Einkauf	ID1	1
13	ID12		Abteilung	E-Mail	Name	Telefon	Verkauf	ID1	1
14	ID13	01.02.2019	Abteilung	test@t-online.de	Trainer	07111 1234567	Fertigung	ID1	1
15	ID14		Abteilung	E-Mail	Name	Telefon	Lager 1	ID13	2
16	ID15		Abteilung	E-Mail	Name	Telefon	Materialentnahme	ID13	2
17	ID16		Abteilung	E-Mail	Name	Telefon	Produktion Metall	ID13	2
18	ID17		Abteilung	E-Mail	Name	Telefon	Produktion Kunststoff	ID13	2
19	ID18		Abteilung	E-Mail	Name	Telefon	Produktion Glas	ID13	2

Sie können nun diese Excel-Datei sehr einfach anpassen und die Daten dann in eine neue oder die bestehende Visio-Datei einlesen. Vervollständigen Sie die Daten in der Excel-Datei, wie Namen, Telefonnummern etc. und speichern Sie sie.

Excel-Tabelle importieren

Wechseln Sie wieder zu Visio und klicken Sie im Menüband ▶ Register *Organigramm* ❶ ▶ Gruppe *Organisationsdaten* auf *Importieren* ❷. Der *Organigramm-Assistent* ❸ startet, der Ihnen ganz zu Anfang des Kapitels schon begegnet ist und den Sie damals abgebrochen haben. Wählen Sie hier die obere Option ❹ und klicken Sie unten auf *Weiter*.

Der Organigramm-Assistent

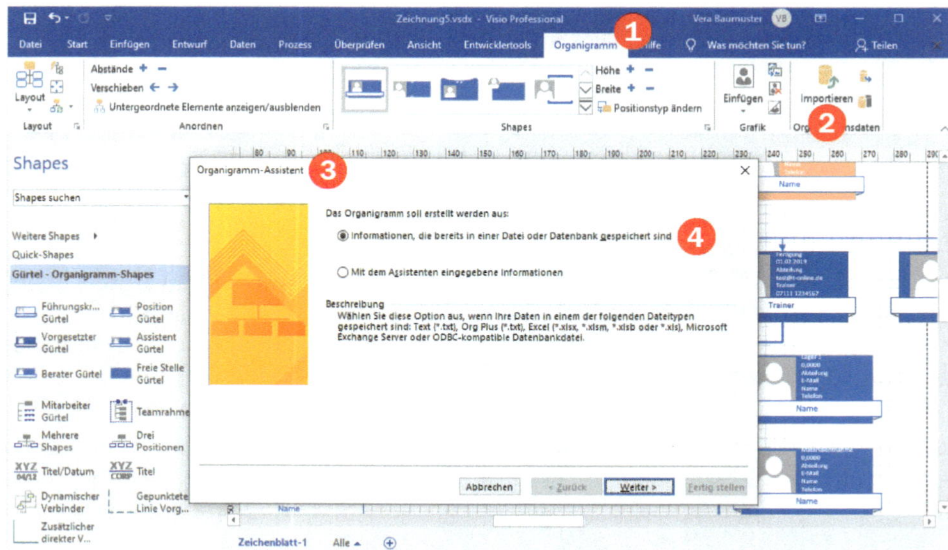

Eingabemasken des Importassistenten

In der nächsten Maske wählen Sie aus, wo Ihre Unternehmensinformationen gespeichert sind. Klicken Sie hier auf den ersten Eintrag ❶. In der zweiten Maske klicken Sie auf Durchsuchen und wählen Ihre Excel-Tabelle aus ❷. Bestätigen Sie jeweils mit Weiter ❷.

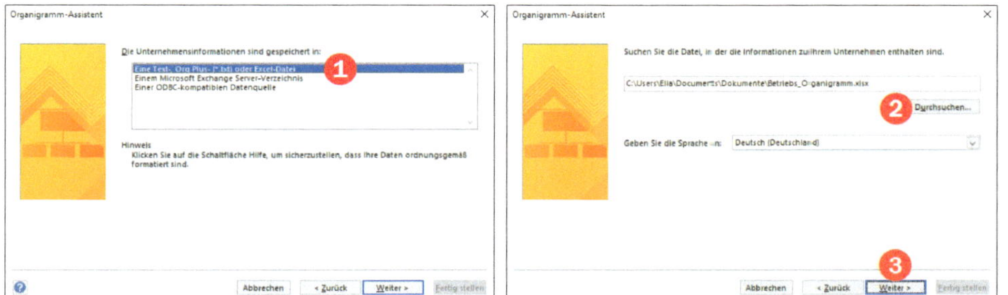

Importassistent Eingabemasken 1-2

In der linken Maske müssen Sie die Feldnamen der höchsten Ebene zuordnen. Nehmen Sie *Name* und *Vorgesetzter*, wie in der Abbildung ❶. Rechts legen Sie die Spalten aus der Excel-Tabelle fest, die Sie im Shape angezeigt haben möchten. Markieren Sie die Dateispalten und klicken Sie auf *Hinzufügen* ❷.

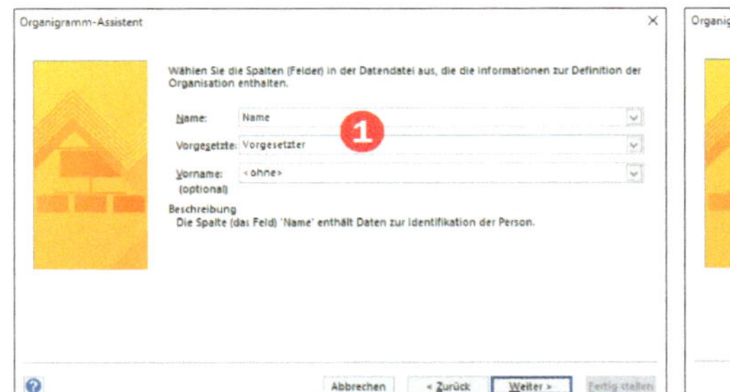

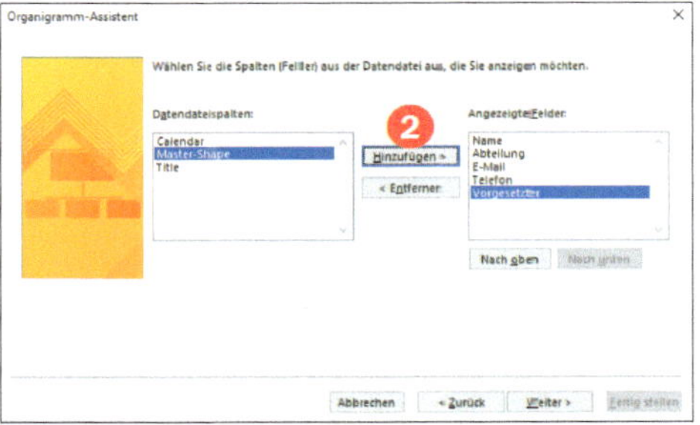

Importassistent Eingabemasken 3-4

In der nächsten Maske danach folgen die Werte, die überhaupt nach MS-Visio übertragen werden sollen ❶ (siehe Bild nächste Seite). In der rechten Maske geht es um die Übernahme von Bildern ❷. Dies ist für dieses Beispiel nicht geplant und Sie können die beiden nächsten Masken überspringen. Möchten Sie auch die dazugehörigen Bilder in das Organigramm übernehmen, müssen alle Bilder in einem Ordner liegen. Entscheidend für die korrekte Übernahme der Bilder in die Zeichnung ist der Dateiname. Hierzu muss der Dateiname identisch mit einem Feldnamen sein. Am einfachsten geht es mit der E-Mail-Adresse. Ein Beispiel max.mustermann@test.de – der dazugehörige Dateiname wäre dann max.mustermann@test.de.jpg

Importassistent Eingabemaske 5-6

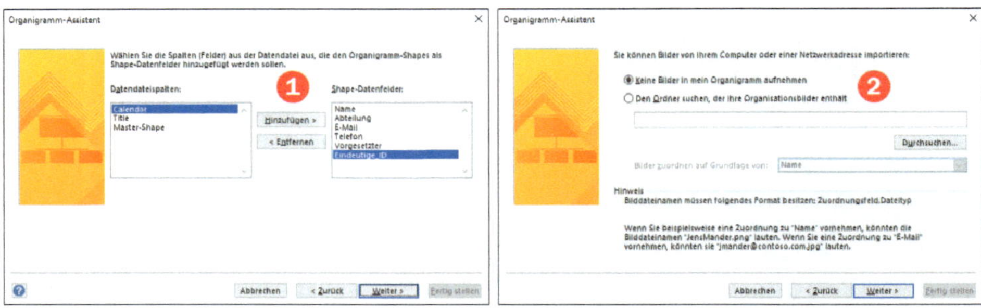

Als letzte Maske können Sie noch festlegen, ob MS-Visio nach jedem Vorgesetzten einen Seitenumbruch vornehmen soll. Dies ist für sehr große Organigramme sehr sinnvoll. Klicken Sie auf *Fertigstellen* und MS-Visio erstellt ein Organigramm aus dieser Excel-Datei.

Importassistent Eingabemaske 7

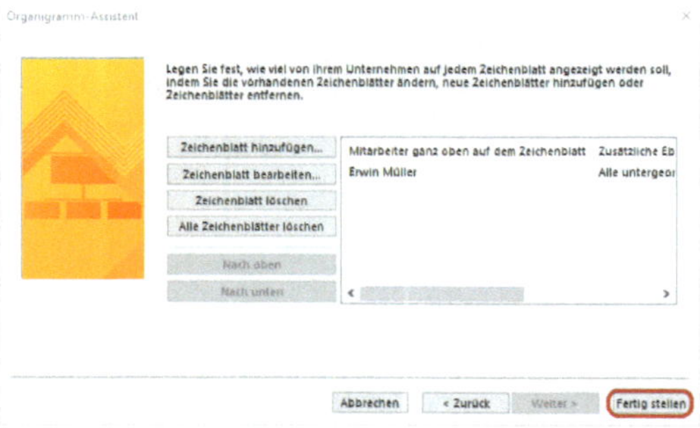

Wenn der Assistent fertig gestellt wurde, finden Sie alle Informationen (Namen, E-Mail-Adresse etc.) in den einzelnen Shapes.

Fertig importierte Excel-Datei in ein Organigramm

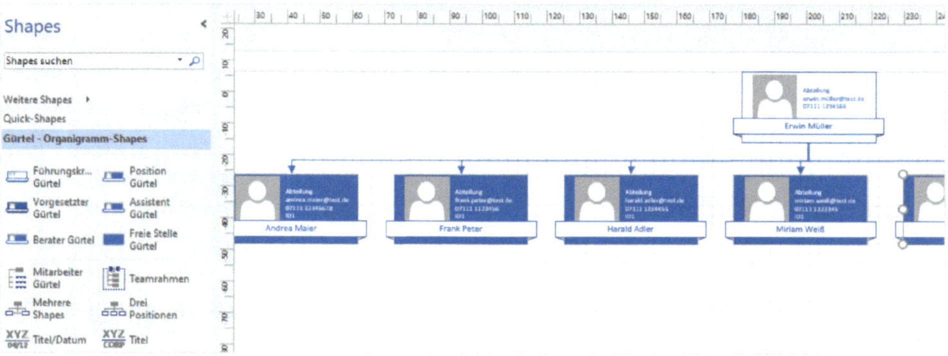

Ändern Sie die Namen der Spaltenüberschrift in Excel nicht ab und behalten Sie sie bei. Es ist beim Import und Export einfacher.

Organigramme vergleichen

Innerhalb eines Unternehmens ist es völlig normal, dass Positionen geändert, umbesetzt und neu strukturiert werden müssen. Es kommen Mitarbeiter hinzu und andere verlassen das Unternehmen. Nun stellt sich die Frage, wie Sie diesen Änderungen am besten nachkommen. MS-Visio bietet Ihnen hierfür einen Dateivergleich an.

Eine neues Organigramm erstellen

Erstellen Sie von Ihrem Organigramm eine neue Datei, indem Sie im Menüband ▶ Register *Datei* auf *Speichern unter* klicken und dann einen neuen Dateinamen vergeben. Öffnen Sie jetzt die neue Datei und verändern Sie sie geringfügig, z. B.:

1. Fügen Sie eine neue Position hinzu.
2. Löschen Sie zwei Shapes aus Ihrer Zeichnung heraus.
3. Verschieben Sie eine Position von der *Fertigung* in das *Marketing*. Speichern Sie die Datei erneut ab.

Unternehmensdaten vergleichen

Starten Sie den Vergleich, indem Sie im Menüband ▶ Register *Organigramm* ❶ ▶ Gruppe *Organisationsdaten* ▶ *Vergleichen* ❷ klicken. Es öffnet sich ein Dialog mit allen Einstellungen.

Zuerst wählen Sie in den Eingabezeilen die beiden Organigramme, die zum Vergleich anstehen. Über *Durchsuchen* ❸ startet der Explorer und zeigt Ihnen Ihre Ordnerstruktur. Haben Sie die beiden Dateien ausgewählt, müssen Sie nun festlegen, welche Zeichnung als die Neuere ❹ behandelt werden soll. Zum Schluss bestimmen Sie den Typ für den Vergleich. Soll die Sortierung nach den Positionen erfolgen oder nach den Änderungen ❺. Sie können den Vergleich auch zwei Mal durchführen und so beide Varianten erstellen. Klicken Sie auf *OK* ❻.

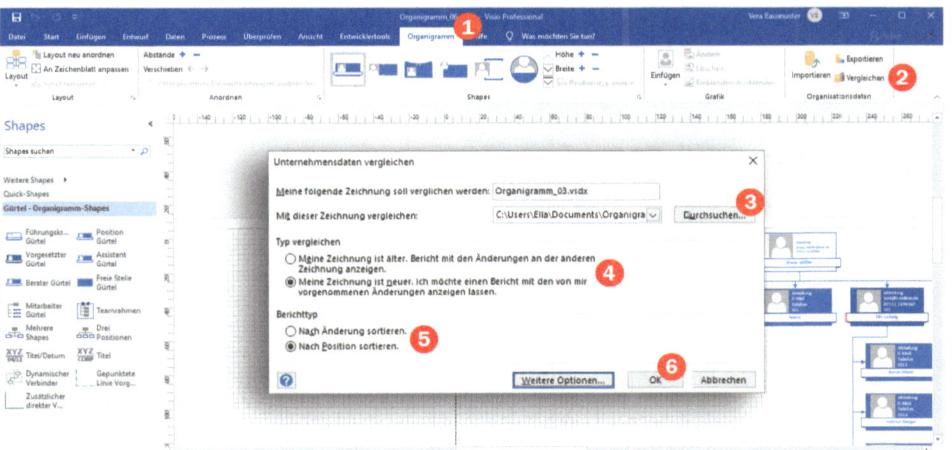

Dialogfeld zum Vergleich von zwei Organigrammen

MS-Visio erstellt den Vergleichsbericht in einem HTML-Format.

Vergleichsbericht zwischen zwei Organigrammen

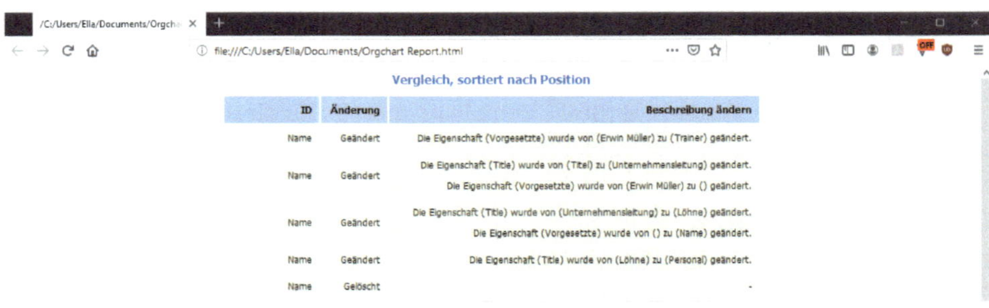

Vergleich, sortiert nach Position

ID	Änderung	Beschreibung ändern
Name	Geändert	Die Eigenschaft (Vorgesetzte) wurde von (Erwin Müller) zu (Trainer) geändert.
Name	Geändert	Die Eigenschaft (Title) wurde von (Titel) zu (Unternehmensleitung) geändert. Die Eigenschaft (Vorgesetzte) wurde von (Erwin Müller) zu () geändert.
Name	Geändert	Die Eigenschaft (Title) wurde von (Unternehmensleitung) zu (Löhne) geändert. Die Eigenschaft (Vorgesetzte) wurde von () zu (Name) geändert.
Name	Geändert	Die Eigenschaft (Title) wurde von (Löhne) zu (Personal) geändert.
Name	Gelöscht	-

11.3 Das Pivotdiagramm

Das Pivotdiagramm hat ähnliche Schaltflächen zum Strukturieren und Anpassen wie bei einem Organigramm-Diagramm. Hierfür sind vorhandene Daten in Form einer Excel-Datei, einer Datenbank oder anderen Datenquellen die Voraussetzung. Es ist die Basis für eine erfolgreiche Visio-Zeichnung. Sie sollten ein paar grundlegende Excel-Kenntnisse für dieses Kapitel mitbringen. Eine Pivot-Tabelle ist dazu da, aus großen strukturierten Datenbeständen eine verdichtete Darstellung der Daten zu erzeugen. Am Beispiel einer Umsatztabelle, die in Excel vorliegt, gehen wir jetzt ans Werk.

Ausgangsdaten der Excel-Tabelle mit Duplikaten und nummerischer Spalte

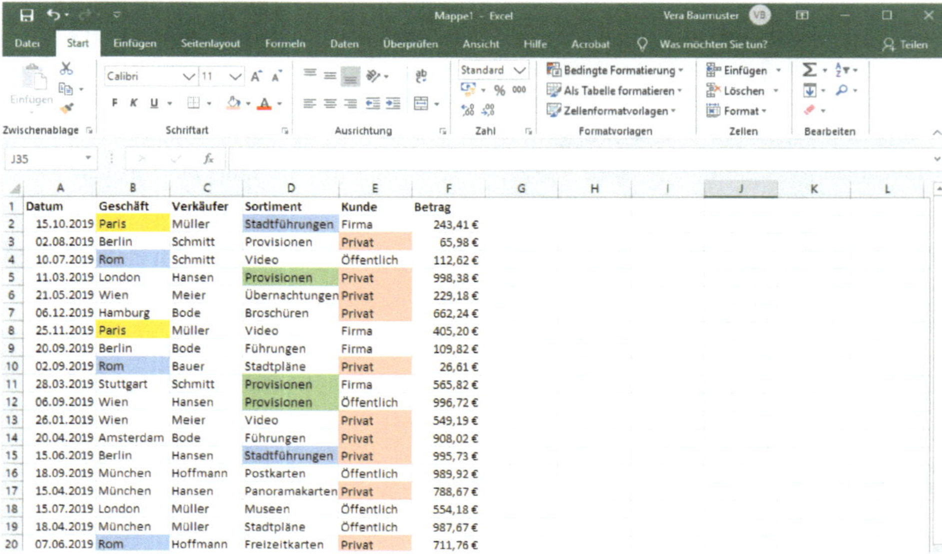

	Datum	Geschäft	Verkäufer	Sortiment	Kunde	Betrag
2	15.10.2019	Paris	Müller	Stadtführungen	Firma	243,41 €
3	02.08.2019	Berlin	Schmitt	Provisionen	Privat	65,98 €
4	10.07.2019	Rom	Schmitt	Video	Öffentlich	112,62 €
5	11.03.2019	London	Hansen	Provisionen	Privat	998,38 €
6	21.05.2019	Wien	Meier	Übernachtungen	Privat	229,18 €
7	06.12.2019	Hamburg	Bode	Broschüren	Privat	662,24 €
8	25.11.2019	Paris	Müller	Video	Firma	405,20 €
9	20.09.2019	Berlin	Bode	Führungen	Firma	109,82 €
10	02.09.2019	Rom	Bauer	Stadtpläne	Privat	26,61 €
11	28.03.2019	Stuttgart	Schmitt	Provisionen	Firma	565,82 €
12	06.09.2019	Wien	Hansen	Provisionen	Öffentlich	996,72 €
13	26.01.2019	Wien	Meier	Video	Privat	549,19 €
14	20.04.2019	Amsterdam	Bode	Führungen	Privat	908,02 €
15	15.06.2019	Berlin	Hansen	Stadtführungen	Privat	995,73 €
16	18.09.2019	München	Hoffmann	Postkarten	Öffentlich	989,92 €
17	15.04.2019	München	Hansen	Panoramakarten	Privat	788,67 €
18	15.07.2019	London	Müller	Museen	Öffentlich	554,18 €
19	18.04.2019	München	Müller	Stadtpläne	Öffentlich	987,67 €
20	07.06.2019	Rom	Hoffmann	Freizeitkarten	Privat	711,76 €

Eine Grundregel, damit Daten überhaupt in einer Pivot-Tabelle Sinn machen, besteht darin, dass doppelte Daten oder Datensätze vorhanden sind und eine nummerische Spalte vorkommt. Sie sehen in der Ausgangsdatei doppelte Werte in jeder Spalte und am Ende eine Spalte, in der eine Summe, also eine Berechnung gebildet werden kann. Natürlich können Sie eine Pivot-Auswertung auch in Excel durchführen. Doch bietet

MS-Visio zusätzlich das ein oder andere zeichnerische oder grafische Element. Die Datei hat 2000 Datensätze und Sie müssen hier und da ein wenig Geduld aufbringen, wenn MS-Visio die Datenmenge verarbeitet.

Ein Pivotdiagramm erstellen

Öffnen Sie Visio und erstellen Sie eine neue Datei, indem Sie auf *Neu* ❶ ▶ *Geschäftlich* ❷ ▶ *Pivotdiagramm* ❸ und dann auf *Erstellen* klicken. Alternativ können Sie auch den Begriff *Pivotdiagramm* in der Suchleiste eingeben ❹. Es erscheint ein Dialogfeld zur Datenquelle oder Datenherkunft.

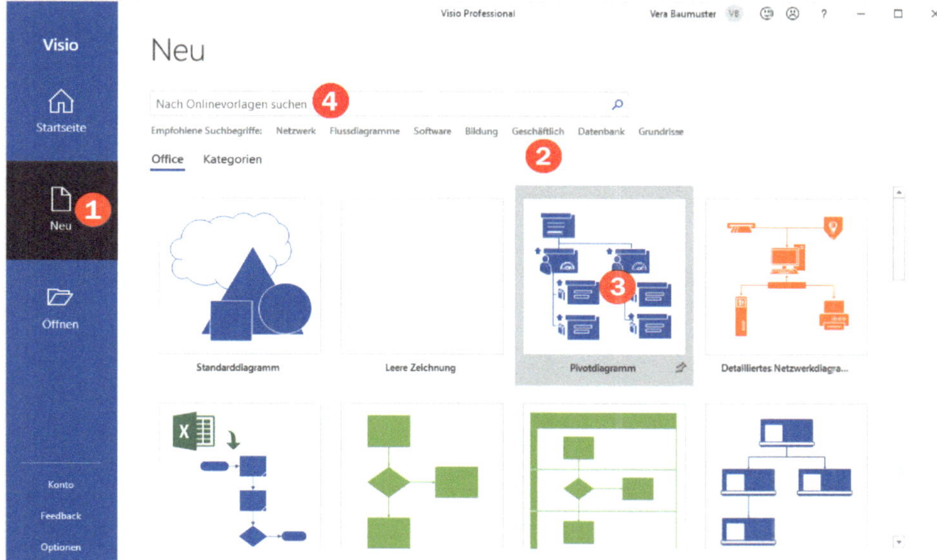

Ein Pivotdiagramm erstellen

Eine Excel-Tabelle in ein Pivotdiagramm importieren

Klicken Sie im Dialogfeld auf *Microsoft Excel-Arbeitsmappe* ❶ und dann auf *Weiter* ❷. Es folgt die Abfrage der Datei und der dazugehörige Pfad. Klicken Sie auf *Durchsuchen* ❸ und im Explorer auf die entsprechende Excel-Datei. Bestätigen Sie mit *Weiter* ❹.

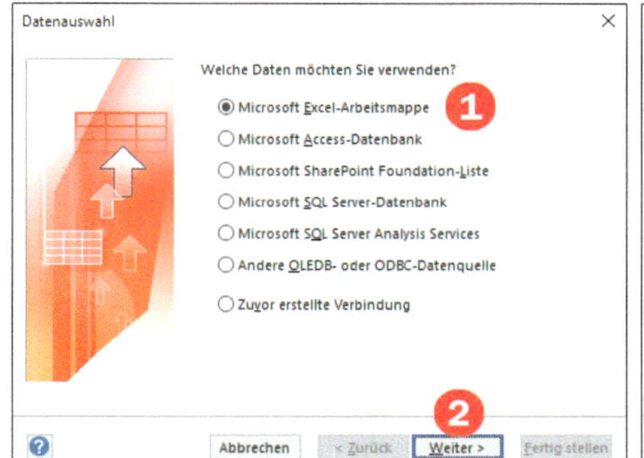

Excel-Datei auswählen

Geben Sie in dem nächsten Dialogfeld den Bereich Ihrer Excel-Datei an, der Ihre Daten enthält. In diesem Fall ist es *Tabelle1$* ❶, die Excel selbständig erkennt. Die Schaltfläche *Erste Zeile der Daten enthält Spaltenüberschriften* müssen Sie beachten. Aktivieren Sie die Checkbox, wenn Sie Überschriften in der Tabelle haben. Möchten Sie andere Daten verwenden, dann klicken Sie auf *Benutzerdef. Bereich auswählen...* ❷. MS-Visio öffnet jetzt die Excel-Datei und Sie können den Datenbereich mit der Maus abfahren oder per Eingabe die Bereichsadressen vervollständigen. Je nachdem, wie Ihre Excel-Datei aufgebaut ist, können Sie hier Spalten und Zeilen hinzufügen ❸. Dies wäre der Fall, wenn Ihre Daten nicht zusammenhängend sind und Lücken aufweisen. Hier ist das nicht der Fall und Sie können wieder auf *Weiter* ❹ klicken. Der Import ist fast fertig, Sie brauchen in der nächsten Maske nur noch auf *Fertig stellen* klicken.

Arbeitsblatt, Spalten und Zeilen auswählen

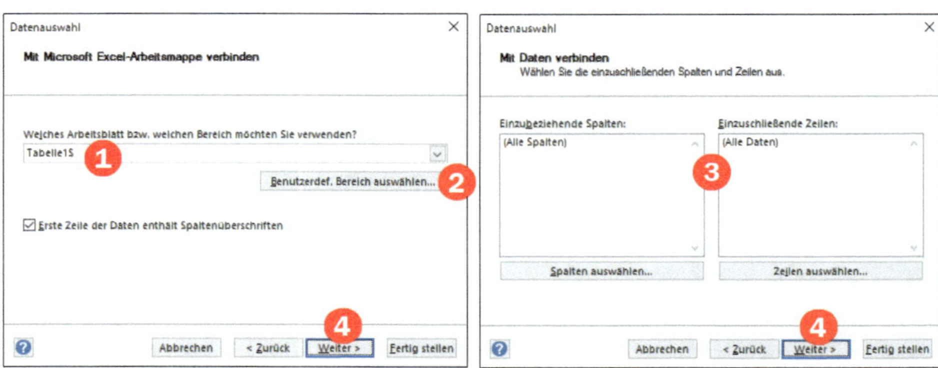

Kategorien und Ergebnisse aktivieren

Es dauert ein wenig und der Import der 2000 Datensätze wird eingelesen. Links oben finden Sie die *Kategorie* ❶ (siehe Bild auf der nächsten Seite). Das entspricht den Spalten, wie sie in der Excel-Datei vorliegen und die oberste Zeile wird als Spaltenüberschrift interpretiert. Im *Ergebnisbereich* finden Sie alle Wertespalten aus der Importdatei ❷. MS-Visio prüft, welchen Typ eine Spalte hat und wandelt die Spalte zu einer Ergebnisspalte um. Aus diesem Grunde ist es auch wichtig, dass in einer solchen Spalte keine Texte enthalten sind und die Datenstruktur in Ordnung ist. Das Datumsfeld ist aktiviert ❸, weil es in der Reihenfolge vor der Umsatzspalte kommt. Das Feld *Anzahl* erstellt MS-Visio automatisch. Die erzeugten Shapes, die Sie auf dem Blatt finden, ist hier das Gesamtergebnis aus der Spalte, das ein Häkchen in dem Ergebnisbereich hat. Das zweite Shape ist der Pfad ❹, aus dem die Daten kommen, sprich Ihre Excel-Datei.

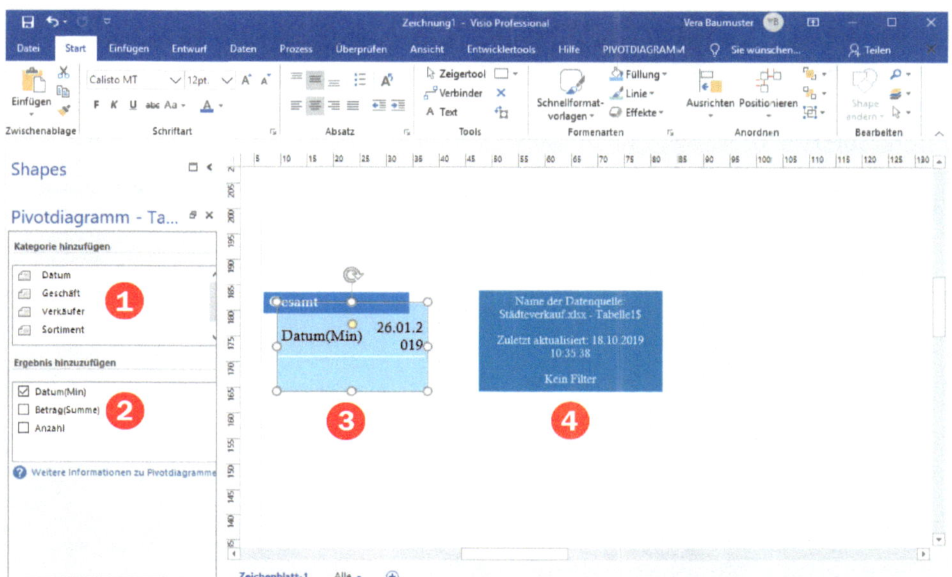

Zeichenblatt nach dem Import aus Excel

Passen Sie nun die Datenform an, indem Sie in der linken Spalte das Häkchen bei *Datum* entfernen und bei *Betrag(Summe)* und *Anzahl* aktivieren ❶. MS-Visio errechnet sofort die Summe aus der Umsatzspalte und zählt die Anzahl der Datensätze. Klicken Sie jetzt in der linken Spalte bei *Kategorie* auf *Verkäufer* ❷. Jetzt werden für jeden Verkäufer der erbrachte Umsatz und die Anzahl der getätigten Verkäufe ermittelt ❸.

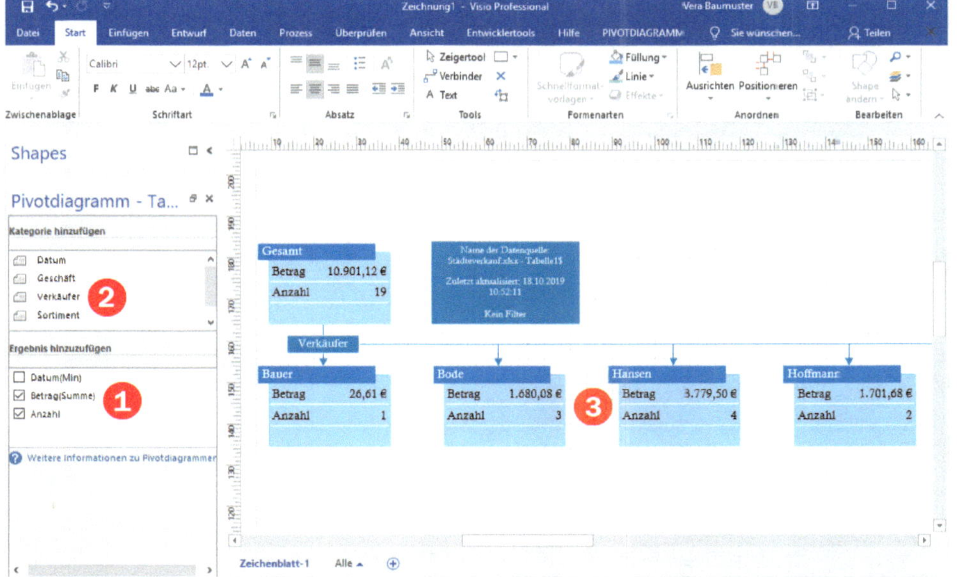

Umsatz aufgeteilt nach Verkäufer

Ebenen ändern und Shapes sortieren

Möchten Sie die Verkäufer nicht als oberste Ebene verwenden, so aktivieren Sie das darüberliegende Shape, in diesem Beispiel den *Gesamtumsatz* ❶ und klicken Sie im Kategoriebereich auf *Sortiment* ❷. Das Zeichenblatt wird neu aufgebaut und die Änderung sofort sichtbar ❸.

Ebenen ändern

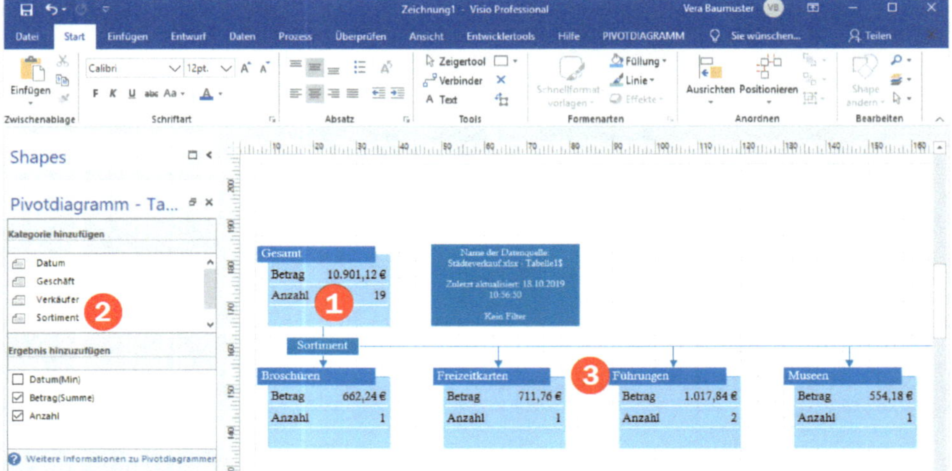

Klicken Sie nun auf den Verkäufer *Bode* ❶ und anschließend im Kategoriebereich auf das Feld *Sortiment* ❷. Es werden alle Umsätze bezogen auf das Sortiment vom Verkäufer Bode aufgelistet. Das Pivotdiagramm wird standardmäßig von links nach rechts geschrieben. Ändern Sie dies, indem Sie den Verkäufer Bode erneut aktivieren. Klicken Sie im Menüband ▶ Register *Pivotdiagramm* ❸ ▶ Gruppe *Layout* auf *Ausrichtung* ▶ *Unten* ❹. Die Shapes werden jetzt von oben nach unten umsortiert ❺.

Eine zweite Ebene mit senkrechter Ausrichtung

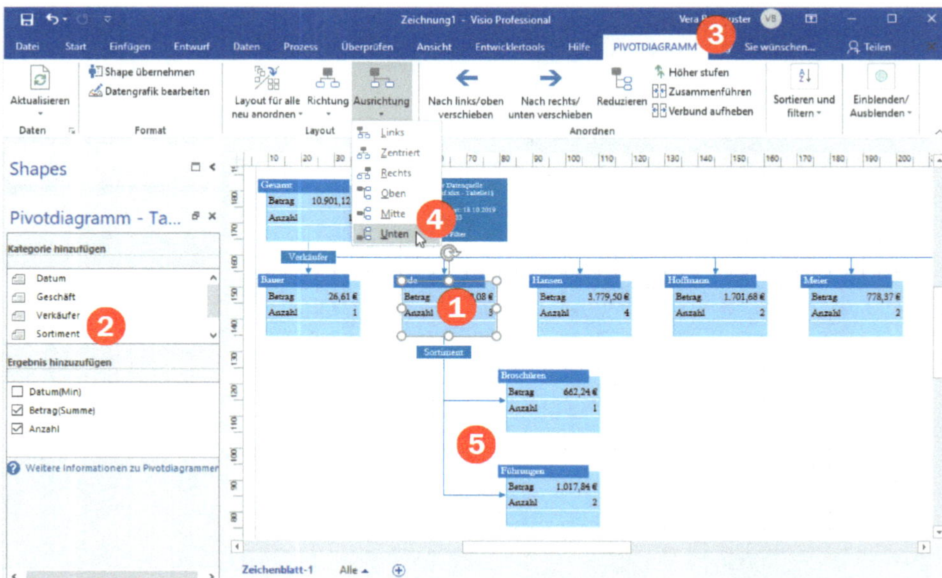

Neue Kategorien anzeigen

Markieren Sie als nächstes den Verkäufer *Hoffmann* ❶. Bei diesem Verkäufer möchten Sie die Umsätze nach Städten wissen. Klicken Sie jetzt im Kategoriebereich auf *Geschäft* ❷. Hier werden Umsatz und Anzahl dargestellt. Ordnen Sie auch hier die *Ausrichtung* auf *Unten*, wie bereits beschrieben, nachdem Sie auf das Shape *Hoffmann* geklickt haben. Zuletzt klicken Sie auf den Verkäufer *Müller* ❸ und weisen Sie die Kategorie *Datum* ❹ in der linken Spalte zu. Nun noch die Ausrichtung von oben nach unten. Sie bekommen zu jedem Tag, an dem Herr Müller einen Umsatz getätigt hat, die Umsatzzahl. Es ist logisch, dass in diesem Fall die Anzahl mit 1 angegeben wird. Springen Sie an das Ende der Reihe, erkennen Sie, dass MS-Visio die Daten nicht vollständig aufgelistet hat. Es würde die Blattgröße übersteigen, da das Programm 2000 Shapes nicht verarbeiten kann.

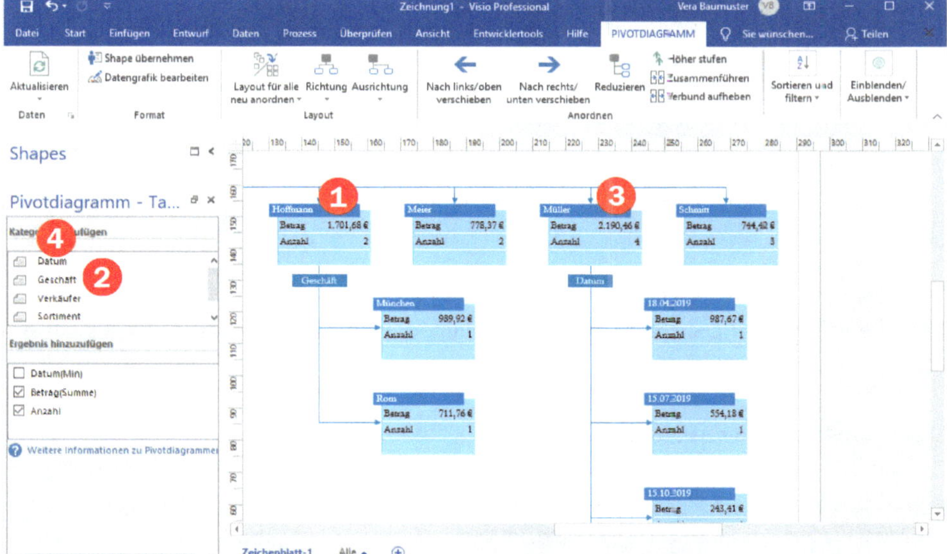

Neue Kategorien anzeigen

Sortieren und filtern

Markieren Sie das kleine Shape *Datum* ❶ (siehe Bild auf der nächsten Seite) auf dem Zeichenblatt und klicken Sie anschließend im Menüband ▶ Register *Pivotdiagramm* ❷ ▶ Gruppe *Sortieren und filtern* auf *Filtern* ❸. Es öffnet sich ein Dialogfeld. Sie möchten nur die Umsätze des Monats Dezember. Als Vergleichsparameter wählen Sie *ist größer als oder gleich* und im Eingabefeld schreiben Sie *01.12.2019* ❹. Nun müssen Sie nur noch das Ende des Filters bestimmen: Der erste Parameter in der linken Spalte ist *und*. Dann folgt die Einstellung *ist kleiner als oder gleich* und das Datum *31.12.2019* ❺. Als Ergebnis erhalten Sie zu jedem Tag den entsprechenden Umsatz.

Maske Filter zum Anpassen der Anfrage

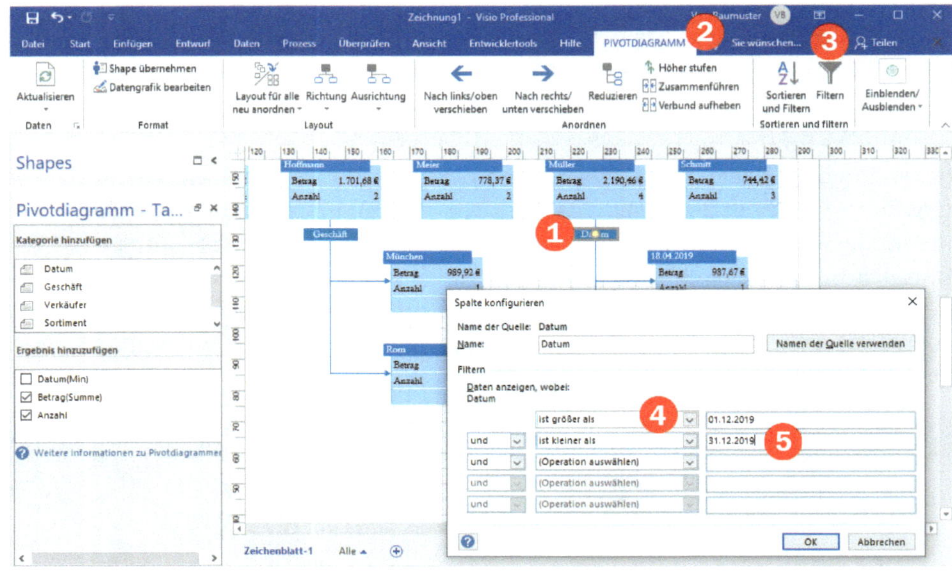

Daten im Pivotdiagramm zusammenführen

Das Shape *Gesamt* ist der Hauptknoten und enthält die Summe vom Gesamtumsatz und die Anzahl der Datensätze. Es ist möglich, einzelne Daten dieses Shapes zusammenzuführen und darzustellen.

Shapes auswählen und zusammenfassen

Aktivieren Sie das Shape *Gesamt* ❶. Klicken Sie nun in der linken Spalte unter *Kategorie* auf das Feld *Sortiment* ❷. Markieren Sie nun Produkte, die Sie in Gruppen zusammenfassen wollen. Benutzen Sie dazu die Strg-Taste und klicken Sie auf die einzelnen Shapes. In diesem Beispiel sind es *Broschüren*, *Panoramakarten*, *Postkarten* und *Stadtpläne*.

Diagrammbaum Sortiment

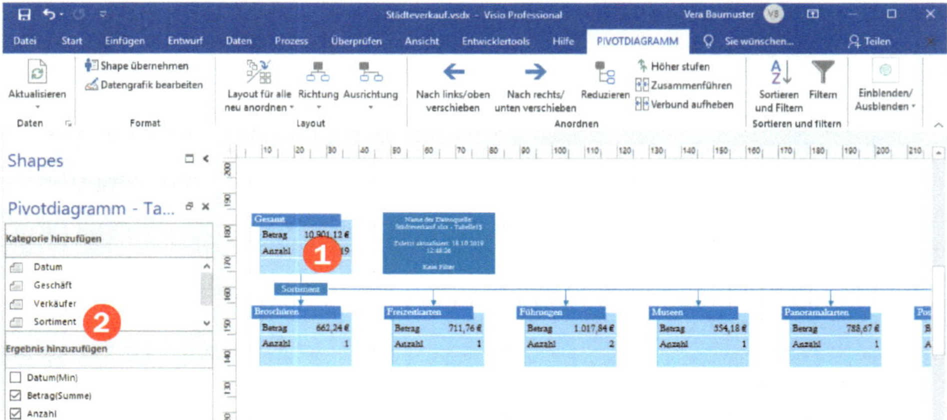

Die markierten Shapes können Sie als Printprodukte zusammenfassen. Nachdem Sie die Auswahl getroffen haben, klicken Sie im Menüband ▶ Register *Pivotdiagramm* ❶ (nächstes Bild) ▶ Gruppe *Anordnen* auf die Schaltfläche *Zusammenführen* ❷. Nun erstellen Sie aus den anderen Shapes (z. B. *Führungen*, *Museen*, *Freizeitkarten*, *Stadtführungen*, *Übernachtungen*) die zweite Gruppe ❸. Markieren Sie sie wieder mit der Strg-Taste und klicken Sie sie der Reihe nach an. Die letzte Gruppe erstellen Sie aus den übrig gebliebenen Shapes ❹.

Zusammenführung auflösen

Möchten Sie eine erstellte Gruppierung wieder auflösen, aktivieren Sie die Gruppe und klicken dann im Register *Pivotdiagramm* auf *Verbund aufheben* ❺.

Ausgewählte Shapes in einer Ebene verschieben und ausrichten

Klicken Sie auf das mittlere Shape der zweiten Gruppe und anschließend im Register *Pivotdiagramm* auf die Schaltfläche *Nach rechts/unten verschieben* ❻. Das Shape erhält eine neue Position. Klicken Sie jetzt auf das oberste Shape und wählen den Befehl *Layout für alle neu anordnen* ❼.

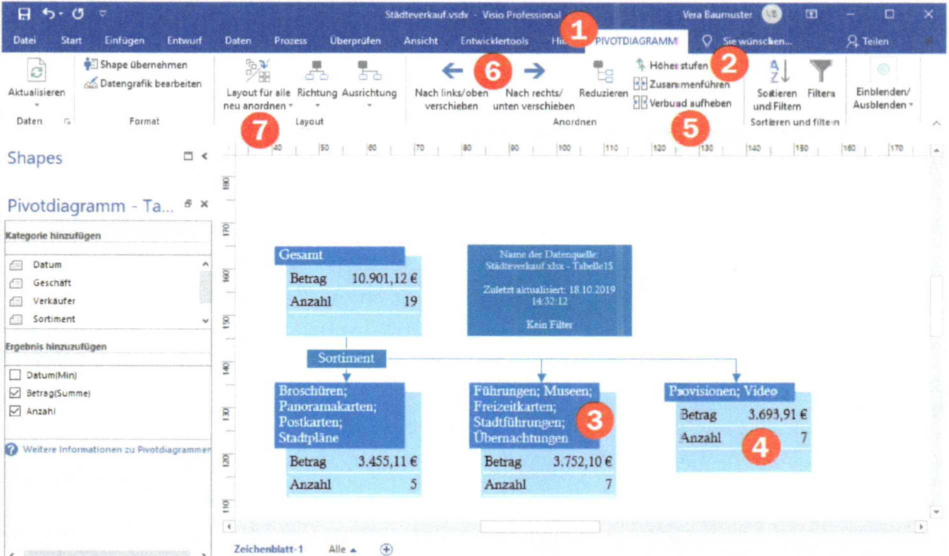

Sortiment in drei Gruppen

Nun aktivieren Sie das linke Shape aus der zweiten Ebene und klicken Sie im Kategoriefeld auf *Geschäft*. Die einzelnen Städte aus der Excel-Liste werden angezeigt. Ordnen Sie sie noch von oben nach unten für eine bessere Übersichtlichkeit, wie bereits beschrieben über das Register *Pivotdiagramm* ▶ Gruppe *Layout* ▶ *Ausrichtung* und dann *Unten*.

Ein neues Grafikfeld erstellen

Nun möchten Sie den durchschnittlichen Umsatz der Gruppe einer bestimmten Stadt herausstellen. Markieren Sie beispielsweise das Shape *Hamburg* ❶ (nächstes Bild) in Ihrem Diagramm und klicken Sie im Register *Pivotdiagramm* ▶ Gruppe *Format* ▶ *Datengrafik bearbeiten* ❷. Ein Dialogfeld erscheint und Sie finden Elementfelder wie *Betrag* und *Anzahl*. Klicken Sie oben links auf die Schaltfläche *Neues Element* ❸.

Dialogfeld Datengrafik bearbeiten

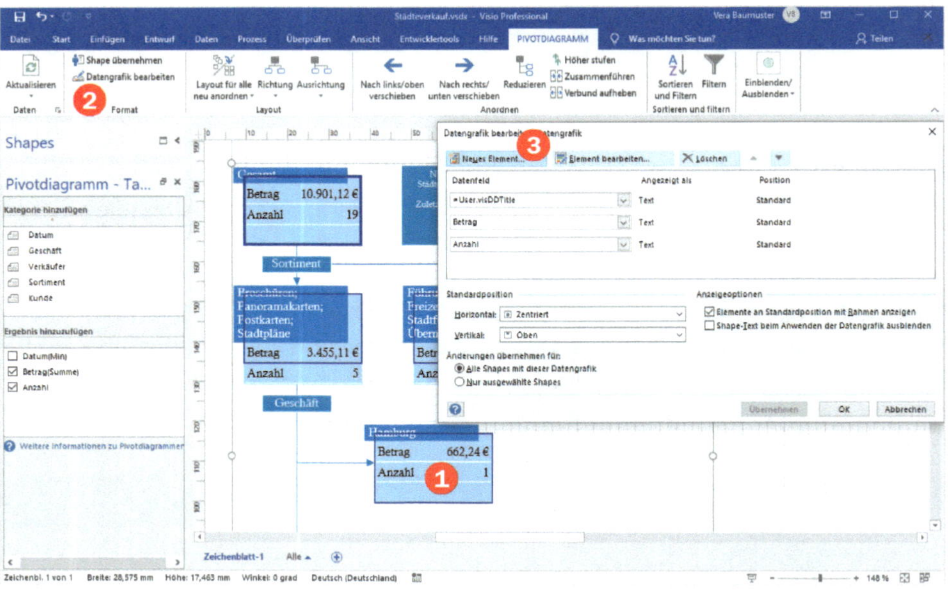

Es öffnet sich ein weiterer Dialog, in dem Sie auf die bestehenden Felder zugreifen und diese einstellen können. Das Feld, das wir benötigen, gibt es aber nicht. Sie müssen es aus dem Umsatz und der Anzahl errechnen. Wählen Sie in dem Auswahlfeld bei *Datenfeld* den Eintrag *Weitere Felder…* ❶ und im nächsten Dialogfeld dann *Benutzerformel* ❷. Gleich darunter ist die Eingabezeile beginnend mit einem Gleichheitszeichen. Schreiben Sie nun hinter dem = die folgende Formel ohne Leerzeichen: *{Umsatz}/{Anzahl}* ❸ (Beachten Sie, es sind geschweifte Klammern!). Bestätigen Sie mehrmals mit *OK* ❹.

Mit Strg + Alt + 7 erzeugen Sie eine geschweifte Klammer, die sich öffnet und mit Strg + Alt + 0 eine, die sich schließt.

Benutzerformel definieren

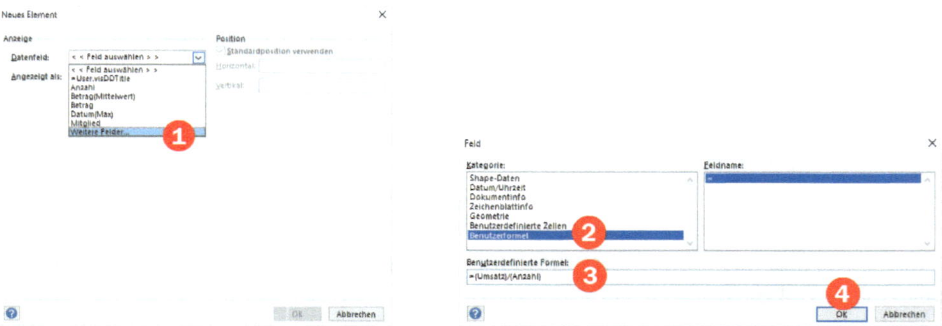

Bestimmen Sie im nächsten Dialogfeld, wie die Daten angezeigt werden sollen. In diesem Beispiel wurde *Text* ausgewählt. Klicken Sie danach mehrmals auf *OK*. Alle Shapes haben eine weitere Zeile mit dem durchschnittlichen Umsatz erhalten. Klicken Sie erneut auf ein Shape und auf Datengrafik bearbeiten.

Wählen Sie das zu berechnende Feld aus. Nun klicken Sie auf *Element bearbeiten* ❶ und ein neues Fenster zum Editieren des Feldes wird angezeigt ❷. Sie sehen Ihr Datenfeld und darunter die Einträge dazu. Klicken Sie in das Feld neben Beschriftung und geben Sie den Text ein *Durchschnitt* ❸ ein. Nun müssen Sie noch das *Wertformat* eintragen. Klicken Sie in das Feld daneben ❹ und wählen Sie im nächsten Fenster den Eintrag *Währung* und bei *Dezimalstellen* den Wert 0. Bestätigen Sie mit *OK* ❺ die letzten Schritte und das Diagramm ist fast fertig.

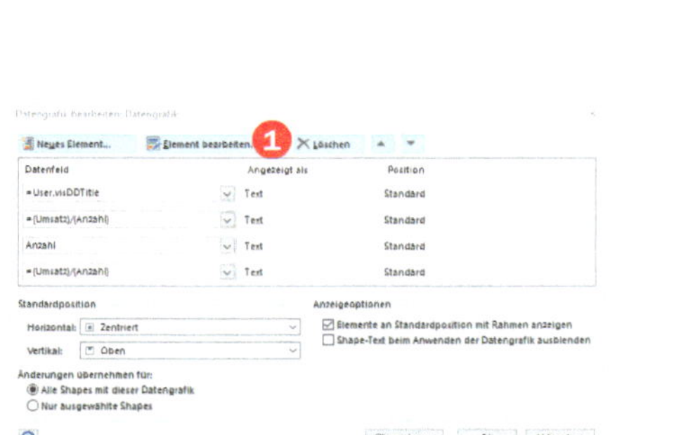

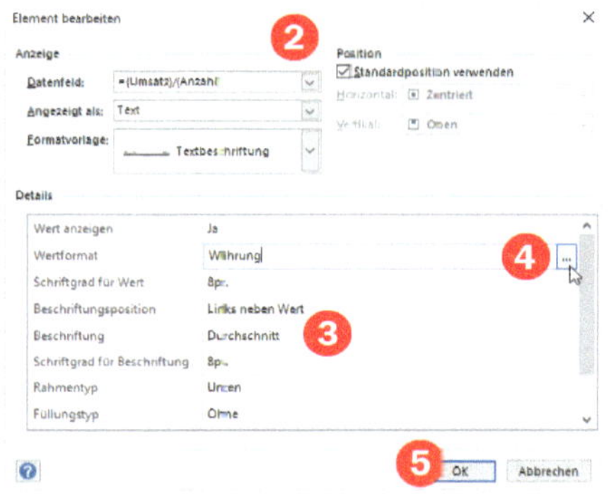

Bearbeiten eines Elementfeldes

Klicken Sie nun auf ihrem Zeichenblatt auf ein Shape Ihrer Wahl und anschließend im Register *Pivotdiagramm* ❶ auf den Button *Shape übernehmen* ❷. Es werden Ihnen zwei Workflowdiagramm-Schablonen angeboten - wählen Sie eine passende Schablone aus ❸. Das neue Shape wird sofort platziert ❹.

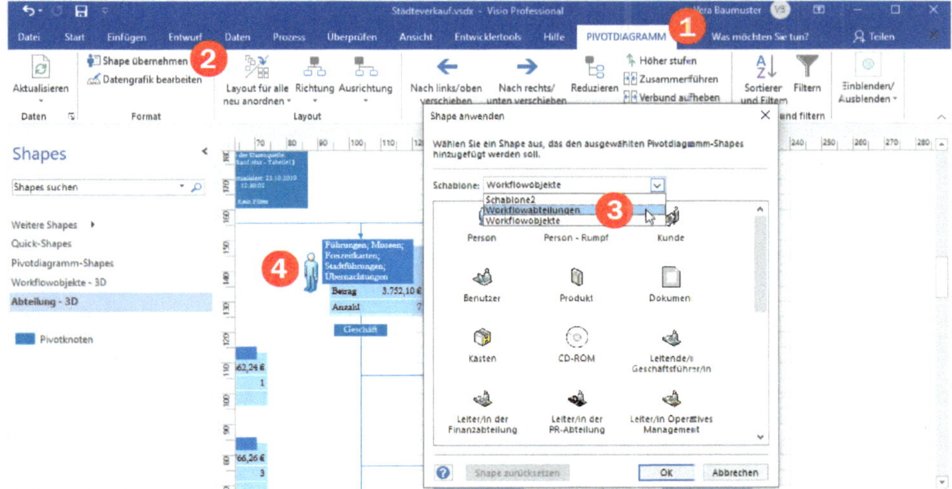

Fertiges Pivot-Diagramm

Präsentation eines Diagramms

Pivotdiagramme können sehr lang oder breit werden. Oft möchten Sie diese Zeichnungen in PowerPoint präsentieren. Eine Möglichkeit, die sich hier anbietet, möchte ich Ihnen gerne zeigen. Wählen Sie im Menüband ▶ Register *Ansicht* ▶ Gruppe *Folienausschnitte* ▶ *Folienausschnitt* ❶ - rechts wird der entsprechende Bereich eingeblendet ❷. Klicken Sie in diesem Bereich auf *Hinzufügen* ❸.

Diagrammschnitt für Präsentationen

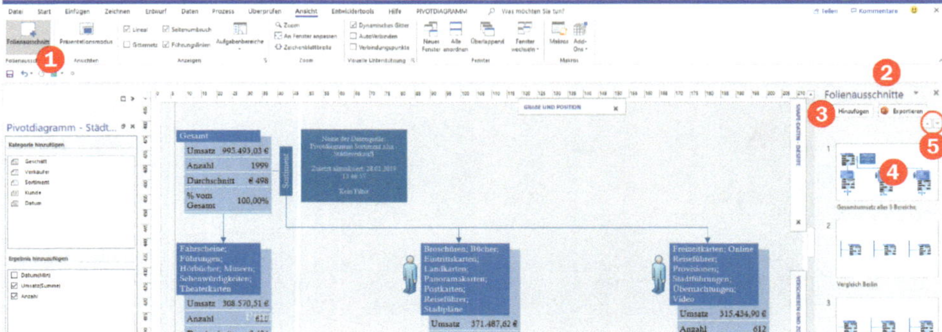

Ein blauer Ausschnittrahmen mit den Beschneidungsanfassern wird angezeigt. Ziehen Sie mit Ihrer Maus an den schwarzen Bildanfassern nun die Größe auf, die Sie in Ihre Präsentation haben möchten. In diesem Fall ist es die oberste Ebene. Klicken Sie erneut auf die Schaltfläche *Hinzufügen*. Er erscheint ein zweiter Rahmen. Ziehen Sie diesen Rahmen um die Umsätze in Berlin. Wiederholen Sie das für London und Madrid.

Markierte Bereiche für PowerPoint

Im Diagramm-Bereich müssen Sie jetzt die Titelbeschriftung für Ihre Folien vornehmen. Markieren Sie die oberste Folie ❹ (siehe Bild ganz oben) und springen dann zum Eingabefeld *Hier Titel eingeben…* . Haben Sie die Folie ausgewählt, springt MS-Visio automatisch zu dem Bereich in Ihrem Zeichenblatt und aktiviert das Beschneidungsfenster.

Für die erste Folie schreiben Sie Gesamtumsatz aller 3 Bereiche. Für die nächste Folie Vergleich Berlin, dann folgt Vergleich London und am Ende Vergleich Madrid.

Möchten Sie die Folien hier sortieren, klicken Sie auf eine Folie und verwenden die beiden Schaltflächen *nach oben* und *nach unten*. Es sind die beiden Dreiecke ❺ rechts neben dem Export-Button. Nun exportieren Sie diese Ausschnitte und PowerPoint wird geöffnet und Ihre Bildausschnitte sind in Ihrer Präsentation. Je nach Einstellungen müssen Sie eventuell noch ein paar Anpassungen in PowerPoint vornehmen, z. B. den Folientyp. Vergessen Sie nicht, Ihre Datei zu speichern.

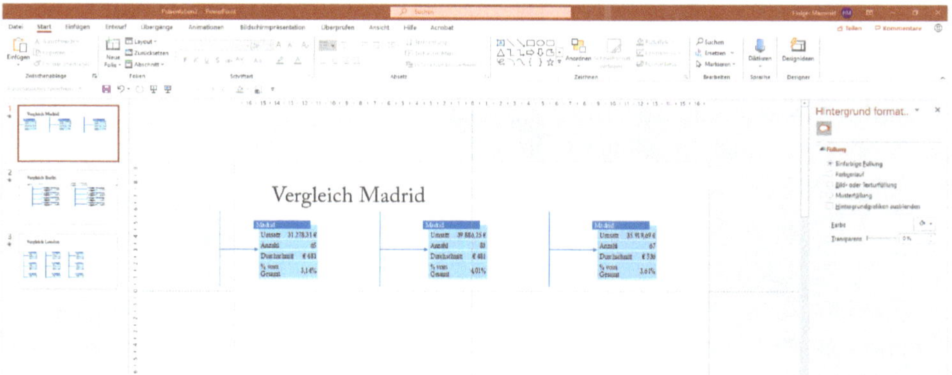

Die fertigen Folien in PowerPoint

11.4 Das Gantt-Diagramm

Das Gantt-Diagramm ist ein Vertreter aus dem Projektmanagement. Das zentrale Anliegen bei einem Gantt-Diagramm ist die grafische und zeitliche Darstellung, verbunden mit dem errechneten Fertigstellungstermin mehrerer Aufgaben. Mit MS-Visio können Sie einen Zeitplan nach der Gantt-Darstellung erstellen. Es basiert auf der Dauer einer Aufgabe, die als verschiebbare Balken dargestellt werden. Der Erfinder Gantt war Ingenieur in den 20er-Jahren und die Methode wird heute noch in der Terminplanung eingesetzt. Die Aufgaben werden in eine Reihenfolge und Abhängigkeiten zueinander gestellt. MS-Visio errechnet daraus die Balkenlänge und die daraus resultierenden Anfangs- und Endtermine. Es ist nicht vergleichbar mit MS-Project aus dem Hause Microsoft. Dieses Programm ist wirklich in der Lage, komplizierte und schwierige Bedingungen in korrekte Terminberechnungen auszuführen. Grundsätzlich gibt es im Projektmanagement die Elemente *Aufgabe*, *Dauer*, *Anfang*, *Ende*, *Vorgangsbeziehung*, *erledigt*, *Sammelbalken und der Meilenstein*. Das sind die wichtigsten Elemente, die Sie auch in MS-Visio als automatische Felder kennenlernen werden.

Grundlagen des Gantt-Diagramms

Starten Sie Visio, klicken Sie auf *Neu* und geben Sie in der Suchleiste den Begriff *Gantt-Diagramm* ein, das Sie anschließend in der Vorschau auswählen. Klicken Sie auf das leere Zeichenblatt oben links und dann auf *Erstellen*.

Die Gantt-Diagrammoptionen

Es folgt sofort ein Dialogfeld, bei dem Sie aufgefordert werden, entsprechende Daten einzutragen. Oben finden Sie zwei Register mit *Datum* und *Format*. Ihre Aufmerksamkeit richten Sie auf das Register *Datum* ❶. Das Format-Register spielt eine untergeordnete Rolle. Sie sollten diese Datumsangaben zum Anfang hier ausfüllen und nicht erst später, da MS-Visio dies zu einem späteren Zeitpunkt nicht mehr korrekt in Ihrer Zeichnung umsetzen könnte.

Aufgaben und Datum eines Projekts festlegen

Bleiben Sie im Register *Datum* und überlegen Sie, wie viele *Aufgaben* ❶ Sie bei *Aufgabenoptionen* ungefähr in Ihrem Projekt haben werden. In diesem Beispiel bauen Sie ein Haus und verwenden dazu 20 Aufgaben. Tragen Sie die Zahl *20* ein. Als nächstes folgen die *Daueroptionen* ❷. Das Klappfeld bietet mehrere Kombinationen an. Wählen Sie *Wochen Tage* aus, so werden 7 Tage bei der Eingabe in der Darstellung zu 1W 2T umgewandelt. Bei der Anzahl der Stunden belassen Sie es bei *8* ❸. Danach folgen die Angaben, wann Ihr Projekt starten und wann es voraussichtlich fertig sein soll ❹. Nehmen Sie für dieses Beispiel den kommenden ersten Arbeitstag im nächsten Monat. Das Ende Ihres Projektes wählen Sie sieben Monate später. Die beiden letzten Felder dienen der Größenskala Ihres Diagramms und damit der Größenausdehnung auf Ihrem Zeichenblatt. Diese Angaben korrespondieren auch mit der Projektdauer, also dem Projektanfang und dem Ende. Wählen Sie im Feld größere Einheit *Monate* aus und bei kleinere Einheiten nehmen Sie *Wochen* ❺.

Diagrammoptionsfeld zum Ausfüllen der Projektdaten

Das Gantt-Diagramm vervollständigen

Auf Basis dieser Daten erstellt MS-Visio nun das erste Diagramm. Es wird sich immer entsprechend Ihren neuen Dateneingaben automatisch anpassen.

Die Aufgaben eintragen

Als nächsten müssen Sie Ihre Aufgaben in die Spalte *Aufgabenname* ❶ (siehe Bild auf der nächsten Seite) eintragen. Schreiben Sie zunächst die 20 Positionen in dieser Reihenfolge, wie sie in der folgenden Tabelle aufgeführt sind (vorerst ohne die Anzahl der Tage in Klammern), indem Sie das Feld anklicken und beginnen den Text zu schreiben.

Dauer der einzelnen Aufgaben festlegen

Das Diagramm hat Ihre 20 Positionen angelegt und die Spalte *Anfang* ❷ mit Ihrem Anfangstermin belegt. Anfangs ist bei der *Dauer* jeweils 1 Tag in der Spalte eingetragen ❸. Daraus errechnet MS-Visio den Endtermin. Rechnerisch ist bei einer Dauer von einem Tag die Arbeit am gleichen Tag erledigt, bei der Vorgabe von 8 Stunden am Tag. Tragen Sie nun die Tage, die Sie in der folgenden Tabelle neben den Aufgaben in Klammern finden in die Spalte *Dauer* ein. Am ersten Eintrag sehen Sie, dass bei einer Dauer von 4 Tagen der Endtermin auf den 07.11.2019 errechnet wird ❹. Der Balkenausschlag zeigt die Dauer als Ausschlag in der Zeitskala ❺. Diese Zeitskala wird dem Eintrag in dem zuvor ausgefüllten Dialogfeld entnommen.

Diese Liste dient nur als Beispiel.

1	Spezifikation schreiben (4T)	2	Architekten suchen (5T)
3	Bauplan erstellen (20T)	4	Vertrag unterschreiben (1T)
5	Baugrube ausheben (10T)	6	Fundament betonieren (12T)
7	Kanalisierung legen (3T)	8	Rohbau erstellen (30T)
9	Dach aufstellen (10T)	10	Installation Wasser (10T)
11	Installation Strom (10T)	12	Innenausbau erstellen (15T)
13	Treppenhaus einbauen (5T)	14	Malerarbeiten ausführen (10T)
15	Grundreinigung erledigen (3T)	16	Garten anlegen (20T)
17	Kundenbegehung (1T)	18	Mängelliste beseitigen (7T)
19	Letzte Abnahme durchführen (1T)	20	Projektende (1T)

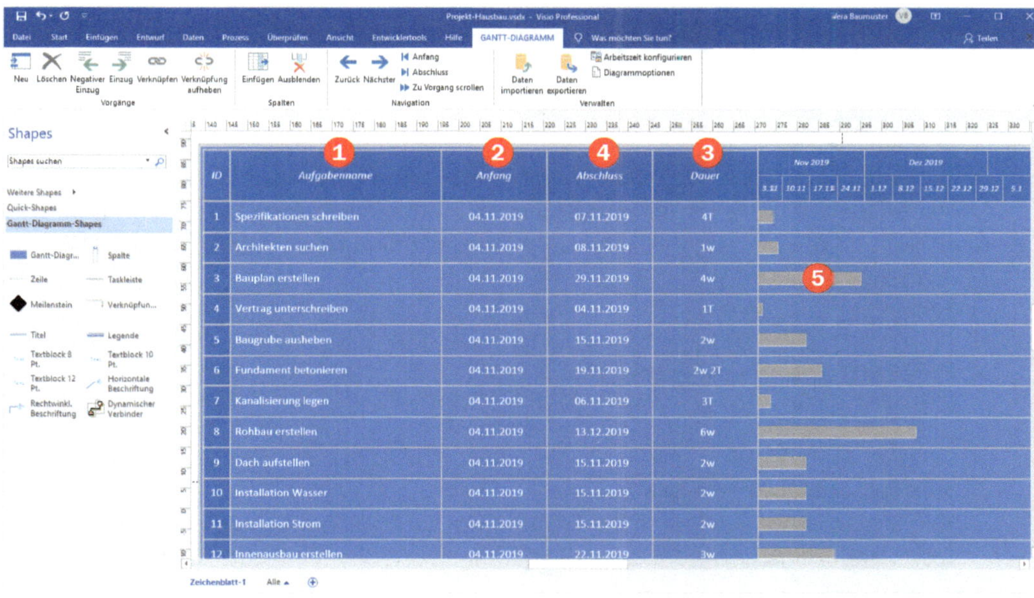

Das mit Aufgaben und Datumsangaben erstellte Gantt-Diagramm

> Mit Absicht ist zum jetzigen Zeitpunkt die Datumseingabe des Anfangstermines nicht verändert. Alle stehen noch auf dem Projektanfangstermin. Dies wird zu einem späteren Zeitpunkt erfolgen.

Das Format der Daueroptionen ändern

Wie Sie bemerkt haben, ist das Register *Gantt-Diagramm* im Menüband eingeblendet. Klicken Sie in der zweiten Zeile bei *Architekt suchen* in das Feld *Dauer* und geben Sie *6T* ein. MS-Visio rechnet Ihnen diese Dauer jetzt in Wochen und Tage um. So wurde es zu Beginn in den Optionen festgelegt. Klicken Sie im Menüband ▶ Register *Gantt-Diagramm* ❶ ▶ Gruppe *Verwalten* auf *Diagrammoptionen* ❷. Ändern Sie im Feld *Daueroptionen* das *Format* von *Wochen Tage* auf *Stunden* ❸. Jetzt berechnet MS-Visio aus den eingetragenen Bestandswerten die Anzahl der Stunden bezogen auf 8 Std./Tag ❹.

Format auf Stunden einstellen

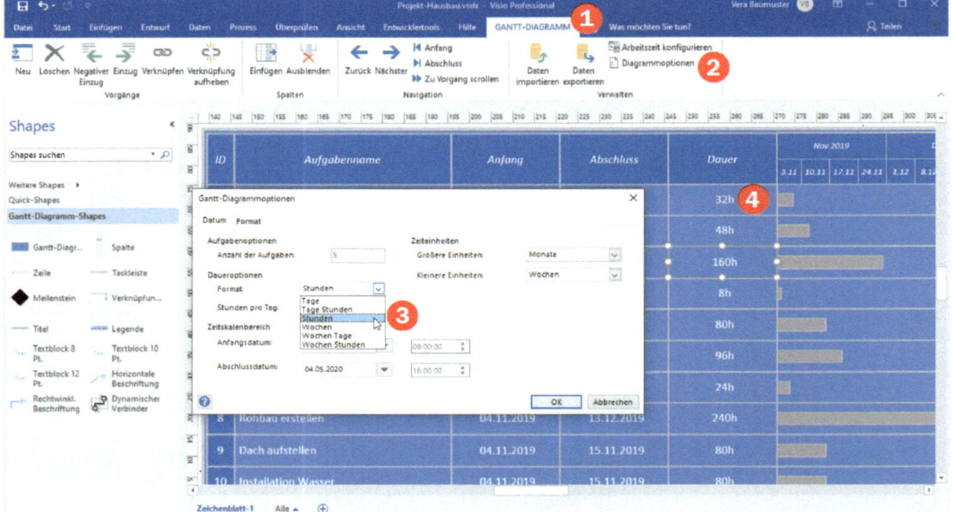

Wählen Sie selbst aus, welche Darstellung der Dauer am besten zu Ihrem Projekt passt. In diesem Beispiel ändern wir aber die Dauer wieder auf *Wochen Tage* zurück. Als Größenwerte stehen Ihnen die Kleinbuchstaben w=Woche, t=Tag, h=Stunde und m=Minute zur Verfügung. Tragen Sie diese direkt hinter dem Wert ein, z. B. 2400m für 1 Woche bei 8 Std./Tag.

> Sie dürfen nach einer Eingabe in ein Feld keine Enter-Taste drücken, sondern müssen ein anderes Feld anwählen. Mit der Enter-Taste wird eine neue Zeile in dem Feld erstellt.

Neue Zeile und Aufgabe einfügen

Wie Sie sicherlich bemerkt haben, werden je nach Auswahl eines Feldes andere Anfasser angezeigt. Diese haben entweder einen offenen Kreis und können bearbeitet werden ❶, oder haben einen durchgestrichenen Kreis, der Felder für die Bearbeitung sperrt oder einschränkt ❷.

Klicken Sie mit der linken Maustaste auf das Feld *ID1* und die ganze Zeile wird markiert. Sie erkennen den Anfassertyp durchgestrichen. Klicken Sie im Menüband ▶ Register *Gantt-Diagramm* auf *Neu* ❸ und oberhalb Ihrer Markierung wird eine neue Zeile eingetragen. Diese hat jetzt die Nummer 1. Sie können auch mit der rechten Maustaste auf das Feld *ID1* klicken und dort *Neue Aufgabe* ❹ wählen. Schreiben Sie im Aufgabenfeld den Eintrag *Planung* in das Feld. Dieses Feld bekommt automatisch auch die Datumswerte und Dauer eingetragen.

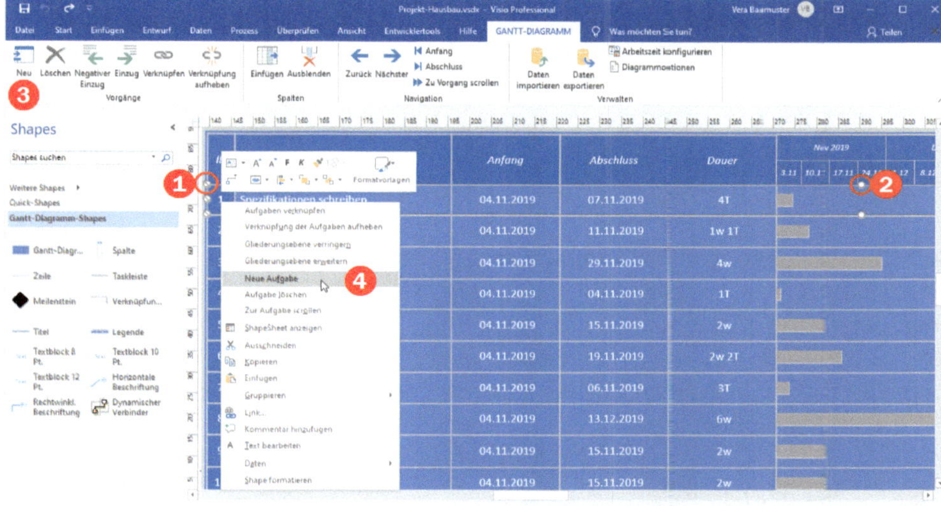

Eine neue Zeile einfügen

Überschriften einfügen

Sie möchten ein Feld als Überschrift und als Strukturmerkmal verwenden, dann klicken Sie beispielsweise in das Feld *Spezifikation schreiben*. Im Gantt-Menüband finden Sie in der Gruppe *Vorgänge* die Schaltfläche *Einzug* mit einem grünen Pfeil nach rechts ❶ (siehe nächste Seite). Wiederholen Sie dies für die nächsten 3 Aufgaben.

Sobald man bei einer Zeile den Einzug nach rechts verschiebt, wird aus der darüberliegenden eine Überschrift mit der Formatierung in fett ❷ und der Balken verlängert sich auf die längste Dauer des darunterliegenden Vorgangs. Sie haben sozusagen einen Sammelbalken erstellt ❸. Der Abschlusstermin wird neu berechnet und zwar auf den Abschlusstermin der Aufgabe, die die längste Dauer hat. Die Position ID6 (Baugrube ausheben) ist nicht Teil der Gruppe Planung und der Abschlusstermin wird deshalb nicht in die Berechnung einbezogen ❹.

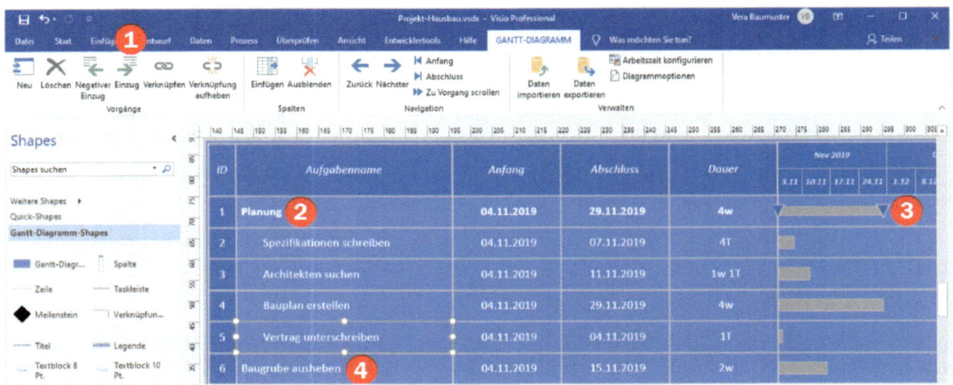

Gantt-Diagramm mit Sammelbalken

Der Sammelbalken ist nicht die Summe der einzelnen Aufgaben in der Gliederungsebene, sondern die Darstellung der längsten Dauer einer Aufgabe in dieser Gruppe.

Auf diese Weise können Sie die Eingabe der Überschriften für Ihren Bauplan wiederholen. Fügen Sie eine Zeile über *Baugrube ausheben* mit dem Text *Rohbau* ein. Dann folgt der *Innenausbau* über Zeile 14 *Innenausbau erstellen*. Zum Schluss wird über der Zeile *Grundreinigung erledigen* die letzte Zwischenüberschrift *Fertigstellung* eingefügt. Somit verfügt Ihr Plan jetzt über vier Überschriften, die die Lesbarkeit und Übersichtlichkeit deutlich verbessern.

Zeilen und Aufgaben verschieben

Wenn Sie die Überschriften eingefügt haben, wie im vorherigen Abschnitt beschrieben, dann befinden sich die Aufgaben *Installation Wasser* und *Strom* noch in der Phase des *Rohbaus*. Markieren Sie das Feld *Installation Wasser* und ziehen Sie es mit gedrückter Maustaste in die Phase *Innenausbau*. Das Gleiche machen Sie mit der Elektrik. So können Sie die einzelnen Aufgaben in der Reihenfolge ordnen.

Einzelne Aufgaben ordnen

Fügen Sie jetzt die letzte Aufgabe hinzu. Über der Zeile 12 *Innenausbau* erstellen Sie eine neue Aufgabe und tragen den Text *Rohbau abnehmen* ein. Als Dauer legen Sie diesmal *0T* ein. Somit haben Sie einen Meilenstein erstellt, der die Dauer von 0 hat und mit einer Raute dargestellt wird. Der Meilenstein wird im Projektmanagement als ein wichtiges Zwischenziel definiert. Es wird dafür keine Arbeitszeit benötigt und hat somit die Dauer von 0 Tagen. Es ist eine grafische Darstellung eines Teilziels.

Den Aufgabenbeginn ändern

Im nächsten Schritt werden Sie die Termine bearbeiten. Sie haben sicherlich erkannt, dass alle Arbeiten am gleichen Tag beginnen. So wird Anfang November der Plan erstellt, das Dach gedeckt und eingezogen. Jetzt liegt es nahe, die Termine über die Tastatur anzupassen. Doch bevor Sie dies tun, schauen wir auf eine bessere Möglichkeit, den Terminplan zu optimieren. Klicken Sie auf das Feld *Planung* ❶ halten die Strg-Taste gedrückt und klicken dann auf das Feld *Rohbau* ❷. Beide Felder sind markiert. Nun klicken Sie im Menüband ▶ Register *Gantt-Diagramm* ▶ Gruppe *Vorgänge* auf *Verknüpfen* ❸ und alle Termine im Feld Rohbau werden auf neue Termine hin berechnet. Wiederholen Sie das für *Rohbau* und *Innenausbau* sowie für *Innenausbau* und *Fertigstellung*. Dann folgt noch *Fertigstellung* und *Projektende*.

Für alle Aufgaben bekommen Sie die neuen Anfangs- und Schlusstermine eingetragen. Wenn Sie nun alle Aufgaben in der Planungsphase markieren und erneut auf Verknüpfung klicken, werden auch diese Termine berechnet und im Diagramm korrekt dargestellt. Alle diese Aufgaben folgen der Logik. Wenn der Vorgänger fertig ist, kann der Nachfolger beginnen. Eine von vier Regeln aus dem Projektmanagement.

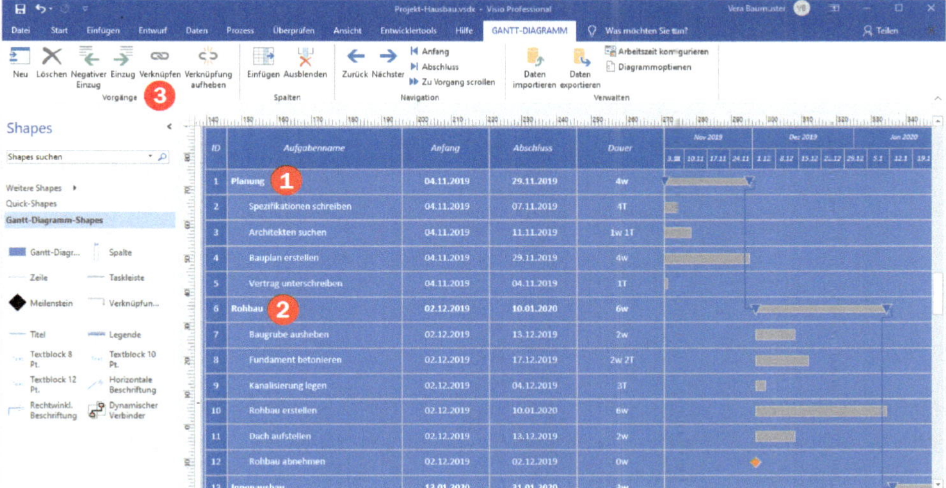

Das fertige Gerüst für den Plan

> **Achtung**: Die Reihenfolge der Markierung ist entscheidend für die Verknüpfung und die Abhängigkeit des Nachfolgers.

Wenn Sie nun bei einer Aufgabe die Dauer ändern, berechnet MS-Visio für alle darauffolgenden Aufgaben automatisch neue Anfangs- und neue Abschlusstermine.

Gehen Sie zur Aufgabe *Baugrube ausheben* und klicken Sie auf das Anfangsfeld. Ändern Sie das Datum auf 10 Tage später, in diesem Beispiel wäre das *27.12.2019*. MS-Visio verschiebt den Anfangstermin und lässt eine Lücke zur vorherigen Aufgabe. Dies wäre als Pufferzeit zu bezeichnen. Sollten am rechten Ende nicht alle Terminvorgänge angezeigt werden, so müssen Sie das Diagramm an einem Anfasser vergrößern. Ziehen Sie dazu mit gedrückter Maustaste an den Anfassern nach rechts.

Der fast fertige Terminplan mit verknüpften Aufgaben

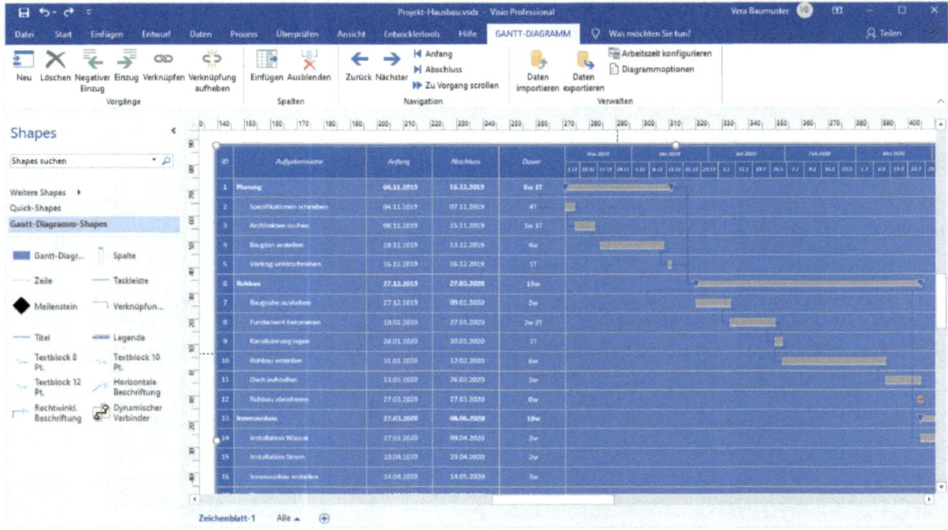

Sie können mehrere Gliederungsebenen in einem Gantt-Diagramm erstellen und auch wieder auflösen. Klicken Sie auf die Schaltfläche *Negativer Einzug*. Die Aufgabe wird wieder eingegliedert. Achtung: Zugeordnete Verknüpfungen gehen verloren.

Weitere Funktionen im Gantt-Diagramm

Nachdem Sie Ihren Terminplan fertig haben, benötigen Sie für Ihr Projekt wahrscheinlich weitere Spalten. Außerdem wollen Sie bestimmt die Balken optimieren und das fertige Diagramm in Excel exportieren. Wie das geht, erfahren Sie in den nächsten Abschnitten.

Eine neue Spalte einfügen

In unserem Beispiel sollen neue Spalten eingefügt werden. Hierzu gehören die Ressourcen, die Kosten oder freie Felder, in die Sie zu jedem Vorgang eigene Einträge machen können. Klicken Sie die Spalte *Dauer* ❶ (siehe nächste Seite) an, damit diese markiert ist. Rechts daneben soll eine weitere Spalte eingefügt werden. Wählen Sie im Menüband ▶ Register *Gantt-Diagramm* ▶ Gruppe *Spalten* ▶ *Einfügen* ❷. Ein Dialogfeld öffnet sich und Sie können hier einen Spaltentyp aussuchen. Wählen Sie das Feld *Ressourcenname* ❸ aus. Die Spalte *Ressourcenname* wird erstellt und erscheint rechts neben *Dauer*.

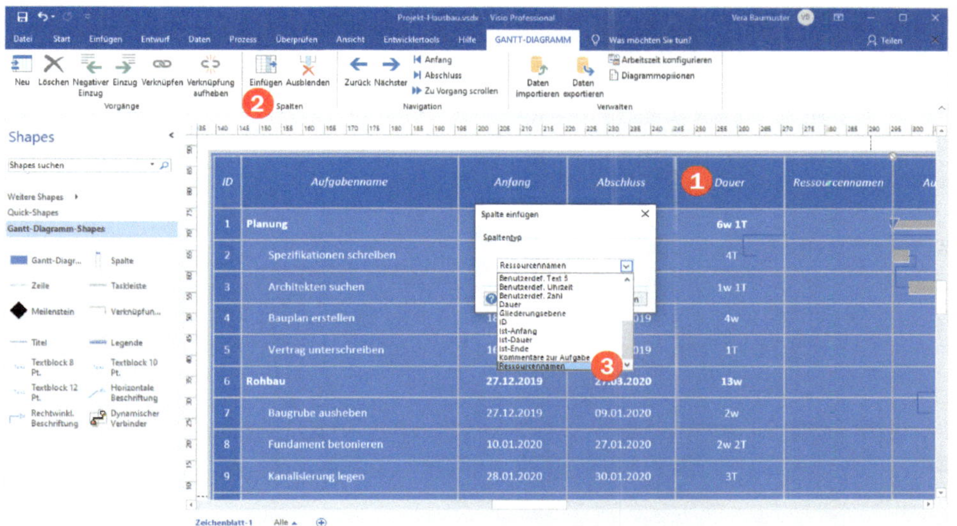

Eine neue Spalte einfügen

Fertigstellungsgrad darstellen

Erweitern Sie Ihr Gantt-Diagramm und fügen Sie weitere Spalten hinzu, beispielsweise *Plankosten* ❶ und *% abgeschlossen* ❷. Bei % abgeschlossen wählen Sie bei *Spaltentyp* die erste Option und für Plankosten *Benutzerdef. Text 1* und ändern Sie den Namen. Füllen Sie die Felder mit einigen Informationen. Die letzte Spalte repräsentiert den Fertigstellungsgrad einer Tätigkeit. Klicken Sie in der Zeile *Bauplan erstellen* in das Feld *% abgeschlossen* und tragen Sie den Wert *25* ein. Der Balken wird jetzt zu 25 % mit einem Innenbalken gefüllt ❸. Sie sehen hier den Arbeitsfortschritt bzw. dass die Aufgabe bis zu diesem Grad erledigt ist.

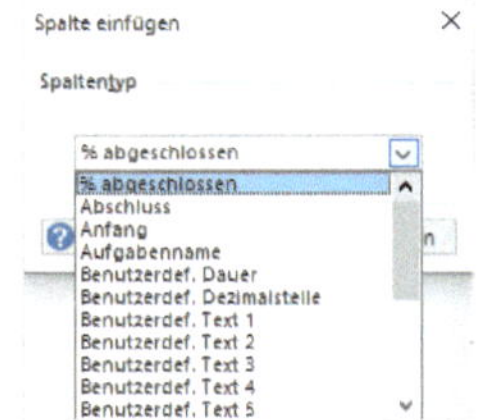

Der Sammelbalken, also der Balken einer jeden Überschrift errechnet den grafischen Fortschritt aller Aufgaben, die in seiner Phase vorkommen. In der Spalte *% abgeschlossen* sehen Sie den prozentualen Wert aus den dazugehörigen Aufgaben ❹.

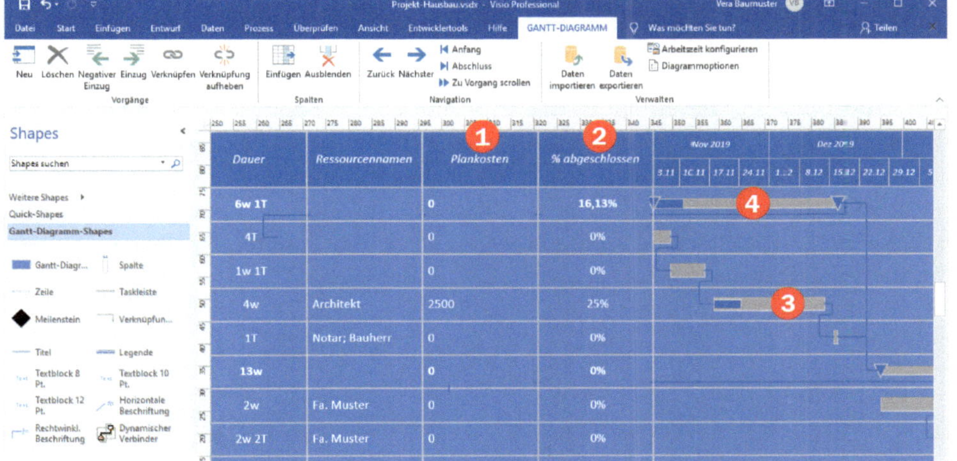

Arbeitsfortschritt anzeigen

Spalten aus- und einblenden

Möchten Sie eine Spalte ausblenden, markieren Sie diese und klicken im Menüband ▶ Register *Gantt-Diagramm* ▶ Gruppe *Spalten* auf die Schaltfläche *Ausblenden*. Haben Sie bereits Werte in der Spalte eingetragen, bleiben diese gespeichert. Wenn Sie später diese Spalte wieder einblenden, müssen Sie nur die Spaltenüberschrift nochmals eintragen.

Balken mit Symbolen beschriften

Damit Sie Ihr Gantt-Diagramm individuell beschriften können, klicken Sie im Menüband ▶ Register *Gantt-Diagramm* ▶ Gruppe *Verwalten* auf die Schaltfläche *Diagrammoptionen* ❶. Das Ihnen bereits bekannte Dialogfeld öffnet sich. Klicken Sie hier auf das Register *Format* ❷.

In dieser Ansicht haben Sie die Möglichkeit, Ihre Balken zu beschriften. Unter der Rubrik *Beschriftungen rechts* wählen Sie den Eintrag *Abschluss* ❸. Bei *Beschriftung innen* nehmen Sie *Dauer* ❹. Bei den *Sammelleisten* nehmen Sie bei *Anfang* und *Abschluss* das *Dreieck abwärts* ❺. Die *Meilensteine* belassen Sie bei einer *Raute* ❻, diese ist im Projektmanagement der Standard.

Formatierungseinstellung der Zeitbalken

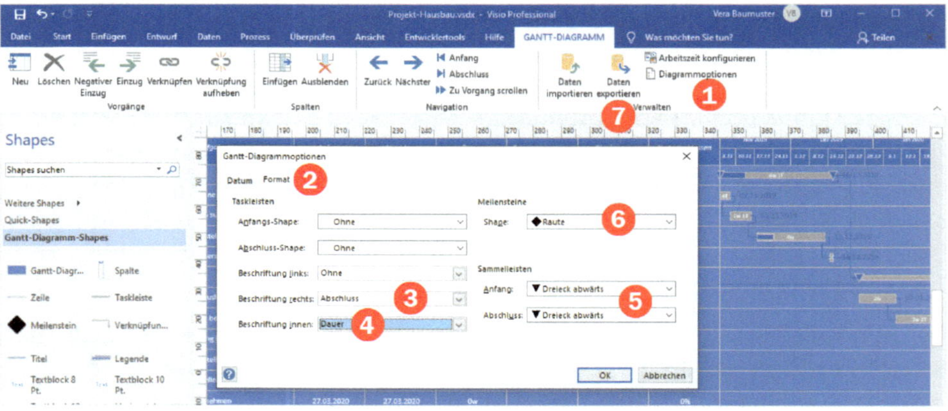

Daten in Excel exportieren

Wenn Sie Ihre Daten in Excel oder in MS-Project bearbeiten möchten, klicken Sie auf den Export-Button. Diesen finden Sie im Menüband ▶ Register *Gantt-Diagramm* ▶ Gruppe *Verwalten* ▶ *Daten exportieren* (siehe vorheriges Bild) ❼. Der *Assistent für den Export von Projektdaten* öffnet sich. Wählen Sie hier *Microsoft Excel-Datei* aus ❶ (siehe nächstes Bild). Klicken Sie auf *Weiter* ❷, anschließend auf *Durchsuchen* ❸ und vergeben Sie in der Speicherzeile bei Dateinamen einen X-beliebigen Namen ein. Klicken Sie auf *Weiter* und danach auf *Fertigstellen*.

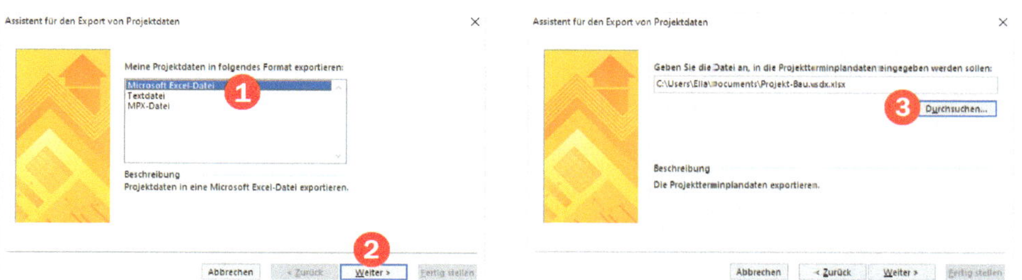

Gantt-Diagramm in Excel exportieren

MS-Visio erstellt eine Excel-Datei und schreibt alle Spalten mit all Ihren Werten aus Ihrem Diagramm in die neue Datei. Beim Import verkehren Sie auf die gleiche Art und Weise mit dem Importassistent.

11.5 Der Raumplan

Eine weitere große Gruppe von Zeichnungstypen ist unter dem Namen *Pläne und Grundrisse* zusammengefasst. Bei der Auswahl einer solchen Datei wird MS-Visio entsprechende Maßstabseinstellung vornehmen und dann die dazugehörigen Shapes laden. Mit der Auswahl des Planes wird auch der Maßstab einer Zeichnung gleich voreingestellt.

Die Shapes verhalten sich zu dem jeweiligen Maßstab entsprechend. Es kann vorkommen, dass gleiche Shapes zweierlei Größenangaben anzeigen, je nachdem, in welchem Maßstab eine Zeichnung angelegt wurde.

> Bevor Sie damit beginnen, das erste Shape auf Ihr Zeichenblatt zu ziehen, sollten Sie zuerst den Maßstab Ihrer Seite prüfen und gegebenenfalls anpassen (siehe übernächster Abschnitt). Ein ganz entscheidender Schritt, dies am Anfang zu machen und nicht zu einem späteren Zeitpunkt.

Einen einfachen Raumplan erstellen

In diesem Beispiel wird ein Gesamtplan erstellt, der ca. 20 Büros und die dazugehörigen Mitarbeiter eines Stockwerkes umfasst. In dieser Datei sind alle relevanten Informationen, wie Mitarbeiter, Telefon, Zimmereinteilungen, Raumnummern, Informationen zu Leitungen etc. beinhaltet. Doch bevor Sie dieses in die Tat umsetzen, folgen Sie zunächst einer anderen Art.

Starten Sie Visio und erstellen Sie eine neue Datei, indem Sie auf *Neu* ❶ (siehe Bild auf der nächsten Seite) klicken und bei *Grundrisse* den *Hauseinrichtungsplan* ❷ wählen. Alternativ geben Sie den Begriff in die Suchleiste ein ❸. Ein leeres Blatt erscheint und die dazugehörigen Shapes werde geladen.

Eine Vorlage auswählen

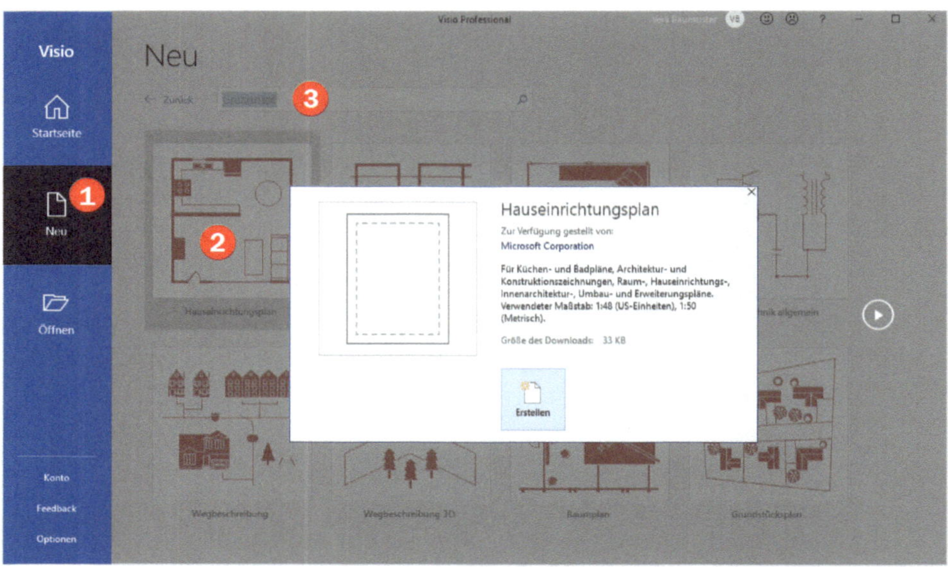

Maßstab ändern

Die Maßeinheit auf Ihrem Zeichenblatt wird voraussichtlich in Millimetern angezeigt. Das kann für einen Raumplan nicht förderlich sein. Deswegen stellen Sie die Angaben auf Meter. Klicken Sie mit der rechten Maustaste in der unteren Leiste auf *Zeichenblatt-1* und dann auf *Seite einrichten*. Im Register *Zeichenblatteigenschaft* wählen Sie bei *Maßeinheiten* den Punkt *Meter* aus.

Maßeinheit ändern

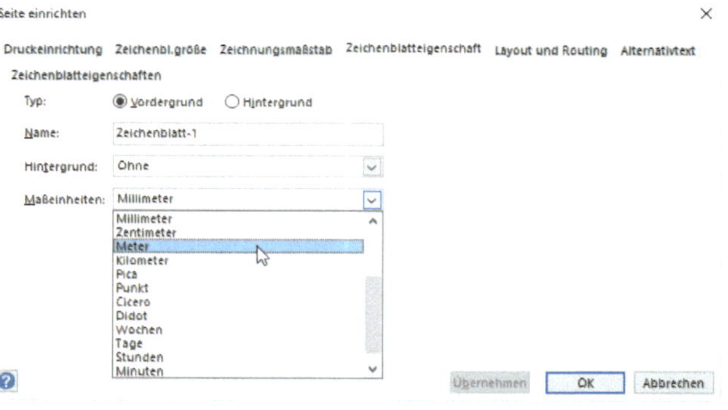

Wände des Grundrisses anpassen

Ziehen Sie aus der Schablone *Wände, Rohbau und Strukturen* ❶ (siehe Bild auf der nächsten Seite) das Shape *„T"-Raum* ❷ auf Ihr Zeichenblatt. An den gelben Anfassern ❸ können Sie nun die genauere Form der Außenwände anpassen.

Sobald Sie eine Wand markieren, werden Ihnen die Maßangaben angezeigt. Mit den runden Anfassern und der Maustaste verschieben Sie die Position. Das Maß wird dabei immer angezeigt.

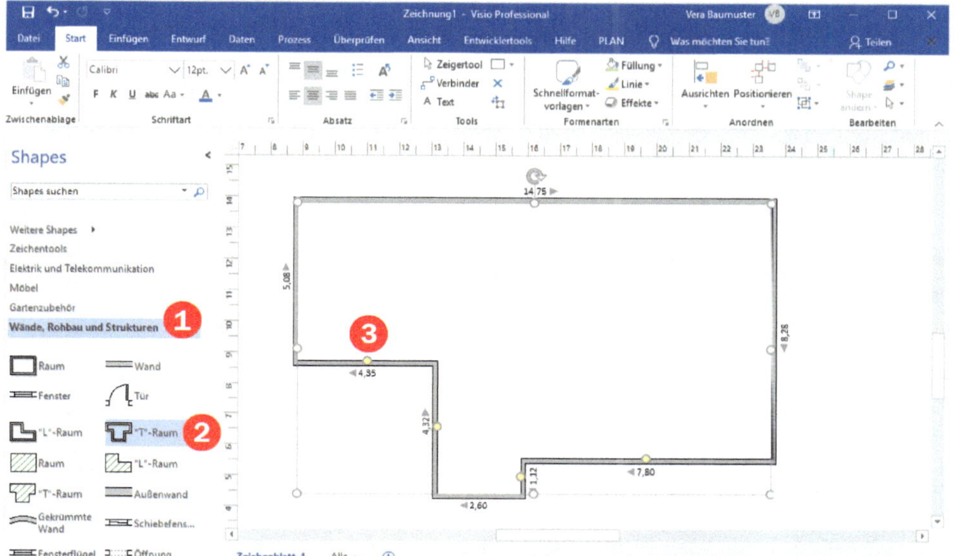

Vorlage für das Buchbeispiel

Nun werden die Zwischenwände hinzugefügt. Ziehen Sie dazu eine *Wand* ❶ auf das Zeichenblatt und berühren eine bestehende Wand. Die beiden Wände werden korrekt verschmolzen, welches Sie an den Gehrungslinien ❷ erkennen.

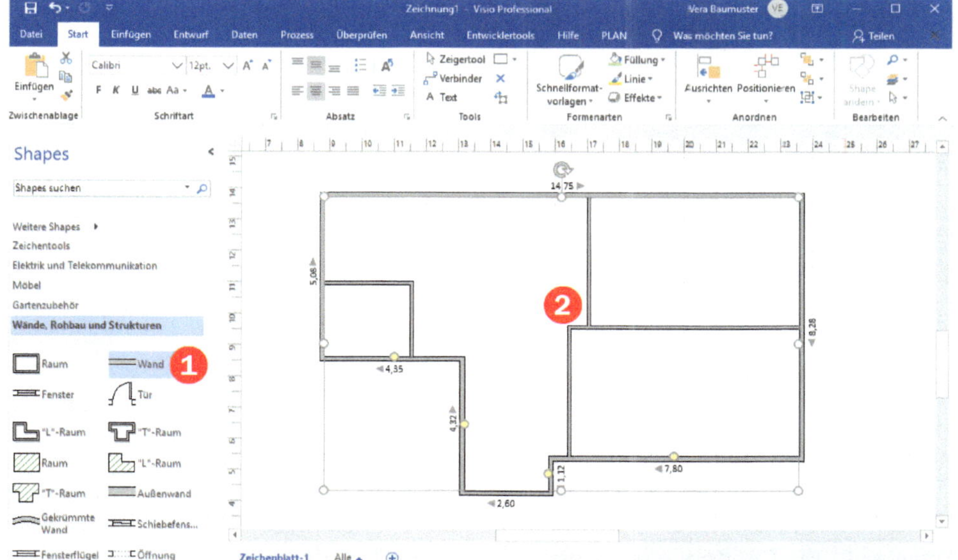

Eingesetzte Wände

Wurden die Wände nicht korrekt verbunden, sind die äußeren Wandlinien nicht unterbrochen und laufen über die andere Wand hinweg. Auch über schräge Wandverbindungen versucht MS-Visio immer offene Wandanschlüsse zu erzeugen. Sind die Wände nicht korrekt verbunden, merken Sie das beim Verschieben einer Wand. Dazugehörige Elemente werden nicht automatisch angepasst und dazugehörige Maßangaben bleiben stehen.

> Achten Sie darauf, dass die Wände korrekt miteinander verbunden werden. Sie erkennen es an den Gehrungslinien.

Sie können jede Wand nachträglich in Ihrer Stärke anpassen. Markieren Sie eine Wand ❶, klicken Sie mit der rechte Maustaste darauf und wählen Sie *Eigenschaften* ❷.

Hier können Sie weitere Einstellungen vornehmen, beispielsweise die Wandlänge oder die Höhe des Raums ❸. Dies ist besonders für die Flächenberechnung wichtig, wenn Sie die Quadratmeter zum Tapezieren benötigen würden. Sie können auch mehrere Wände markieren und über die Eigenschaften die Werte auf einmal ändern.

Eingabe der Wandstärke

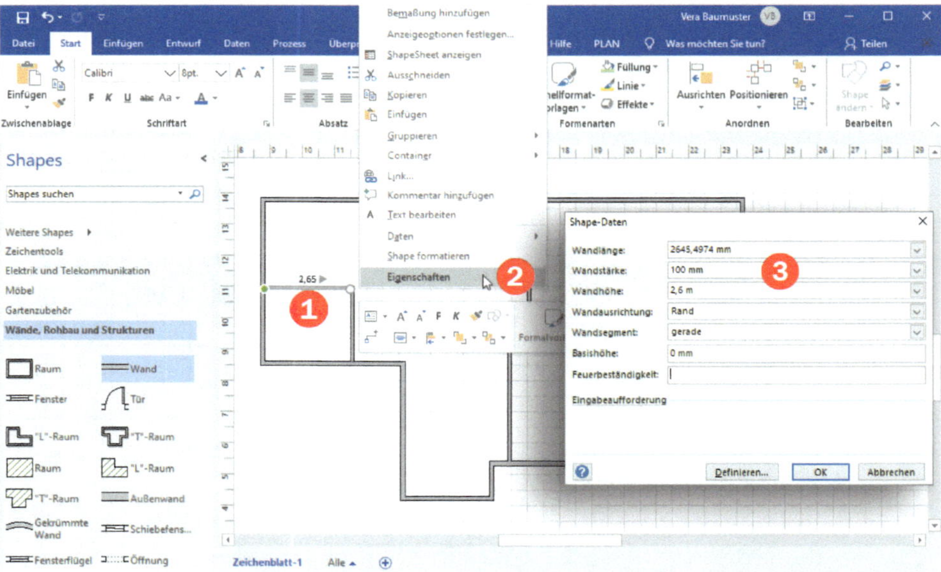

Türen und Fenster einbauen

Als nächstes bauen Sie Türen in Ihr Haus ein. Ziehen Sie dazu das Shape *Tür* ❶ (Bild auf der nächsten Seite) aus der Schablone *Wände, Rohbau und Strukturen* ❷ und legen Sie es auf einer Wand ab. Die Tür passt sich in die Wand ein und kann danach in Position verschoben werden. Aktivieren Sie eine Tür und bewegen Sie mit dem gelben Anfasser ❸ die Türöffnung nach innen oder außen. Mit den grünen Anfasserpunkten ❹ können Sie die Breite der Tür verändern. Die Größe lesen Sie in Maßangaben direkt in der Zeichnung ab.

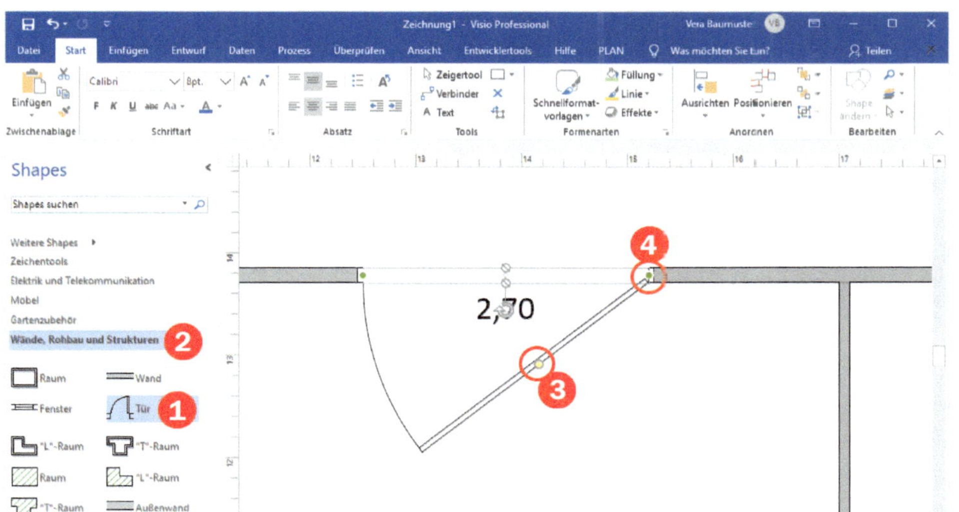

Das aktive Tür-Shape

Wenn Sie bei einem aktiven Türelement die rechte Maustaste klicken, können Sie die Türöffnung bzw. den Anschlag ändern.

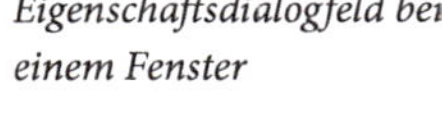

Machen Sie mit den Fenstern weiter. Ziehen Sie ein Fenster-Shape ❶ auf Ihr Zeichenblatt bzw. auf eine Wand. Wie bei den Türen können Sie auch hier bei den grünen Anfassern die Breite des Fensters verändern und über einen Rechtsklick ▶ *Eigenschaften* ❷ verschiedene Einstellungen vornehmen. Das sind unter anderem der Fenstertyp, die Fensternummer sowie die Feuerbeständigkeit ❸. Ebenso ist es möglich, auch hier die Fensterbreite und -höhe einzugeben.

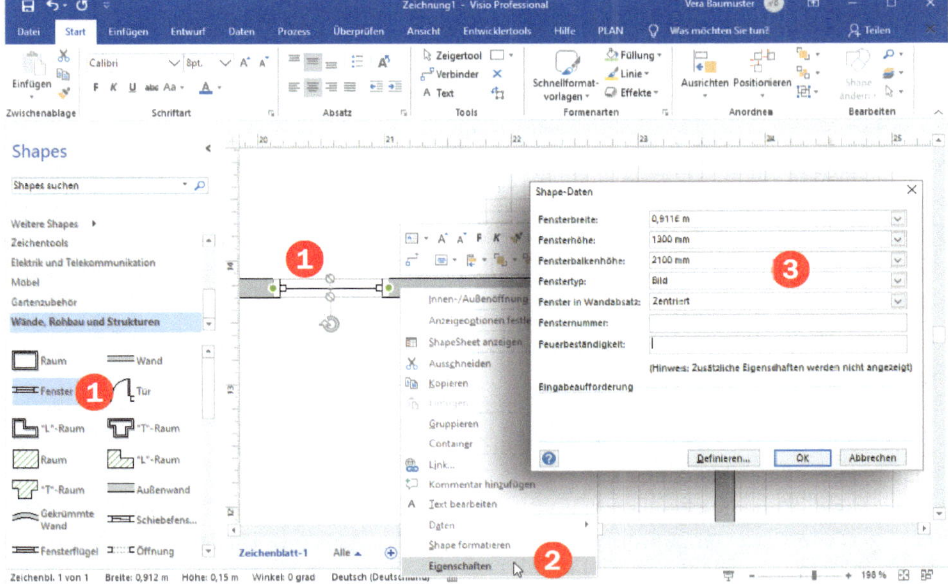

Eigenschaftsdialogfeld bei einem Fenster

Neben dem Eigenschaftsdialogfeld gibt es für Wände, Fenster, Türen und Räume eine zentrale Stelle, an der Sie alle Einstellung verwalten können. Markieren Sie beispielsweise ein Fenster und klicken Sie mit der rechten Maustaste darauf. Wählen Sie jetzt *Anzeigeoptionen festlegen* ❶. Es werden die vier Gruppen in der ersten Anzeige aufgelistet ❷. Dort finden Sie für das ausgewählte Fenster die entsprechenden Einstellparameter. Klicken Sie jetzt auf *Eigenschaften* ❸, springen Sie eine Ebene tiefer und es stehen weitere Einstellungen für das entsprechende Shape zur Verfügung. Wenn Sie ein anderes Register wählen, ändern sich auch die Einstellgruppen.

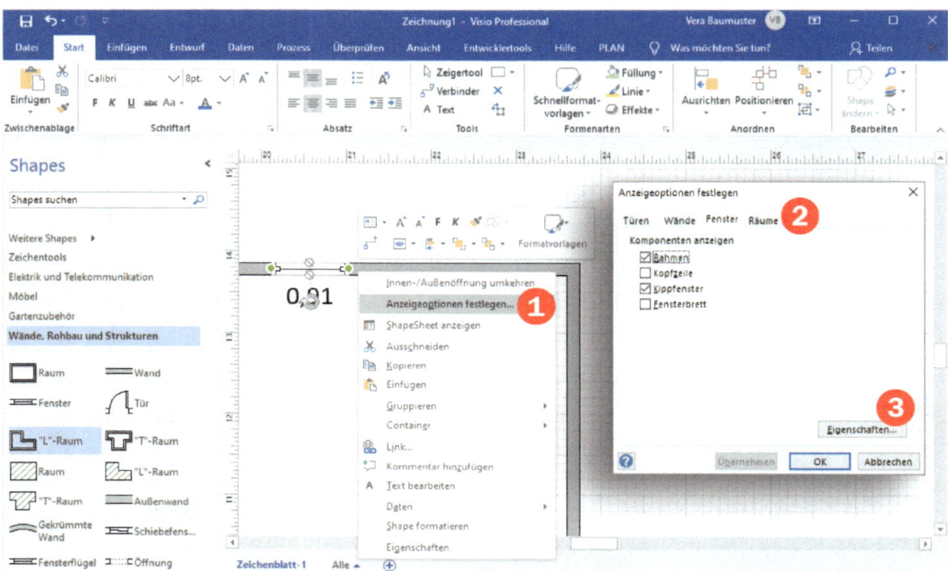

Anzeigeoptionen festlegen

Bemaßung der Räume festlegen

Nachdem Sie die Fenster und Türen ins richtige Maß gebracht haben, gehen Sie jetzt an die Bemaßung der Räume. In diesem Fall möchten Sie Innenmaße erfassen. Klicken Sie mit der rechten Maustaste unten auf das Zeichenblattregister ❶ (siehe nächste Seite) und wählen dort den Eintrag *Seite einrichten* ▶ *Zeichnungsmaßstab* ❷ und überprüfen, wie bereits beschrieben, ob die Maßeinheiten auf *Meter* steht. Wenn nicht, ändern Sie diesen Wert ab.

Maßlinien eintragen

Ziehen Sie aus der Schablone *Bemaßung - Technik* ❸ das Shape *Horizontale Grundlinie* ❹ auf Ihr Zeichenblatt. Dieses Shape bietet die Möglichkeit, vier Maßlinien an das Objekt anzubringen. Es besitzt zwei gelbe und zwei weiße Anker, mit denen Sie alles in Position bringen können. Beginnen Sie mit dem linken weißen Anker und ziehen Sie diesen auf den grünen Klebepunkt der Außenwand. Dieser erscheint, wenn Sie dicht genug an die Wandkante fahren. Die erste Position ist an der Wand verklebt. Nun nehmen Sie den nächsten Anfasserpunkt am Ende der Strecke und ziehen diesen an die erste Stelle Ihrer Gesamtstrecke, der Innenkante der ersten Wand. Danach ziehen Sie den unteren gelben Anfasser an die nächste Stelle, die Sie messen möchten. Die zweite Maßlinie wird erstellt und positioniert sich über der ersten. Legen Sie den Klebepunkt an der gegenüberliegenden Innenwand des nächsten Raumes fest. Ein weiterer gelber Klebepunkt erscheint an der gleichen Stelle und kann wiederum zum nächsten Messpunkt gezogen werden ❺. Diese Prozedur können Sie für vier solcher Messpunkte erstellen.

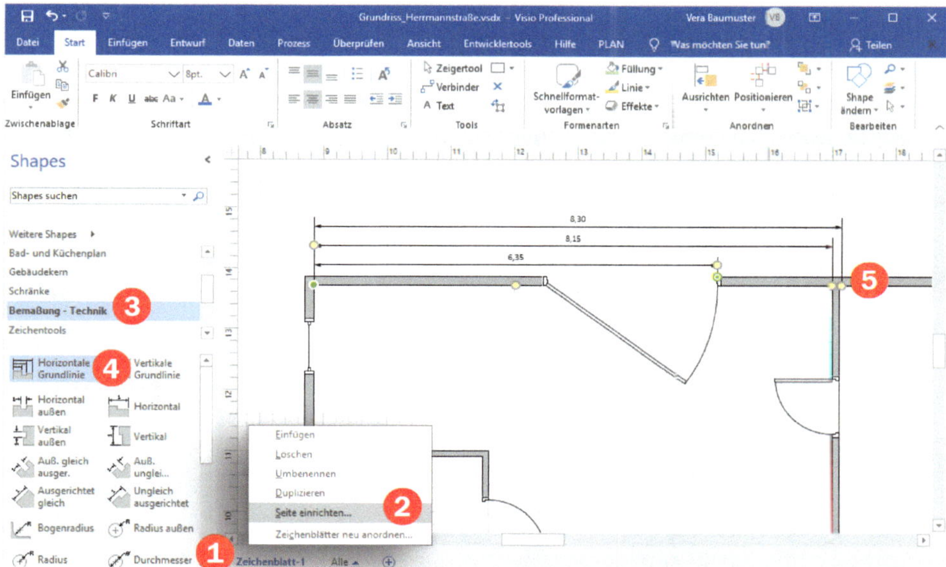

Das fertige Ergebnis aller vier Messpunkte aus einem Shape

An dem linken gelben Anfasser bestimmen Sie die Abstände zwischen den Maßlinien und am nächsten gelben Anfasser die Abstandshöhe von der Wand. Verschieben Sie beide auf Ihre gewünschte Position.

> Sie müssen nicht alle Maßlinien verwenden und können auch keine weiteren Maßlinien hinzufügen.

Einheiten bestimmen

Nachdem Sie alle horizontalen und vertikalen Maßlinien eingetragen haben, geht es jetzt daran, die Einheiten zu bestimmen. Wählen Sie eine Bemaßungslinie aus, klicken Sie mit der rechten Maustaste darauf und anschließend auf *Genauigkeit & Einheiten...* ❶ (siehe Bild auf der nächsten Seite). Ein Kontextmenü öffnet sich und zeigt die Eingabemöglichkeiten an. Im Feld *Genauigkeit* legen Sie die Anzahl der Kommastellen fest ❷. Darunter finden Sie die Einheiten. Im obigen Beispiel wird auf Basis der Einstellung des Zeichenblattes das Maß festgelegt. Sie erinnern sich, Sie hatten für das Zeichenblatt *Meter* festgelegt. Möchten Sie es ändern, können Sie hier alle erdenklichen Maße von amerikanischen Fuß bis zu Kilometer einstellen. Belassen Sie es auf den voreingestellten *Zeichenblatteinheiten verwenden* ❸. Darunter legen Sie fest, ob die Maßeinheit wie *Meter* oder *cm* angezeigt werden soll. Ändern Sie die Einstellung auf *Maßeinheiten anzeigen* ❹ und bestätigen Sie mit *OK* ❺.

Maßeinheiten festlegen

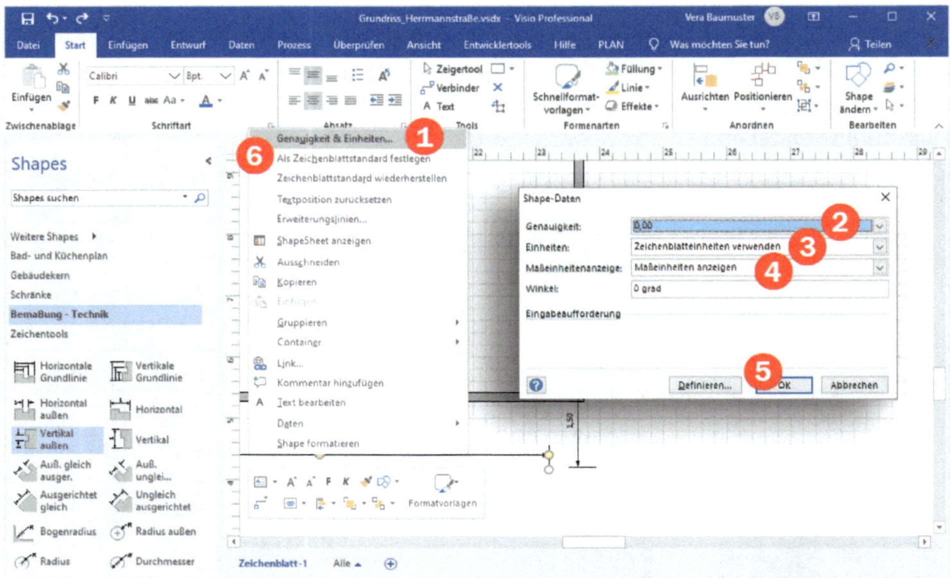

Nun haben Sie alle Vorbereitungen getroffen, um diese Einstellungen zum Standard für alle Bemaßungslinien zu machen. Ist das Shape noch markiert, dann klicken Sie mit der rechten Maustaste darauf und dann auf *Als Zeichenblattstandard* (siehe Bild oben) ❻ festlegen. Alle Maßlinien werden nach diesen Vorgaben geändert.

> Ziehen Sie später erneut ein Bemaßungs-Shape auf Ihr Zeichenblatt, wird es sofort mit diesen Einstellwerten ausgestattet.

Das Raum-Shape nutzen

In der Gruppe *Bemaßung - Technik* befindet sich noch ein Shape, welches als *Raummaß* beschriftet ist. Ziehen Sie es auf Ihr Zeichenblatt und legen Sie es in einen Raum. Automatisch übernimmt MS-Visio die Breite und Länge und stellt es mit der voreingestellten Maßeinheit dar. Alternativ zu diesem Shape gibt es das *Raum-Shape* mit insgesamt drei Varianten.

Ziehen Sie nun das rechteckige *Raum-Shape* ❶ (Bild auf der nächsten Seite) aus der Schablone *Wände, Rohbau und Strukturen* ❷ auf Ihr Zeichenblatt, platzieren Sie für jeden Raum ein Shape und passen Sie es in der Größe an. Der Unterschied zum Raum-Shape besteht in der Eigenschaft der Datenmitführung.

Klicken Sie auf ein Raum-Shape und dann mit der rechten Maustaste auf *Anzeigeoptionen festlegen* ❸. Hier springen Sie direkt in die Einstellgruppe *Wände* und legen fest, welche Informationen das Shape darstellen soll. In der Rubrik *Räume* stehen insgesamt vier Beschriftungszeilen zur Verfügung ❹. Die Werte dazu müssen Sie an anderer Stelle eintragen.

Klicken Sie auf eines der Auswahlfenster, können Sie sich aus einer großen Anzahl von Informationen heraussuchen, welches Feld dargestellt werden soll. Darunter finden Sie noch die Einheiten und die Anzahl der Kommastellen ❺. Wenn Sie mit Ihren Einstellungen zufrieden sind, klicken Sie auf *Übernehmen* und anschließend *OK* ❻.

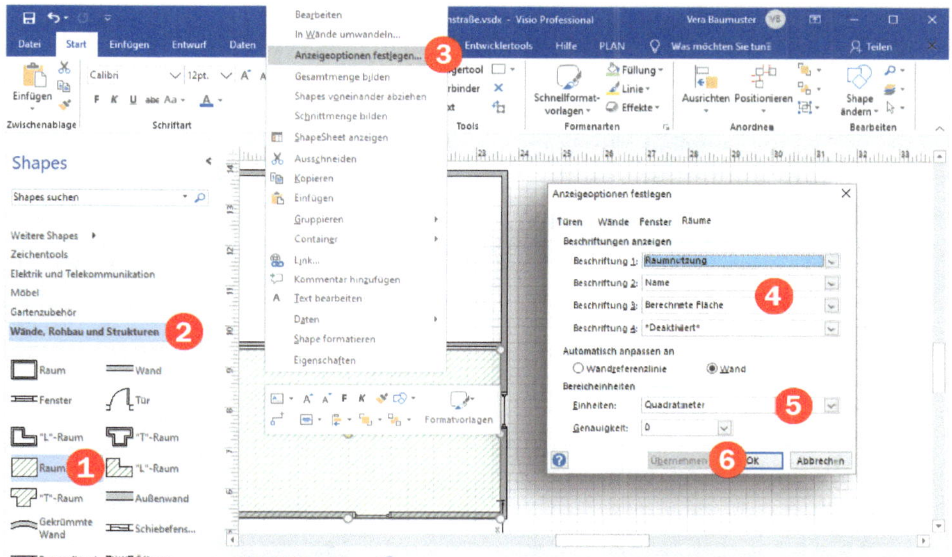

Anzeigeoptionen für einen Raum

> Diese Einstellung ist nur für dieses Raum-Shape gültig.

Haben Sie beim Ablegen und Anpassen eines Raum-Shapes nicht die exakten Positionen der Wände getroffen, so machen Sie sich dazu keine Gedanken. MS-Visio erledigt dies automatisch. Markieren Sie das Raum-Shape und klicken Sie mit der rechten Maustaste darauf. Wählen Sie *Automat. Anpassen* aus und das Flächen-Shape wird auf die Größe des Raumes eingepasst. Führen Sie diese Aktion bei allen anderen Shapes auch so durch.

Im nächsten Schritt würden Sie die Räume mit Möbeln und anderen Teilen ausstatten, aber ich möchte Ihnen an dieser Stelle einen weiteren Ansatz für einen Raumplan aufzeigen. Ich persönlich bevorzuge diese Methode, da MS-Visio viele Bemaßungsschritte dann automatisch ausführt.

> Versuchen Sie nie, später eine Änderung des Maßstabes auf Ihrem Zeichenblatt vorzunehmen. Ihre Zeichnung kann zerstört werden.

Den Raumplan auf Basis einer Fläche erstellen

Der Ansatz für diese Methode besteht darin, dass Sie zuerst die Umriss-Außenwände mit Flächenformen erstellen und danach diese Flächen in Wände mit Bemaßung automatisch umwandeln. Auch hier gilt, dass Sie zuerst alle vorbereitende Einstellungen vornehmen, bevor Sie das erste Shape auf das Zeichenblatt ziehen.

Das Zeichenblatt vorbereiten

Klicken Sie auf *Neu* ▶ *Grundrisse* ▶ *Büroplan* ▶ *Erstellen*. Alternativ geben Sie in die Suchleiste *Büroplan* ein und klicken auf *Erstellen*. Klicken Sie mit der rechten Maustaste im Zeichenblattregister auf das aktuelle Blatt, z. B. Zeichenblatt-1 und dann auf *Seite einrichten* ❶. Ein Dialogfeld öffnet sich, in dem Sie auf *Zeichnungsmaßstab* ❷ klicken. Stellen Sie den Maßstab auf *1:100* ❸ um und wählen Sie anschließend *Übernehmen* und *OK* ❹.

Zeichnungsmaßstab für einen Raum

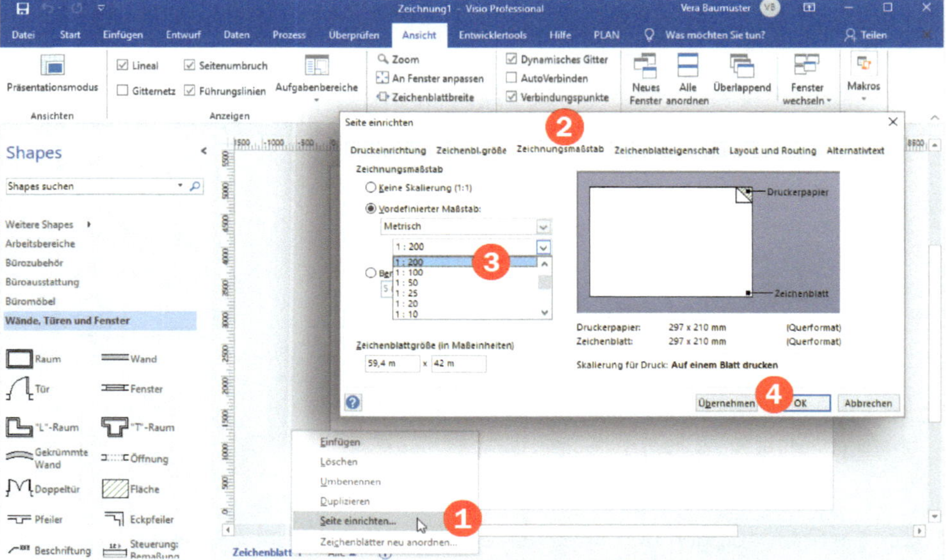

Gehen Sie weiter auf das Register *Zeichenblatteigenschaften* ❶ (Bild auf der nächsten Seite) und machen Sie dort folgende Änderungen. Im Feld *Name:* schreiben Sie *Büroplan Firma* ❷ hinein und in dem Feld *Maßeinheiten* wählen Sie *Meter* aus ❸. Klicken Sie auf *Zeichenbl.größe* ❹ und wählen dort bei *Vordefinierte Größe* das Format *A3* ❺. Klicken Sie auf *Übernehmen* und dann auf *OK* ❻ und das leere Blatt liegt vor Ihnen. Nun laden Sie weitere Shapes, die Sie benötigen. Klicken Sie im Schablonenbereich auf *Weitere Shapes* ❼, öffnen dann *Visio Extras* ▶ *Bemaßung Technik* ❽. Schließlich aktivieren Sie im Menüband ▶ Register *Ansicht* ▶ Gruppe *Anzeigen* ▶ *Größen und Position* bei *Aufgabenbereiche* ❾.

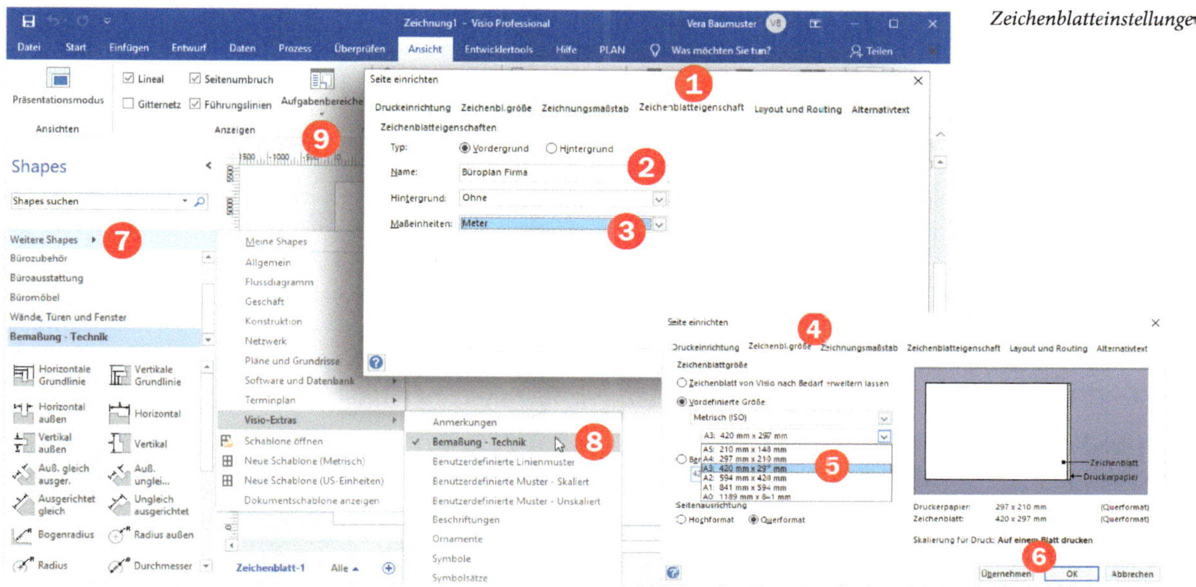

Zeichenblatteinstellungen

Hilfslinie einblenden

Nun erstellen Sie die Hilfslinien, indem Sie mit gedrückter Maustaste aus dem Lineal in das Blatt ziehen ❶. Es erscheint eine blaue Hilfslinie ❷. Lassen Sie die Maustaste los und positionieren die Linie mit Hilfe der Daten des Andockfensters auf 5 m ❸. Fügen Sie alle fünf Meter eine Hilfslinie hinzu. Die horizontalen Hilfslinien beginnen Sie von unten nach oben zu erstellen. Es sieht dann aus wie ein grobes Gitterraster ❹.

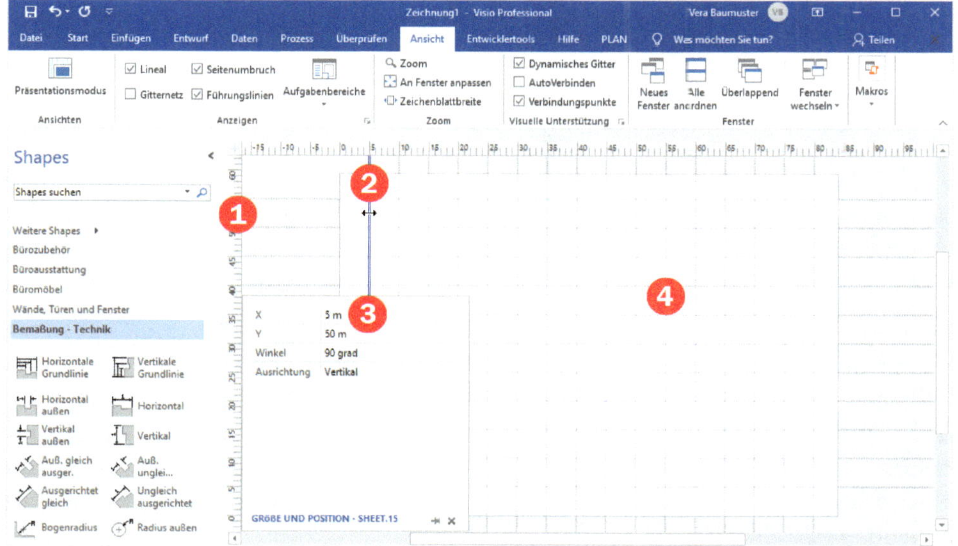

Größeneinträge über das Andockfenster

Shapes über die Hilfslinien ausrichten und subtrahieren

Nun ziehen Sie das erste Shape auf das Zeichenblatt. Sie finden es in der Schablone *Wände, Türen und Fenster* und lautet *Fläche* ❶. Aktivieren Sie das Shape und stellen die Größe über das Positionsfenster auf 30 m Breite und 20 m Höhe ❷. Richten Sie das Shape nach der Mitte aus.

Nun ziehen Sie ein zweites Flächen-Shape auf das Zeichenblatt. Die Größe sollte in diesem Beispiel 25 m Breite und 10 m Höhe betragen. Das zweite Shape wird rechtsbündig und mittig ausgerichtet. Jetzt markieren Sie zuerst das größere Shape und danach das kleinere. Die dicke blaue Linie muss an dem größeren Shape angezeigt werden ❸. Klicken Sie im Menüband ▶ Register *Entwicklertools* ▶ Gruppe *Shape-Design* auf die Schaltfläche *Vorgänge* und dann auf *Subtrahieren* ❹. Jetzt wird das kleine Rechteck aus dem großen Rechteck ausgeschnitten.

Beide Flächen-Shapes vor der Subtraktion

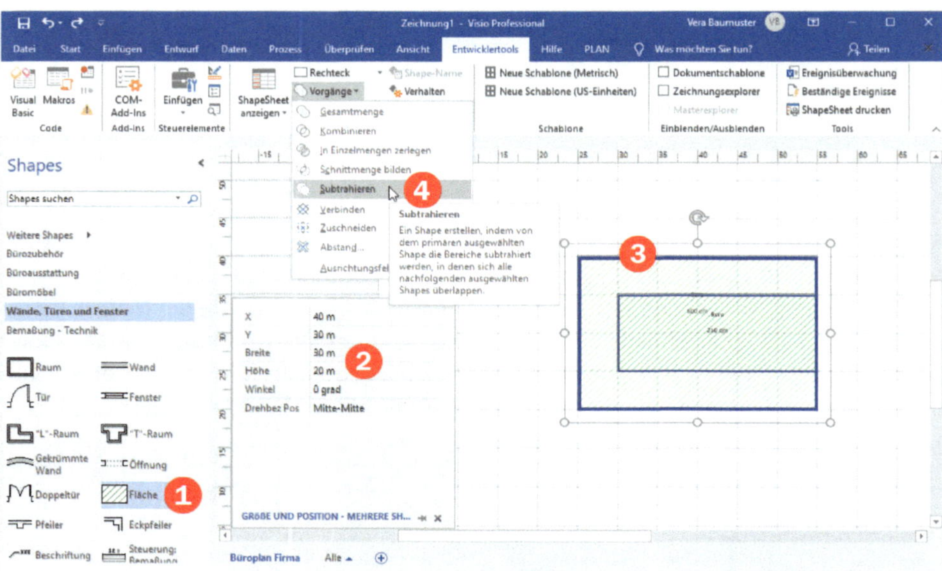

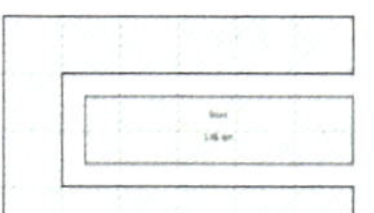

Ziehen Sie erneut ein *Flächen-Shape* auf Ihr Blatt und legen es an den Hilfslinien, wie gerade beschrieben ab. Danach vergrößern Sie die Fläche auf 23 Meter Breite und 6 Meter Höhe, markieren Sie die Shapes und klicken Sie wieder auf *Subtrahieren*. Fertig sind die Grundflächen für den Raumplan. So sollte es nun aussehen:

Markieren die beiden Shapes auf dem Zeichenblatt und öffnen Sie das Kontextmenü mit einem Rechtsklick. Wählen Sie hier *In Wände konvertieren...* ❶ (siehe nächstes Bild). Im nächsten Fenster stellen Sie die entscheidenden Schritte ein. Aktivieren Sie das Häkchen *Bemaßungen hinzufügen* und *Führungslinien hinzufügen* ❷. Bei der Wand belassen Sie die Einstellung auf *Wand* ❸. Bei *Ursprüngliche Anordnung* wählen Sie die Option *Erhalten* ❹. Klicken Sie auf *OK* ❺ und MS-Visio erstellt die Wände mit den dazugehörigen Maßlinien.

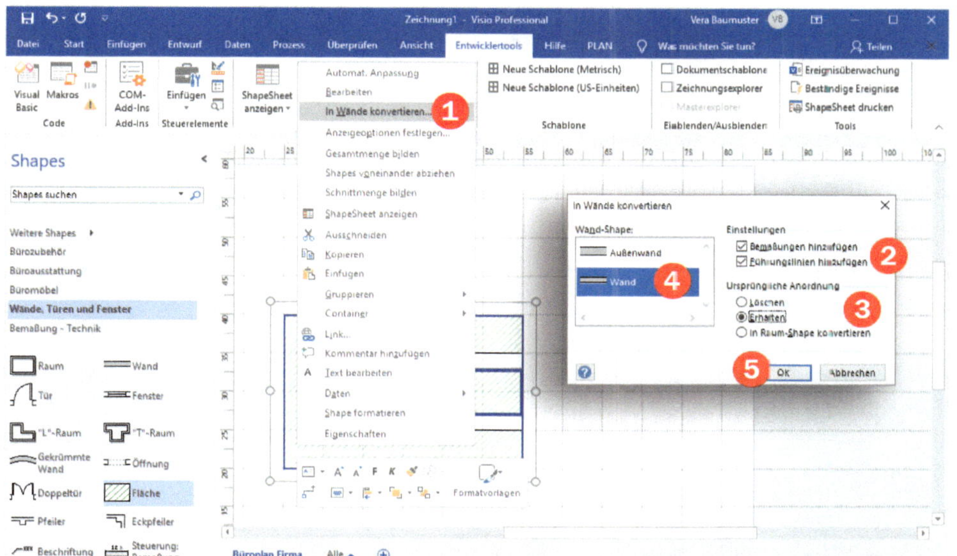

Nächste Fläche für den Grundriss

Die Bemaßungslinien der Innenwände ziehen nun an den gelben Anfassern nach außen und wie Sie erkennen können, sind die Bemaßungslinien mit den Außenwänden verklebt. Für das Weiterarbeiten sind die Maßzahlen der Außenwände unpraktisch. Zum Einrichten eines Raumes ist das Innenmaß erforderlich ❶. Markieren Sie alle Wände und aktivieren Sie über das Menüband ▶ Register *Start* ▶ Gruppe *Bearbeiten* ▶ *Layer* ❷ ▶ *Layereigenschaften* bei *Sichtbar* nur *Wand* ❸. Anschließend können Sie alle Wände markieren und mit der rechten Maustaste das Kontextmenü aufrufen und den Punkt *Wand über Referenzlinie spiegeln*.

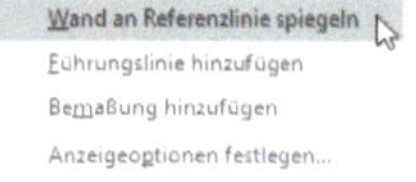

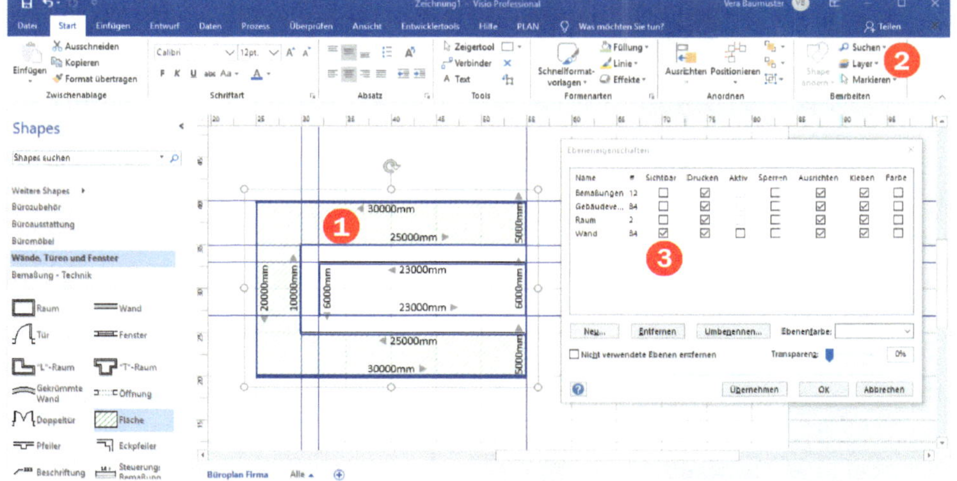

Räume in Wände umwandeln mit Bemaßungslinien

Besonders wichtig ist die Tatsache, dass die ursprüngliche Maßlänge der Außenwand nun für die Innenwand gilt. Drei Meter an der Außenwand werden jetzt zu drei Meter an der Innenwand.

Nun beginnen Sie damit, die restlichen Wände (horizontal und vertikal) alle 5 Meter hinzuzufügen. Danach ziehen Sie die Türen und Fenster auf die Wände und passen diese mittig an. Legen Sie für jeden Raum noch die Angaben einer Raumnutzung und die Raum-ID fest.

Wenn Sie die Maßangaben bei der Arbeit stören, können Sie diese über die *Layereigenschaften* vorübergehend ausblenden. Auch mit den Räumen können Sie so verfahren. Blenden Sie die Raum-Shapes über die Layerebenen aus.

Aufbau eines Büroplans

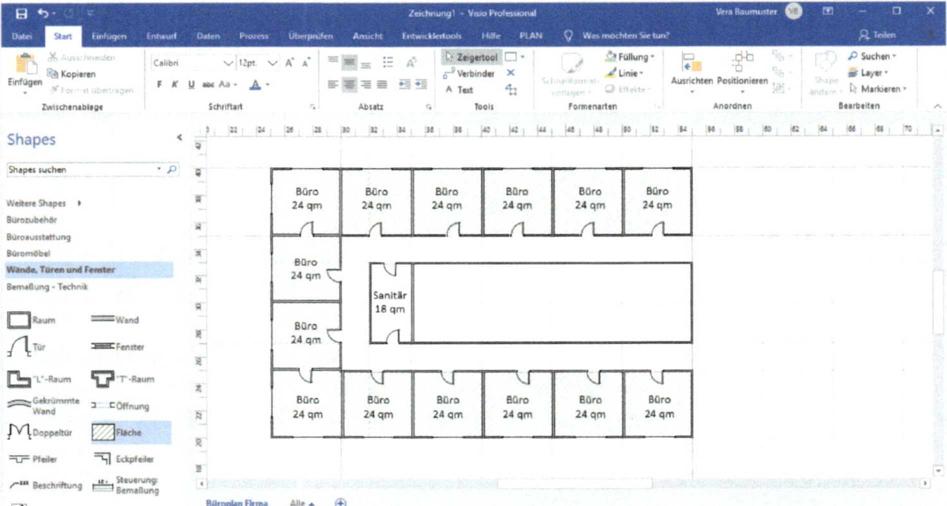

Die Inneneinrichtung

Öffnen Sie die Schablone *Arbeitsbereiche* ❶ (nächstes Bild) und ziehen Sie ein *L-förmiges-Arbeitsplatz*-Shape ❷ auf das Zeichenblatt. Dieses Shape ist eine Gruppe aus Einzel-Shapes, bestehend aus Schreibtisch, Stuhl, Schrank, Telefon etc. Positionieren Sie es in einen Raum. Nehmen Sie das Shape *Archivschrank* auch hinzu und fertig ist der Standardarbeitsplatz. Alternativ können Sie auch über die Schablonen *Büromöbel* und *Bürozubehör* mit einzelnen Shapes ein Zimmer individuell möblieren ❸.

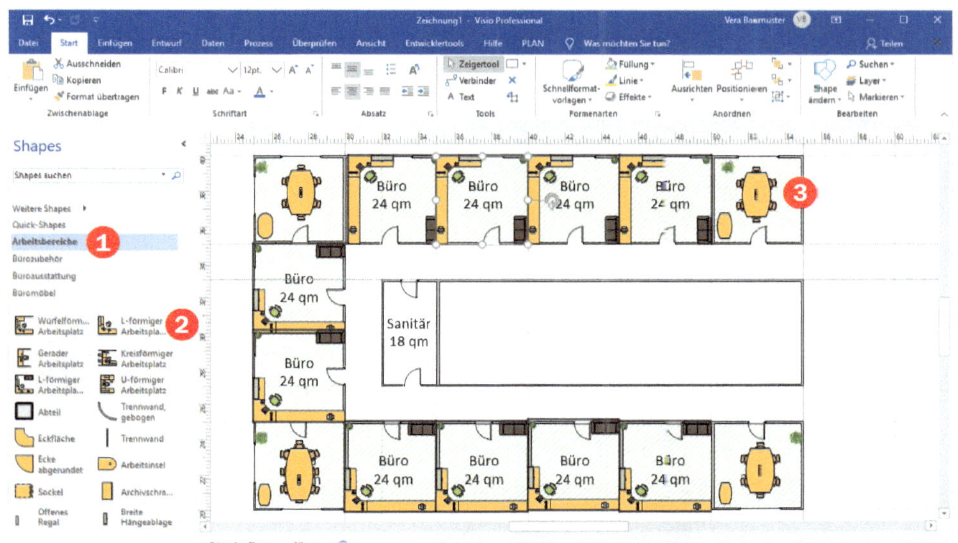

Beispiel Besprechungszimmer und Arbeitsplatz

Shapes mit Daten anreichern

Bevor Sie weitermachen, sollten Sie die benötigten Daten des Arbeitsplatzes ausfüllen ❶, soweit dies möglich ist. Klicken Sie in den Datenbereich eines Arbeitsplatzes. Das Dialogfeld für die Dateneingabe erfolgt über das Andockfenster *Shape-Daten* ❷, das Sie über Aufgabenbereiche im Register *Ansicht* erreichen ❸.

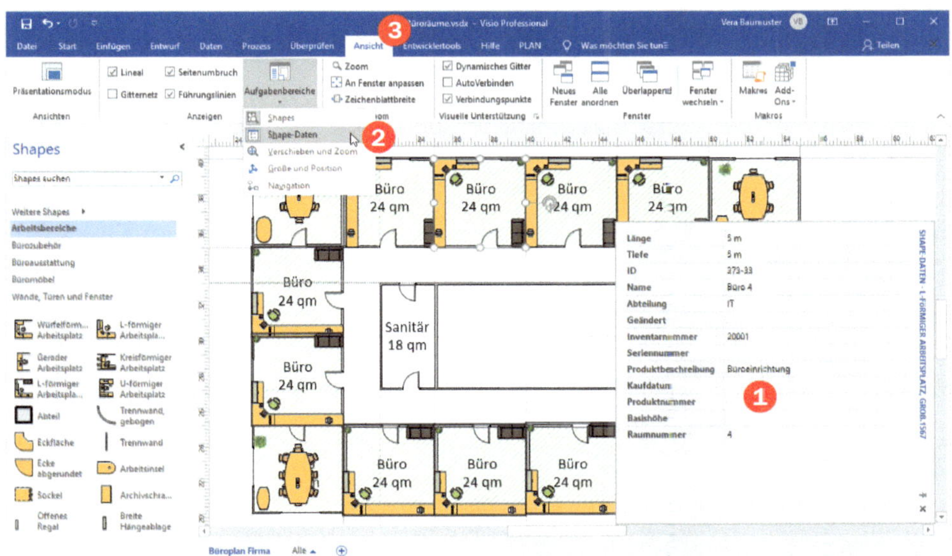

Arbeitsplatz-Daten mit einer Raumnummer

In diesem Fall wären die Abteilung und Produktbeschreibung denkbare Felder. Möchten Sie ein eigenes Feld hinzufügen, beispielsweise die Raumnummer, dann legen Sie das bei den Shape-Eigenschaften an. Aktivieren Sie ein Shape und klicken Sie mit der rechten Maustaste darauf. Wählen Sie *Shape-Daten* und anschließend *Shape-Daten definieren*. Klicken Sie auf *Neu* und legen Sie die Raumnummer als Textfeld an. Dies wurde bereits in Kapitel 8 beschrieben. Wenn Sie jetzt dieses Shape kopieren, so ist in jeder Kopie bereits die Raumnummer enthalten.

Shape-Bericht erstellen

Wenn einer Ihrer Kollegen Informationen zu den Räumen benötigt, so stehen Ihnen verschiedene Standardberichte zur Verfügung. Sie können die Berichte im Menüband über das Register *Überprüfen* ▶ Gruppe *Berichte* ▶ *Shape-Berichte* ❶ erstellen. Hier klicken Sie in der Liste auf *Raumbericht* ❷ und anschließend auf *Ausführen* ❸. Der Bericht steht Ihnen in verschiedenen Formaten zur Verfügung ❹.

Shape-Bericht erstellen

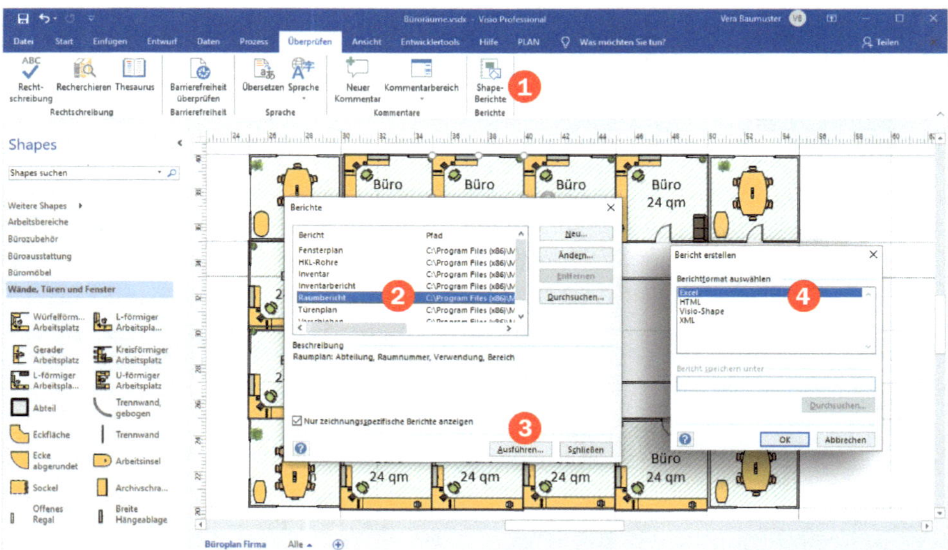

12 MS-Visio Online

In diesem Kapitel lernen Sie...

- Umgang mit der Online Version
- Bearbeiten von MS-Visio Dateien
- Reduzierte Funktionen der Online-Version
- Freigabe und Teilen von Visio-Zeichnungen

Das sollten Sie bereits wissen...

- Umgang mit Shapes und Schablonen
- Umgang mit den Werkzeugen
- Eigenschaften von Objekten
- Grundkenntnisse vom Internet
- Kenntnisse mit einem Browser

Neben der normalen Installation von MS-Visio auf Ihrem Computer steht Ihnen das Programm auch als Online-Version zur Verfügung. Dazu müssen Sie über ein Office365 Konto mit dem entsprechenden Abonnement verfügen. Die Online-Version ist wie bei allen anderen Office-Programmen mit weniger Funktionen ausgestattet. Gehen Sie also davon aus, dass die Online-Versionen immer weniger können als die Desktop-Anwendungen. Die Programme müssen immer mit einem Browser ausgeführt werden und Sie benötigen eine Internetverbindung.

12.1 Die Startseite von MS-Visio Online

Starten Sie nun MS-Visio, indem Sie Ihren Browser aufrufen und in Ihr Office365-Konto navigieren. In Ihrem Portal suchen Sie nach dem Eintrag Visio. Sollten Sie den nicht auf der Übersicht finden, klicken Sie auf *Alle Apps* ❶. Klicken Sie auf die Schaltfläche *Visio* ❷ und das Programm wird im Browserfenster geöffnet.

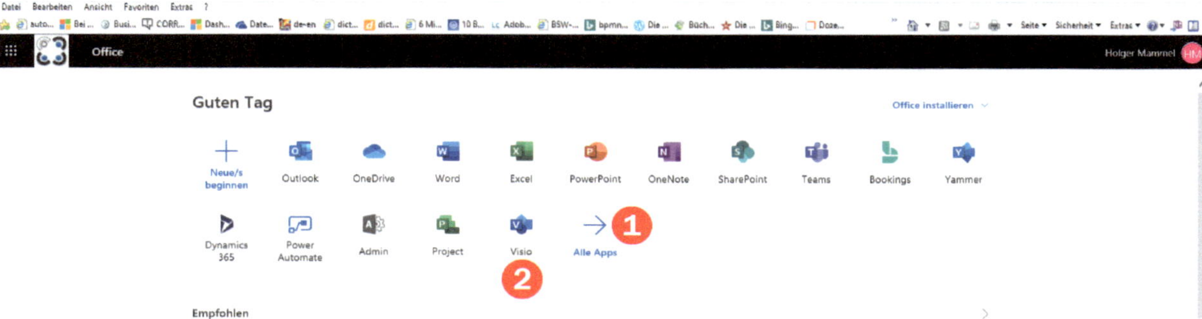

Office365 Portal mit dazugehörigen Programmen

Wie Sie erkennen, ist die Aufmachung und das Aussehen dieser Online-Version sehr viel anders, als Sie es von der normalen Version her kennen.

Dieser Teil entspricht dem Backoffice in Ihrer Desktop-Version. Oben links wird Ihnen das aktuelle Programm angezeigt ❶ (Bild auf der nächsten Seite), rechts oben befinden sich die Einstellungen zu Ihrem Konto ❷. Darunter ist die Suchleiste ❸. Dort können Sie Ihre Suchanfrage eintippen und nach Dokumenten suchen. Klicken Sie auf das kleine Pluszeichen ❹, können Sie eine neue Datei erstellen. In der Gruppe *Zuletzt verwendet* ❺ sehen Sie die letzten aufgerufenen Zeichnungen. Daneben finden Sie Ihren Online-Speicherplatz OneDrive ❻. Sie greifen von hier direkt auf das Browserportal Ihres OneDrive-Speichers in der Wolke zu. Ganz unten sind die verschiedenen Zeichnungstypen. Scrollen Sie mit der Maus nach unten, finden Sie viele weitere dieser bekannten Gruppen, die Ihnen die Online-Version zur Verfügung stellt ❼.

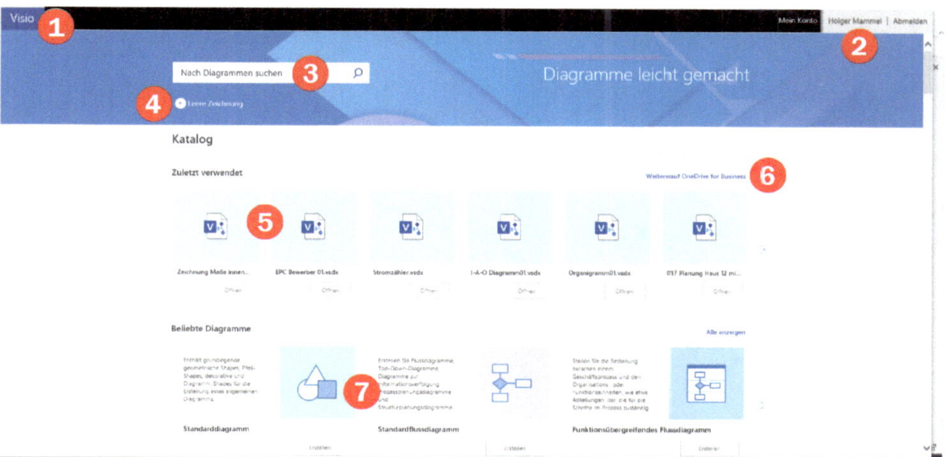

Startseite von MS-Visio Online

12.2 Ein RACI-Diagramm in MS-Visio Online erstellen

Wählen Sie auf der Startseite den Zeichnungstyp *Prozessfortschritt*. Benutzen Sie dabei die Suchleiste. Die Datei wird vorbereitet und die Online-Shapes werden geladen. Auch hier erkennen Sie die visuellen und grafischen Unterschiede der einzelnen Elemente. Ganz oben befindet sich die Browserleiste. Das Besondere daran ist, dass Sie den Dateinamen in der Textzeile überschreiben müssen. Klicken Sie nun in das Wort *Zeichnung5* ❶ (Bild auf der nächsten Seite) und überschreiben den Text beispielsweise mit dem Dateinamen *RACI Diagramm Online*. Das ist für viele Anwender ungewohnt. Dabei werden dem Diagramm vier Rollen zugeordnet (verantwortlich, rechenschaftspflichtig, konsultiert und informieren).

Über den kleinen Pfeil können Sie den Schablonen-Bereich ein- und ausklappen ❷. Im Suchfenster geben Sie wie bisher bekannt Ihren Suchbegriff ein, um aus der Vielzahl von Shapes die richtigen zu finden ❸. Denken Sie daran, dass es weniger gibt als in der Desktop-Version. In der linken Leiste des Shape-Bereiches finden Sie bereits geladen Schablonen ❹ und in der rechten Hälfte die entsprechenden Shapes der aktiven Schablone ❺. Das große leere Zeichnungsfenster ist dann der Platz, um Ihre Zeichnung zu erstellen ❻.

Die obere Menüleiste ist noch ausgegraut, weil sich im Zeichnungsfenster keine Objekte befinden. Sie erkennen auch, dass die Anzahl der Register dezimiert ist.

Über das *Pluszeichen* ❼ fügen Sie weitere Schablonen hinzu. Klicken Sie darauf und tragen Sie *Text* in das Suchfeld ein.

Programmfenster von MS-Visio Online

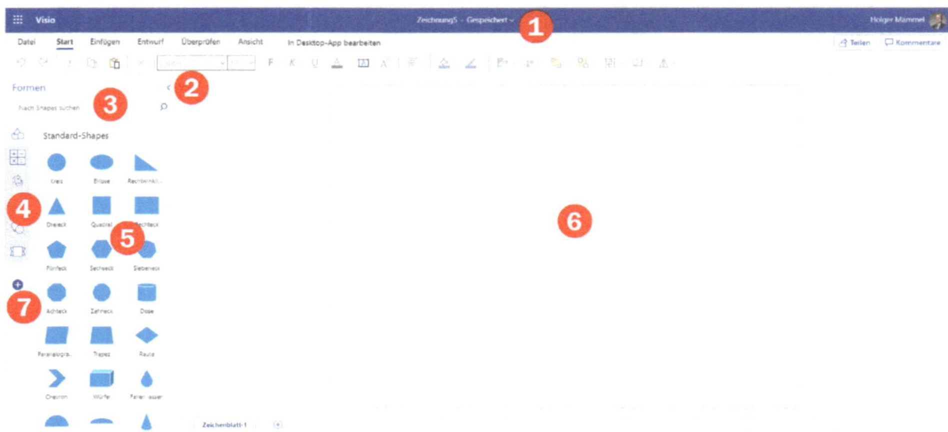

Für diese Aufgaben müssen Sie einige Visio-Shapes etwas verfremden. Das Diagramm wurde aus Rechtecken für die Überschriften verwendet. Weiterhin wurde das Shape *Nummerischer Block* eingesetzt und normale *Rechtecke* aus den Standard-Shapes. Die Textbeschriftung soll unten mit dem Textfeld im Start-Register erstellt werden.

Ein RACI Matrix Diagramm.

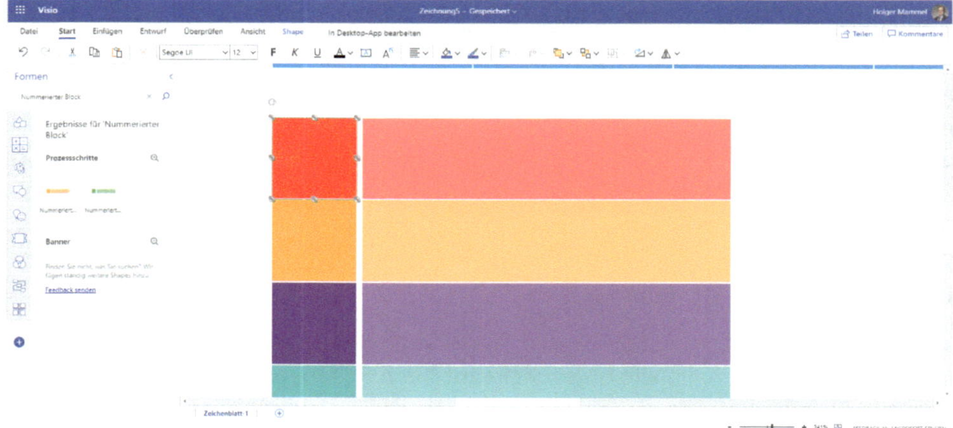

Ziehen Sie aus der Schablone *Prozessschritte* das *Rollen-Shape* auf Ihr Zeichenblatt. Es besteht aus zwei Teilen. Geben Sie in den linken Teil die Nummer ein und in den rechten Teil den beschreibenden Text. Nun müssen Sie die Größe an den Anfassern noch zurechtrücken. Klicken Sie mehrmals in das Shape und achten Sie auf die Anfasser, die ihre Form ändern und Ihnen anzeigen, welche Anpassungen gesperrt sind.

Nachdem Sie das erste Shape fertig haben, kopieren Sie es mehrmals und positionieren diese. Markieren Sie alle mit der Maus und verwenden Sie die bekannten Werkzeuge zum Ausrichten in dem Startregister. Haben Sie Shapes ausgewählt, erscheint das Register *Shape* im Menüband. Auch hier finden Sie wiederum die entsprechenden Werkzeuge zum Ausrichten, Gruppieren und Verteilen. Nutzen Sie diese für alle Ihre Shapes, um das Diagramm nachzustellen.

Für die Eingabe der RACI-Texte nehmen Sie ein Standard-Rechteck und passen diese in der Größe und Position an. Form und Farbe für Linien und Füllung befinden sich auch im Menüband im Register *Shapes*. Zuletzt benötigen Sie die Diagrammbeschriftung, die Sie als Text-Shape mit der Maustaste aufziehen und den Text eingeben. Es ist fast alles wie in den vorangegangenen Kapiteln des Buches beschrieben. Ein weiteres Speichern Ihres Dokumentes ist bei der Onlinebearbeitung nicht notwendig.

Werfen Sie noch einen Blick in die verschiedenen Register der Visio-Online-Version und Sie sehen die reduzierten Bearbeitungsmöglichkeiten.

Wie Sie jetzt erkennen, wäre eine Bearbeitung in der Desktop-Version um einiges einfacher gewesen. Eine Abwandlung aus der Gruppe SixSigma oder ein Marketing-Diagramm hätte hier besseres geleistet.

12.3 Von Visio-Offline nach Visio-Online

Erstellen Sie ein Diagramm in Ihrer Desktop-Version und öffnen Sie es in der Visio-Online-Version. Klicken Sie in Ihrem Browser auf *Datei Öffnen* und wählen Sie danach *OneDrive*, um zum Online-Verzeichnis zu wechseln. Wählen Sie Ihre Datei aus und der Browser lädt Ihre Datei in ein neues Fenster. Zunächst wird die Zeichnung nur dargestellt. Möchten Sie die Datei bearbeiten, klicken Sie auf die Schaltfläche *Im Browser bearbeiten*.

Wählen Sie hier *Im Browser bearbeiten* aus, wird die Zeichnung geladen und Sie können nur auf die Leseansicht der Online-Version zugreifen. Ein Bearbeiten dieser Datei ist nicht möglich, da die Shapes nicht zur Verfügung stehen.

Nehmen Sie in diesem Fall *In Desktop-App bearbeiten*, so wird die Zeichnung in Ihrer Desktop-Version geöffnet und kann ganz normal editiert werden.

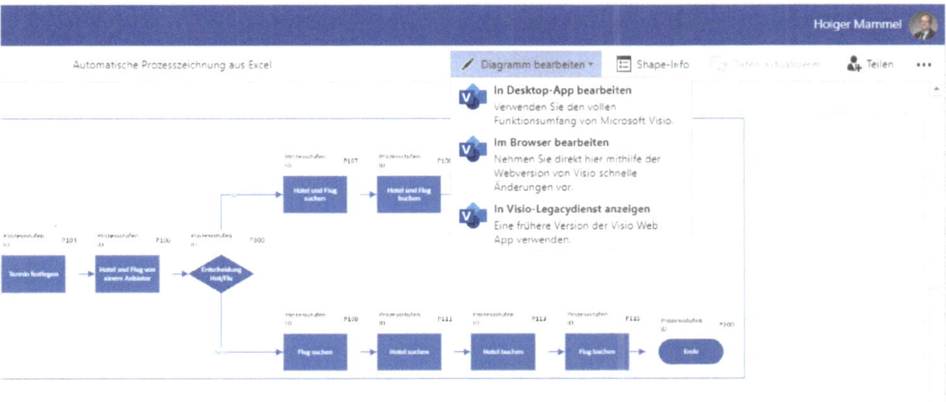

Auswahl zum Bearbeiten und nicht bearbeitbare Datei in der Online-Version.

13 Besondere Funktionen in MS-Visio

In diesem Kapitel lernen Sie...

- Details des Programmes
- Automatische Abstandseinstellungen
- Umgang mit einem Container
- Objekte verschieben und stapeln
- Automatisierung in MS-Visio
- Nachträgliches und vereinfachtes Anpassen

Das sollten Sie bereits wissen...

- Umgang mit Shapes und Schablonen
- Umgang mit den Werkzeugen
- Grundkenntnisse von Excel
- Grundlegende Kenntnisse mit MS-Visio

In diesem Kapitel werden Sie tiefere Einblicke in das Programm erhalten. Es gibt in den verschiedenen Menübändern immer wieder zusätzliche Funktionen, die ich bisher nicht behandelt habe. Oft finden Sie keine Verwendung, weil andere Funktionen ähnliches erledigen, oder Details einer Funktion werden vom Anwender nicht sinnhaft zugeordnet. Kommen Sie aber zum Einsatz, nehmen Sie Ihnen viel Arbeit ab, die Sie sonst in mühevoller Kleinarbeit erledigen müssen.

13.1 Der Container

Der Container ist eine andere Form und Möglichkeit, Objekte in einer Gruppe zu halten. Jedes Objekt, das sich im Container befindet, nimmt die Eigenschaften des Containers an. Innerhalb eines Containers können Sie alle Objekte gleichzeitig verschieben oder formatieren, und vieles mehr. Auch die Objekte in Vordergrund und Hintergrund zu positionieren, kann innerhalb eines Containers erledigt werden. In einen Container können auch weitere Container eingefügt werden. Die Objekte können Sie in einen Stapel oder in eine Gruppe fassen.

Einen Container einfügen

Um einen Container einzufügen, klicken Sie im Menüband ▶ Register *Einfügen* ❶ ▶ *Container* ❷. Eine Auswahl an vordefinierten Container-Layouts ❸ wird Ihnen angeboten. Wählen Sie einen Ihrer Wahl. Der Container wird auf Ihrem Zeichenblatt platziert ❹ und Sie erhalten ein eigenes Register (*Containertools*) mit weiteren Befehlen für dieses Objekt ❺.

Einen Container einfügen

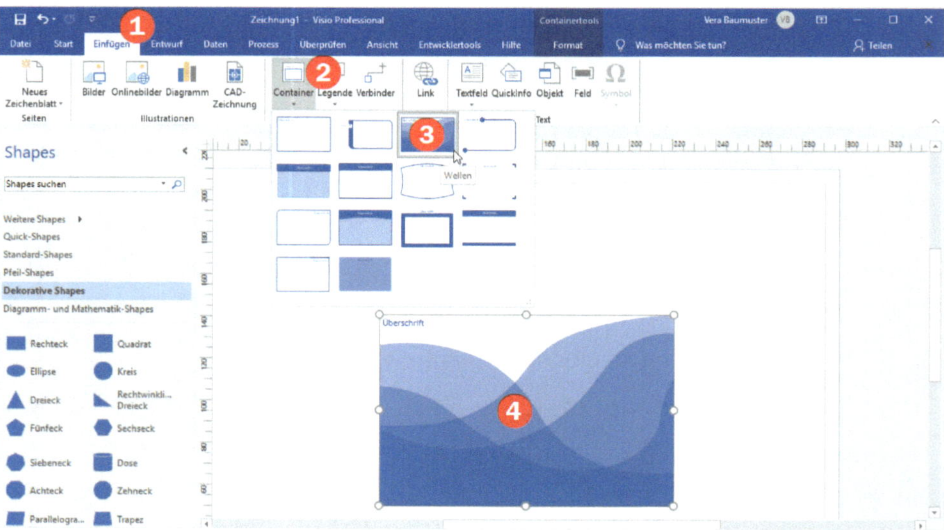

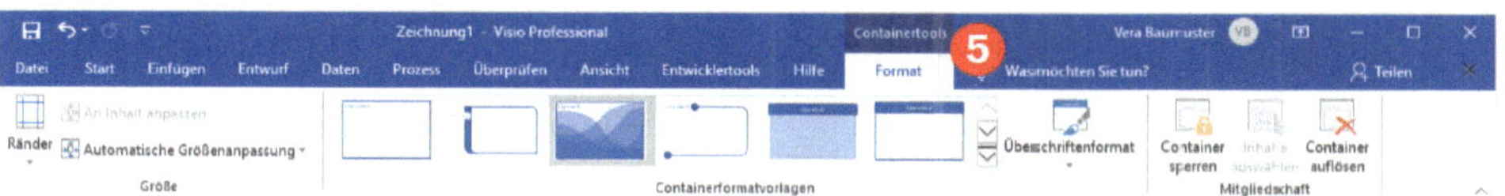

Das Register Format in den Containertools

Shapes einem Container zuordnen und anpassen

Ziehen Sie nun Ihre Shapes auf das Zeichenblatt in den Container. Der Containerrahmen zeigt eine grüne Umrandung ❶, wenn MS-Visio das Objekt erkennt. Lassen Sie die Maustaste los. Das Shape ist nun Teil dieses Containers. Bewegen oder verschieben Sie den Container, werden alle darin befindlichen Objekte mit verschoben. Fügen Sie weitere Shapes dem Container hinzu, wird dieser automatisch in seiner Größe angepasst. Im Menüband ▶ Register *Containertools Format* ▶ Gruppe *Größe* können Sie dieses Verhalten individuell anpassen. Die *Automatische Größenanpassung* bietet Ihnen dazu drei Auswahlmöglichkeiten (*Keine automatische Größenanpassung*, *Nach Bedarf erweitern*, *Immer an Inhalte anpassen*) ❷.

Möchten Sie die Form ihres Containers ändern, genügt ein Klick in den *Containerformatvorlagen* ❸. Die Einstellung, an welcher Seite sich die Überschriften befinden, können Sie auch in der Schaltfläche *Überschriftenformat* ❹ daneben auswählen.

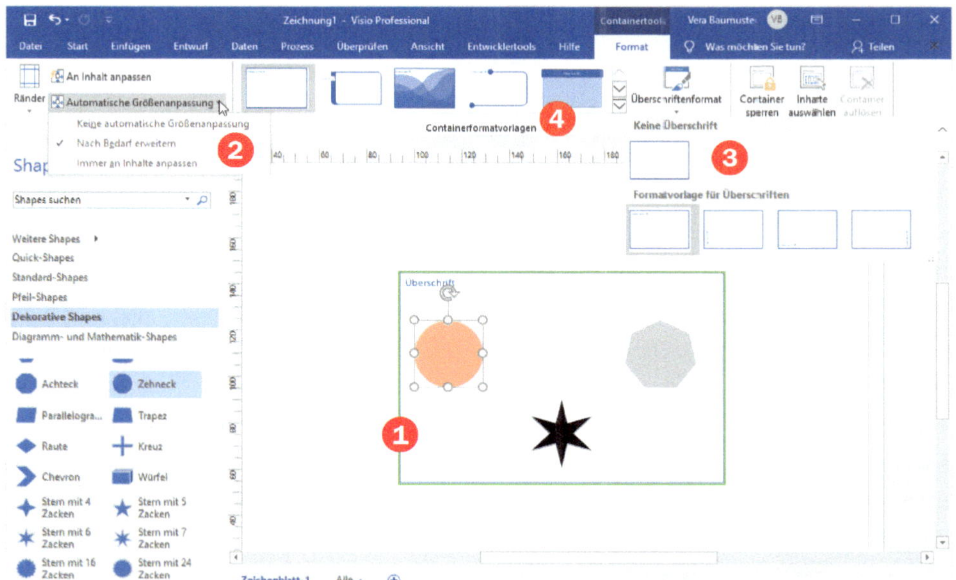

Shapes zuordnen und anpassen

Container sperren oder auflösen

Möchten Sie einen Container sperren, damit keine weiteren Shapes aufgenommen werden, ist dies mit der Schaltfläche *Container sperren* ❶ über das Menüband ▶ Register *Containertools Format* ❷ ▶ Gruppe *Mitgliedschaft* möglich. Legen Sie dann ein Shape über dem Container ab, so wird es nicht zu dessen Inhalt. Außerdem können Sie die Shapes, die sich darin befinden, nicht mehr entfernen. Entsperren Sie den Container wieder, indem Sie erneut auf die gleiche Schaltfläche klicken. Einen Container können Sie auch wieder auflösen, wenn Sie ihn nicht mehr benötigen. Ein Klick auf *Container auflösen* ❸ löscht den Container und belässt alle Shapes des Containers auf der Seite.

Container sperren oder auflösen

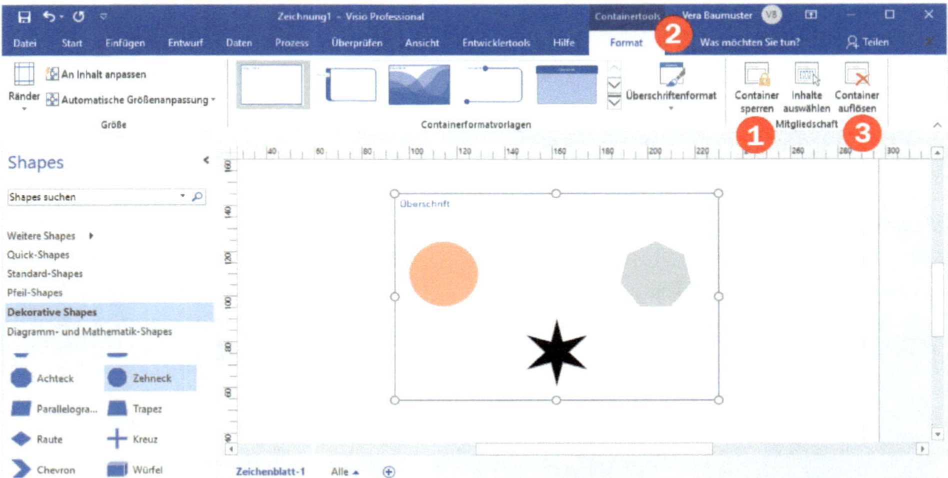

Container bearbeiten und kombinieren

Möchten Sie Ihre Shapes in einem Container nachträglich bearbeiten, klicken Sie im Menüband ▶ Register *Containertools Format* ❶ (Bild auf der nächsten Seite) ▶ Gruppe *Mitgliedschaft* auf *Inhalte auswählen* ❷. Es werden alle Shapes im Container markiert und Sie können Ihre Änderungen vornehmen, so wie Sie es gewohnt sind.

Sie haben auch die Möglichkeit, mehrere Container in einen oder mehrere Container ineinander zu verschachteln. Das bietet sehr interessante Kombinationsmöglichkeiten, um mit sehr vielen Shapes sinnvoll zu arbeiten. Jeder Container kann sein eigenes Layout besitzen ❸.

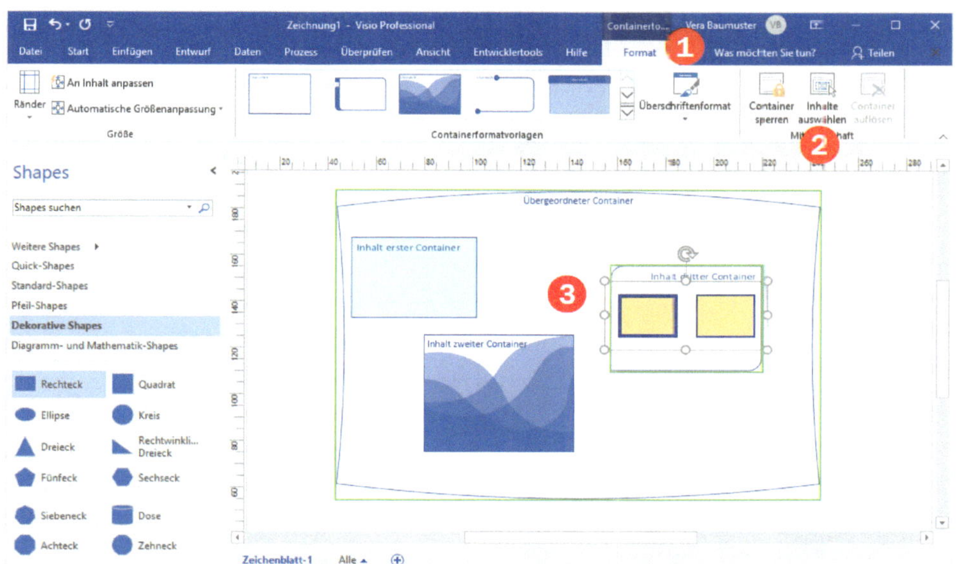

Mehrere Container in einer Containerform zusammengefasst

Auch hier gilt die Regel: individuelles Formatieren hat Vorrang vor systembedingtem Formatieren.

13.2 Shapes ausrichten, drehen und nachträglich ändern

Automatisches ausrichten und verteilen

Wie bereits auf den vorherigen Seiten besprochen, benötigen Sie zum *Automatischen Verteilen* und *Automatischer Abstand* jegliche Art von Verbindungslinien zwischen den Objekten. Dieser Automatismus kann auch über Abstandswerte, die Sie in ein Feld eintragen, erfolgen.

Shapes und Diagramm drehen

Möchten Sie einzelne Shapes oder ein ganzes Diagramm drehen, verwenden Sie die Befehle *Shapes drehen* ❶ (Bild auf der nächsten Seite) bzw. *Diagramm drehen* ❷. Zu erreichen sind sie im Menüband ▶ Register *Start* ❸ ▶ Gruppe *Anordnen* ▶ *Positionieren* ❹. Hier können Sie verschiedene Einstellungen (u. a. *Rechts-/Linksdrehung 90 Grad*, *Vertikal umdrehen* etc.) vornehmen.

Shapes/Diagramm drehen

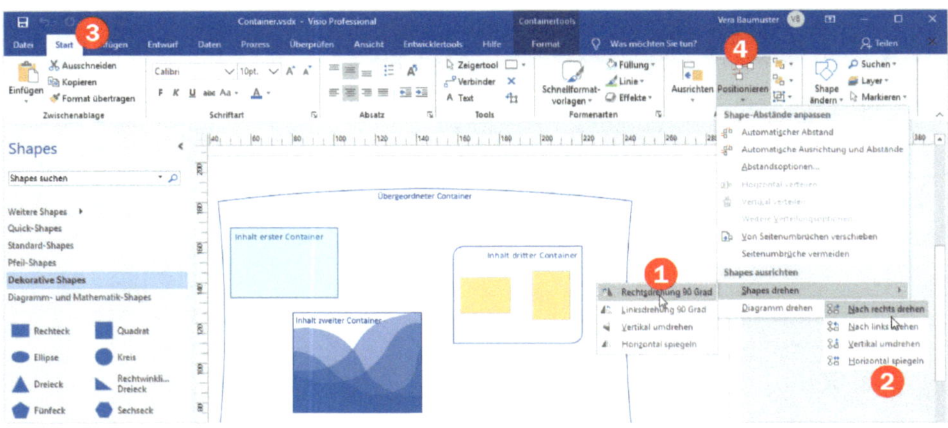

Shapeform nachträglich ändern

Möchten Sie nachträglich ein Shape, beispielsweise ein Kreis in ein Quadrat umwandeln, brauchen Sie es nicht zu löschen und wieder neu zu erstellen. Es würde alle seine Eigenschaften verlieren und Sie müssten diese erneut dem neuen Shape zuweisen. Einfacher geht es mit der Funktion *Shape ändern* ❶ im Menüband ▶ Register *Start* ❷ ▶ Gruppe *Bearbeiten*. Über den Pfeil können Sie eine andere Schablone auswählen ❸.

Shape ändern

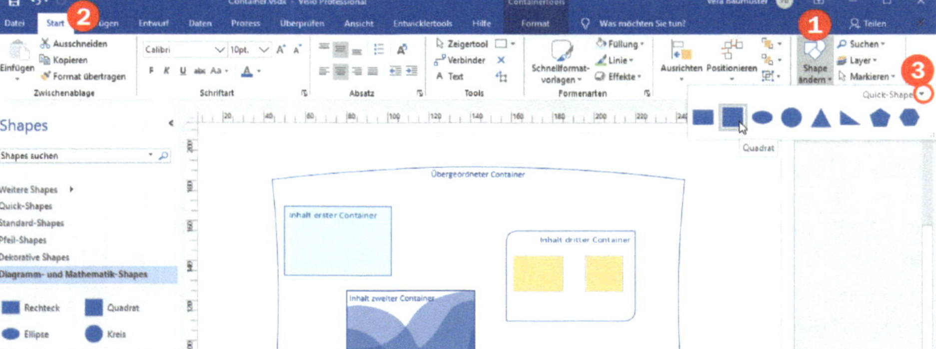

13.3 Suchen und Ersetzen

Mit der Funktion *Suchen und Ersetzen* können Sie in Ihrer gesamten Datei Texte sehr einfach austauschen. Stellen Sie sich vor, in Ihrem Organigramm hat sich die Telefonnummer Ihres Unternehmens geändert. Über die Funktion Suchen und Ersetzen können Sie das sehr einfach ändern.

Klicken Sie im Menüband ▶ Register *Start* ▶ Gruppe *Bearbeiten* auf die Schaltfläche *Suchen* ❶. Hier können Sie Ihre Änderungen eintragen.

Die Suchfunktion kann auf unterschiedliche Inhalte von Shapes zugreifen und führt Sie mit der Schaltfläche *Weitersuchen* ❷ mühelos von Shape zu Shape und zentriert das Ergebnis in der Mitte Ihrer Seite. Mit *Ersetzen* ❸ können Sie die Textinhalte austauschen ❹. Dies gilt für eine Gruppe von Shapes oder für alle Zeichenblätter Ihrer Datei ❺.

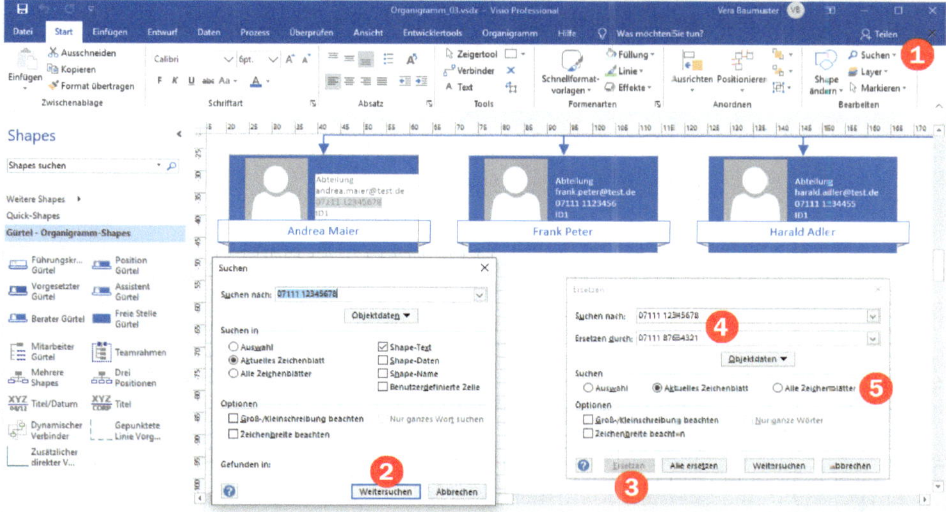

Suchen und Ersetzen in MS-Visio

Achtung: Haben Sie einen Fehler in Ihren Überlegungen und bei der Zuweisung des Feldes *Ersetzen* gemacht, kann dies zu herben Verlusten führen. Das können Sie dann nur noch mit der Schaltfläche *Rückgängig* machen korrigieren.

13.4 Objekte nach Art des Shapes auswählen

Wenn Sie auf Ihrem Zeichenblatt mehrere Shapes auswählen müssen, ist die Funktion *Nach Typ auswählen...* ❶ überaus hilfreich. Über das Menüband ▶ Register *Start* ▶ Gruppe ▶ *Bearbeiten* ▶ *Markieren* erreichen Sie diese Funktion.

Es erscheint ein Dialogfeld, in dem Sie nun die Objekte wählen, die MS-Visio für Sie aktivieren soll. In diesem Beispiel wurden alle Shapes der Ebene *Gebäudeverkleidung* ❷ mit einer Einstellung erreicht, um anschließend bearbeitet zu werden. Sie erhalten eine blaue Markierung ❸. Bestätigen Sie danach mit *OK* ❹.

Auswählen nach Typ

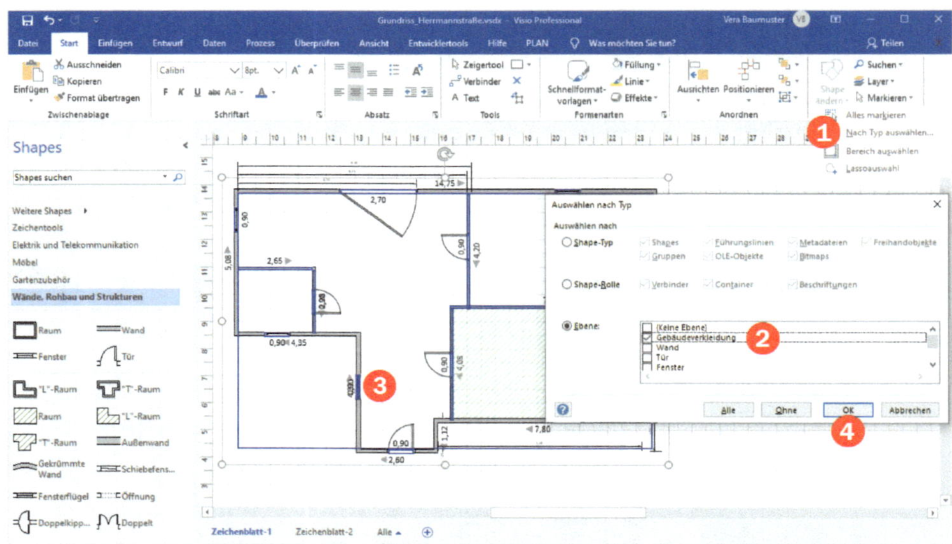

13.5 Datengrafik erstellen und bearbeiten

Im Menüband ist das Register *Daten* nur in der Professional Version von MS-Visio enthalten. Verwenden Sie die Standard-Version, dann können Sie den nächsten Abschnitt überspringen.

In diesem Kapitel werden Sie Daten, die in Excel gespeichert sind, mit MS-Visio verbinden. In diesem Beispiel wird eine Europakarte mit Daten aus einer Excel-Tabelle angereichert. Die Excel-Tabelle können Sie selbst anlegen oder aus dem Internet downloaden.

Die Excel-Tabelle enthält unter anderem die Namen der europäischen Hauptstädte, die Einwohnerzahl, die Fläche in km² und das Land. Diese in Excel gespeicherten Daten werden nun an MS-Visio weitergereicht und anschließend ausgelesen.

Liste der Länder Europas

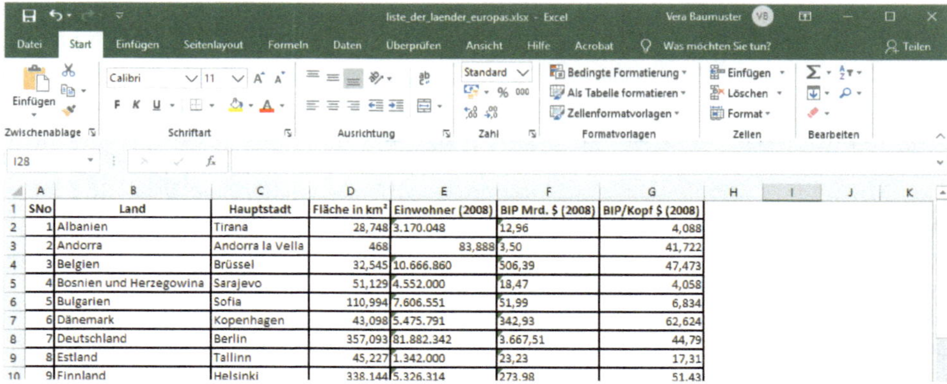

SNo	Land	Hauptstadt	Fläche in km²	Einwohner (2008)	BIP Mrd. $ (2008)	BIP/Kopf $ (2008)
1	Albanien	Tirana	28,748	3.170.048	12,96	4,088
2	Andorra	Andorra la Vella	468	83,888	3,50	41,722
3	Belgien	Brüssel	32,545	10.666.860	506,39	47,473
4	Bosnien und Herzegowina	Sarajevo	51,129	4.552.000	18,47	4,058
5	Bulgarien	Sofia	110,994	7.606.551	51,99	6,834
6	Dänemark	Kopenhagen	43,098	5.475.791	342,93	62,624
7	Deutschland	Berlin	357,093	81.882.342	3.667,51	44,79
8	Estland	Tallinn	45,227	1.342.000	23,23	17,31
9	Finnland	Helsinki	338,144	5.326.314	273,98	51,43

Einfügen von Onlinebilder

Im Menüband ▶ Register *Einfügen* ❶ ▶ Gruppe *Illustrationen* ❷ finden Sie die Schaltfläche *Onlinebilder* ❸. Wenn Sie sie anklicken, öffnet sich ein Fenster und die Onlinebilder werden geladen. Suchen Sie sich hier in den Rubriken das richtige Bild aus ❹ oder benutzen Sie die Suchleiste ❺. Bestätigen Sie mit der Enter-Taste, suchen Sie sich ein Bild aus und klicken Sie rechts unten auf *Einfügen*. Die Europakarte erscheint auf Ihrem Zeichenblatt.

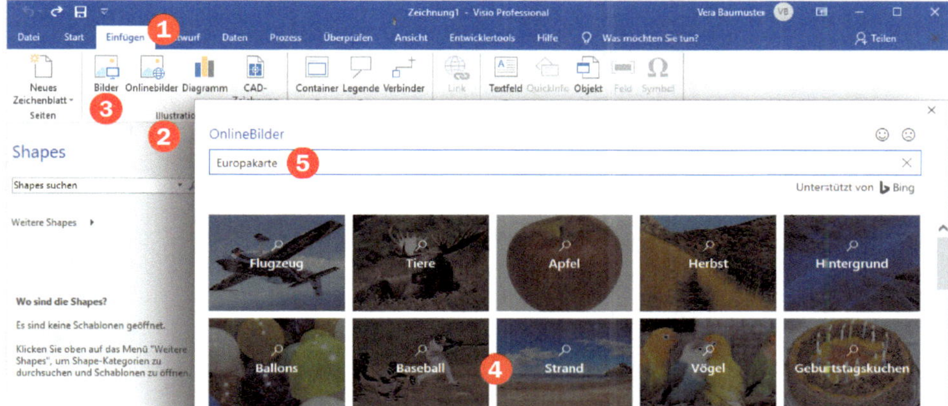

Onlinebild einfügen

Erstellen der Datengrafik

Zunächst benötigen wir ein Stadt-Shape. Geben Sie dazu in der Suchleiste den Begriff *Stadt* ein. MS-Visio findet einige Shapes dazu. Ziehen Sie eines Ihrer Wahl auf Ihr Zeichenblatt und passen es der Größe entsprechend an.

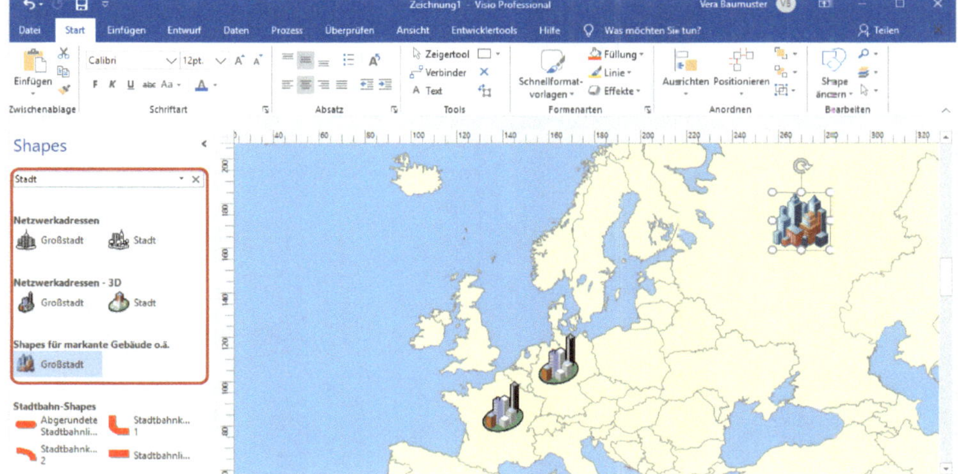

Städte-Shapes auf das Zeichenblatt ziehen

Klicken Sie nun im Menüband ▶ Register *Daten* ❶ ▶ Gruppe *Externe Daten* ❷ auf *Schnellimport* ❸. Es erfolgt Fenster zur Datenauswahl, in dem Sie den Pfad auswählen können, wo Sie Ihre Excel-Datei abgelegt haben. Klicken Sie auf *Durchsuchen* ❹ und anschließend auf die Excel-Datei ❺. Bestätigen Sie mit *Fertig* ❻.

Pfad zum Einlesen der Excel-Datei

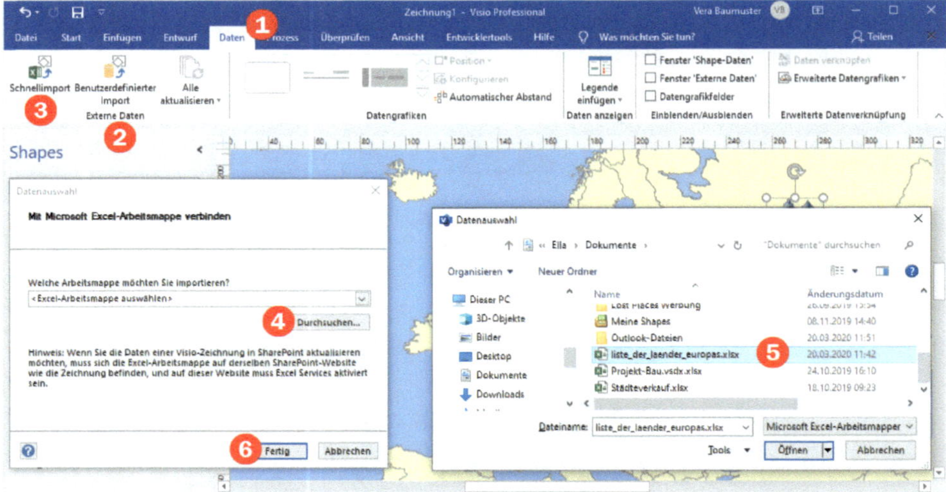

MS-Visio öffnet nun zwei Spalten auf Ihrem Zeichenblatt. Die linke Spalte zeigt die Daten aus der Excel-Datei ❶ und die rechte die Datengrafikspaten ❷. Es sind die Überschriften Ihrer Excel-Tabelle, genauer gesagt, die erste Zeile Ihres Datenbereiches.

Markieren Sie nun das Stadt-Shape, das Berlin repräsentiert ❸. Ziehen Sie mit gedrückter linker Maustaste die ganze Zeile aus der Liste *Externe Daten* ❹ auf das Stadtsymbol auf der Europakarte. MS-Visio zeigt dies durch eine rechteckige Umrandung. Damit haben Sie den Datensatz richtig zugeordnet. Nachdem Sie die Bindung hergestellt haben, wird in der ersten Spalte der Excel-Tabelle das Verknüpfungssymbol angezeigt ❺. Zudem werden die Datengrafikfelder aktiviert.

Verknüpfte MS-Visio-Zeichnung mit einer Excel-Datei

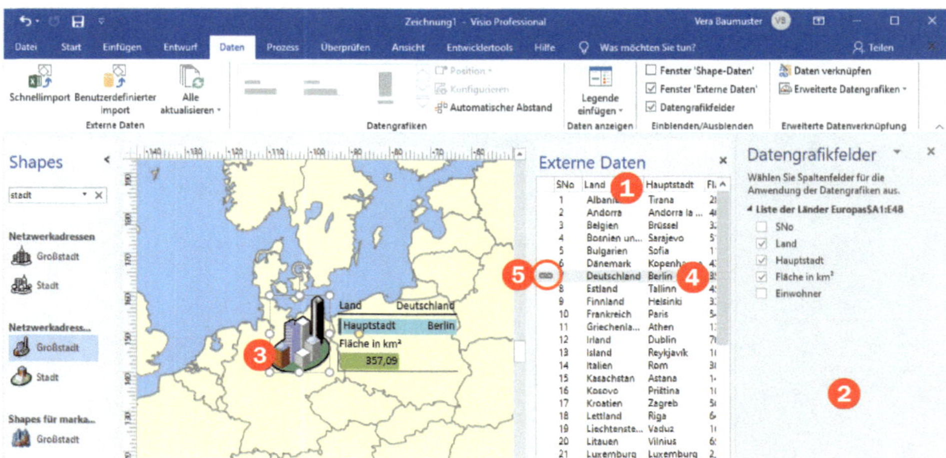

Fügen Sie nun weitere Shapes und Städte Ihrer Wahl auf das Zeichenblatt. Sie können auch direkt aus dem Fenster externe Daten einer Zeile markieren und mit gedrückter Maustaste die gewählte Stadt auf Ihr Zeichenblatt ziehen. MS-Visio erkennt automatisch das dazugehörige Shape.

Anpassen einer Datengrafik

Möchten Sie später Ihre Datengrafik ändern oder anpassen, können Sie das ganz einfach lösen. Sie markieren ein Spaltenfeld im Datengrafikbereich ❶ und ändern dann im Register *Daten* Ihre Einstellungen über die Schaltfläche *Konfigurieren* ❷. Die Konfiguration ist nur dann aktiv, wenn Sie zuvor ein Feld ausgewählt haben. In dem neuen Fenster können Sie dann bestimmte Einstellungen vornehmen, u. a. wie die Daten angezeigt werden sollen (als Text, Datenbalken etc.) ❸ oder wie die Formatvorlage aussehen soll ❹.

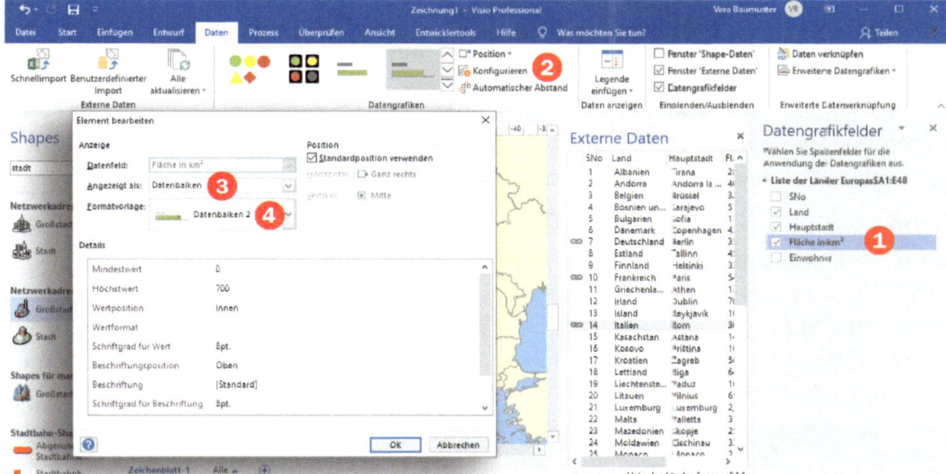

Anpassen einer bestehenden Datengrafik

Haben Sie ein Objekt in Ihrem Zeichenblatt aktiviert, gilt Ihre Änderung nur für dieses einzelne Shape. Um alle Shapes gleichzeitig anzupassen, klicken Sie nur auf das Datenfeld.

Sie können auch mit der Schnellauswahl ❶ (Bild auf der nächsten Seite) Datengrafiken verändern und anpassen. Wenn Sie auf das unterste Pfeilsymbol im Register *Daten* ❷ ▶ Gruppe *Datengrafiken* klicken, finden Sie eine Anzahl formatierter Symbole zur schnellen und einfachen Verwendung ❸.

Schnellauswahl einer Datengrafik

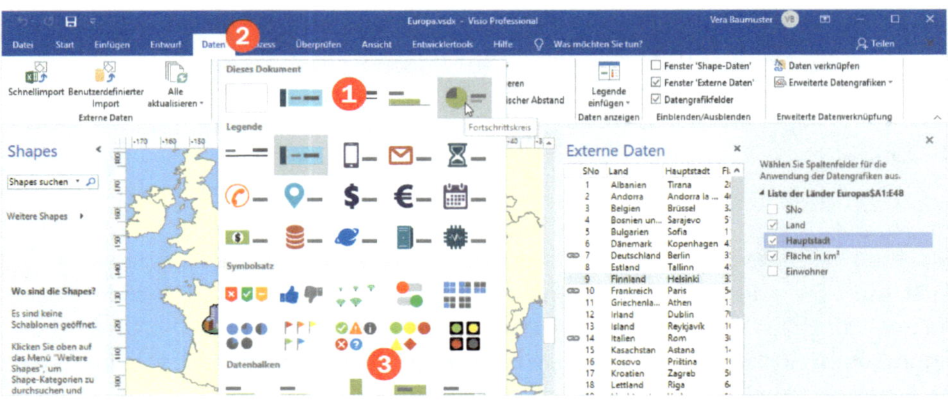

Anpassen der Datenquelle

Hat sich im Laufe der Zeit die Datenquelle, also das Excel-Dokument, geändert, müssen Sie Ihre Visio-Datei an die neuere Excel-Datei anpassen. Dies geht über die Funktion *Alle aktualisieren*. Wenn sich der Speicherort Ihrer Excel-Datei nicht geändert hat, wählen Sie im Menüband ▶ Register *Daten* ❶ ▶ Gruppe *Externe Daten* den kleinen schwarzen Pfeil neben der Schaltfläche *Alle aktualisieren* ❷.

Wenn Sie auf *Daten aktualisieren...* ❸ klicken, werden alle Quellen in Ihrer Visio-Datei aufgelistet. Sie können durchaus unterschiedliche mehrere Quellen wie Excel, Access, ODBC etc. gleichzeitig in einer Zeichnung verwenden. Über die Schaltfläche *Konfigurieren* ❹ können Sie jede Datenquelle neu verbinden oder anpassen. Der Ort der Datenquelle ist im Dialogfeld beschrieben ❺. Für Excel sehen Sie auch den Adressbereich (hier §A1:E48).

Datenquelle anpassen und aktualisieren

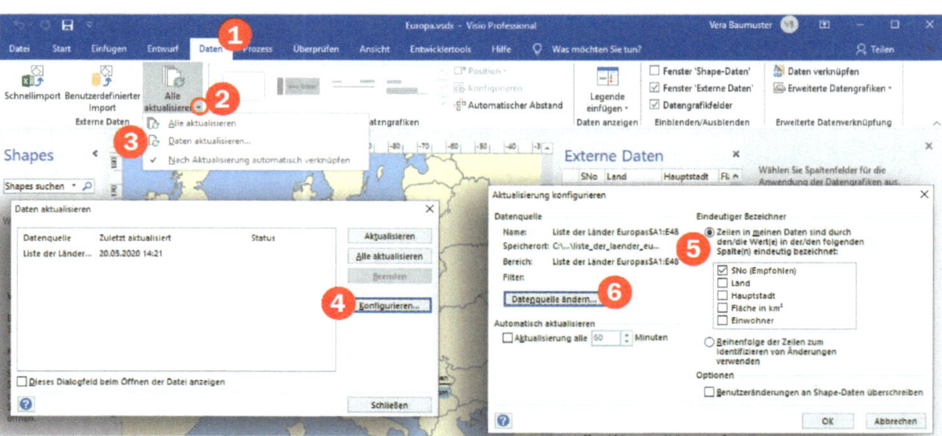

Benötigen Sie einen anderen Adressbereich aus der Excel-Tabelle, klicken Sie auf *Datenquelle ändern...* ❻ und die Excel-Datei wird gestartet. Markieren Sie den neuen Bereich und MS-Visio lädt die Daten hinzu. Besonders wenn Ihre Tabelle durch neue

Datensätze größer wird, ist dies sehr schnell und einfach durchzuführen. Müssen Sie andere oder weitere Spalten verarbeiten, können Sie im rechten Teil der Maske die Felder auswählen, die Sie für Ihre Zeichnung benötigen.

13.6 Die Add-Ons in MS-Visio

MS-Visio bietet eine Vielzahl von Automatisierungs-Tools an. Diese kleinen Werkzeuge sind ähnlich wie Makros und arbeiten viele Arbeitsschritte hintereinander sehr schnell ab. Oft können Sie individuelle Voreinstellungen diesen automatischen Aufgaben mitgeben oder später eingreifen und Änderungen durchführen. Als Beispiele sind hier *Aktualisieren* oder *Nummerieren* zu nennen, die halbautomatisiert ablaufen. Es ist in diesem Buch nicht möglich, alle diese Helferlein zu besprechen. Ich möchte hier nur einige wenige ansprechen.

Die Add-Ons finden Sie im Menüband ▶ Register *Ansicht* ❶ ▶ Gruppe *Makros* ▶ *Add-Ons* ❷. Klicken Sie darauf, dann öffnet sich zunächst ein Auswahlmenü, welches die Helferlein in Gruppen zusammenfasst. Einige dieser Befehle finden Sie auch in den entsprechenden Registerkarten, je nachdem, welche Art von Zeichnungsdatei Sie angelegt haben. Haben Sie kein entsprechendes Shape in Ihrer Zeichnung, bleibt Ihnen dieses Add-On verwehrt und wird nicht ausgeführt.

Shapes nummerieren

In diesem Beispiel haben wir mehrere Rechteck-Shapes, die mit einer Nummerierung und dazugehörigem Text belegt werden sollen. Dies kann eine sehr mühselige Arbeit sein, die Add-Ons schaffen aber Abhilfe. Klicken Sie auf *Add-Ons* und wählen in der Gruppe *Visio Extras* ❸ den Befehl *Shapes nummerieren…* ❹.

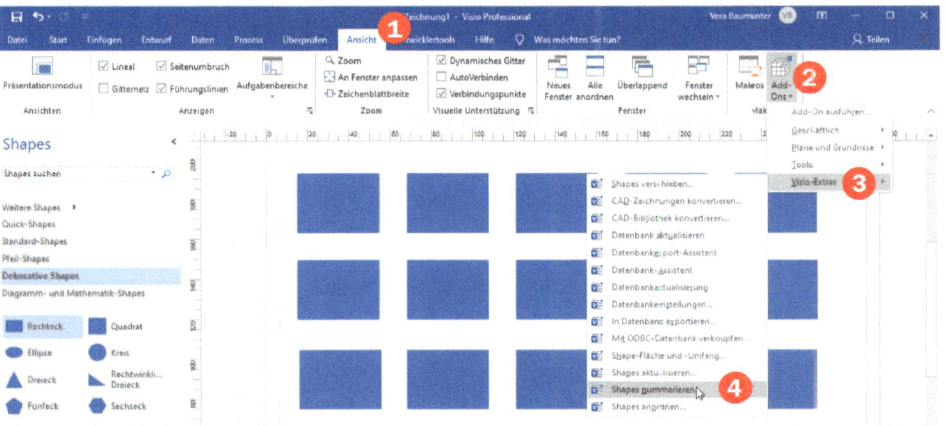

Add-On-Auswahl in Gruppen mit dazugehörigen Befehlen

Ein Dialogfeld öffnet sich und Sie werden aufgefordert, Eingaben vorzunehmen. Wählen Sie zuerst den Vorgang der Nummerierung ❶ (Bild auf der nächsten Seite).

Soll diese automatisch (*Auto-Nummerierung*) erfolgen, so geht MS-Visio der Reihenfolge nach, wie sie von links oben nach rechts unten auf der Seite angeordnet sind. Der Nullpunkt der Seite spielt dabei keine Rolle. Wählen Sie hingegen *Manuell durch klicken*, müssen Sie jedes Shape einzeln anklicken. Die Klickreihenfolge ist dabei maßgeblich. Bei *Beginnen bei:* und dem *Intervall:* ❷ können Sie die Zählfolge nach Ihnen Wünschen beeinflussen. Mit Intervall können Sie 10 Schritte oder nur gerade Zahlen bestimmen. In dem Feld darunter können Sie einen Text festlegen, der vor der Zahl erscheinen soll ❸. Achten Sie dabei auf ein notwendiges Leerzeichen zwischen Text und Zahl. Mit einem Klick auf den Pfeil können Sie aber auch aus den bestehenden Möglichkeiten auswählen ❹. Die Vorschau zeigt Ihnen das Ergebnis bereits an. Die unterste Checkbox ❺ verwenden Sie, wenn Sie weitere Shapes auf Ihr Zeichenblatt ziehen und diese die eingestellte Nummerierung erhalten sollen. Klicken Sie auf *OK* ❻, wenn Sie mit Ihren Änderungen zufrieden sind.

Beispiel für das Add-On Nummerierung

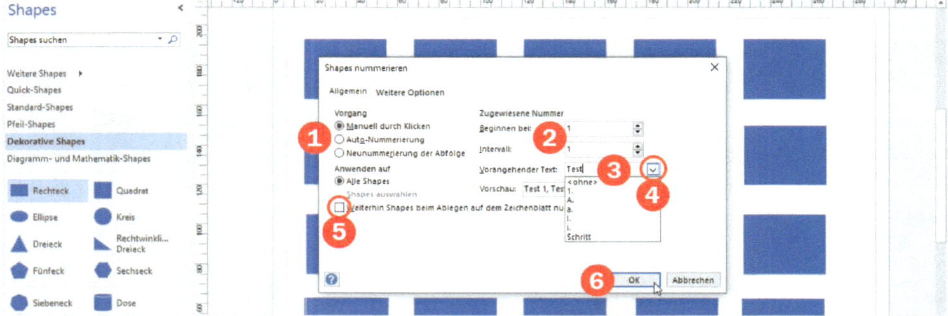

> **Achtung:** Löschen Sie ein Shape, wird die Nummerierung davon nicht berücksichtigt. Eine neues Shape führt die Reihe fort und hinterlässt eine Lücke.

Weitere Einstellungen zur Nummerierung

In der Registerkarte *Weitere Optionen* ❶ (Bild auf der nächsten Seite) können Sie detailliertere Einstellung zur Nummerierung vornehmen. Hier können Sie bestimmen, wie die Nummernabfolge ausgeführt werden soll ❷. Auch die Position des Textes kann hinter der Nummerierung erfolgen (vor oder hinter dem Shape-Text) ❸.

Probieren Sie einmal die unterschiedlichen Add-Ons aus, die den Umgang mit MS-Visio sehr erleichtern können.

> **Achtung:** Bitte planen Sie Ihre Schritte sehr genau. Haben Sie in Ihren Shapes einen Text eingetragen und zugewiesen, können Sie diese Texte nicht wieder automatisch löschen. Es kann sehr mühsam sein, einen Text in allen Shapes wieder zu löschen.

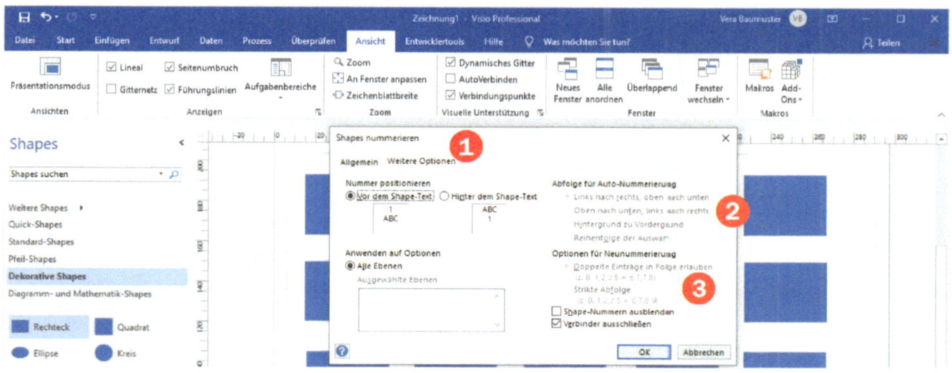

13.7 Interessante Werkzeuge des Entwicklertools

In diesem Kapitel möchte ich auf ein paar wenige Einstellungen hinweisen, die ich als sehr praktisch ansehe. Wenn Sie das Entwicklertool noch nicht aktiviert haben, machen Sie das über *Datei* ▶ *Optionen* ▶ *Menüband anpassen* und setzen Sie hier auf der rechten Seite das Häkchen bei *Entwicklertools*. Wenn Sie auf *OK* klicken, gelangen Sie wieder zu Ihrem Zeichenblatt.

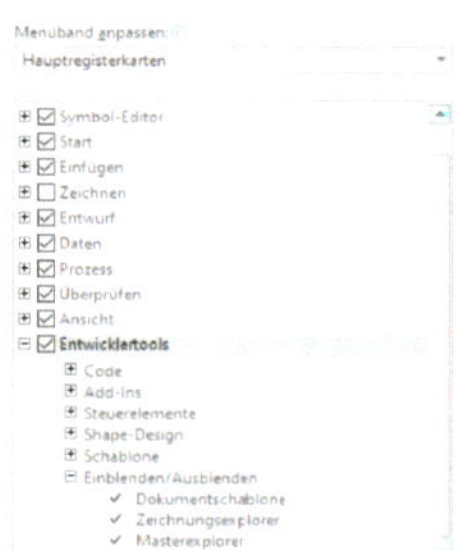

MS-Visio Zeichnungsexplorer zur Navigation in komplexen Zeichnungen

Der Zeichnungsexplorer

Wählen Sie im Menüband das Register *Entwicklertools* ❶ und setzen Sie das Häkchen bei *Zeichnungsexplorer* ❷ in der Gruppe *Einblenden/Ausblenden*. Anschließend wird MS-Visio einen neuen Arbeitsbereich einblenden ❸. Über diesen Visio-Explorer können Sie alle Objekte direkt anspringen.

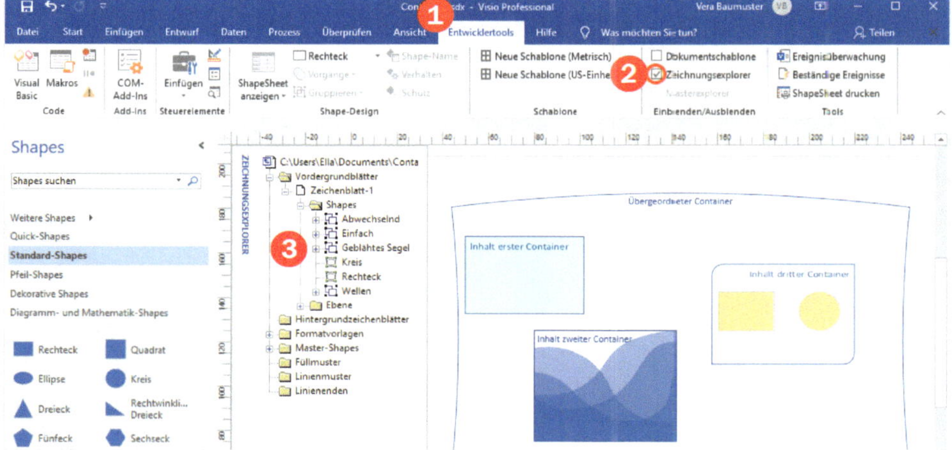

Der Visio-Explorer ist vergleichbar mit dem Dateiexplorer Ihres Betriebssystems. Er zeigt Ihnen alle Elemente hierarchisch und gruppenbezogen in Ihrer Zeichnung auf. Ein Klick auf das Pluszeichen bzw. Minuszeichen öffnet bzw. schließt die dazugehörige Untergruppe. Klicken Sie im Explorer ein Element an, aktiviert es MS-Visio und springt das Objekt, egal wo es sich in Ihrer Datei befindet, an.

Die Dokumentenschablone

Eine weitere interessante und überaus nützliche Funktion ist die Dokumentenschablone ❶. Aktivieren Sie diese (Menüband ▶ *Entwicklertools* ▶ Gruppe *Einblenden/Ausblenden*), so erstellt MS-Visio eine *Neue Schablone* ❷ und sammelt jedes in Ihrer Datei vorhandene Shape einmalig ein und legt es im Shapes-Aufgabenbereich ab ❸.

Dokumentenschablone mit eingesammelten Shapes

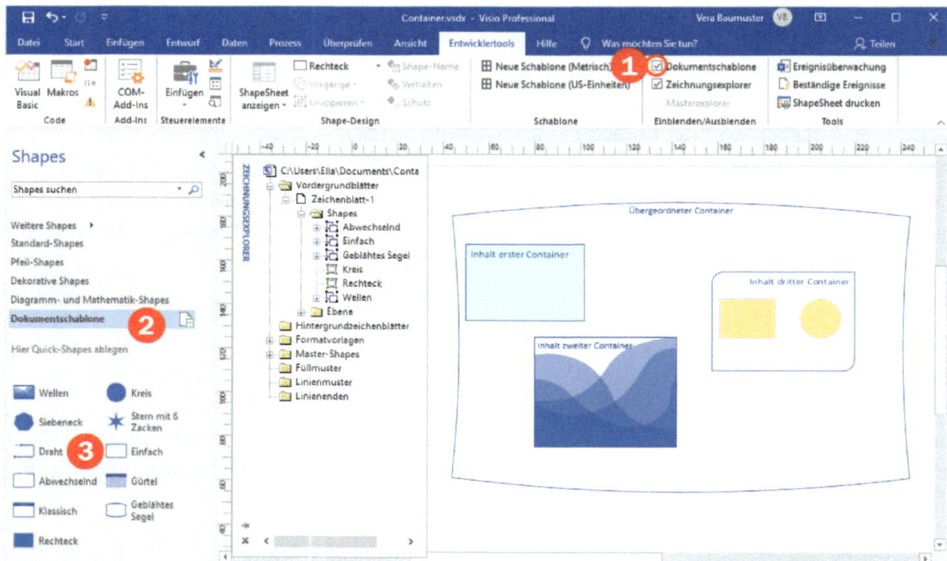

Diese Schablone nennt sich Dokumentenschablone, was an dem kleinen Icon rechts vom Namen angezeigt wird. Leider kann diese Schablone nicht gespeichert oder bearbeitet werden. Entfernen Sie das Häkchen bei Dokumentenschablone, verschwindet auch die dazugehörige Schablone wieder aus dem Aufgabenbereich.

14 Designs, Hintergründe und Rahmen mit Titeln

In diesem Kapitel lernen Sie...

- Dokumente und Dateien gestalten
- Hintergründe erstellen und anwenden
- Umgang mit Designs und Farben
- Anpassen der Designs, Schriften und Farben

Das sollten Sie bereits wissen...

- Umgang mit Shapes und Schablonen
- Umgang mit den Werkzeugen
- Einstellungen der Zeichenblätter
- Grundkenntnisse
- Grundlegende Kenntnisse mit MS-Visio

14.1 Design-Einstellungen anwenden

In diesem Kapitel lernen Sie den Umgang mit Designs und Hintergründen in MS-Visio. Die Gruppe der Designs finden Sie in allen anderen Office-Programmen an gleicher Stelle und auch mit fast gleichen Funktionen (Menüband ▶ Register *Einfügen*). In einer Standard-Installation werden Ihnen die Farb- und Designmuster von Office installiert. Diese Standard-Designs können Sie fast nicht ändern, ohne dabei großen Schaden anzurichten. Deshalb sollten Sie immer basierend auf einer Vorlage eine Kopie erstellen und diese an Ihre Wünsche anpassen.

Ein neues Design anwenden

Ausgangsdatei roter Kreis ist individuell formatiert

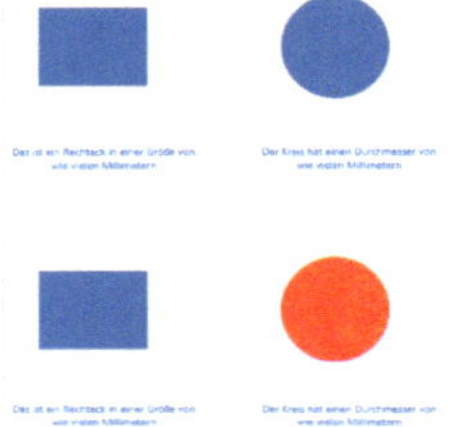

In dieser Datei wurde der rote Kreis individuell/manuell über die Füllung formatiert (wie bereits in Kapitel 11 beschrieben). Wenn Sie im nächsten Schritt die Einstellung über das Register *Entwurf* ❶ ▶ Gruppe Designs ❷ ändern und Sie dann ein anderes Design auswählen, werden alle Objekte angepasst ❸, nur Ihr individuell formatiertes Element nicht ❹.

> Individuelle Formatierung hat immer Vorrang vor systembedingter Formatierung.

Nach Änderung im Entwurfsregister: Roter Kreis ändert sich nicht

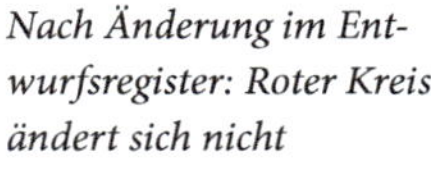

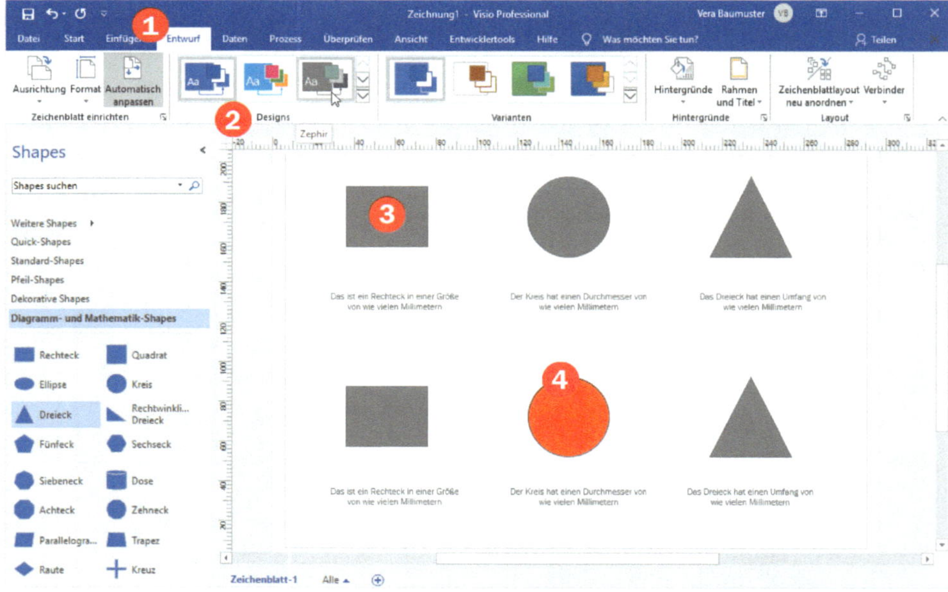

Auch die Anpassung der Schrift und Schriftfarbe geht mit der Formatierung einer Designgruppe einher. Diese Änderungen gelten nur für aktive Zeichnungen. Andere Blätter sind davon nicht berührt.

Die Formateinstellungen einer Designgruppe ändern

Eine Designgruppe beinhaltet die Formateinstellungen von:

- Form
- Füllung
- Linienart
- Schriftart
- Schriftfarbe
- Verbinderlinie
- Effekte

Alles zusammen wird als Design bezeichnet und immer gemeinsam geändert. Das gerade aufgezeigte Beispiel hat das verdeutlicht. Nun besteht die Möglichkeit, einzelne Bereiche eines Designs wiederum anders zu gestalten. In diesem Fall werden Sie nur die Verbinder mit einem neuen Format ausgestalten.

Klicken Sie nun im Register *Entwurf* ❶ in der Gruppe *Varianten* auf ☐ und anschließend auf *Verbinder* ❷. Wählen Sie die Form *Linear* ❸. Ohne, dass Sie ein Objekt markiert haben, werden nun alle Verbinder gemäß dem Layout umgestellt. Fügen Sie ein neues Shape in Ihre Zeichnung ein, wird dies in derselben Form erscheinen. Im nächsten Beispiel wurde das Design *Marker* ❹ verwendet und ein neues Shape auf das Zeichenblatt gezogen. Das neue Shape nimmt automatisch die gleiche Form an wie die anderen. Fügen Sie einen Verbinder ein, so wird auch dieser mit der linearen Variante erzeugt.

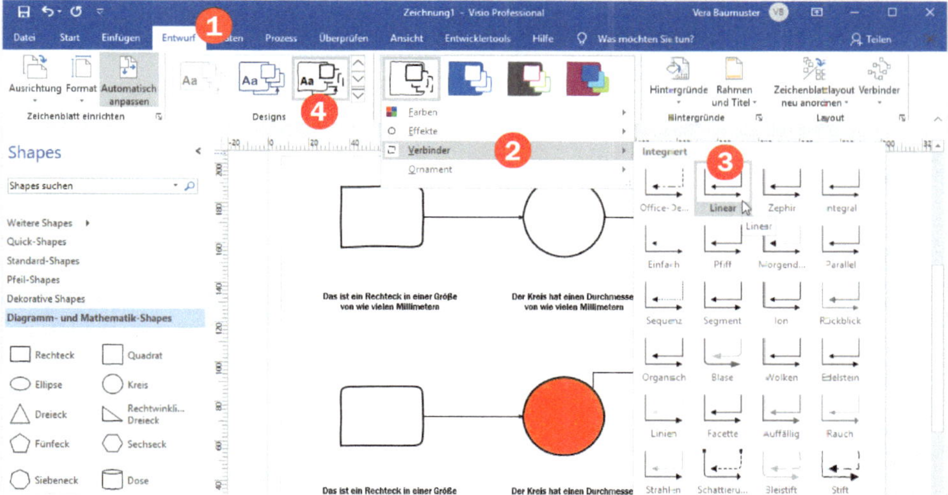

Ausgangsformat neues Design für Verbinder

Designs auf neue Shapes anwenden/nicht anwenden

Klicken Sie im Menüband ▶ Register *Entwurf* ▶ Gruppe *Designs* auf ⌵, dann finden Sie ganz unten die zugewiesenen Designs in Ihrer Zeichnung ❶ und einen aktiven Haken bei *Design auf neue Shapes anwenden* ❷. Entfernen Sie nun den Haken, öffnen Sie eine Schablone und ziehen Sie ein neues Shape auf Ihr Zeichenblatt. Dieses neue Shape wird nun nicht das bestehende handgezeichnete Design verwenden ❸.

Verwendete Designs und aktive Designzuordnung

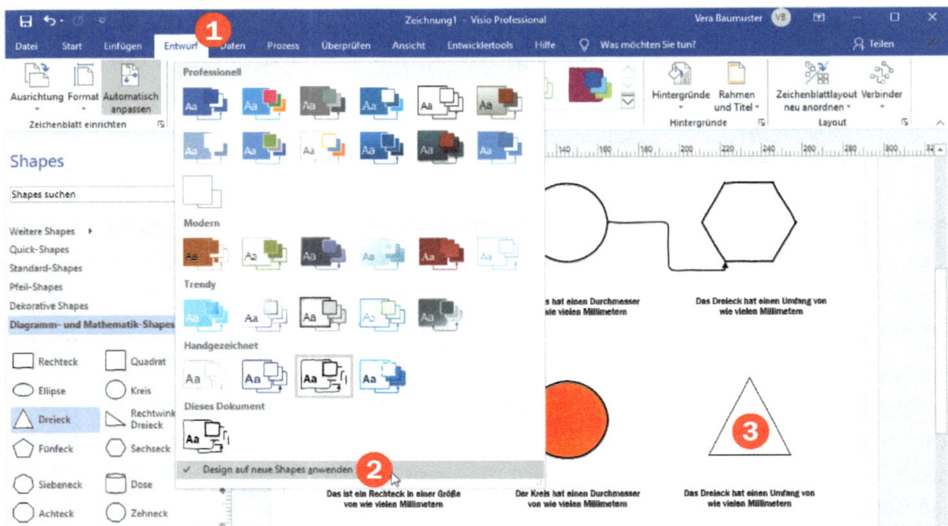

Beim Hineinziehen des Shapes erscheint noch die in diesem Beispiel handgezeichnete Form ❶. Sobald Sie das Shape dann ablegen, ändert sich das Shape in seine ursprüngliche Ausgangs-Designform ❷. Weisen Sie Ihrer Zeichnung erneut ein neues Design zu, dann wird auch das neue Shape mitberücksichtigt.

Neues Shape wechselt beim Ablegen die Form

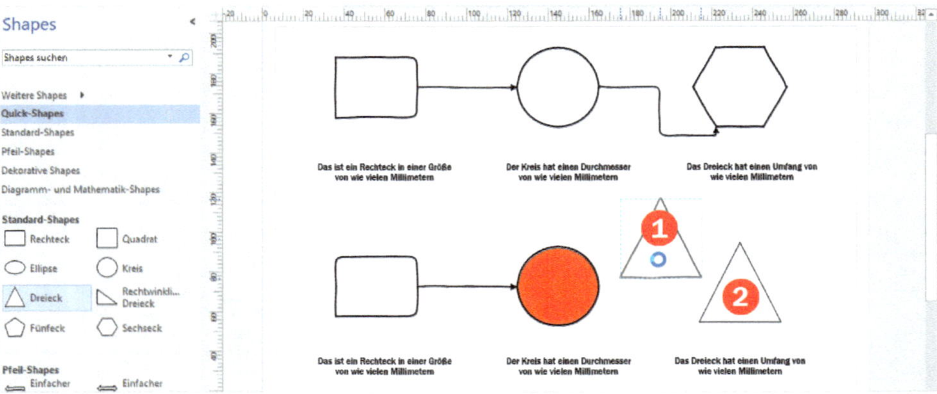

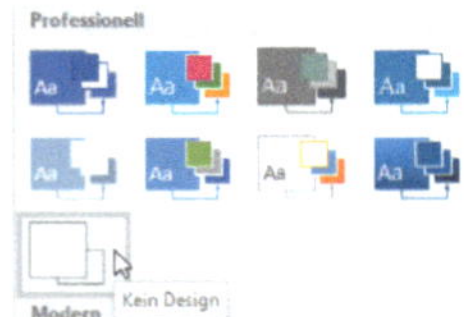

> Sie können aus dem Designauswahlmenü auch die Designgruppe *Kein Design auswählen*. Es werden keine Effekte, Farben, Schriften etc. auf Ihre Shapes angewendet.

14.2 Eigene Farbeinstellungen bei den Designs

Um Ihren Zeichnungen eine eigene Note zu verleihen, können Sie die Farbgestaltung in MS-Visio individuell anpassen.

Standardfarben wählen

Gehen Sie im Menüband ▶ Register *Entwurf* ❶ ▶ Gruppe *Varianten* ▶ *Farben* ❷ auf *Neue Designfarbe erstellen...* ❸. Es öffnet sich ein Dialogfeld mit verschiedenen Einstellungen ❹. Vergeben Sie zuerst einen Namen für Ihr Design ❺. Wenn Sie auf das erste Farbwertfeld klicken, öffnet sich die Standardfarbauswahl. Anschließend können Sie alle Farbfelder der Reihe nach durchgehen, mit der Schaltfläche *Übernehmen* ❻ die Werte „zwischenspeichern" und die Voransicht nutzen. Um Ihre Corporate-Identity-Farben einzustellen, müssen Sie auf *Weitere Farben* klicken ❼.

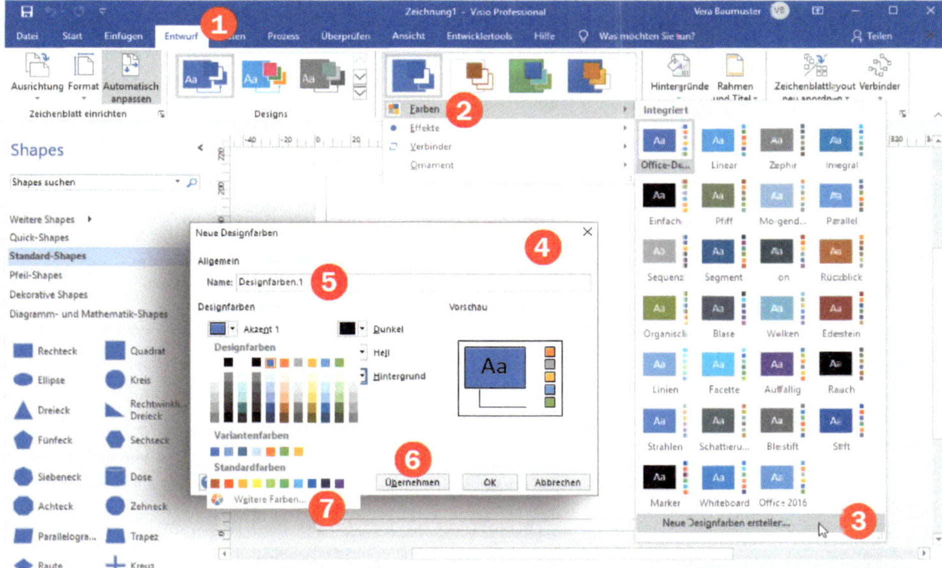

Dialogfeld für eigene Farben

Benutzerdefinierte Farben erstellen

Sie haben jetzt ein Dialogfeld mit zwei Registerkarten zur Auswahl. In der Gruppe *Standard* ❶ (Bild auf der nächsten Seite) finden Sie vordefinierte Farben, die selten Unternehmensfarben entsprechen. Klicken Sie auf das Register *Benutzerdefiniert* ❷. Mit dem Schieberegler können Sie die Sättigung der ausgewählten Farbe bestimmen ❸. Mittels des Punktkreuzes legen Sie den Farbton fest ❹. Verschieben Sie dazu mit der Maus das Kreuz. Auf der rechten Seite werden die beiden Farbvorschaufenster Ihre Einstellungen sofort farblich umsetzen. Sie sehen das Ergebnis sofort.

Legen Sie die Wahl, wie Sie Ihre Farbwerte eintragen, nach dem RGB- (*Rot*, *Grün*, *Blau*) oder HSL-Model (*Hue Saturation Luminance* = Farbton, Sättigung Helligkeit) ❺ fest. Ihre Werbeabteilung oder Ihr Grafikbüro kann Ihnen diese Werte genau mitteilen. Haben Sie Ihre Farbwerte vorliegen, übertragen Sie diese in die richtigen Eingabefelder ❻.

Register Standard und Benutzerdefiniert

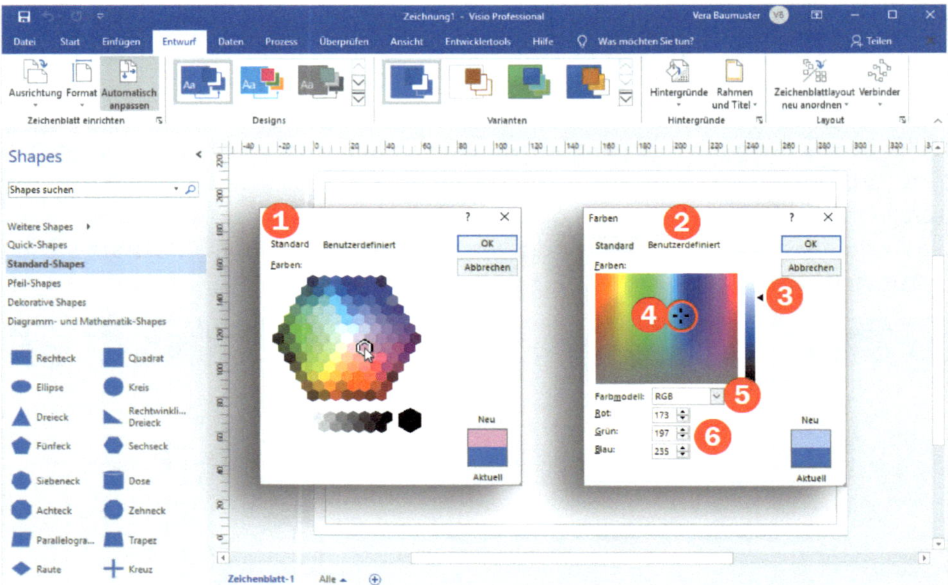

Benutzerdefinierte Farben als Vorlage abspeichern

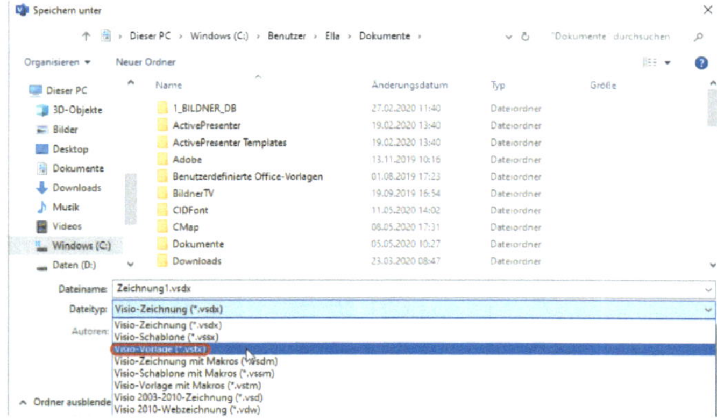

Leider gibt es nur die Möglichkeit, Farben zu speichern. Was passiert aber, wenn Sie eine neue Datei erstellen? Die Farben, die Sie gespeichert haben, sind weg. Diese Einstellungen werden nur in der entsprechenden Datei gesichert.

Legen Sie eine Datei an, in der Sie Ihr Farbschema ausgewählt haben. Speichern Sie diese Datei bei *Dateityp* als *Visio-Vorlage (*.vstx)* in einem Ordner Ihrer Wahl. Immer wenn Sie diese Vorlage benötigen, greifen Sie in diesem Ordner darauf zu und bearbeiten Sie sie. Vergessen Sie nicht, diese Datei unter einem anderen Namen zu speichern, ansonsten müssen Sie eine neue Vorlage mit diesem Farbschema erstellen.

14.3 Die Hintergründe

In MS-Visio werden Ihnen zehn verschiedene Hintergründe zur Auswahl angeboten. Klicken Sie im Menüband ▶ Register *Entwurf* ❶ ▶ Gruppe *Hintergründe* auf *Hintergründe* ❷ und wählen Sie eine Form ❸ aus. Die Hintergrundseite wird sofort Ihrer Zeichnung zugeordnet und gleichzeitig erstellt MS-Visio ein neues Zeichenblatt mit dem Registernamen *VHintergrund-1* ❹ in kursiver Schrift.

Sie erkennen anhand dieser Formatierung sehr schnell Ihre Hintergrundseiten in den Dateien. Klicken Sie mit der rechten Maustaste auf das *Hintergrundblatt* und dann auf *Seite einrichten* ❺, öffnet sich ein Dialogfeld ❻. Hier sehen Sie bei *Typ:* den Eintrag, dass die Hintergrundseite verwendet wird ❼. Die voreingestellten Hintergründe passen sich Ihrer Zeichengröße automatisch an, sowohl in der Breite als auch in der Höhe. Selbst erstellte Hintergrundseiten machen diese Änderungen nicht. Diese müssen Sie nacharbeiten. Auf diese Weise machen Sie aus jeder Seite eine Hintergrundseite.

Hintergrund auswählen

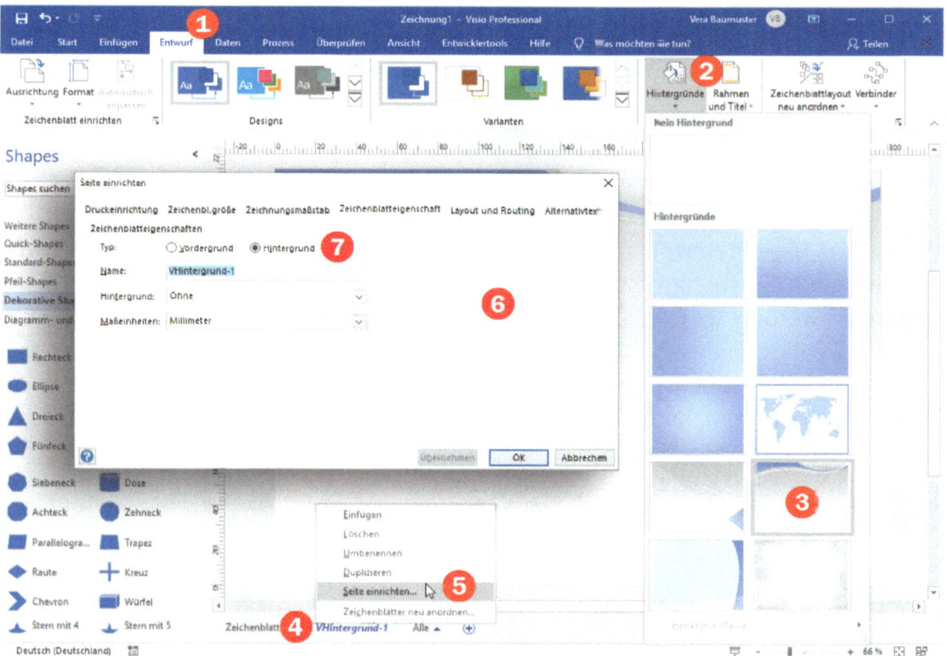

Möchten Sie eine Hintergrundseite wieder zu einer Vordergrundseite zurückwandeln, erscheint oft die folgende Fehlermeldung ❶ (Bild auf der nächsten Seite). Entfernen Sie in diesem Fall zuerst die Einstellung auf der zugeordneten Vordergrundseite, die die Hintergrundseite enthält. Entfernen Sie den Eintrag im Feld Hintergrund, sodass der Eintrag *Ohne* sich im Eingabefeld befindet ❷.

Fehlermeldung bei Vorder-/Hintergrundseite

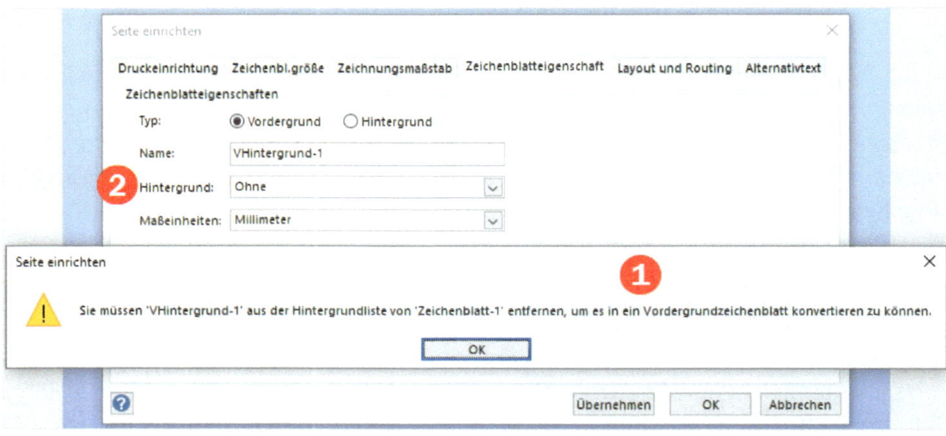

Die Hintergründe können nicht ohne weiteres individuell angepasst bzw. eigene Hintergründe erstellt werden.

14.4 Rahmen und Titel

Wie bereits beschrieben, kann man die Rahmen und Titel in MS-Visio nicht individuell bearbeiten. Sie haben feste Vorgaben, die nicht ohne weiteres an Ihre Bedürfnisse angepasst werden können. Dennoch sind sie gut einzusetzen und können Ihnen so manche Fleißarbeit ersparen. Im Menüband ▶ Register *Entwurf* ❶ ▶ Gruppe *Hintergründe* ▶ *Rahmen und Titel* ❷ wählen Sie eine Form nach Ihrem Geschmack aus ❸. Der Rahmen wird um Ihre Zeichnung gelegt ❹ und bestimmte Felder sind vorausgefüllt, wie beispielsweise das Datum.

Rahmen und Titel auswählen

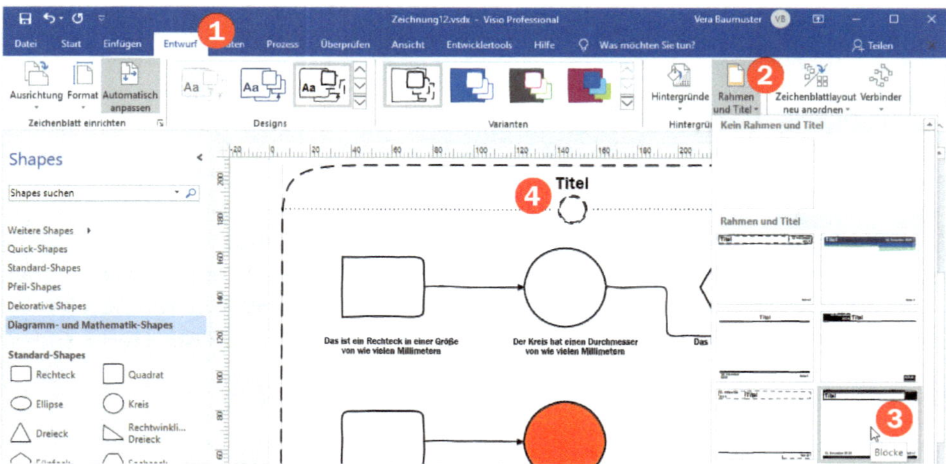

> Rahmen und Titel werden ebenfalls in eine Hintergrundseite umgewandelt. Haben Sie bereits einen Hintergrund zugewiesen, wird der Titel auf den Hintergrund draufgelegt. Er passt sich der Größe Ihrer Zeichnung auch automatisch an.

Möchten den Text des Titels bearbeiten, müssen Sie die Hintergrundseite wählen, indem Sie auf *VHintergrund-1* klicken ❶ und hier die vorgefertigten Texte markieren ❷. Danach können Sie Ihren Text eintragen oder von den umfangreichen Feldfunktionen Gebrauch machen.

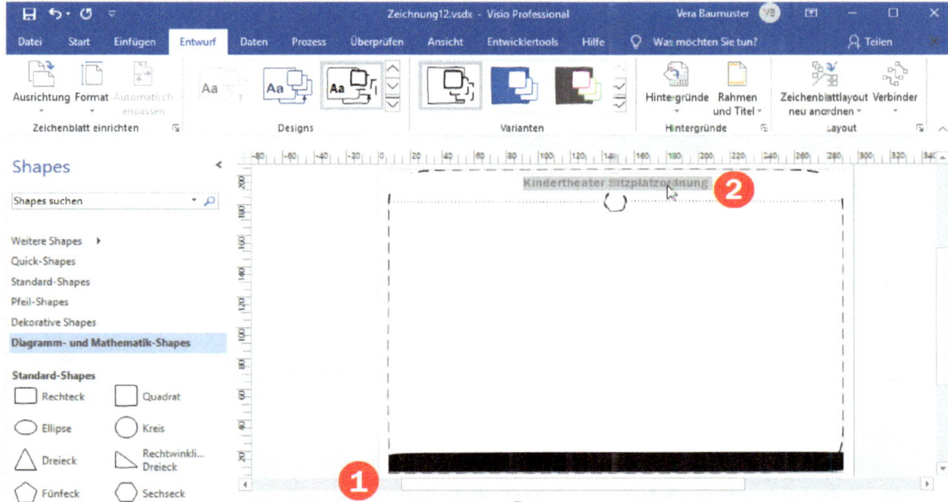

Angepasster Titel und Rahmen

> Sie müssen Ihre Texte erneut eingeben, wenn Sie den Rahmen ändern.

15 Drucken und Datenaustausch mit MS-Visio

In diesem Kapitel lernen Sie...

- Dokumente und Dateien ausdrucken
- Formateinstellungen beim Drucken
- Einzelne Blätter drucken
- Kopf- und Fußzeilen drucken
- Andere Formen des Ausdruckes
- Speichern als Drucken
- Export und Import von Daten
- Berichte erstellen
- CAD und andere Exportformate

Das sollten Sie bereits wissen...

- Umgang mit Shapes und Schablonen
- Umgang mit den Werkzeugen
- Grundkenntnisse der Druckausgabe in anderen Office-Programmen
- Grundlegende Kenntnisse mit MS-Visio
- Grundkenntnisse von Dateitypen

Die Druckausgabe kann manchmal etwas Kopfschmerzen bereiten. Das Verständnis, dass die Seitengröße mit der Zeichenblattgröße nicht übereinstimmt, wirft so einige Fragen auf.

Möchten Sie Ihre Zeichnung zu Papier bringen, wählen Sie die Druckausgabe im Programm. Laden Sie eine Zeichnung in das Programm, die Sie mit MS-Visio erstellt haben. Wenn Sie das Druckdialogfeld aufrufen, öffnen sich alle Einstellungen, die Sie vornehmen können. Diese Einstellungen hier resultieren sehr stakt aus den voreingestellten Werten, die Sie auf dem Zeichenblatt definiert haben. Ein weiterer Punkt ist der jeweilige Drucker und der Treiber, der Ihre Ergebnisse beim Drucken beeinflusst. Je nachdem, welche Drucker Sie auf Ihrem Betriebssystem installiert und ausgewählt haben, kann das Aussehen im Buch von Ihrem Bild am Monitor abweichen.

In MS-Visio ist die Zeichenblattgröße unabhängig von der Papierblattgröße.

15.1 Die Programmoberfläche des Druckbereichs

Klicken Sie im Menüband auf *Datei* und gehen Sie auf *Drucken* ❶. Das Dialogfeld öffnet sich und teilt sich auf der linken Seite in zwei Bereiche. Im oberen (*Drucker*) lässt sich der Drucker einstellen ❷. Der untere Bereich (*Einstellungen*) widmet sich Ihren Zeichenblättern und dem Programm ❸. Abhängig von den Einstellungen oben können unten andere Einstellungen sichtbar werden.

Übersicht des Druckbereichs

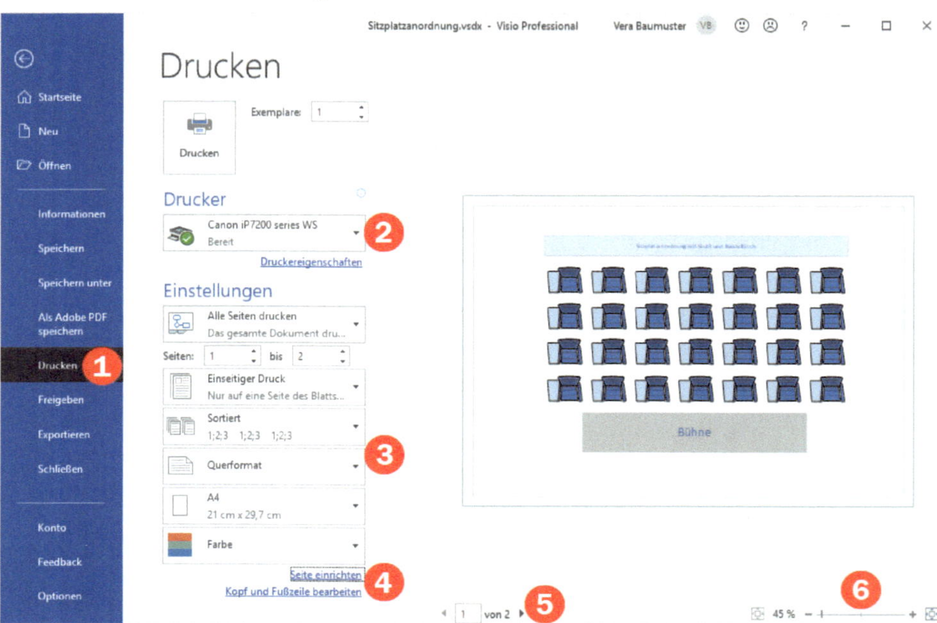

Ganz unten finden Sie Angaben zur Kopf- und Fußzeile, wie auch dem Einrichten der Seite ❹ (Bild auf der vorherigen Seite). Dies kennen Sie bereits aus den Zeichenblättern, die Sie an bestimmte Bedingungen angepasst haben. Denken Sie an den Maßstab. Ganz unten können Sie durch Ihre Seiten blättern ❺ und ganz rechts außen befindet sich der Zoom für Ihre Größeneinstellung der Ansicht ❻.

> In dieser Darstellung sehen Sie die Voransicht des Ausdruckes. Hätten Sie nur einen Schwarz-Weiß-Drucker, würde Ihre Darstellung jetzt einfarbig erscheinen. Wählen Sie z. B. ein Fax als Ihren Drucker, ändert sich die Ansicht in Schwarz-Weiß.

15.2 Drucker auswählen und einstellen

Druckerauswahl

Wenn Sie auf das kleine schwarze Dreieck neben dem angezeigten Drucker klicken ❶, finden Sie die Liste der installierten Drucker. Der Drucker mit dem grünen Haken wird als Standarddrucker erkannt ❷. Nehmen Sie bei einem Ausdruck keine Änderungen vor, wird dieser Drucker verwendet. Möchten Sie dies ändern, müssen Sie über das Betriebssystem den Standarddrucker neu definieren.

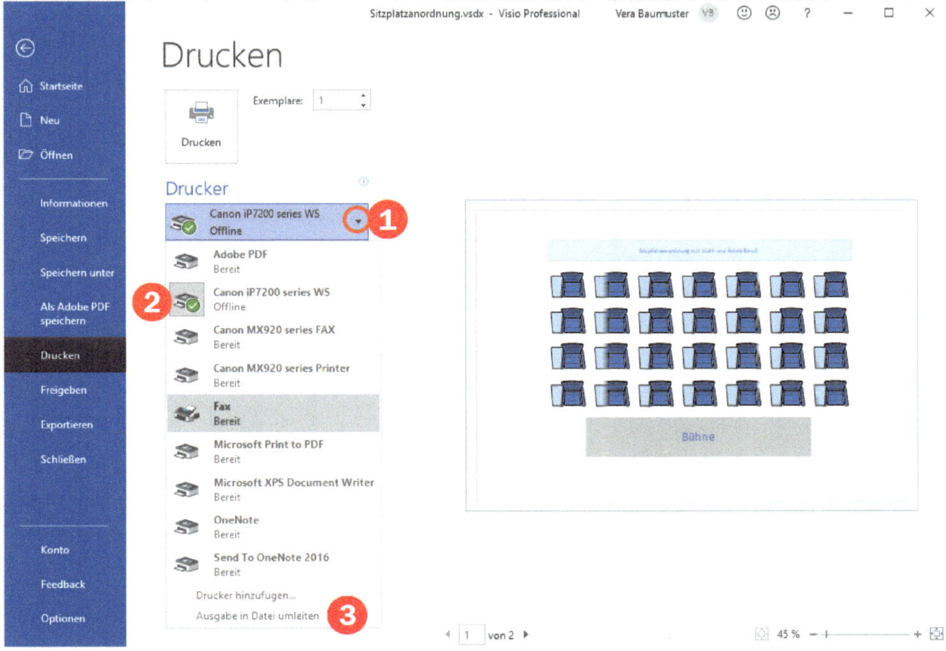

Liste der vorhandenen und installierten Druckertreiber

Haben Sie Acrobat professional auf Ihrem Computer installiert, wählen Sie einen kleinen Umweg. Drucken Sie am besten zuerst über den PDF-Treiber in eine PDF-Datei. Danach drucken Sie mit dem Programm Acrobat den Ausdruck auf Ihrem Drucker aus. Sie haben dabei viel mehr und flexiblere Einstellmöglichkeiten als über den Standardausdruck.

Tipp: Bei der Namensvergabe einer Druckdatei sollten Sie die Dateiendung *.prn* von Hand hinzufügen. Beispiel: Arbeitsdatei02*.prn*. Somit wird die Arbeitsdatei für den Drucker lesbar und zuordenbar.

Als letzter Eintrag steht Ihnen die Auswahl *Ausgabe in Datei umleiten* ❸ (siehe vorheriges Bild) zur Verfügung. Dies können Sie dann anwenden, wenn Sie eine Zeichnung erstellt haben, aber keinen physischen Drucker, etwa einen speziellen Plotter, besitzen. Für den Fall, dass Sie die Datei von einem Dienstleiter ausdrucken lassen möchten, wäre diese Ausgabe denkbar. Installieren Sie vorab einen entsprechenden Druckertreiber und wählen Sie oben im Dialog den Drucker aus. Anstatt die Ausgabe auf dem Drucker durchzuführen, wird daraus eine Datei erstellt. MS-Visio verwendet den gewählten Treiber und schreibt eine Datei mit allen Einstellungen für das gewählte Gerät. Diese Datei versenden Sie per E-Mail an einen Empfänger und dieser druckt die Datei auf dem speziellen Gerät aus.

Einstellungen des Druckers

Unter der Druckerauswahl befinden sich die Voreinstellungen. Hier legen Sie unter anderem die *Seitenzahl* ❶, die *Sortierreihenfolge* ❷ und das *Seitenformat* ❸ fest. Unterstützt Ihr Drucker Farbe, können Sie hier zwischen *Schwarz und weiß* und *Farbe* wählen ❹.

Individuelle Einstellungen des ausgewählten Druckers

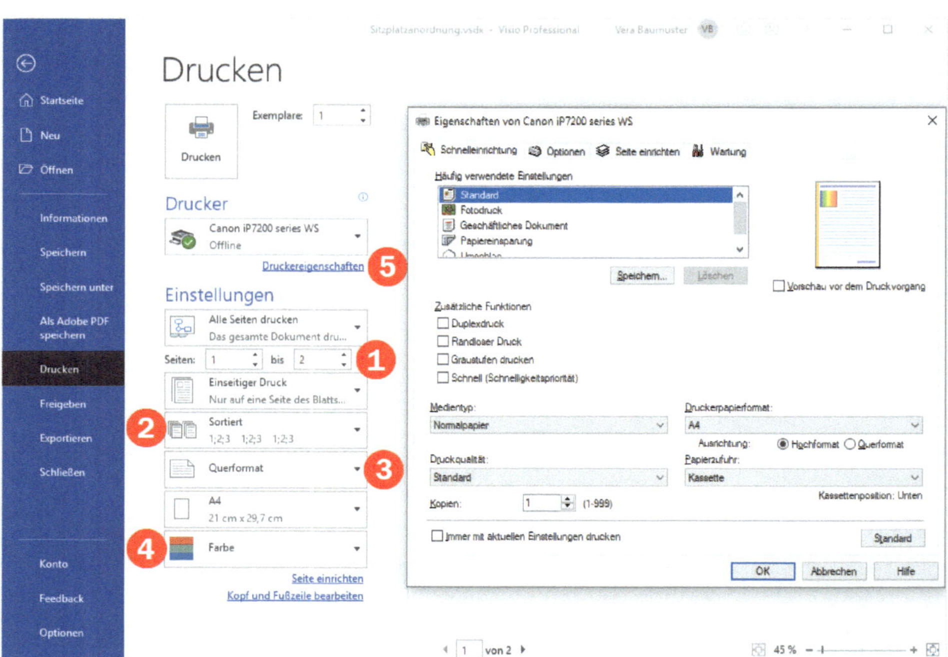

Unter *Druckereinstellungen* ❺ können Sie weitere Änderungen am Drucker vornehmen. Je nach Hersteller und Typ unterscheiden sich diese von Ihrer Ansicht, die Sie auf dem Bildschirm sehen. Lesen Sie dazu im Handbuch Ihres Druckerherstellers die Funktionen im Einzelnen nach.

15.3 Die Zeichenblattgröße beim Drucken anpassen

Öffnen Sie eine Datei, die zwei Zeichenblätter enthält, die beide jeweils DIN A4 als Zeichenblattgröße verwenden.

Im DIN-A3-Format drucken

Wenn Sie den Druckbereich öffnen, sehen Sie im unteren Teil den Befehl *Seite einrichten* ❶. Von hier aus gelangen Sie in das Dialogfeld, das auch über das Zeichenblatt aufgerufen werden kann. Klicken Sie auf *Zeichenbl.größe* ❷ und anschließend auf *Vordefinierte Größe* ❸. Wenn Sie das Format nun auf DIN A3 ändern, werden die Seitenanpassungen für diese aktive Seite neu eingestellt. Standardmäßig entspricht eine Druckerseite auch der Größe einer Zeichenblattseite. Nach Ihrer Änderung wird in der Vorschau die neue Größendifferenz anhand der gepunkteten Linien dargestellt ❹. Anders ausgedrückt, für Ihr A3-Zeichenblatt müssen Sie vier Seiten DIN A4 ausdrucken.

Ändern Sie nun, wie oben beschrieben, diese Einstellungen, ist dies im Programmfenster nicht unbedingt ersichtlich. Nur im Druckerdialogfeld (*Seite einrichten*) sehen Sie die Auswirkungen der unterschiedlichen Zeichenblattgrößen sehr deutlich.

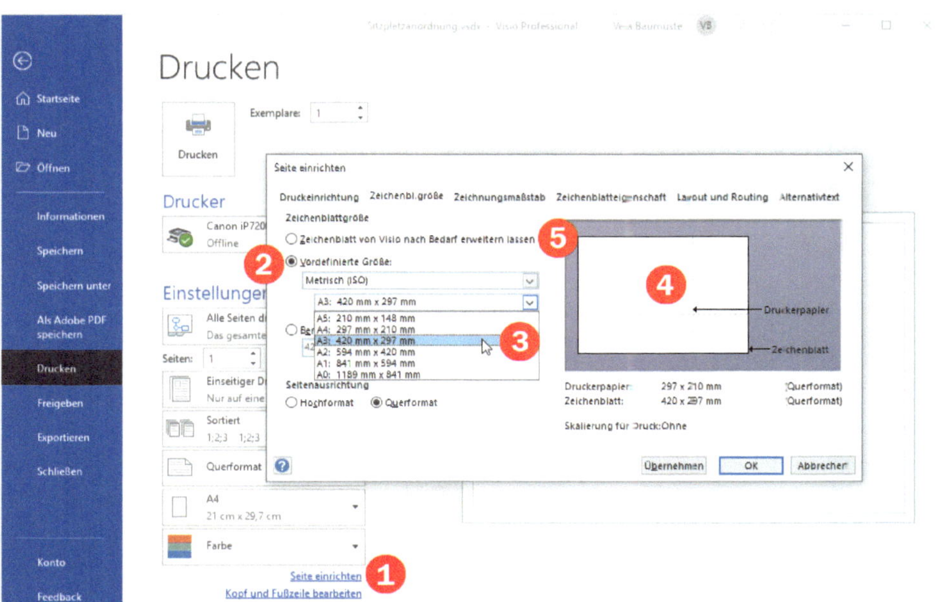

Zeichenblatteinstellung auf DIN A3 ändern

Verschieben Sie nun den Kreis auf der zweiten Seite an eine andere Position, passt MS-Visio die benötigten Seiten nicht an. Es bleibt bei vier Seiten. Wählen Sie jedoch bei der Zeichenblattgröße die Einstellung *Zeichenblatt von Visio nach Bedarf erweitern* ❺ (Bild auf der vorherigen Seite) aus, werden die benötigten Seiten für den Ausdruck von Visio automatisch erstellt. Es werden in diesem Fall dann zwei Seiten angezeigt. Visio fügt oder entnimmt immer ganze Seiten aus der Druckvorschau. Dies kann ärgerlich sein, dass Sie nur wenige Zentimeter mehr Platz benötigen, MS-Visio aber ganze Seiten einfügt.

TIPP: Gehen Sie auf Ihr Zeichenblatt und fahren mit der Maus auf eine Blattkante. Der Cursor ändert sich in einen Doppelpfeil, wenn Sie jetzt die Strg-Taste drücken. Nun können Sie das Zeichenblatt individuell an Ihre Zeichnung anpassen.

Beim nachfolgenden Ausdruck wählen Sie die Einstellungen im Drucker auf Anpassen: *Seite(n) breit* in der waagrechten oder *Seite(n) hoch* für die Senkrechte.

Weitere Druckoptionen

Eine weitere Funktion, die für eine Ausgabe hilfreich ist, ist das Drucken ohne einen Hintergrund. Wählen Sie dazu in der Druckvorschau das Feld unter *Einstellungen* ❶ aus. Ganz unten finden Sie den Eintrag *Ohne Hintergrund* ❷. Möchten Sie einen bestimmten Teil des Zeichenblattes ausdrucken, zoomen Sie auf die gewünschte Ansicht hinein und wählen dann *Aktuelle Ansicht* ❸. Möchten Sie nur die aktuell aktive Seite drucken, wählen Sie *Aktuelle Seite drucken* ❹.

Weitere Einstellungen zum Ausdruck

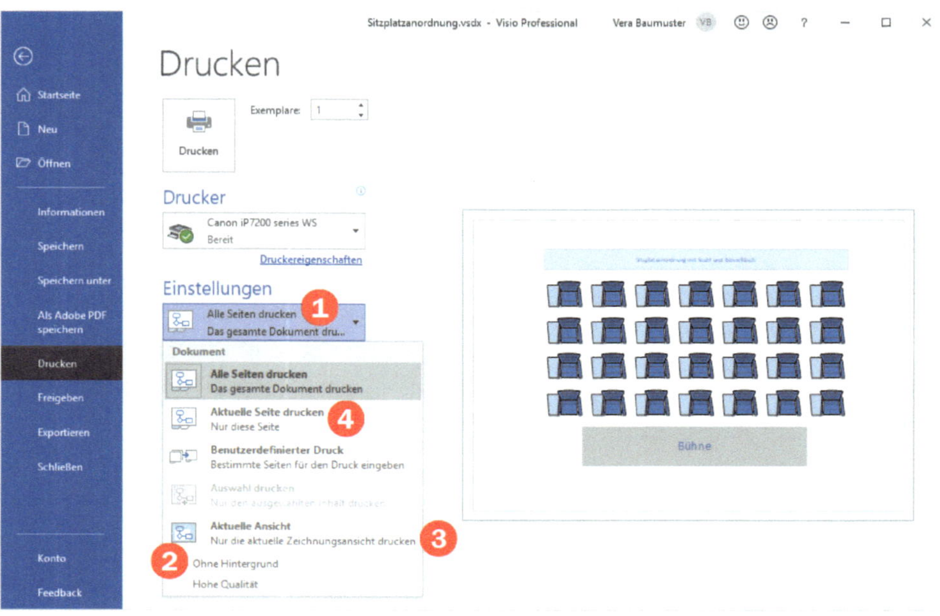

Eine praktische Einstellung ist auch das Anpassen der Seitengröße an die Papiergröße über die Option *Verkleinern/vergrößern* ❶, die Sie über *Seite einrichten* ❷ ▶ Register *Druckeinrichtung* ❸ erreichen. Es ist etwas mühsam hier den richtigen Prozentwert zu finden. Dennoch erwartet Sie ein Ausdruck, der genauso auf das Papier kommt, wie er Ihren Vorstellungen entspricht.

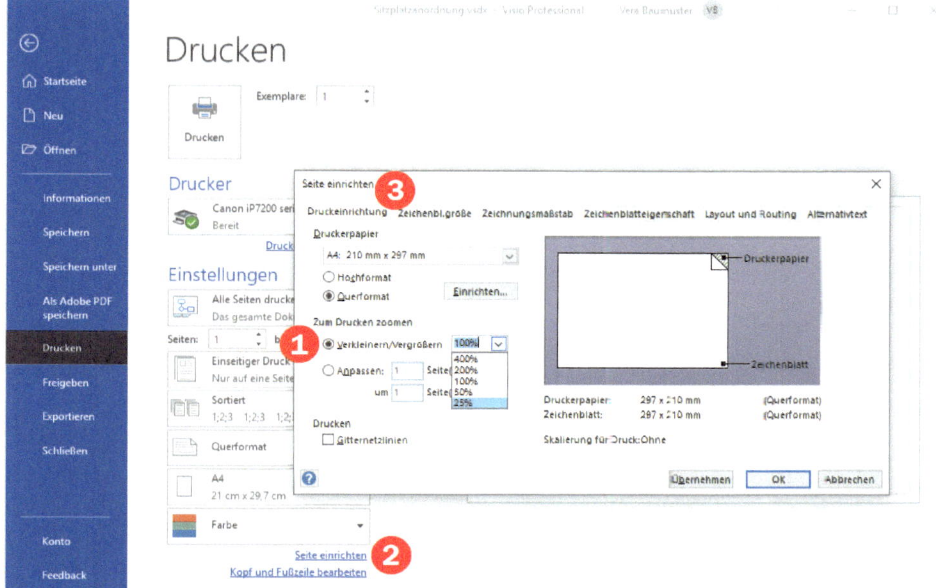

Seitengröße an Papiergröße anpassen

15.4 Die Kopf- und Fußzeile

In der Druckvorschau können Sie auch noch die Kopf- und Fußzeile für Ihren Ausdruck einstellen. Wie aus den anderen Office-Programmen bekannt, werden dort Felder konfiguriert, die im Ausdruck dann durch Echt-Daten ersetzt werden. Ein typischer Vertreter ist die Seitenzahl. Auch hier hat MS-Visio etwas an Automatisierung zu bieten.

Das Dialogfeld der Kopf- und Fußzeile in der Druckvorschau

Klicken Sie in der Druckvorschau auf die Schaltfläche *Kopf- und Fußzeile bearbeiten* ❶ (Bild auf der nächsten Seite). Es öffnet sich ein Dialogfeld mit den Positionsnamen. Links stehen die Texte für die Kopfzeile ❷, rechts sehen Sie die Einträge die unten in der Fußzeile abgebildet werden ❸. Jedes Feld hat die Ausrichtung *Links*, *Zentriert* und *Rechts*. In die freien Felder können Sie nun Ihren Text eingeben ❹. Um Felder zu automatisieren, klicken Sie auf das kleine schwarze Dreieck, das sich rechts vor jedem Eingabefeld befindet ❺.

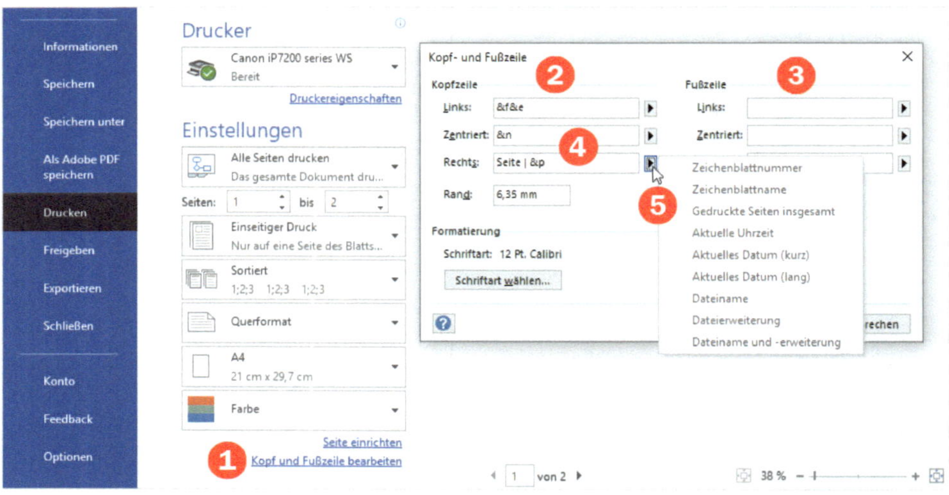

Einstellung der automatischen Felder für die Kopf- und Fußzeile

> Denken Sie daran, wenn Sie in einem linken Feld einen zu langen Namen eingeben, kann sich dieser Text mit der mittleren Texteingabe überschneiden.

Positionen zuweisen

Ein Klick darauf öffnet die Feldauswahl, die Sie nun für die gewählte Position zuweisen können. Wählen Sie den gewünschten Eintrag und ein Feldkürzel wird eingetragen.

Diese Felder stehen Ihnen zur Auswahl:

1. *Zeichenblattnummer*: die aktuelle Seitenzahl
2. *Zeichenblattname*: der Name des Registerblattes
3. *Gedruckte Seiten insgesamt*: die Anzahl aller Seiten
4. *Aktuelle Uhrzeit*: die Uhrzeit des Ausdrucks
5. *Datum kurz*: z. B. 12.12.2019
6. *Datum lang*: z. B. Donnerstag 12. Dezember 2019
7. *Dateiname*: der gespeicherte Name Ihrer Datei
8. *Dateierweiterung*: die drei bzw. vier Buchstabenkürzel hinter dem Dateinamen
9. *Dateiname und -erweiterung*: die Position 7 und 8

Bei *Formatierung* legen Sie für alle Felder die Größe und Schriftart fest.

> Sie können vor dem Feldkürzel noch freie Texte einfügen. So ist die Pipe | ein sehr beliebtes Sonderzeichen. Drücken und halten Sie die Tasten AltGr-Taste und > < . Der senkrechte Strich trennt mehrere Einträge und erhöht die Lesbarkeit.

15.5 Freigeben

Im Freigabebereich legen Sie fest, ob Sie eine E-Mail oder Standard-Freigabe erstellen möchten.

Freigabe an Personen

Bei einer Personenfreigabe legen Sie fest, welche Personen und welche Rechte Sie anderen zuweisen. Dies gilt nur für die aktiv gewählte Datei. Wählen Sie *Für Personen freigeben* ❶ und tragen Sie in der Namenszeile die E-Mail-Adresse der Person ein ❷. Daneben legen Sie die Berechtigungsart fest ❸, ob die Person nur lesen (*Kann anzeigen*) oder auch das Dokument bearbeiten darf (*Kann bearbeiten*). Im darunterliegenden Teil können Sie eine Nachricht dazu schreiben ❹.

Die Checkbox ❺ legt fest, ob der Berechtigte mit einem x-beliebigen Microsoft-Konto angemeldet sein muss, oder dies nicht erforderlich ist. Dies ist hauptsächlich eine Sicherheitsfunktion. Der Berechtigte wird dann durch die Anmeldung bei Microsoft legitimiert und kann ohne diese Prozedur nicht auf Ihre Datei zugreifen. Es wird damit verhindert, dass andere Personen auf diese Datei zugreifen können. Auch das Weiterleiten an andere Personen wird somit unterbunden. Danach klicken Sie auf *Freigeben* ❻ und der Prozess läuft in Hintergrund ab.

Das Freigabefenster für Personen

Freigabe per E-Mail

Der Versand per E-Mail kann an dieser Stelle ausgeführt werden. Klicken Sie auf E-Mail und wählen Sie dann unter den fünf Optionen aus, in welcher Form die Datei versendet werden soll.

1 Anlage

2 Link

3 Adobe PDF (optional)

4 PDF

5 XPS

Freigabe per E-Mail

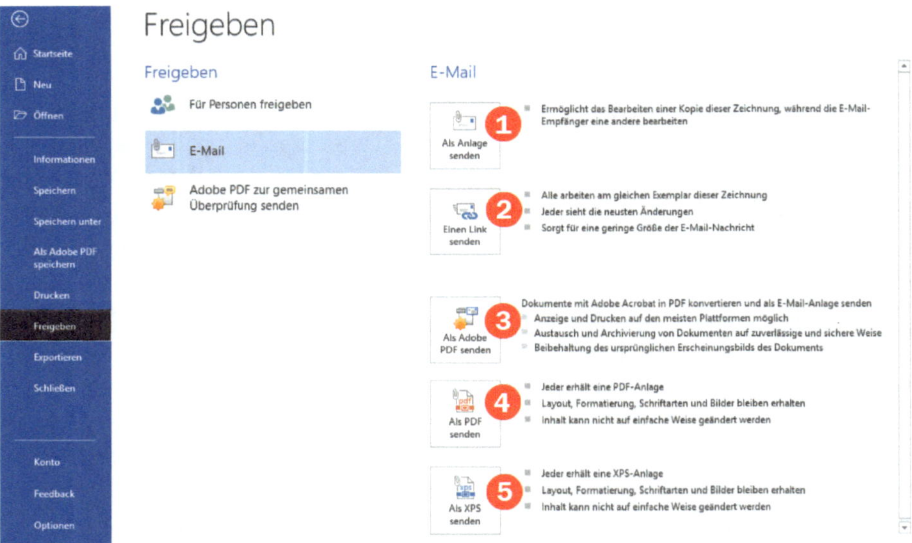

Für welche dieser fünf Möglichkeiten Sie sich entscheiden, hängt von den Bedingungen ab, die Ihr Empfänger technisch erfüllt. Hat dieser kein MS-Visio, nützt ein Anhang oder ein Link sehr wenig. In dem Fall wäre PDF oder XPS besser geeignet. Der Unterschied zwischen diesen beiden Formaten ist lediglich der Hersteller. PDF kommt aus dem Hause Adobe und XPS wurde von Microsoft als Gegenprodukt entwickelt. Das PDF benötigt den kostenlosen Reader, XPS benötigt einen kostenlosen Browser.

15.6 Der Import und Export in andere Formate

Der allgemeine Export und Datenaustausch kann über verschiedene Schritte in MS-Visio erfolgen. Dieser Austausch wurde bereits in den jeweiligen Kapiteln beschrieben, die eine Import-/Exportfunktion zur Verfügung stellen. Diese finden Sie in den Kapiteln 11.

Im Menüband unter Register *Datei* finden Sie bei *Exportieren* ❶ die entsprechenden Export-Einstellung. Wählen Sie dazu im Dateiauswahlfeld das Format Ihrer Wahl und MS-Visio erstellt die Datei. Sie können bei dieser Art der Umwandlung keinen Einfluss auf das Ergebnis vornehmen.

Je nach Wahl Ihres Formates startet MS-Visio einen Assistenten, wenn Sie den Import oder Export starten.

Adobe PDF und Microsoft XPS Export

Die beiden Formate, *Adobe PDF* und *Microsoft XPS Export* ❷, dienen zum Austausch Ihrer Zeichnung für Anwender, die über keine MS-Visio-Version verfügen und dennoch eine Zeichnung kommentieren möchten. Jeder kann sich den kostenlosen *Adobe Reader* aus dem Internet downloaden und damit eine Datei lesen. In Puncto Qualität unterscheiden sich die beiden Formate nicht wesentlich. Lediglich ist das PDF-Format weitaus verbreiteter als das von Microsoft entwickelte XPS-Format.

Bei der Wahl eines PDF-Dokumentes können Sie weitere Einstellungen vornehmen - die wichtigste ist die Dateigröße oder anders ausgedrückt die Auflösung. Die Optionsschaltfläche *Standard* verwendet 150 dpi und kann sowohl auf einem Drucker als auch im Internet in guter Qualität verwendet werden. Die *Minimale Größe* reduziert alle Inhalte Ihrer Datei auf 72dpi und kann somit nur als Online Anzeige verwendet werden ❸. Eine Größe, die für Drucker ungeeignet ist. Würden Sie diese Datei Drucken wollen, hätten Sie keine sauberen Kanten in Ihrer Zeichnung. Öffnen Sie das Dialogfeld *Optionen* ❹, dann steht Ihnen das *PDF/A-kompatibel-Format* zur Auswahl. Setzen Sie ein Häkchen neben der Auswahl, werden Ihre Dokumente so aufbereitet, dass Sie in 100 Jahren noch als lesbar verwendet werden können ❺. In diesem Format werden alle Bestandteile der Datei, die zur Darstellung nicht benötigt werden, automatisch gelöscht. Für eine eventuelle Weiterverarbeitung dieser PDF ist diese zu berücksichtigen.

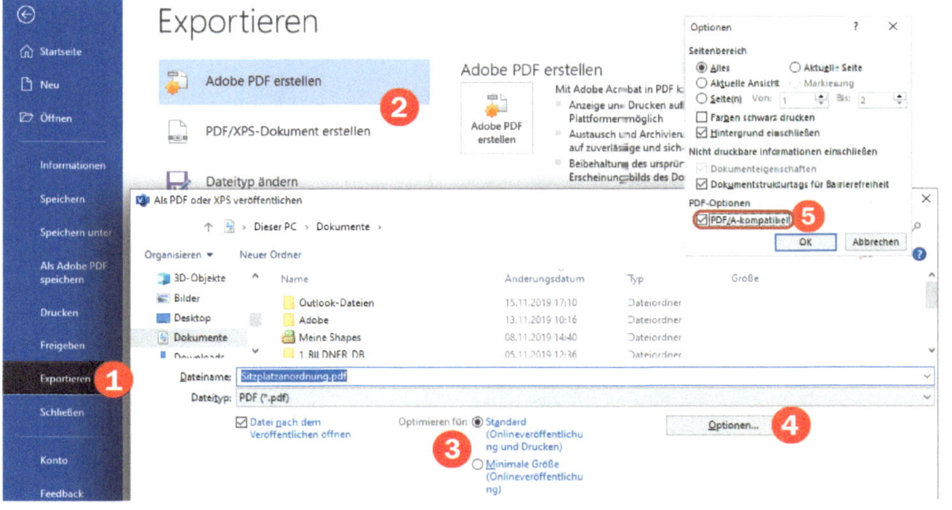

Als PDF oder XPS veröffentlichen

Das Microsoft-Format XPS benötigt lediglich einen Browser, um jede Zeichnung lesen und verwenden zu können.

Achtung: Bei diesem Format PDF/A werden nicht benötigte Teile in der PDF-Datei herausgelöscht, um die Archivbarkeit sicherzustellen. Dazu gehören Metadaten, Programmcode etc.

CAD Export und Import

Um MS-Visio-Dateien in eine CAD-Datei umzuwandeln, klicken Sie im Menüband auf *Datei* und dann auf *Exportieren* ❶ und anschließend auf *Dateityp ändern* ❷. Als Formate wählen Sie in der Rubrik *Andere Dateitypen* den Dateityp *.dwg* ❸ oder wenn Sie auf *Als anderen Dateityp speichern* doppelklicken, den Dateityp mit der Endung *.dxf* ❹ und anschließend auf *Speichern* ❺. Probieren Sie beide einmal aus, um herauszufinden, welches Format sich mit Ihrem CAD-Programm besser versteht. Besonders wenn Sie Ihre Datei in ein anderes Office-Programm, wie MS-Word oder MS-PowerPoint einbinden möchten, finden Sie hier die richtigen Parameter.

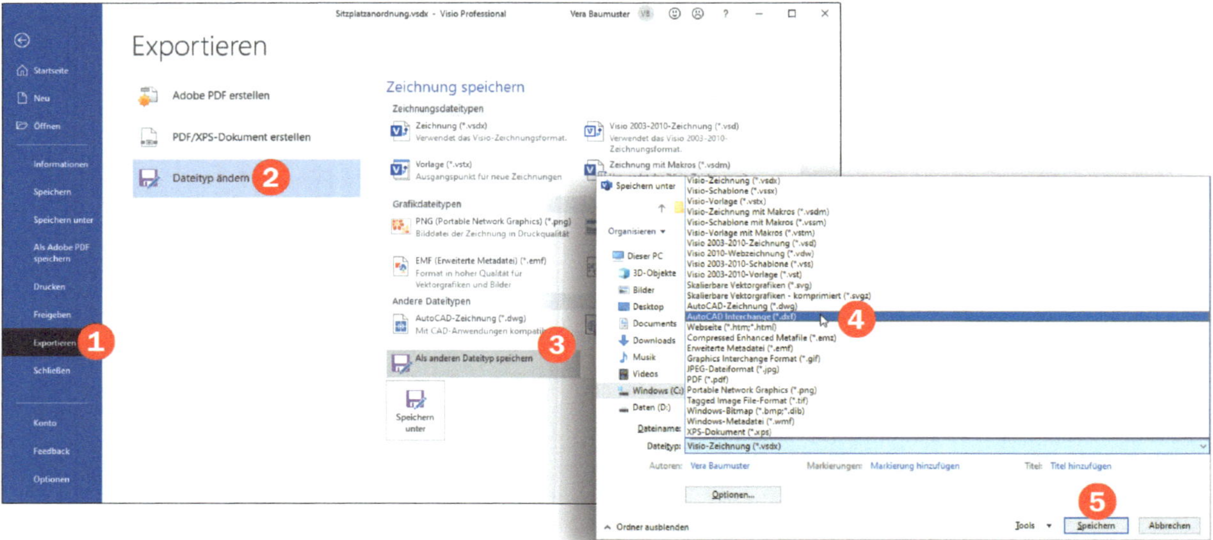

Dateityp ändern

Das Importieren geht über das Menüband ▶ *Datei* ▶ *Öffnen* ▶ *Durchsuchen*. Wählen Sie hier im Auswahlfeld *Dateityp* die entsprechende Einstellung. Sie haben keinen Einfluss auf die Kriterien zum Import oder Export bei diesen Formaten.

15.7 Die Shape-Berichte

MS-Visio bietet eine Anzahl von vorgefertigten Shape-Berichten an. Je nachdem, welchen Zeichnungstyp Sie verwendet haben, stehen Ihnen diese Berichte dann zur Verfügung. Legen Sie bestimmte Shapes auf Ihrem Zeichenblatt ab, werden im Hintergrund die dazugehörigen Berichte zur Verfügung gestellt. In diesem Abschnitt werden Sie einen Bericht erstellen und ihn individuell anpassen.

Öffnen Sie eine beliebige Visio-Datei und klicken Sie im Menüband auf das Register *Überprüfen* ❶. In der Gruppe *Berichte* befindet sich die Schaltfläche *Shape-Berichte* ❷. Öffnen Sie diese, werden Ihnen alle zugeordneten Berichte angezeigt ❸. Dies ist dann der Fall, wenn Sie das Häkchen bei *Nur zeichnungsspezifische Berichte anzeigen* ❹ aktiviert haben. Deaktivieren Sie dieses Kästchen, listet MS-Visio alle internen Berichte auf.

Klicken Sie auf *Neu* ❺, können Sie einen neuen Bericht erzeugen. Es empfiehlt sich aber, bestehend auf einem vorhandenen Bericht, diesen anzupassen und danach als einen neuen Bericht abzuspeichern. Wie Sie einen Bericht erstellen, wurde bereits in Kapitel 8.3 beschrieben.

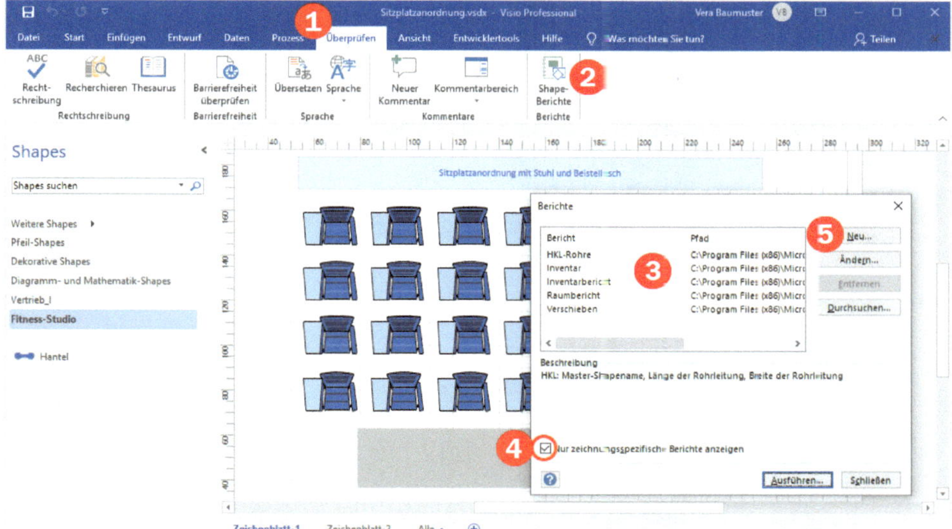

Shape-Berichte Einstellungen

16 Konto, Optionen und Informationen verwalten

In diesem Kapitel lernen Sie...

- Kontoeinstellungen des Benutzers
- Umgang mit den erweiterten Voreinstellungen in MS-Visio
- Detaillierte Einstellungen zum Programm
- Einstellungen zu individuellen Benutzern
- Dokumente und Zeichnungen verwalten
- Die Verwaltung der Speicherorte

Das sollten Sie bereits wissen...

- Umgang mit Shapes und Schablonen
- Umgang mit den Werkzeugen
- Grundkenntnisse der Druckausgabe in anderen Office-Programmen
- Grundlegende Kenntnisse mit MS-Visio

16.1 Das Konto

Im Backstage-Bereich befindet sich das Konto Ihres Microsoft-Accounts. Sie erreichen es, wenn Sie Visio öffnen und auf der linken Seite auf *Konto* klicken bzw. wenn Sie eine Zeichnung geöffnet haben im Menüband über *Datei* ▶ *Konto* ❶ (Bild auf der nächsten Seite). Hier melden Sie sich von Ihrem Konto an und ab. Das Konto ist mit den Servern von Microsoft verbunden und legitimiert und identifiziert Sie. Der große Vorteil besteht darin, dass Sie über die gesamte Office-Familie die gleichen Einstellungen zur Verfügung gestellt bekommen. Egal, auf welchem PC und an welchem Standort Sie mit MS-Visio arbeiten, es werden Ihnen immer die gleichen Daten und Informationen zur Verfügung gestellt. Sei es, welche Dateien gepinnt, welche Voreinstellungen gewählt oder welche verbundenen Dienste eingestellt wurden und vieles mehr.

Das Benutzerkonto personalisieren

Die Kontoeinstellungen sind für die gesamte MS-Office-Familie gleich. Je nachdem, welches Abonnement Sie besitzen oder welche Version von MS-Visio Sie verwenden, können hier Abweichungen bestehen. In den *Benutzerinformationen* können Sie ein Foto hinzufügen und über den Eintrag *Über mich* eine Verbindung zum Microsoft Delve Portal festlegen (Programm- und 365-Kontoabhängig). Dieses Portal ist eine Zusammenfassung Ihrer MS-Office-Daten und Dokumente. Von diesem Punkt aus navigieren Sie zu vielen Orten innerhalb Ihres Kontos: Zu Dateien, die Sie gerade bearbeiten, zu Ihren Telefonnummern, zu Ihrem SharePoint und OneDrive. Mehr dazu finden Sie im Internet unter Microsoft Delve.

Mit dem Befehl *Abmelden* ❷ werden Sie von Ihrem Konto, sprich den Verbindungen zu anderen Office365-Funktionen getrennt. Das bedeutet nicht, dass Ihre Software und Aktivierung nun ungültig sind.

Mit *Konto wechseln* ❷ wird lediglich ein anderer Benutzer mit dieser Software auf diesem PC angemeldet. Ein Kollege oder ein anderes Familienmitglied wäre hier ein denkbares Beispiel. Die Hintergrund- und Design-Dienste ❸ sind die gleichen wie an anderer Stelle bei den Optionen beschrieben.

Der Bereich *Verbundene Dienste* ❹ ist nur dann aktiviert, wenn der Installation von MS-Visio auch ein Konto zugeordnet ist. Hier können Sie Ihre persönlich zugeteilten MS-Speicherorte wie OneDrive, SharePoint etc. hinzufügen. Diese verbundenen Dienste erleichtern die Arbeit beim Speichern und Ablegen Ihrer Dokumente. Möchten Sie einen weiteren Dienst hinzufügen, klicken Sie auf *Dienst hinzufügen* und wählen dann Ihre Einstellung. Auch das Hinzufügen eines weiteren Microsoft-Kontos ist möglich, um zusätzliche Speicherplattformen zu nutzen.

Informationen über MS-Visio erhalten

Bei den Produktinformationen ❺ finden Sie lediglich die Version, die Sie im Einsatz haben und den Zugang, falls eventuell der Produktkey geändert werden muss.

Darunter sind die Informationen zu den Updates, die Microsoft eingespielt hat ❻. Wenn Sie den Dialog öffnen, gibt es eine Auswahl an Einstellmöglichkeiten. Sie erklären sich selbst, wenn Sie Ihre Quickinfos nicht deaktiviert haben.

Zu guter Letzt noch die *Info zu Visio* ❼. Hier sind die Produkt- und Sitzungs-IDs hinterlegt und Informationen zu den Eula (End User License Agreement), den Lizenzbestimmungen.

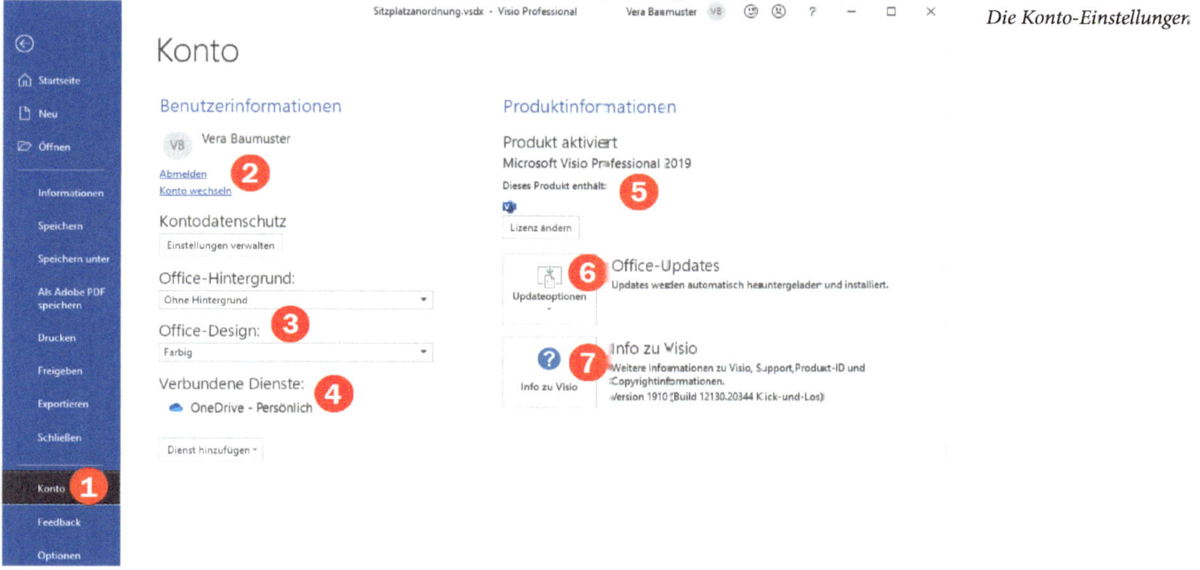

Die Konto-Einstellungen

16.2 Der Informationen-Bereich

Hier folgenden Bild Sie alle relevanten Informationen zu Ihrer aktuellen Datei, die im Moment geöffnet und aktiviert ist. Wurde eine Datei noch nicht gespeichert, fehlen wenige Einstellungen. Haben Sie dagegen eine Zeichnung auf einen Cloudspeicherort abgelegt, werden zusätzliche Funktionen bereitgestellt.

Wenn Sie mit der linken Maustaste auf den Pfadnamen unterhalb des Dateinamens klicken ❶, erscheint ein kleines Dialogfeld, mit dem Sie über *Dateispeicherort öffnen* ❷ direkt in den Ordner springen, in dem Ihre Datei gespeichert wurde. Sie können auch den *Pfad in die Zwischenablage kopieren* ❸ und anderweitig wieder einfügen z. B. in eine E-Mail.

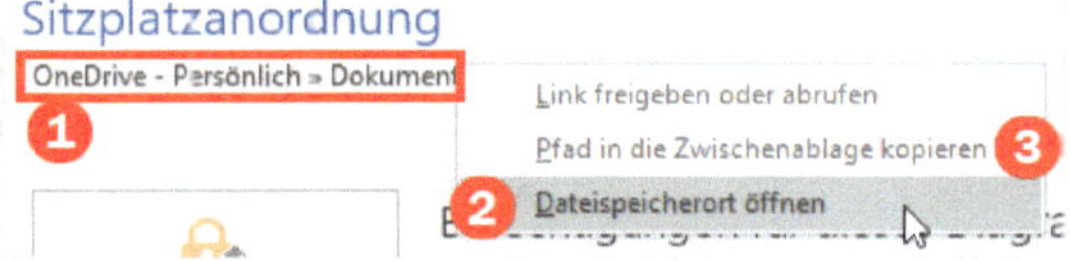

Diagramm schützen und auf Probleme überprüfen

Möchten Sie Ihre Zeichnung schützen, klicken Sie auf Schaltfläche *Diagramm schützen* ❹ (siehe nächstes Bild). Hier können Sie Personen für den Zugriff auf diese Datei berechtigen. In diesem Abschnitt finden Sie auch andere Einstellungen für die aktuelle Datei.

Mit der Schaltfläche *Auf Probleme überprüfen* ❺ können Sie verschiedene Prüfprogramme ausführen lassen. Ist Ihre Zeichnung barrierefrei, ist sie kompatibel mit älteren Versionen von MS-Visio. Hier ist es auch möglich, Dateien zu komprimieren, wenn Sie beispielsweise viele Fotos eingefügt haben.

Dokument auschecken

Mit *Auschecken* (wenn vorhanden) können Sie die Datei vor dem Bearbeiten von anderen Personen schützen. Dazu erstellt Ihnen MS-Visio eine private Kopie, die Sie danach wieder einchecken können. Diese Funktion ist nur bei Cloud-gespeicherten Dateien verfügbar.

Der Informationen-Bereich

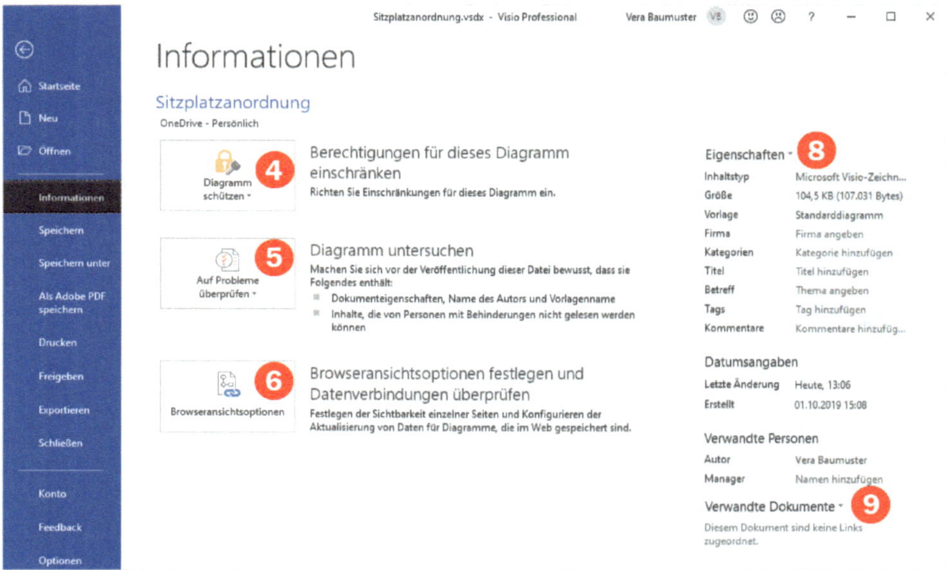

Browseransichtsoptionen festlegen

In den *Browseransichtsoptionen* ❻ (siehe Bild oben) legen Sie fest, welche Zeichenblätter in der Online-Version von MS-Visio angezeigt werden sollen. Sie können dies für jedes einzelne Zeichenblatt in der Datei festlegen ❼. Die Da-

tenquellen, sollten Sie welche haben, und Zeichenblätter bleiben aber in Ihrem Dokument enthalten.

Der *Versionsverlauf* (wenn vorhanden) zeigt Ihnen die Änderungen an, und wann Sie die Datei gespeichert haben an. Sie können auf jede vorherige Version zurückgreifen und ab dieser Position dann wieder weiterarbeiten. Diese Funktion ist nur verfügbar, wenn die Datei auf einem Cloudspeicher abgelegt wurde.

> Viele Einstellungen sind nur verfügbar, wenn sich Ihre Datei in einem Cloudspeicher befindet wie OneDrive, OneDrive for Business, SharePoint, Google Drive etc.

Metadaten des Dokuments und verwandte Dokumente

Im Abschnitt *Eigenschaften* ❽ (siehe Bild vorherige Seite) können Sie Ihre Datei mit Metadaten anreichern. Die ist besonders hilfreich, wenn Ihre Datei auf einem Cloudspeicher liegt. Sie erkennen, auf welcher Vorlage Ihre Datei basiert. Es ist sehr ratsam, hier die Felder auszufüllen, auch wenn Sie diese lokal abspeichern. Metadaten sind Hilfsinformationen, die mit der Datei gespeichert werden, aber vordergründig nicht sichtbar sind. Vergleichbar bei digitalen Fotokameras. Es werden neben dem Bild die Informationen zur Kamera, Standort, Datum, Blende, Uhrzeit, Belichtungszeit etc. bereitgestellt.

> Haben Sie die Feldwerte in den Eigenschaften ausgefüllt, können Sie auf diese zugreifen. In Ihrem Zeichenblatt lassen sich die Namen dann auslesen.

Zuletzt noch die Einstellung zu *Verwandte Dokumente* ❾ (siehe vorherige Seite). Hier können Sie Hyperlinks zu anderen Dateien herstellen, die mit Ihrer Datei korrespondieren sollen. Dies können Excel-Dateien oder andere Visio-Zeichnungen sein.

16.3 Allgemeine Einstellungen in den Visio-Optionen

Die Einstellungen für Ihr MS-Visio beinhalten Fragen zur Benutzeroberfläche und werden über das Menüband ▶ *Datei* ▶ *Optionen* ❶ (Bild auf der nächsten Seite) ▶ *Allgemein* ❷ erreicht. Einige dieser Einstellungen, die Sie hier vornehmen, gelten zum Teil auch für die anderen MS-Office-Produkte, die Sie auf Ihrem Computer installiert haben. Sie können unter anderem die *Minisymbolleiste* ein- und ausschalten ❸. Auch die *Quickinfos* werden hier deaktiviert, wenn Sie ihnen zu lästig erscheinen ❹. Klicken Sie dann einfach auf den schwarzen Pfeil und wählen Sie in der Liste *Quickinfo nicht anzeigen* aus.

Prinzipiell werden Sie unter Ihrem Namen angemeldet, der aus Ihrem Benutzerkonto ausgelesen wird ❺. Der Benutzername kann auch frei gewählt werden. Diese Namensinformation wird mit der Datei gespeichert und in den Eigenschaften angezeigt. Wenn Sie die Checkbox *Immer diese Werte verwenden, unabhängig von der Anmeldung bei Office* ❻ dann wird unabhängig davon, wer sich auf dem MS-Office Konto anmeldet, immer dieser Anmeldenamen in Ihren Dokumenten verwendet.

Allgemeine Einstellungen

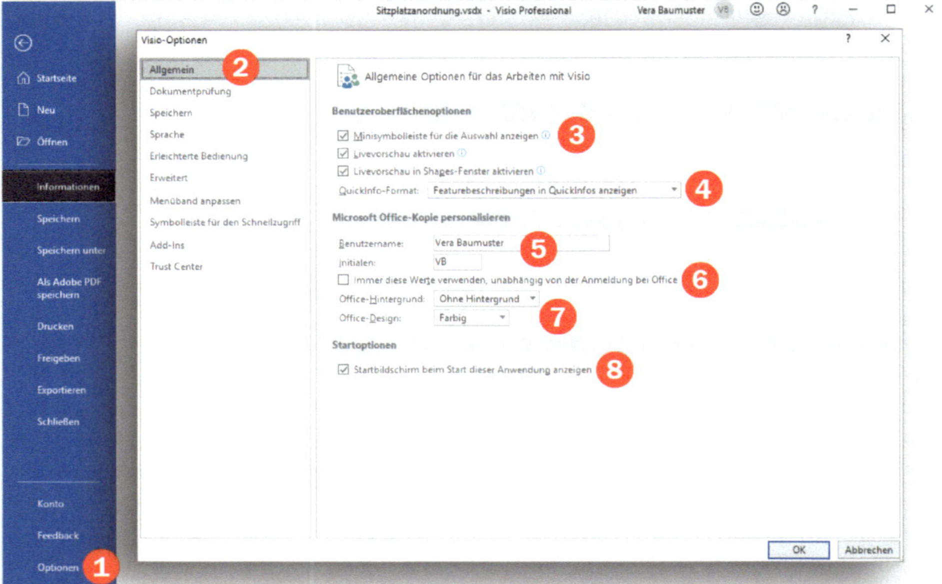

Die letzte Einstellgruppe ist das Office-Design und der Startbildschirm. Im Office-Design ❼ wählen Sie aus drei Layout- und Farbeinstellungen aus. Die Checkbox *Startbildschirm beim Start dieser Anwendung anzeigen* ❽ deaktiviert den Startbildschirm mit Ihren zuletzt gewählten Dokumenten und der zuletzt verwendeten Speicherorte.

> Achten Sie darauf, dass diese Einstellung für alle installierten Office-Produkt gültig ist.

16.4 Die Dokumentenprüfung

Die Dokumentenprüfung kennen Sie vielleicht schon aus MS-Word. Hier finden Sie alle Einstellungen, die sich um Rechtschreibung und Grammatik von Texteingaben kümmern. Sie erreichen sie über das Menüband ▶ *Datei* ▶ *Optionen* ▶ *Dokumentprüfung* ❶.

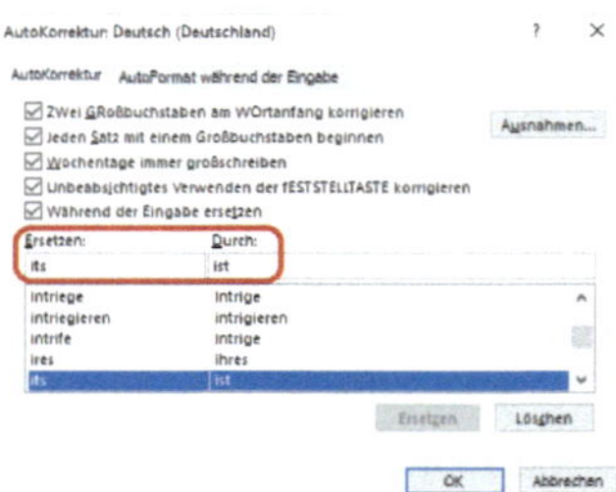

Die *AutoKorrektur-Optionen* ❷ möchte ich näher betrachten. Hier verbergen sich so einige Tücken, die hier bearbeitet werden können. In MS-Visio werden viele

Autokorrektureinstellung

Abkürzungen eingesetzt, um die Symbole zu beschriften. Oft sind dies firmeninterne Abkürzung, die der Anwender einträgt. Das Programm erkennt diese Einträge als Schreibfehler und ändert daraufhin Ihre Eingabetexte selbständig um. Als Beispiel nenne ich die Abkürzung "its" die automatisch in „ist" umgewandelt wird. Um dies zu vermeiden, löschen Sie den Eintrag oder verwenden Sie den Smarttag, um die Korrektur rückgängig zu machen. Der Smarttag ist der kleine Blitz ❸ der unterhalb der geänderten Textänderung angezeigt wird, wenn Sie mit der Maus über den Eintrag fahren. Mit einem Klick öffnet sich der Dialog.

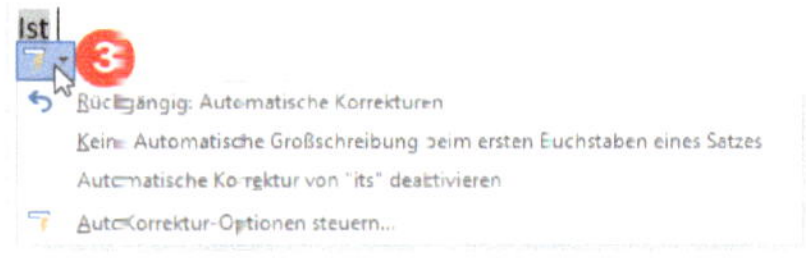

Der Smarttag und seine Einstellmöglichkeit

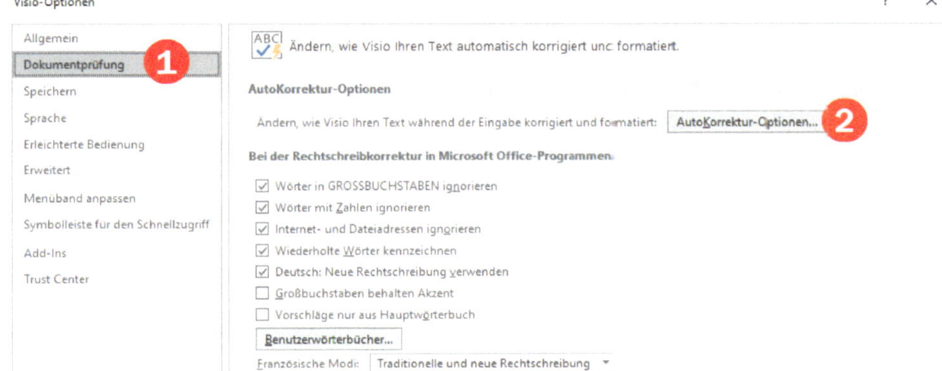

Optionseinstellung Dokumentenprüfung

16.5 Die Speicher-Optionen

Im Bereich *Speichern* über Menüband ▶ *Datei* ▶ *Optionen* ▶ *Speichern* ❶ werden die Voreinstellungen für all Ihre Dokumente verwaltet. Im ersten Bereich legen Sie fest, in welchem MS-Visio-Format Ihre Zeichnungen gespeichert werden sollen ❷. Voreingestellt ist das neue Format .vsdx (*Visio-Dokument*). Beinhalten Ihre Dokumente prinzipiell Makros, dann stellen Sie in dem Dialog das Format um (*Visio-Dokument mit Makros*). Sollten Sie abwärtskompatible Formate für ältere Software benötigen, so ist hier die richtige Voreinstellung *Visio 2003-2010-Dokument* zu anzuwenden. Die anderen Checkboxen erklären Sich selbst durch Ihre Beschreibung.

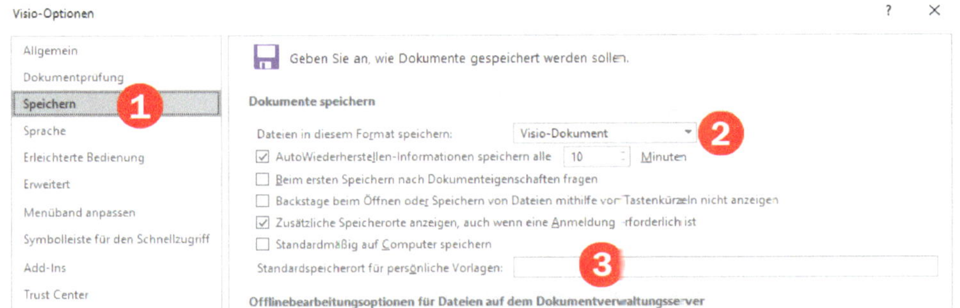

Speichern-Dialog in den Visio-Optionen

Möchten Sie Ihre Vorlagen aus einer zentralen Stelle in Ihrem PC oder Netzwerk starten, geben Sie in der Eingabezeile *Standardspeicherort für persönliche Vorlagen:* den Pfad ein. Setzen Sie eine Serverumgebung ein, so geben Sie hier den Pfad für Ihren serverbezogenen Speicherort an ❸.

16.6 Sprache

Die Spracheinstellung gliedert sich in drei Bereiche: *Anzeigesprache* ❶, *Erstellungssprache* und *Korrekturhilfen* ❷ (Bild siehe nächste Seite). Erreichbar über Menüband ▶ *Datei* ▶ *Optionen* ▶ *Sprache* ❸.

Anzeigesprache, Erstellungssprache und Korrekturhilfen

In *Erstellungssprache* und *Korrekturhilfen* wird die Sprache der Rechtschreibung und Grammatik festgelegt. Unabhängig davon kann die Anzeigesprache anders eingestellt sein als die Erstellungssprache.

> Die Einstellungen zur Sprache wirken Sie auf alle Office-Programmpakete wie Word, Excel etc. aus. Ein Programmneustart ist notwendig.

In der *Anzeigesprache* befindet sich die Auswahl *An Microsoft Windows anpassen* ❹. Wählen Sie diesen Wert aus und klicken Sie anschließend auf *Als bevorzugt festlegen* ❺, wird, abhängig von der Sprache des Betriebssystems, die Sprache für das Office-Paket übernommen. Voraussetzung hierfür ist, dass auch die jeweiligen Sprachpakete installiert wurden. Unter *Sprache hinzufügen* ❻ wählen Sie eine gewünschte Sprache aus. Ihr Computer verbindet sich mit Microsoft und dem Internet und installiert die Sprache nach.

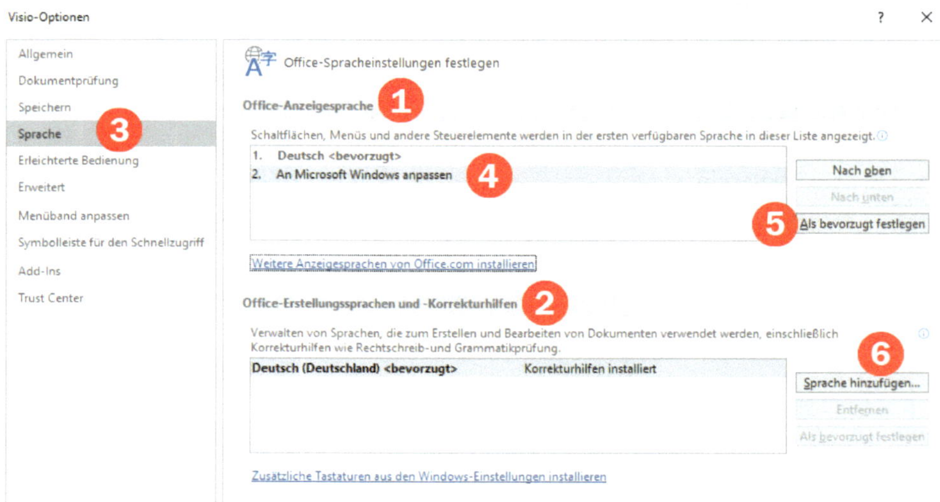

Spracheinstellungen in den Optionen

Je nach Lizenzmodell fallen für Sprachpakete Kosten an.

Das Menüband in einer anderen Sprache anzeigen

In der Gruppe *Anzeigensprache* legen Sie eine andere Sprache für die Programmoberfläche in MS-Visio fest. So kann das Programm beispielsweise in englischer Sprache dargestellt werden. Wenn nötig, installieren Sie dazu die gewünschte Sprache, indem Sie auf *Weitere Anzeigesprachen von Office.com installieren* klicken. Die Sprache wird dann in der Liste angezeigt, kann ausgewählt und als bevorzugt eingestellt werden.

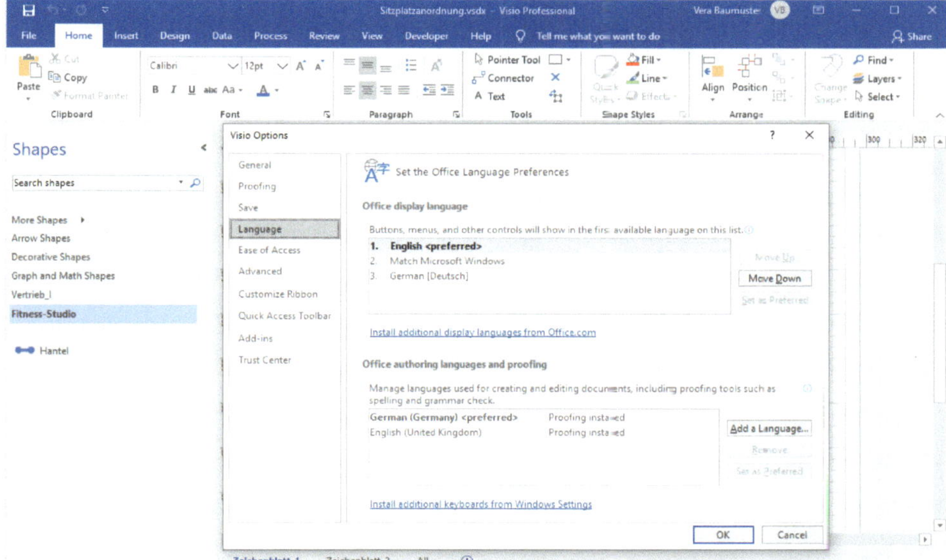

Programmoberfläche in englischer Sprache

Sie haben also die Möglichkeiten, sich das Programm in einer anderen Sprache anzeigen zu lassen als die Texte der Hilfe oder der Grammatik und Rechtschreibung. So kann MS-Visio in Englisch angezeigt werden, die Rechtschreibprüfung arbeitet aber nach der deutschen Sprache.

16.7 Erleichterte Bedienung

Hier können Sie über Menüband ▶ *Datei* ▶ *Optionen* ▶ *Erleichterte Bedienung* ❶ (Bild auf der nächsten Seite) Einstellungen vornehmen, die Ihre Arbeit mit MS-Visio erleichtern. Stellen Sie beispielsweise ein, dass der Startbildschirm beim Öffnen von Visio abgeschaltet wird ❷. Das heißt, die große Auswahl an Zeichnungen entfällt dann. Weiterhin können Sie die Tastenkombinationen, Shortcuts genannt, deaktivieren ❸. Sollten Sie barrierefreie Dokumente erstellen, sind die Einstellungen hier erforderlich.

Die Bedienung in Visio erleichtern

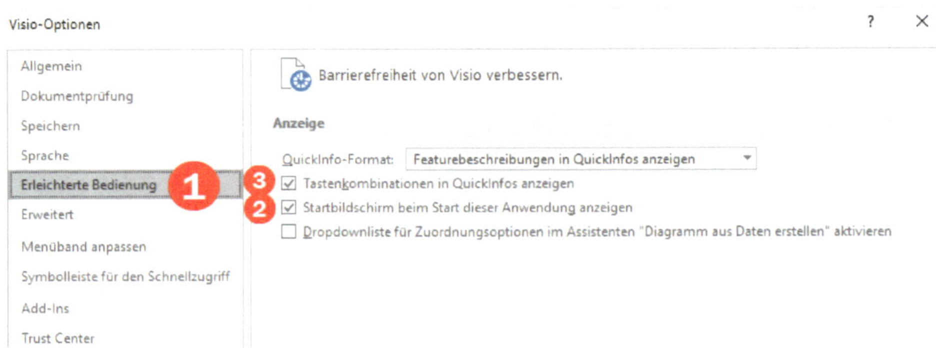

16.8 Die erweiterten Einstellungen

Der umfangreichste Teil in den Optionen für MS-Visio ist bei den erweiterten Einstellungen hinterlegt und über Menüband ▶ *Datei* ▶ *Optionen* ▶ *Erweitert* ❶ erreichbar. Hier finden Sie die programmspezifischen Einstellungen. Diese sind in mehrere Bereiche unterteilt. Grundsätzlich sind die bereits vorausgewählten Einstellung gut und anwendbar. Ein besonderes Augenmerk richten wir später noch auf die Dateispeicherorte.

1 Bearbeitungsoptionen
2 Anzeigen
3 Speichern/Öffnen
4 Shape suchen
5 Allgemein
6 Dateispeicherorte

Bearbeitungsoptionen

Livedynamik aktivieren

Die Livedynamik zeigt Ihnen während dem Drehen oder Skalieren eines Objektes die neue veränderte Form an. Deaktivieren Sie diese Schaltfläche, wird beim Drehen das Original an dem Platz unverändert bleiben und die veränderte neue Form mit einer schwarz gestichelten Linie angezeigt. Sie sehen gleichzeitig das Original und die veränderte neue Form des Shapes.

Verbinderteilung aktivieren

Schieben Sie zwischen zwei Shapes, die mit einem Verbinder verklebt sind, ein neues Shape hinzu, wird das neue Shape automatisch einen neuen Verbinder erhalten. Sie ersparen sich das Erstellen einer neuen Verbindungslinie.

Verbinder beim Löschen von Shapes löschen

Wenn Sie ein Shape zwischen mehreren anderen Shapes löschen, die alle mit einem Verbinder verklebt sind, wird auch der Verbinder gelöscht. Sie sparen sich die Mühe, den Verbinder zu löschen.

AutoVerbinden aktivieren

Wenn Sie bestimmte Prozess-Shapes auf Ihrem Zeichenblatt ablegen, werden zwischen den Shapes automatisch die Verbindungspfeile oder Verbinder erzeugt. Ist diese Funktion deaktiviert, müssen Sie alle Shapes mit einem Verbinder manuell nacharbeiten. Es empfiehlt sich, diese Einstellung aktiviert zu lassen.

Zoom mit IntelliMouse

Verfügen Sie über eine besondere Maus mit Intelligent-Funktionen, die mehr als ein Rollrad und die rechte Maustaste besitzen, aktivieren Sie diese Einstellung. Sie können dann weitere Befehle über Ihre Maus abrufen.

Auswahl bei Zoom zentrieren

Eine Funktion, die den Zoom immer auf die Mitte des aktiven Objekts ausrichtet. Alternativ können Sie dies auch mit Ihrer Maus und der Steuerungstaste erreichen. Lassen Sie die Einstellung deaktiviert und gewöhnen Sie sich an, mit der Steuerungstaste und der Mausposition zu arbeiten.

Shapes auswählen, die sich teilweise im Auswahlbereich befinden

Aktivieren Sie diese Checkbox, dann werden auch Shapes in die Auswahl aufgenommen, die nicht vollkommen mit der Maus umfahren wurden. Normalerweise muss ein Objekt vollkommen umfahren werden, damit es ausgewählt ist.

Mehr Größenänderungs-Steuerpunkte beim Daraufzeigen anzeigen

Es werden zusätzliche Anfasser und Klebepunkte angezeigt, die verwendet werden können.

ShapeSheet-Formeln automatisch vervollständigen

Wie in Excel besteht bei MS-Visio die Möglichkeit mit Formeln zu agieren. Dazu gibt es eine Eingabezeile, in der Sie die Formeln eintragen. MS-Visio vervollständigt dann die Formeln und Klammern schon bei der Eingabe. Sie können dieses Feld deaktiviert lassen.

Durch Drücken der EINGABETASTE wird der Shape-Text übergeben

Ist diese Checkbox aktiviert, wird in einem Shape nicht eine neue Zeile eingefügt, wenn Sie die Eingabetaste drücken, sondern der Text wird direkt übernommen.

Bearbeitungsoptionen

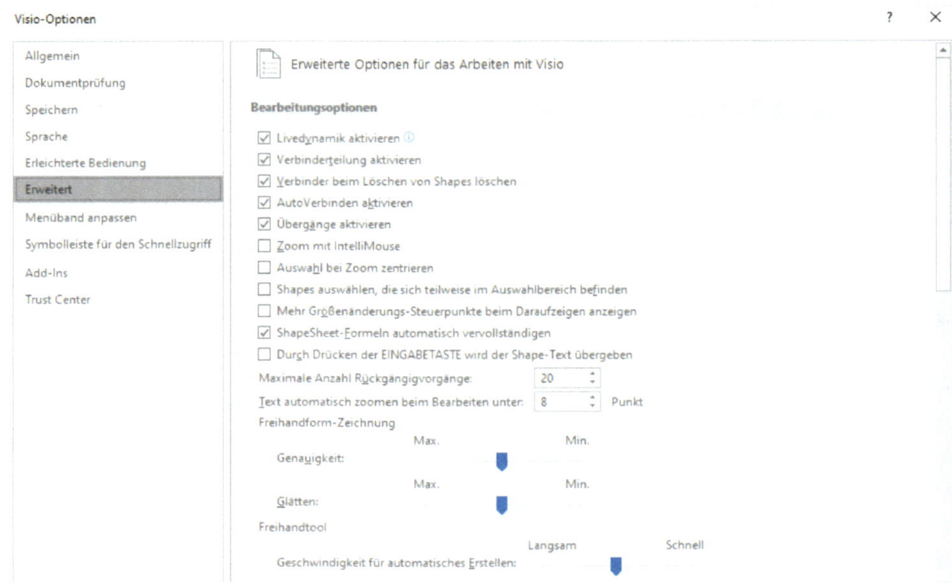

Anzeigen

In diesem Bereich legen Sie die Voreinstellungen zur Anzeige im Startbereich fest. Die Standardeinstellungen können Sie so belassen.

Es würde sich allerdings anbieten, die Zeilen pro Master-Shape zu erhöhen. Üblicherweise haben Sie in den Master-Shapes zwei Zeilen für die Texteingabe. Ist Ihnen dies zu wenig, dann erhöhen Sie im Eingabefeld *Zeilen pro Master-Shape* den Wert auf 3 oder 4. Somit haben Sie in jedem Shape mehr Texteingabezeilen. Dies kann sehr praktisch sein.

Anzeige-Optionen

Visio-Optionen

Allgemein
Dokumentprüfung
Speichern
Sprache
Erleichterte Bedienung
Erweitert
Menüband anpassen
Symbolleiste für den Schnellzugriff
Add-Ins
Trust Center

Anzeige

Diese Anzahl zuletzt verwendeter Dokumente anzeigen: 50
Diese Anzahl nicht angehefteter, zuletzt verwendeter Ordner anzeigen: 0
Aktionstags anzeigen
QuickInfos im Shapes-Fenster anzeigen
Weitere QuickInfos anzeigen
Tastenkombinationen in QuickInfos anzeigen
Hardwaregrafikbeschleunigung deaktivieren
EMF-Optimierungen (Erweiterte Metadatei) deaktivieren
Schablonenabstand
Zeichen pro Zeile: 12
Zeilen pro Master-Shape: 2
Standardeinheiten
Text: Punkt
Winkel: Grad
Dauer: Tage

Warnungen beim Speichern und Öffnen anzeigen

In dieser Gruppe legen Sie die Dialogeinstellungen fest, die beim Öffnen und Speichern Ihrer Zeichnungen Warnmeldungen abgefragt werden sollen. So werden bei einer aktivierten Checkbox *Warnungen beim Speichern/Öffnen einer Datei anzeigen* Warnfelder eingeblendet.

Warnungen beim Speichern und Öffnen einer Datei anzeigen

Shape suchen

Um sich die Suchzeile einblenden zu lassen, muss die Checkbox *Bereich „Shapes suchen" anzeigen* aktiviert sein. Andernfalls fehlt die Suchzeile im Schablonenbereich. Mit der *UND*-/*ODER*-Funktion können Sie Ihre Suche präzisieren. So erhalten Sie mit einer ODER-Einstellung bei der Eingabe „haus bank" einige Treffer, während mit der UND-Einstellung kein Treffer erzielt wird. Denken Sie an Unternehmen, die über Tausende von Artikeln als Shapes verfügen und nun nach Warengruppen oder Artikelgruppen und Namen suchen. Hier macht sich der Nutzen dieser Funktion sehr schnell bemerkbar.

Einstellung für die Shape-Suche

Allgemein

Alle Shapes in einem Fenster öffnen

Die beiden oberen Auswahlpunkte sind per Standard aktiv gesetzt. Möchten Sie, dass alle Ihre Zeichnungen in einem eigenen Fenster dargestellt werden, müssen Sie die darunterliegende Checkbox *Alle ShapeSheets in einem Fenster öffnen* aktivieren. Viele Excel-Anwender präferieren diese Einstellung. Ansonsten müssen Sie bei einem Fenswechsel über das Menüband ▶ Register *Ansicht* ▶ Gruppe *Fenster* ▶ *Fensterwechsel* die gewünschte Datei auswählen.

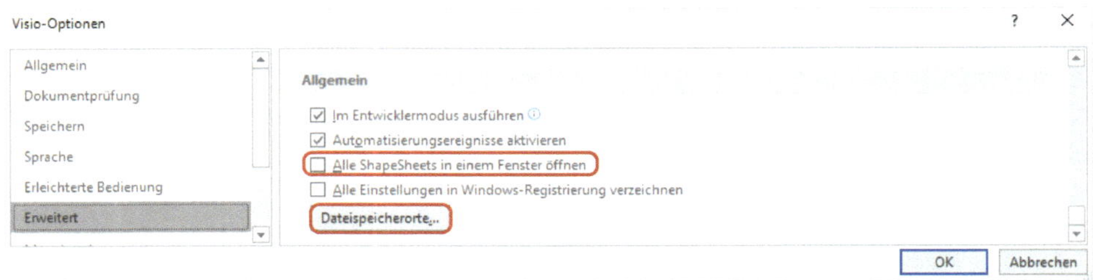

Alle ShapeSheets in einem Fenster öffnen

Dateispeicherorte

Unter *Dateispeicherorte...* (siehe Bild oben) legen Sie fest, wo MS-Visio Ihre Dateien, Vorlagen, Shapes etc. ablegen soll. Besonders bei der Zusammenarbeit mit anderen Personen kann eine gute Ablage/Dateivoreinstellung Ihre Arbeit sehr erleichtern. Klicken Sie auf die drei Punkte neben der Eingabezeile und wähle Sie einen Speicherort fest.

Dateispeicherorte für MS-Visio-Dateien

Dateispeicherorte
Meine Shapes: C:\Users\Ella\Documents 1 ne Shapes ...
Zeichnungen: 2 ...
Vorlagen: 3 ...
Schablonen: 4 ...
Hilfe: 5 ...
Add-Ons: 6 ...
Start: 7 ...
OK Abbrechen

Unter *Meine Shapes:* ❶ legen Sie den Pfad fest, auf dem Sie Ihre erstellten Schablonen und Shapes öffnen und speichern möchten. Per Standard wird er immer auf Ihre Profildaten der Windows-Installation angewendet.

Bei *Zeichnungen:* ❷ können Sie entscheiden, wo MS-Visio den Standardpfad für Ihre Zeichnungen findet. Beim Speichern springt das Programm als erstes an diesen Ort.

Unter *Vorlagen:* ❸ öffnet MS-Visio automatisch dieses Verzeichnis, wenn Sie eine Vorlagendateien *.vstx oder Vorlagendatei mit Makros *.vstm speichern/öffnen möchten.

In der Zeile *Schablonen:* ❹ legen Sie fest, welche Schablonen MS-Visio beim Öffnen einer Datei mitladen soll.

Bei *Hilfe:* ❺ findet MS-Visio den Pfad, in dem Ihre eigenen Hilfstexte zu Shape und Schablonen gespeichert sind.

In der *Add-On:*-Pfadeingabe ❻ werden die eigenen erstellten AddOns von Visio gesucht, wenn Sie diese ausführen möchten. MS-Visio hat einige solcher kleinen Hilfsprogramme, die automatische Aufgaben abarbeiten.

In der *Start:*-Eingabe ❼ legen Sie den Pfad fest, in dem Visio die Schablonen findet, die mit jeder Datei geladen werden sollen.

16.9 Menüband anpassen

Dieser Bereich in den Visio-Optionen zeigt Ihnen alle Registerkarten an und gibt Ihnen die Möglichkeit, diese an Ihre Bedürfnisse anzupassen. Sie sehen hier zwei Gruppen. In der linken Hälfte ❶ (Bild auf der nächsten Seite) befinden sich die Befehle aus MS-Visio und in der rechten Hälfte ❷ sind die Registerkarten und die Einstellung dazu.

Filter verwenden

Betrachten Sie zu nächsten den linken Teil mit den vielen Befehlen. Oben befindet sich ein Klappfeld mit dem Eintrag *Häufig verwendete Befehle* ❸. Öffnen Sie dieses, finden Sie weitere Einstellgruppen, die als Filter fungieren. Wählen Sie *Alle Befehle* ❹ aus und MS-Visio listet alle seine 556 Befehle in alphabetischer Reihenfolge auf ❺. Um einen Befehl schneller zu finden, klicken Sie zuerst in das Feld und geben anschließend den ersten Buchstaben dieses Befehls ein. MS-Visio springt dann sofort zu dieser Buchstabengruppe.

Registerkarten aktivieren oder deaktivieren

Auf der rechten Seite sind die Einstellungen für die Registerkarten ❷, die Sie auch Ihren persönlichen Vorlieben anpassen können. Deaktivieren Sie eine Checkbox ❻, wird die Registerkarte aus dem Menüband ausgeblendet.

> Die Registerkarte *Entwicklertools* ist per Voreinstellung immer ausgeblendet. Aktivieren Sie diese, so finden Sie dort hilfreiche Einstellungen für Ihre Arbeit.

Eine neue Registerkarte erstellen

Im unteren Bereich können Sie eigene Registerkarten erstellen. Klicken Sie zunächst auf die Schaltfläche *Neue Registerkarte* ❼ und anschließend auf *Umbenennen* ❽. Vergeben Sie einen eigenen Namen.

Das Menüband anpassen

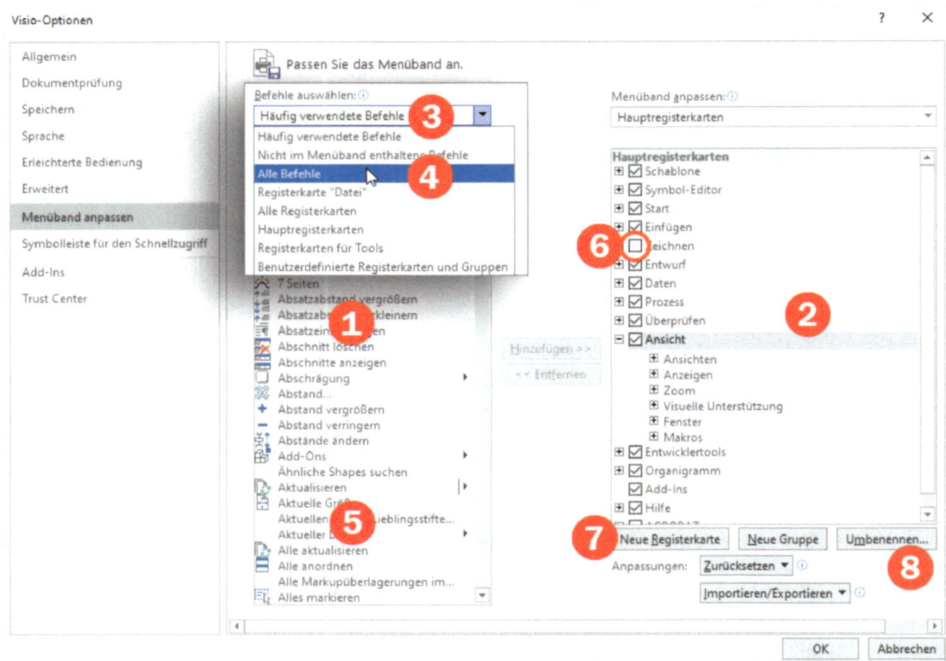

Nachdem Sie auf diese Weise eine Registerkarte und eine Gruppe erstellt haben, können Sie diesen nun die Befehle aus der linken Hälfte zuweisen und mit *Hinzufügen* ❶ (siehe nächstes Bild) in Ihre Gruppe legen. Mit den Positionsschaltflächen ❷ bestimmen Sie die Reihenfolge der Registerkarten. Markieren Sie dazu eine Registerkarte und drücken Sie anschließend die *Pfeil hoch-/Pfeil nach unten*-Taste.

Anpassungen importieren bzw. exportieren

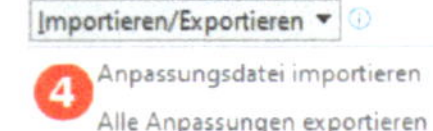

Im unteren Teil finden Sie weitere Schaltflächen, um Ihre individuellen Einstellung zu verwalten. Wählen Sie *Importieren/Exportieren* ❸ aus und wählen Sie entweder *Anpassungsdatei importieren* oder *Alle Anpassungen exportieren* ❹. Es öffnet sich anschließend ein neues Fenster zum *Export* oder *Import* ❺. Speichern Sie Ihre Einstellungen in einer separaten Datei ab, vergeben Sie einen Namen und einen Speicherplatz. Es werden alle Ihre individuellen Einstellungen wie Register, Gruppen und Befehle in dieser Datei gespeichert. Der Import geschieht in gleicher Weise, nur umgekehrt.

Möchten Sie den Installationszustand wieder herstellen, genügt ein Klick auf die Schaltfläche *Zurücksetzen* ❻.

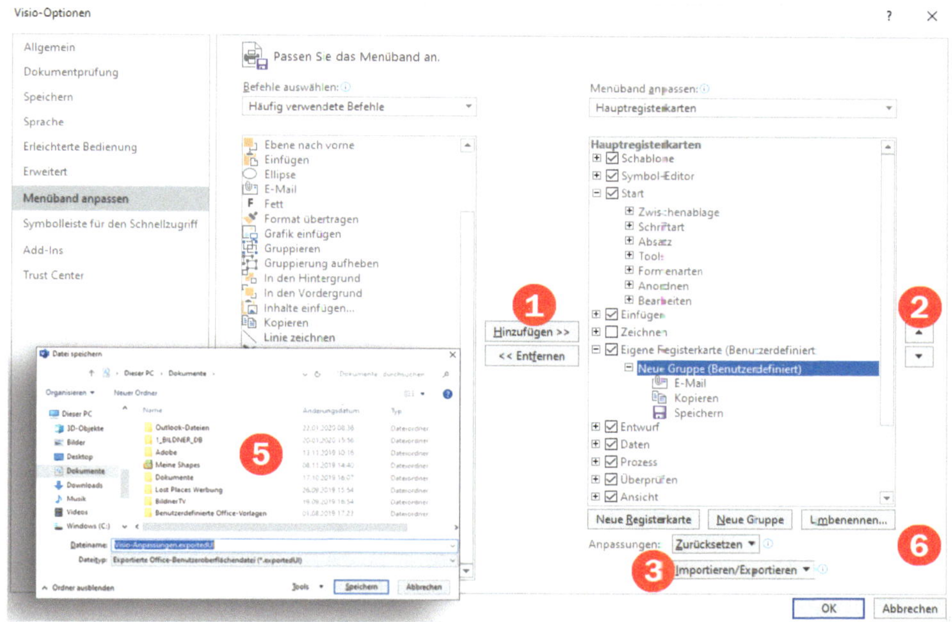

Das Menüband anpassen

16.10 Symbolleiste für den Schnellzugriff

In der Standardeinstellung ist die sogenannte Symbolleiste für den Schnellzugriff im oberen linken Bereich des Fensters mit drei Befehlen angebracht. Bei einem Berührungs-Bildschirm (z. B. Tablet) enthält sie einen zusätzlichen Befehl, Touch-/Maus-Modus, bei dem Sie zwischen der verwendeten Hardware Tablet oder Desktop unterscheiden können.

Sie können diese Leiste auch selbst zusammenstellen. Dazu stehen Ihnen fast alle MS-Visio-Befehle zur Verfügung.

Die Symbolleiste für den Schnellzugriff mit wenigen Klicks anpassen

Zum Einstellen klicken Sie in der Titelleiste links auf die Schaltfläche ❶ (Bild auf der nächsten Seite). Hier können Sie ein oder mehrere Symbole aktivieren (Haken) oder deaktivieren (kein Haken) und sich so in der Symbolleiste anzeigen lassen ❷. Außerdem können Sie die Symbolleiste unterhalb des Menübandes platzieren ❸. Damit nimmt sie die ganze Fensterbreite ein. Hier ist sicherlich ausreichend Platz, um Ihre wichtigsten Symbole aufzunehmen. In dem rechtsstehenden Menü werden nur einige wenige Symbole direkt eingeschaltet. Über die Zeile *Weitere Befehle* ❹ öffnen Sie die Optionen zur Schnellzugriffsleiste.

Symbolleiste für den Schnellzugriff

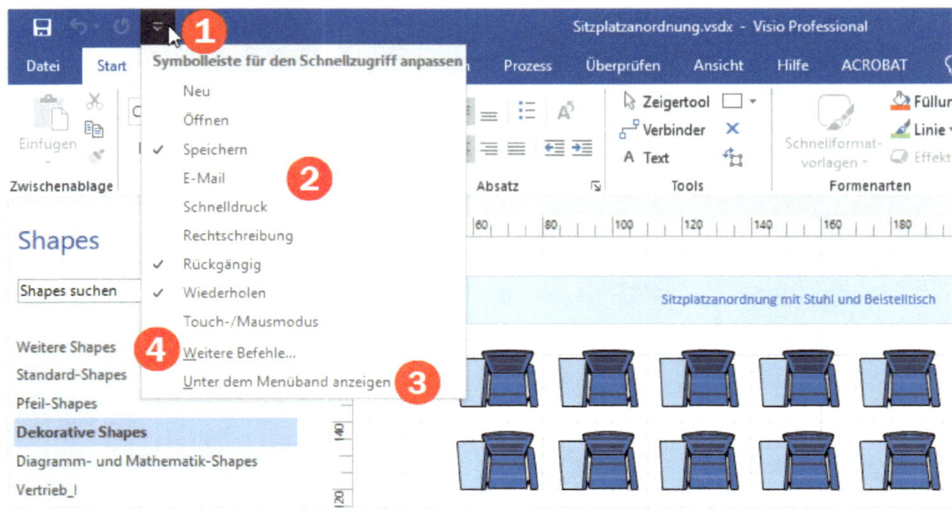

Die Symbolleiste für den Schnellzugriff über die Visio-Optionen anpassen

Sie können die Symbolleiste für den Schnellzugriff auch über die Visio-Optionen anpassen, indem Sie im Menüband auf *Datei* ▶ *Optionen* ▶ *Symbolleiste für den Schnellzugriff* ❶ (Bild auf der nächsten Seite) klicken. Hier finden Sie mehrere Befehle, die Sie aktivieren und sich so in der Symbolleiste anzeigen lassen können.

Befehle hinzufügen, entfernen und sortieren

Wählen Sie in der linken Spalte einen Befehl aus und klicken Sie auf *Hinzufügen* ❷. Wollen Sie die Spalte filtern, klicken Sie unter *Befehle auswählen* ❸ in das Feld und wählen eine bestimmte Kategorie aus. Umgekehrt wird ein Befehl aus der Symbolleiste gelöscht, indem Sie ihn in der rechten Spalte markieren und auf die Schaltfläche *Entfernen* ❹ klicken. Mit den Pfeilen am rechten Rand können Sie die Reihenfolge der Symbole in der Leiste verändern ❺.

Symbolleiste unter dem Menüband platzieren

Falls Sie sehr viele Symbole in dieser Leiste unterbringen möchten, platzieren Sie sie am besten unter dem Menüband. Damit steht die gesamt Breite des Programmes für Ihre Symbole zur Verfügung. Aktivieren Sie dazu die Checkbox unter der linken Spalte ❻.

Einstellungen speichern oder zurücksetzen

Möchte Sie diese Einstellungen speichern, klicken Sie auf die Schaltfläche *Importieren/Exportieren* ❼ und speichern Sie diese Einstellungen an einem Platz Ihrer Wahl. Ein Dateiname wird bereits vorgegeben, den Sie auch anpassen können. Um die Schnellzugriffsleiste wieder in den Urzustand zurückzusetzen, verwenden Sie den Befehlsknopf *Zurücksetzen* ❽.

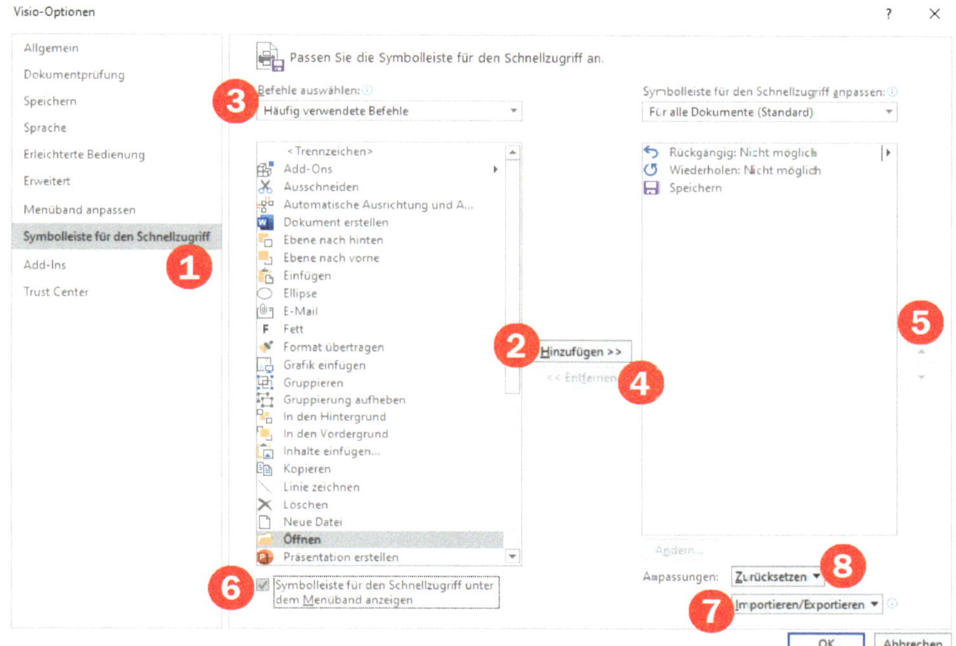

Optionsfeld für den Schnellzugriff

16.11 Add-Ins

In der Add-In-Gruppe befinden sich all die Hilfsprogramme der Fremdsysteme. Diese werden in Ihr Visio über die Add-in-Technik integriert. Im oberen Bereich sehen Sie alle Programmteile aufgelistet, mit denen Visio erweitert wurde ❶. Es wird zwischen diversen Methoden unterschieden, wie Programmteile, die nur Dokumentenbezogen sind, oder welche, die überhaupt aktiv oder nicht aktiv sind. Diese Infos sind im mittleren Teil abzulesen ❷ und für Analysezwecke hilfreich. Im unteren Teil finden Sie die Namen der Softwarehersteller und den Ablageort der Datei ❸. Bei Problemen wissen Sie nun, wo Sie nachschauen müssen.

Ganz unten können zu der Gruppe springen und einzelne Programmteile deaktivieren. Wählen Sie die *COM-Add-Ins* und klicken Sie auf *Los...* ❹. Deaktivieren Sie anschließend die Programmteile, indem Sie das Häkchen aus der Checkbox entfernen und starten Sie das Programm neu. Nun wird Ihr MS-Visio ohne dieses Hilfsprogramm gestartet, das eventuell einen Fehler verursacht hat.

Add-In-Optionsfeld in MS-Visio

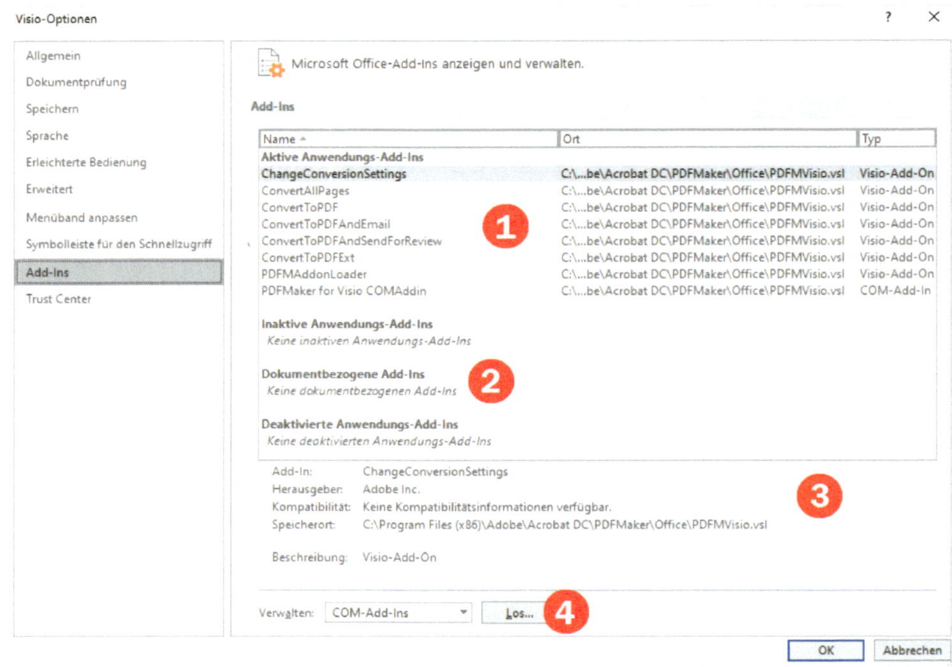

16.12 Trust Center

Im Trust Center (zu erreichen über das Menüband auf *Datei* ▶ *Optionen* ▶ *Trust Center* ❶) nehmen Sie alle sicherheitsrelevanten Einstellungen für Ihr Programm und Ihrer Dateien vor. Besonders wenn Sie mit Makros arbeiten, sind im Trust Center entsprechende Einstellungen vorzunehmen. Klicken Sie dazu auf *Einstellungen für das Trust Center...* ❷.

Das Trust Center

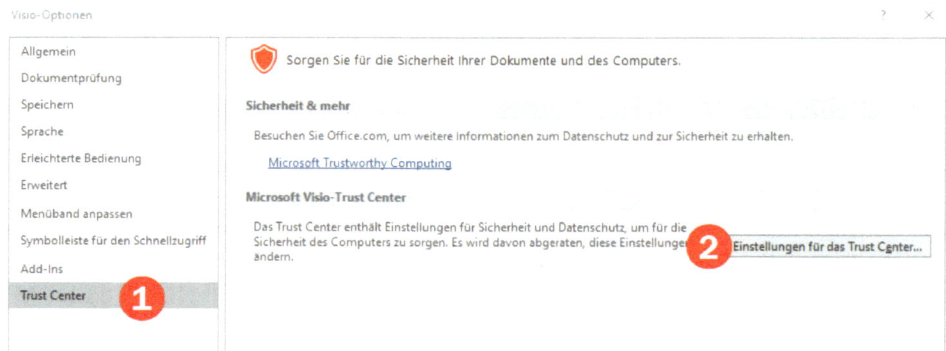

Möchten Sie sicherstellen, dass Ihre Makros in MS-Visio korrekt ausgeführt werden, wählen Sie in der Eingabemaske die *Makroeinstellungen* aus ❸. Anschließend bestimmen Sie, wie sich die Makros beim Ausführen verhalten sollen.

Möchten Sie den VBA-Code ausführen lassen, müssen Sie den Zugriff in der Checkbox aktivieren ❹.

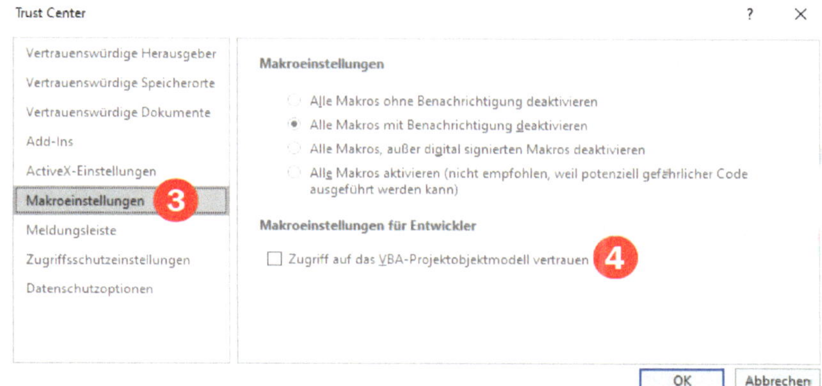

Das Trust Center mit den Einstellungen für Makros

Vergessen Sie nicht, die *Vertrauenswürdigen Speicherorte* in der Auswahlgruppe einzutragen ❺. Fragen Sie bei Bedarf Ihren IT-Verantwortlichen.

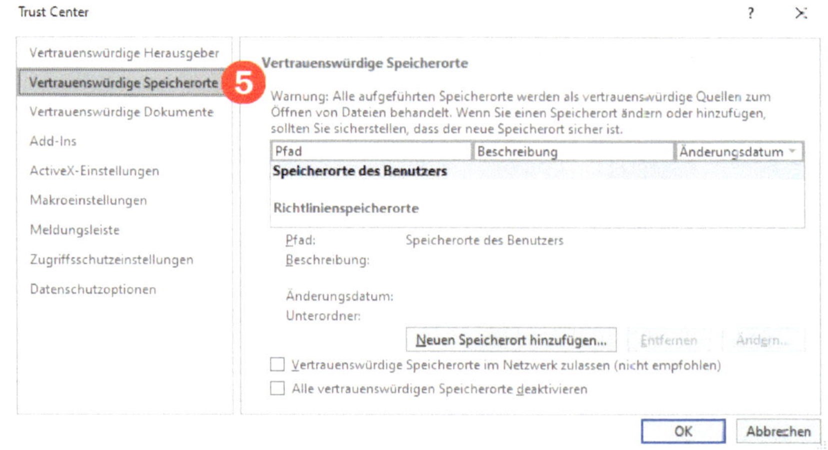

Vertrauenswürdige Speicherorte

Stichwortverzeichnis

V

W

Z